Inhaltsverzeichnis Teil A

1. Natura – das Schülerbuch

Das Unterrichtswerk **Natura** begleitet den Schüler auf dem Weg durch die Biologie nun hinein in die Mittelstufe seiner gymnasialen Laufbahn.

War bisher die treibende Kraft kindliche Neugier auf alles, was blüht, kriecht und fliegt, so soll jetzt immer stärker sachbezogenes Interesse im Vordergrund stehen. Interesse bedeutet hier Dazwischensein, Mittendrinsein in der Natur, ihrer Schönheit, ihren Geheimnissen, aber auch ihren Nöten und Problemen. Solches Interesse setzt Kenntnisse voraus: Wie leben Pflanzen, Tiere, Menschen? Wie wirken sie aufeinander? Wie hängen sie voneinander ab? Auf der Grundlage der Kenntnisse vielfältiger Lebensformen, ihrer Bedürfnisse und Bezüge wird der junge Mensch dann auch Interesse an Schutz und Pflege der Natur gewinnen können.

Kenntnisse und Interesse aber bleiben unfruchtbar, wenn sie nicht im praktischen Umgang mit Naturdingen, an Untersuchungen und Versuchen angewandt und befriedigt werden. In der selbsttätigen Auseinandersetzung verliert sich die Distanz zwischen Schüler und Natur. Dann kann er sich als Teil der Natur fühlen – und das ist wiederum die Bedeutung von Interesse.

Um das Interesse der Schüler an der Natur zu wecken und wach zu halten, verwendet **Natura** verschiedene *Gestaltungselemente: Bilder* in der Vielfalt und Farbenpracht der Natur regen zum Betrachten an. Sie sollen motivieren, sich in den *Texten* über die abgebildeten Naturdinge zu informieren. *Arbeitsaufgaben* und *Praktikumsseiten* stellen Probleme, die mit fachspezifischen Methoden selbsttätig gelöst werden können.

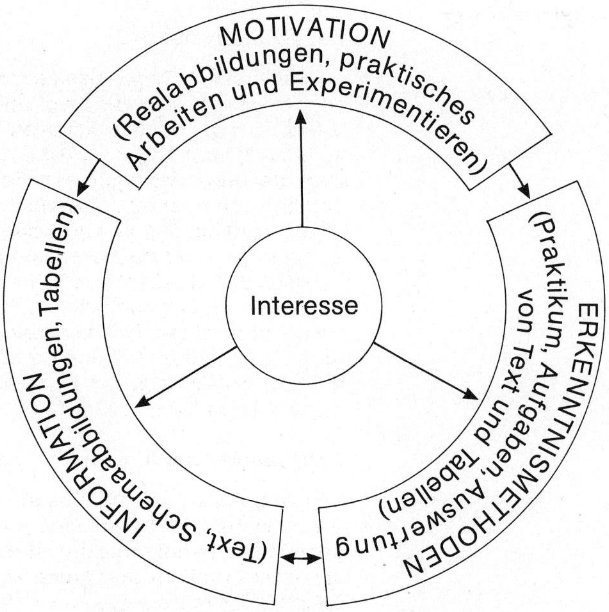

Das Interesse als zentrale Triebkraft des Biologieunterrichts – und dazugehörige Gestaltungselemente des Schülerbuchs **Natura**

1.1 Die Gestaltungselemente

Kapitelanfang und Motivationsseite

Sein Biologiebuch sollte der Schüler oft und gern zur Hand nehmen, durchblättern und darin lesen. Deshalb legt das Schülerbuch **Natura** großen Wert auf optische Motivation. Jedes Großkapitel beginnt links mit einer *Einführungsseite,* deren Abbildungen einen Überblick über die Inhalte des folgenden Kapitels geben. Das zugehörige *Inhaltsverzeichnis* auf der rechten Seite ermöglicht ein schnelles Auffinden der Einzelthemen.

Auch die rechte Seite dient der Motivation. Die konturierte Überschrift und der Text dieser Seite formulieren einen Einstieg in das Thema und werfen gleichzeitg Probleme auf, die im Unterricht in Form einer orientierenden Diskussion gelöst werden können. Der nachfolgende Unterricht soll mit Hilfe des Schulbuchs diese Probleme aufgreifen.

Die Doppelseite

Der Grundbaustein von **Natura** ist die Doppelseite. Mit einem Blick sind Abbildungen und Text, Aufgaben und die zu ihrer Lösung notwendigen Informationen zu überschauen. Die Konzeption der Doppelseite mit ihrer klaren Untergliederung ist ein Raster, das dem Schüler schnelle Orientierung innerhalb des jeweiligen Themas erlaubt.

Abbildungen und Tabellen

Abbildungen machen Informationen wesentlich schneller zugänglich als Texte. *Farbige Realabbildungen* und *Schemadarstellungen* sollen zunächst den Blick auf sich ziehen und dann ihren Informationsgehalt in anschaulicher Form vermitteln. Im Erkenntnisprozeß des Unterrichts folgt die Schemazeichnung der Realabbildung nach. Sie isoliert und vereinfacht funktionelle Abläufe oder verwickelte morphologische Verhältnisse, die in der Realabbildung im natürlichen Zusammenhang ganzheitlich gezeigt werden.

Die Auswertung der *Tabellen* muß als wichtige naturwissenschaftliche Darstellungsmethode immer wieder geübt werden. Der Lehrerband bietet hierzu weiteres Material.

Der Text

Dieser Band wird für die Klassen 7 bis 10 herausgegeben. Diesem Umstand müssen Form und Inhalt des Textes Rechnung tragen. Mit einer überzogenen Fachsprache würde man das „Schmökern" über die gerade behandelten Themen hinaus erschweren und dem Spaß an der Biologie keinen Gefallen tun. Deshalb werden dick gepackte Informationsanhäufungen und entbehrliche Fremdwörter vermieden. Allerdings kann auf ein wachsendes Repertoire an *Fachbegriffen* in diesen Klassen nicht mehr verzichtet werden. Solche wichtigen Begriffe sind durch *Schräg-* und **Fettdruck** hervorgehoben. Ein umfangreiches Begriffsregister erleichtert das Auffinden des zugehörigen Textes.

Die Randspalte

Auf der Randspalte stehen neben dem zugehörigen Text Strichzeichnungen, kleine Tabellen und knappe Informationen. Der umgebende Leerraum hebt die Randinformationen schlagartig hervor und lenkt den Blick unwillkürlich auf sie. Die Informationen der Randabbildungen können mit einem Blick erfaßt werden – schneller als in Worten verschlüsselte Informationen.

Die Aufgaben

Jedes Einzelkapitel enthält schülergemäß formulierte Aufgaben. Sie knüpfen immer an eigene Beobachtungen und Erfahrungen an und weisen auf Probleme hin. Die Aufgaben können durch gezielte Auswertung von Text und Abbildungen, durch eigenes Zeichnen, Experimentieren und Protokollieren gelöst werden. Eine wichtige Anregung für selbsttätiges Lernen geben die Aufgaben, die zur eigenen Informationsbeschaffung in Lexika oder anderen Informationsquellen auffordern. Für den Lehrer bieten die Aufgaben Anregungen für arbeitsunterrichtliches Vorgehen.

Die Praktikumsseiten

Keine Abbildung und kein Text kann das praktische Arbeiten mit Naturobjekten, das Fühlen und Riechen ersetzen. In besonders engem Kontakt mit der Natur führt das Praktikum in naturwissenschaftliche Arbeitsweisen und biologische Methoden ein. Die Arbeitsaufträge sind so ausgewählt und formuliert, daß sie in Gruppenarbeit von den Schülern selbst durchgeführt werden können. Der Lehrer wird allerdings Hilfestellung geben müssen. Der Lehrerband gibt dazu Informationen, Tips zur Beschaffung von Materialien und zur Durchführung der Untersuchungen und Experimente.

Die Lexikonseiten

Wie in einem Kaleidoskop erscheint in diesem Teil die bunte Vielfalt der Natur. Wer Augen hat zu sehen, wird spüren, daß es schön und interessant ist, neue Organismenarten kennenzulernen. Die zugehörigen Informationen kommen der Neigung der Jugendlichen entgegen, das Gesehene nicht nur optisch und gefühlsmäßig, sondern auch verstandesmäßig zu erfassen.

2. Der Lehrerband

2.1 Das Ziel

Der zweiteilige Lehrerband soll die Unterrichtsvorbereitung nicht ersetzen, sondern ergänzen. Der Lehrerband drängt daher keine fertigen Unterrichtseinheiten auf, sondern will wie ein Steinbruch, eine Fundgrube benutzt werden, woraus sich der Lehrer Bausteine für seinen selbstentworfenen Unterricht holen kann. Dazu gehören Aufgabenlösungen, Zusatzaufgaben, Hintergrundinformationen, Tafelzeichnungen, Vorschläge zur Modellherstellung und Versuchsbeschreibungen, Kopiervorlagen und Arbeitsblätter sowie Angaben zu Medien und weiterführender Literatur.

2.2 Die Gestaltungselemente

Die Doppelseite

Wir haben uns bemüht, die Themen analog zum Schülerbuch jeweils auf einer Doppelseite zu behandeln. Eine Seite enthält Text und kleinere Abbildungen, die andere Kopiervorlagen bzw. Arbeitsblätter.

Aufgaben und Lösungen

Die Wiederholung der Aufgabenformulierungen des Schülerbuchs macht den Lehrerband auch für solche Kollegen verwendbar, an deren Schule **Natura** nicht eingeführt ist. Langwieriges Zusammensuchen von Aufgaben und Lösungen wird so vermieden.

Die Aufgaben sollen im Unterricht nicht die Rolle von Quizfragen spielen, die mit Ja – Nein oder kurzen Stichworten beantwortet werden können. Manchmal werden verschiedene Schülerantworten der Lösung nahekommen. Deshalb sind die Aufgabenlösungen nicht allzu eng gefaßt. Sie enthalten in der Regel mehr Informationen, als von einer Schülerantwort erwartet werden können. Methodische Tips, Hinweise zu Querverbindungen und Transferleistungen ergänzen die sachliche Information.

Zusatzinformationen

Ein wichtiges Anliegen des Lehrerbandes ist es, dem Lehrer Ideen und Anregungen anzubieten, die er nach seinen persönlichen Neigungen und seinem eigenen Unterrichtsstil verwenden kann. Dazu gehören *Einstiegsideen, Sachinformationen* zu Experimenten, *Tips* zur Auswertung von Text und Abbildungen, *Vorschläge* für Tafelzeichnungen und zur Herstellung von Modellen, Tabellen und Quellentexte. Diese Unterrichtsbausteine sind absichtlich nicht durch vorgegebene Unterrichtsentwürfe miteinander verbunden. Jeder Lehrer wird andere Bausteine auswählen und sie nach seinen eigenen Vorstellungen in den Unterricht einbauen.

Abbildungen und Randabbildungen

Wie im Schülerbuch, spielt auch im Lehrerband die optische Information eine große Rolle. Im allgemeinen werden optische Informationen schneller erfaßt, besser gemerkt und leichter als Tafelskizzen reproduziert als in Sätzen formulierte Informationen. Die Abbildungen sind nicht als bloße Illustrationen, sondern als Arbeitsmaterialien zu verstehen: Sie bieten Anregungen für Freihandzeichnungen an der Tafel und im Heft, dienen als Folienvorlagen oder als Arbeitsblätter. Sie sollen Informationsträger sein, die leicht an der Tafel oder auf dem Tageslichtprojektor reproduziert werden können. Selbstgezeichnete Handskizzen erschließen nicht nur auf einen Blick viele Informationen über morphologische und funktionale Zusammenhänge, sondern führen durch die zeichnerisch-manuelle Tätigkeit zu schnellem und anhaltendem Lernerfolg. Die Strichzeichnungen der Randspalte und die vorgeschlagenen Tafelzeichnungen können an der Tafel freihändig entwickelt und variiert werden. Bei einiger Übung wird es auch den Schülern nicht schwerfallen, solche Skizzen ins Heft zu übertragen. Vielleicht lernen sie so, auch selbst Skizzen zu entwerfen, wenn sie Sachverhalte anschaulich entwickeln wollen.

Die Randspalte

Neben Abbildungen enthält die Randspalte kurze Informationen, Begriffsdefinitionen, kleine Tabellen – eine Fundgrube für den Lehrer, der seinen Unterricht vorbereitet.

Medienliste und Literaturhinweise

Es wurden bevorzugt Medien und Veröffentlichungen genommen, die leicht erreichbar sind. Deshalb sind viele Aufsätze aus Zeitschriften genannt, von denen wir annehmen, daß sie entweder in der Bibliothek des Lehrers oder der Schule stehen. In den Listen der AV-Medien haben wir darauf verzichtet, Nummern zu nennen. Die Numerierung in den Bildstellen der verschiedenen Länder unterscheidet sich. Anhand des Medientitels kann jede Bildstelle problemlos Auskunft geben.

Die Arbeitsblätter

Selbst hergestellte Zeichnungen und Aufschriebe im Heft führen sicher zu besserem Lernerfolg als vorgefertigte Arbeitsblätter. Dennoch darf der Wert von Arbeitsblättern nicht unterschätzt werden. Sie sind im Unterricht vielfältig und variabel einsetzbar wie kaum ein anderes Arbeitsmittel.

Im Unterricht werden viele Abbildungen und graphische Darstellungen gebraucht, die der Schüler nur äußerst mühsam und mit unvertretbar hohem Aufwand selbst herstellen könnte. Und die Abbildungen im Schulbuch darf der Schüler nicht anmalen, beschriften oder ergänzen. Einen akzeptablen Kompromiß zwischen selbst hergestellten und vorgegebenen Arbeitsmaterialien können Arbeitsblätter darstellen. Abbildungen von komplizierten Strukturen können beschriftet, ergänzt und angemalt werden. Als Abbildungsgrundlage solcher Arbeitsblätter wurde häufig das Schulbuch gewählt, das der Schüler bei der Bearbeitung solcher Blätter zu Hilfe nehmen wird.

Die Individualität ist einer der wichtigsten Vorteile von Arbeitsblättern. Durch Neukombination einzelner ihrer Elemente kann der Lehrer die Arbeitsmaterialien auf seine jeweilige Klasse und sogar jede Arbeitsgruppe zuschneiden.

Wir haben uns bemüht, die Arbeitsblätter nicht nur als Beschriftungsgrundlage zu entwerfen, sondern Raum für die Eigentätigkeit des Schülers zu lassen. Teils sind auf den Blättern Arbeitsaufgaben und Versuchsanleitungen formuliert, teils Details weggelassen, die der Schüler selbst durch genaues Betrachten am Naturobjekt entdecken und ohne allzu große zeichnerische Schwierigkeiten ergänzen kann. Die Lösungen zu den Aufgaben der Arbeitsblätter sind jeweils beigegeben.

In zunehmendem Maße wird man in diesen Klassenstufen auch Informations- und Textblätter verwenden. Sie können Grundlage einer Diskussionsrunde in der Klasse sein (z.B. Texte zum Schwangerschaftsabbruch) oder der individuellen Auseinandersetzung mit einem Thema dienen (z.B. Informationen über AIDS). Quellentexte illustrieren wichtige Augenblicke in der Wissenschaftsgeschichte (z.B. Texte aus der Geschichte der Evolutionslehre).

3. Schülerbuch und Lehrerband – zwei Bücher, die zusammenpassen

Der Lehrerband baut auf dem Schülerbuch auf. Er verweist auf dessen Texte und Abbildungen, bietet wichtige Abbildungen des Schülerbuches als Kopiervorlagen bzw. Arbeitsblätter an. Der Lehrerband enthält einerseits *Lösungsvorschläge* zu den Aufgaben des Schülerbuchs, anderseits sind die Aufgaben der Arbeitsblätter so formuliert, daß sie mit Hilfe des Schülerbuchs bearbeitet werden können. Und schließlich enthält der Lehrerband *Hintergrundinformationen* und weiterführende *Anregungen* zu den im Schülerbuch angesprochenen Themen.

Trotz dieser Anpassung an das Schülerbuch kann der Lehrerband auch unabhängig vom Schülerbuch sinnvoll verwendet werden. Es erscheinen nicht nur die *Lösungen der Aufgaben* des Schülerbuchs, sondern auch deren *Fragestellungen.* Zur Lösung der Arbeitsaufgaben wird nicht einfach auf den Text im Schülerbuch verwiesen, sondern es werden möglichst schülergerechte Antworten formuliert.

Inhaltsverzeichnis Teil B

Von der Zelle zum Organismus

Die Entdeckung der Zellen steht in Zusammenhang mit der Entdeckung des Mikroskops. Das Mikroskopieren gehört zu den Grundfertigkeiten des praktischen Arbeitens im Biologieunterricht, und der eigene Erkenntnisgewinn kann nicht hoch genug eingeschätzt werden. Anhand einfacher Schülerversuche läßt sich der Zusammenhang von Bau und Funktion der Zellen ableiten. Die Beobachtung der bewegten lebenden Zelle birgt eine besondere Faszination. Das schrittweise Nachvollziehen evolutiver Prozesse vom Einzeller zum Vielzeller liefert eine Fülle grundlegender biologischer Erkenntnisse.

1 Die Zelle – Grundbaustein aller Lebewesen

Die Geschichte des Mikroskops

(Schülerbuch S. 10)

Arbeiten mit dem Mikroskop

(Schülerbuch S. 11)

Aufgaben und Lösungen

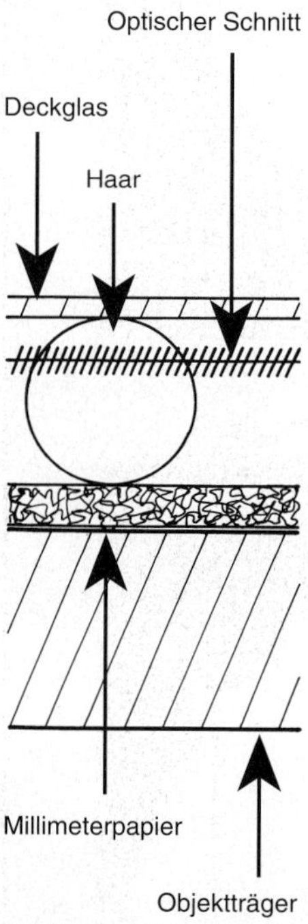

① Vergleiche den Aufbau deines Schulmikroskops mit unserer Abbildung. Vergleiche und benenne die Teile.

– *Die funktionswichtigen Bauteile sind an (fast) allen Schulmikroskopen vorhanden und lassen sich leicht erkennen. Folgende Teile sollten benannt werden: Okular, Tubus, Objektiv, Objektivrevolver, Objekttisch, Blende, Kondensor, Lichtquelle, Stativ, Triebrad.*

② Wenn man die Vergrößerungen von Objektiv und Okular multipliziert, erhält man die Gesamtvergrößerung. Berechne die möglichen Werte für dein Mikroskop.

– *Man sollte die Berechnungen durchführen lassen. Zusatzfragen machen die Dimensionen anschaulicher, z.B.: „Wie groß wäre ein Stecknadelknopf, wenn er 100fach vergrößert wäre?" (Bei einem Millimeter realer Größe wäre er 10 cm im Durchmesser.)*

③ Lege ein Stückchen Millimeterpapier auf den Objekttisch und messe damit dein Beobachtungsfeld aus. Notiere dir die Werte für die unterschiedlichen Objektive. So kannst du später leichter die wirkliche Größe eines Objektes abschätzen.

– *Bei 40facher Vergrößerung werden etwa 7 mm^2 Fläche erfaßt. Der Gesichtsfelddurchmesser beträgt rund 3,0 mm.*

– *Bei 100facher Vergrößerung sind knapp 1,5 mm^2 zu sehen, bei einem Durchmesser des Beobachtungsfeldes von 1,2 mm.*

Anmerkung: Bei 400facher Vergrößerung kommt es oft vor, daß überhaupt keine Linie des Millimeterpapiers im Gesichtsfeld liegt. Hier kann der Schüler erkennen, wie wichtig es ist, mit der geringsten Vergrößerung zu beginnen. Erst durch Verschieben des Papiers wird der Balken sichtbar.

④ Lege ein Haar, eine Stecknadel und einen Wollfaden auf das Millimeterpapier und gib deren Dicke an.

– *Dicke eines Haares: zwischen 0,05 mm und 0,08 mm*

– *Dicke einer Stecknadel: etwa 0,5 mm*

– *Dicke eines Wollfadens: sehr unterschiedlich*

Anmerkung: Der Schüler hat oft Probleme, das Haar so zu fixieren, daß mit dem 40er Objektiv etwas zu erkennen ist. Es empfiehlt sich jetzt der Übergang zum Naßpräparat.

⑤ Zeichne in schwacher Vergrößerung die Anordnung der Zellen.

– *Der Schüler soll hier die Mauerstruktur zeichnen.*

⑥ Zeichne eine möglichst große Umrißskizze (5 cm x 10 cm) einiger weniger Zellen bei ungefähr 400facher Vergrößerung.

– *Grobe Skizze.Eine Zwiebelhautzelle füllt in ihrer Längsrichtung etwa 2/3 des Beobachtungsfeldes aus. Es genügt, die im Gesichtsfeld erkennbaren Zellen zu zeichnen.*

⑦ Betrachte das Innere der Zelle. Übertrage die erkennbaren Einzelheiten in deine Umrißskizze.

– *Folgende Strukturen sollen mindestens erkannt werden: Zellwand, Zellkern, Zellsaftraum (Vakuole).*

⑧ Fertige auch hiervon eine genaue Zeichnung an. Welche Unterschiede zum ersten Präparat lassen sich erkennen?

– *Es tritt unter anderem die Zellwand angefärbt hervor.*

Zusatzaufgaben und Lösungen

① Wie dick sind die roten Linien auf dem Millimeterpapier?

– *Es gibt drei unterschiedliche Strichstärken. Die dünnsten Linien markieren die Millimeterabstände und haben eine Stärke von etwa 0,1 mm. Die nächstdickeren Linien markieren die halben Zentimeter; ihre Dicke liegt bei 0,15 mm. Die dicksten Linien geben den Zentimeterabstand an und sind etwa 0,2 mm stark.*

② Wie dick sind die Fasern des Papiers?

– *Die Dicke liegt bei etwa 0,05 mm.*

③ Wie ändert sich bei 400facher Vergrößerung die Linie des Millimeterpapiers, wenn das Haar scharf eingestellt wird?

– *Die Linie wird unscharf. Bei 400facher Vergrößerung ist der optische Schnitt so dünn, daß selbst beim Haar mit nur 0,08 mm Durchmesser einmal die Oberseite und durch Weiterdrehen am Feintrieb die Seiten, dann die Unterseite scharf gestellt wird.*

Anmerkungen zum Arbeitsblatt (S. 9)

Die Vorlage soll dazu anleiten, groß zu zeichnen. Außerdem ist die Größe von Objekten besser abzuschätzen. Die Schüler könnten ein entsprechendes Blatt für die 400fache Vergrößerung selbst erstellen. Die Aufgaben 5 bis 8 können auf diesen Arbeitsblättern durchgeführt werden. Auch Stecknadel und Haar können in unterschiedlichen Größen dargestellt werden.

Vergrößerungen

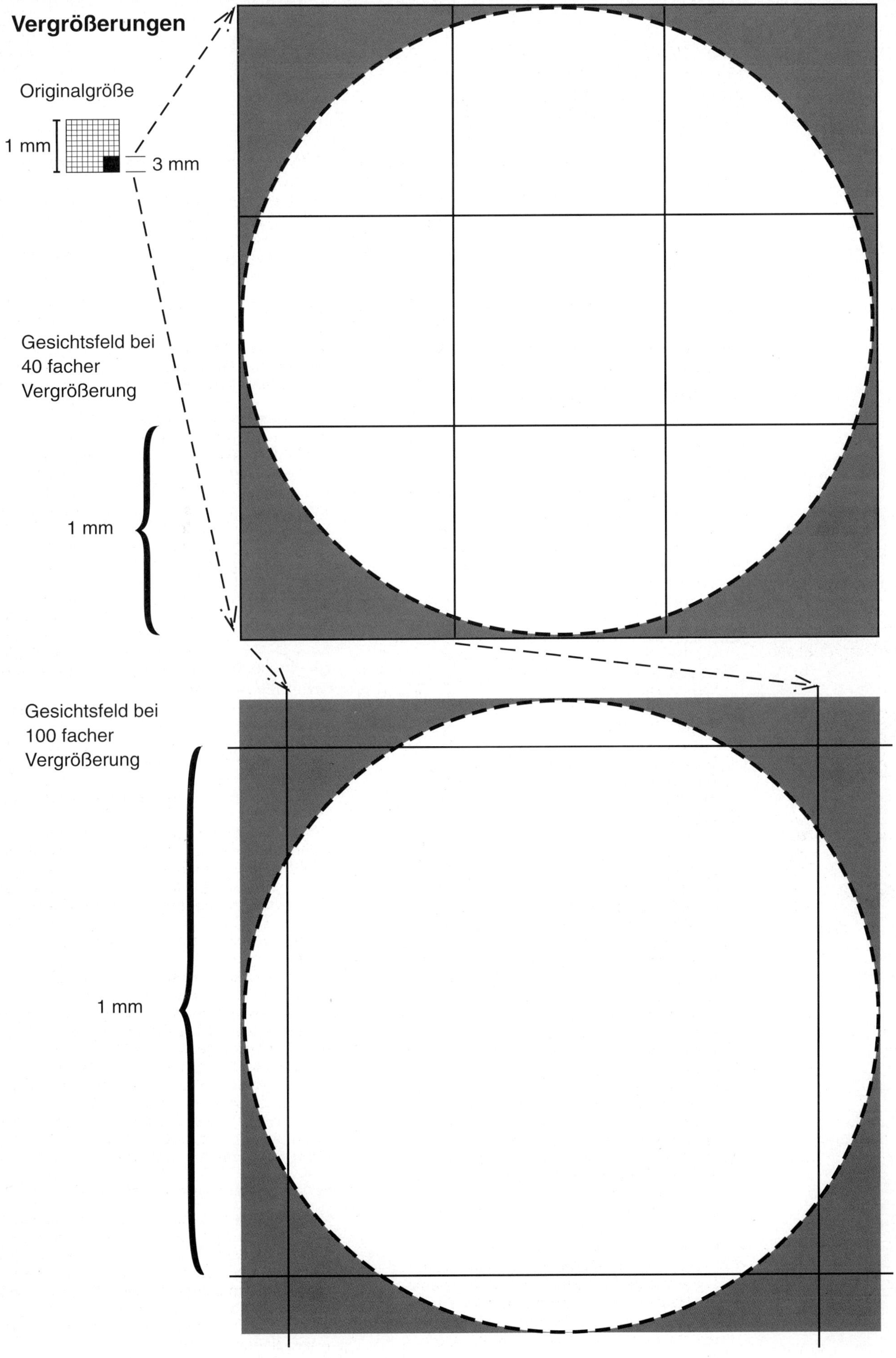

Das lichtmikroskopische Bild der Zelle

(Schülerbuch S. 12/13)

Zellen, Gewebe und Organe

(Schülerbuch S. 14/15)

Aufgabe und Lösung (Schülerbuch S. 15)

① Zeichne einige der abgebildeten Zelltypen. Beschrifte jeweils die erkennbaren Zellstrukturen, benenne die entsprechenden Gewebe und gib deren Funktion an.

Blütenpflanze:
- *Haar: Bildung der Epidermis: Schutz gegen Wasserverlust, Beschädigung.*
- *Blattgewebe: Zellwände, Zellsaftvakuolen, Zellzwischenräume, Wasserabgabe, Fotosynthese.*
- *Grundgewebe: Speicher für Wasser, Stützfunktion.*
- *Festigungsgewebe: Verdickte Zellwände, Stützfunktion.*

Wirbeltier
- *Hautgewebe (Epithelgewebe): keine Zellstrukturen erkennbar, Schutz*
- *Nervengewebe: Zellkern, Zellfortsätze (Dendriten), Informationsverarbeitung*
- *Knorpelgewebe (Bindegewebe): Zellkern, abgegebene Knorpelmasse, Stützfunktion*
- *Muskelgewebe: Zellkerne, mechanische Arbeit*

Zusatzaufgabe und Lösung

① Die Abbildung auf Seite 184 zeigt ein Schnittbild des menschlichen Dünndarms. Welche Grundgewebe erkennst du? Welche speziellen Zellbezeichnungen aus der Abbildung kannst du ihnen zuordnen? Versuche dasselbe bei Abbildung 204 d.

- *Das Organ ist ebenfalls aus den vier Grundgewebetypen aufgebaut. Der Schüler kann das Epithelgewebe als innere Oberfläche mit Saum- und Becherzellen nennen, sowie Nerven-, Binde- und Muskelgewebe. Die Zuordnung der Wände von Lymphbahnen, Arterien und Venen zum Epithelgewebe muß der Lehrer vornehmen.*
  Bei der Beschriftung des Knochenbaus machen nur die Begriffe „Knochenröhrchen" und „Knochenlamellen" Schwierigkeiten, da dies übergeordnete Strukturen sind, die aus nicht belebten, von den Zellen abgegebenen Stoffen bestehen. Die Knochenhaut ist aus Epithel- und Bindegewebe aufgebaut.

Lösungen zum Arbeitsblatt

- Pflanzliche und tierische Zelle:
  1) Zellmembran, 2) Zellplasma, 3) Zellwand, 4) Chloroplast, 5) Zellsaftvakuole, 6) Zellkern, 7) Nukleolus

Medien

Filme
- Das Mikroskop. FWU
- Protoplasmaströmungen in pflanzlichen Zellen. FWU

Modelle
- Die Pflanzenzelle. Phywe
- Die tierische Zelle. Phywe

Dias
- Mikroskopische Anatomie der Zelle. Phywe
- Das elektronenmikroskopische Bild der Zellen und Gewebe. Phywe
- Das elektronenmikroskopische Bild pflanzlicher Zellen und Gewebe. Phywe
- Die Mikrowelt (12 Dias, f). V-Dia-Verlag, Heidelberg

Transparente
- Histologie, Transparente-Atlas. Phywe
- Die Zelle. Phywe

Mikropräparate
- Die Pflanzenzelle, 12 Präparate. Mauer, Didaktische Medien
- Die Tierzelle. Mauer, Didaktische Medien

Literatur

BAY, F./RODI, D.: Einführung in das Mikroskopieren in der Hauptschule. Pädagogische Welt 37 (1983), S.153-171

DIETLE, H.: Das Mikroskop in der Schule. Franckh Stuttgart 1984

DOBLER, H.-J. ET AL.: Natura, Band 4, Stuttgart, Ernst Klett Verlag, 1988

KNODEL, H. ET AL.: Neues Biologiepraktikum, Linder Biologie, Lehrerband, Stuttgart, Metzlersche Verlagsbuchhandlung, 1985

KNOLL, J. (Hrsg.): Mikroskopieren. Unterricht Biologie, Heft 129, 1987

NULTSCH, W., GRAHLE, A.: Mikroskopisch-botanisches Praktikum für Anfänger. Stuttgart, Thieme Verlag, 7. Auflage 1983

SCHULTE, H.: Zellbiologischer Unterricht und mikroskopische Arbeit im Sekundarschulbereich. Kastellaun. Henn 1978

WERNER, H.: Einführung in das Mikroskopieren. Unterricht Biologie 1 (1976), H. 2, S. 9-15

Tierzelle und Pflanzenzelle im Vergleich

Beschrifte.

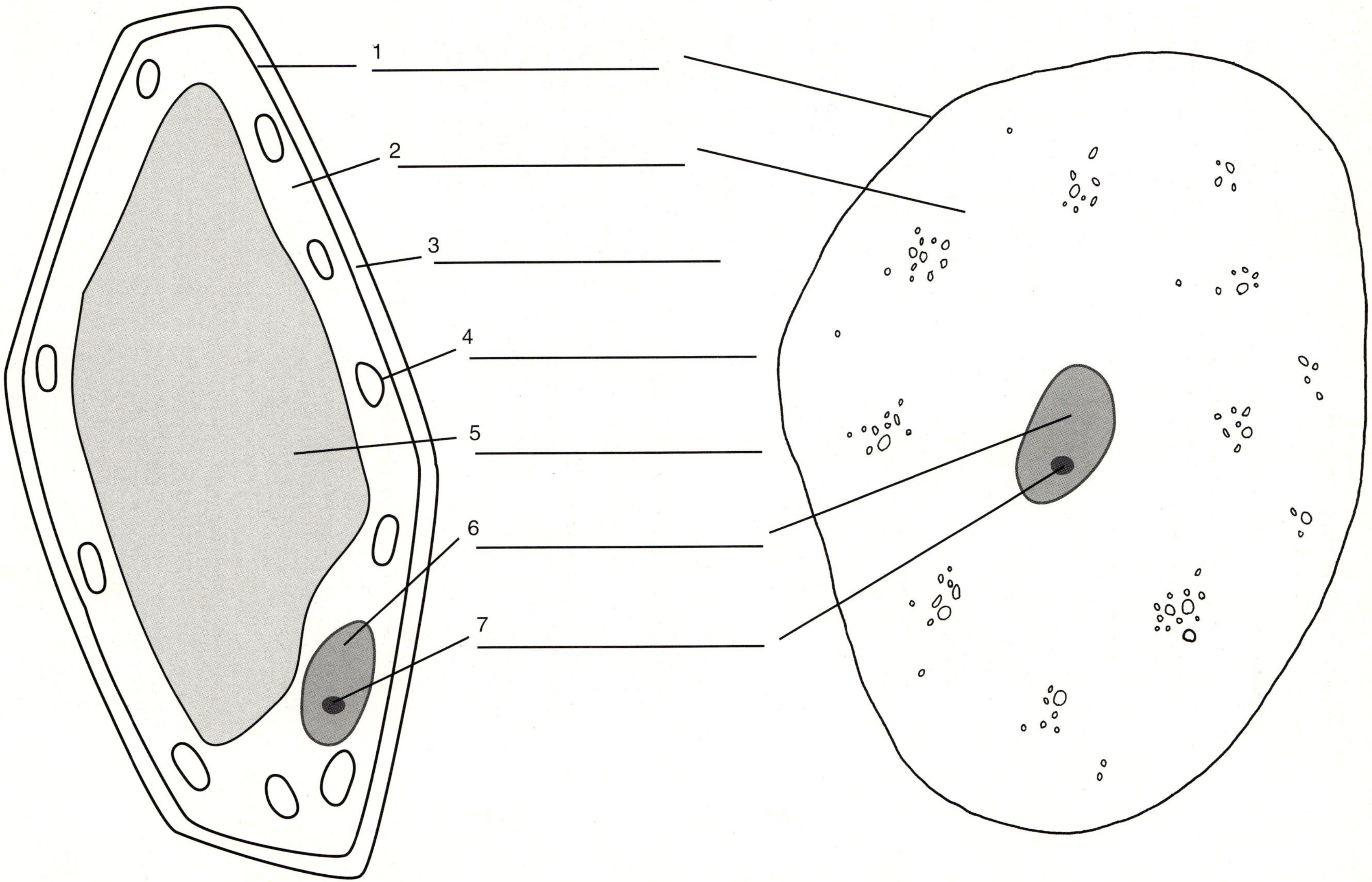

Leben im Wassertropfen

(Schülerbuch S. 16/17)

Aufgaben und Lösungen

① Vergleiche den Weg der Nahrung beim Pantoffeltierchen und beim Menschen. Welche Organellen entsprechen welchen Organen?

Weg der Nahrung	Pantoffeltierchen	Mensch
Nahrungsaufnahme	Mundfeld	Mund
Verdauung	Nahrungsbläschen	Magen/Darm
Ausscheidung fester Stoffe	Zellafter	After
Ausscheidung von Flüssigkeiten	Pulsierendes Bläschen	Niere

② Betrachte Paramecium unter dem Mikroskop und skizziere seinen Weg, sobald es auf ein Hindernis stößt.

– *Das Pantoffeltierchen schwimmt zunächst ein kurzes Stück rückwärts, ändert seine Richtung um einen Winkel von etwa 10 bis 20 Grad und schwimmt dann wieder vorwärts. Stößt es erneut gegen ein Hindernis, so wiederholt es diese Ausweichreaktion, bis die Bahn endgültig frei ist.*

③ Pantoffeltierchen teilen sich alle 24 Stunden. Nach 19 Tagen sind aus einem Tierchen 500 000 entstanden. Wann wird eine Million überschritten?

– *Da sich ihre Anzahl in 24 Stunden verdoppelt, werden theoretisch nach weiteren 24 Stunden, also nach insgesamt 20 Tagen, eine Million Tierchen vorhanden sein. Diese Million wird am 21. Tag überschritten.*

Zusatzaufgabe und Lösung

① Zeichne bei 400facher Vergrößerung ein Pantoffeltierchen und schätze dessen reale Größe ab.

– *Das Pantoffeltierchen wird 10 cm bis 12 cm einnehmen und ist dementsprechend in Wirklichkeit 0,25 mm bis 0,3 mm lang (10 cm = 100 mm; geteilt durch 400 ergibt 0,25 mm).*

Experimentelles

Experimente mit Paramecien

1 Die Anzucht von Pantoffeltierchen gelingt auch, wenn man statt Heu Salat nimmt. Bei ungewaschenem Freilandsalat ist häufig das Impfen mit Teichwasser überflüssig; Leitungswasser führt auch zum Erfolg.

2 Als natürlicher Lebensraum, aus dem Einzeller zu gewinnen sind, bietet sich auch ein feuchtes Moospolster an. Hier treten jedoch auch *Rädertierchen* und *Bärtierchen* auf.

3 Zur Mikroskopie von Pantoffeltierchen empfiehlt es sich, Fasern von Filter- oder Löschpapier in den Wassertropfen schieben zu lassen. Dadurch wird die schnelle Fortbewegung und Entfernung aus dem Gesichtsfeld eingeschränkt. Zudem kann die Reaktion auf ein Hindernis beobachtet werden.

4 Die Nahrungsaufnahme des Pantoffeltierchens läßt sich beobachten, wenn mittels Pipette dem Präparat ein paar Tropfen *Kongorothefe* zugesetzt werden. Es ist deutlich zu erkennen, wie am Grunde des Mundtrichters Nahrungsbläschen um eingestrudelte Tropfen Kongorothefe gebildet werden. Nach einiger Zeit wandern sie ins Zellinnere. Nach etwa 10 Minuten sind die ersten Nahrungsbläschen blauviolett gefärbt (saures Milieu).

Rezept: Herstellung von Kongorothefe.

Ein erbsengroßes Stück frische Backhefe wird in 150 ml Leitungswasser aufgeschlämmt und unter Rühren etwa 10 Minuten lang gekocht. Dabei wird die Chitinhülle der Hefezellen zerstört (Voraussetzung für die Anfärbung). Man läßt etwas abkühlen und setzt eine Spatelspitze des Indikatorfarbstoffes Kongorot zu. Der Fortschritt der Färbung der Hefezellen läßt sich mikroskopisch kontrollieren.

Lösungen zum Arbeitsblatt

1 Zellafter: Ausscheidung von Resten
2 Zellmund: Bildung von Nahrungsbläschen
3 Mundfeld: Einstrudeln von Nahrungsteilchen
4 Wimpern: Fortbewegung und Strudelbewegung
5 Zellhaut/Zellmembran: Form, Schutz
6 Kleinkern: geschlechtliche Fortpflanzung
7 Großkern: Steuerung von Zellfunktionen
8 Nahrungsbläschen: Verdauung
9 Zellplasma: Stoffwechsel
10 Pulsierendes Bläschen: Wasserausscheidung

Medien

Filme
– Verhalten von Pantoffeltierchen im elektrischen Feld. Klett Unterrichtsfilm

Mikropräparat
– Pantoffeltierchen (Paramecium caudatum). Phywe

Dias
– Serie Einzeller. Phywe

Transparente
– Fortpflanzung bei Tier und Pflanze. Phywe

Bau des Pantoffeltierchens

1. Benenne die im Schema mit Ziffern bezeichneten Zellbereiche des Pantoffeltierchens.

2. Ordne diesen Zellbereichen die entsprechenden Aufgaben zu.

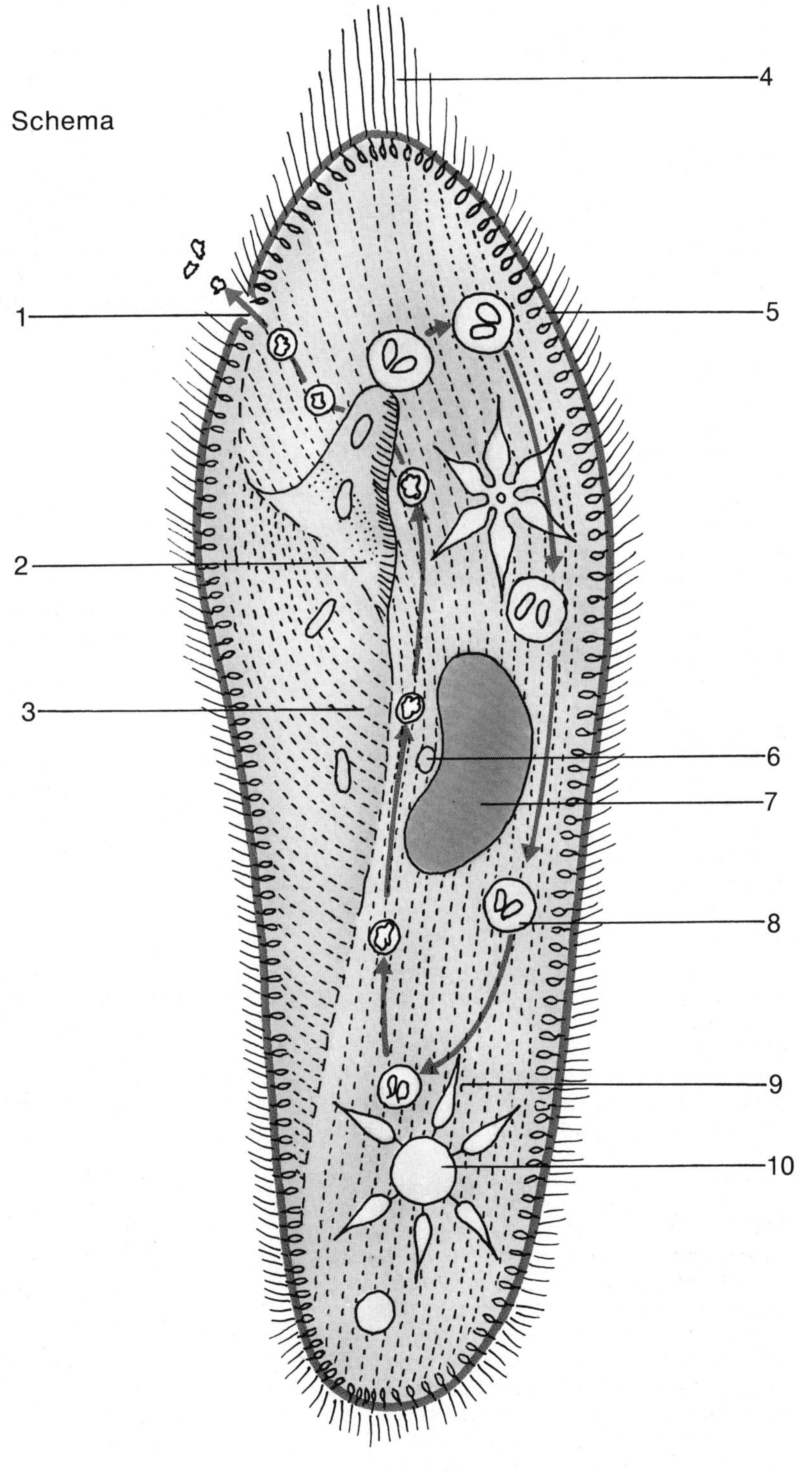

Amöbe – ein Einzeller ohne feste Gestalt

(Schülerbuch S.16)

Aufgaben und Lösungen

Kalk-
gehäuse

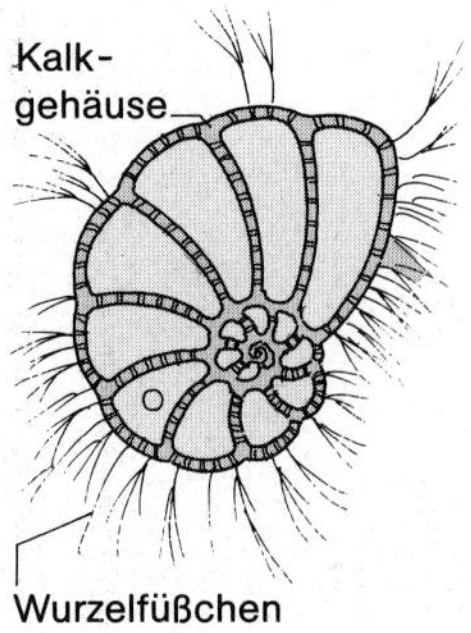

Wurzelfüßchen

Foraminifere

Kieselsäureskelett

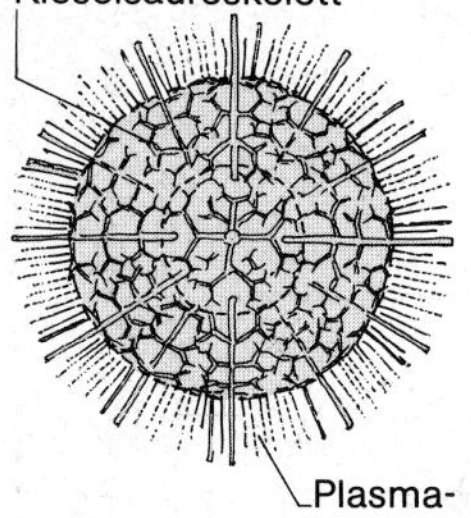

Plasma-
fäden

Radiolarie

① Vergleiche eine Amöbe mit einem Pantoffeltierchen. Nenne Gemeinsamkeiten und Unterschiede.

– *Gemeinsamkeiten:*
Beide bestehen nur aus einer einzigen Zelle, die alle Lebensfunktionen wahrnimmt.
Beide vermehren sich durch Zellteilung.
Beide besitzen Pulsierende Bläschen.
Beide bilden Nahrungsbläschen.
Beide können Zysten bilden und so ungünstige Lebensbedingungen überstehen.

– *Unterschiede:*
Pantoffeltierchen besitzen eine vergleichsweise feste Form; Amöben ändern dauernd ihre Gestalt.
Pantoffeltierchen bewegen sich mit Hilfe von Wimpern fort; Amöben bilden Scheinfüßchen aus.
Pantoffeltierchen besitzen feste Zellbereiche für die Nahrungsaufnahme und die Ausscheidung, Zellmund und Zellafter; Amöben können an jeder beliebigen Stelle ihrer Zelloberfläche durch Umfließen (Phagocytose) Nahrung aufnehmen und unverdauliche Reste ausscheiden.
Pantoffeltierchen haben zwei Pulsierende Bläschen; Amöben besitzen nur eines.
Pantoffeltierchen leben in freiem Wasser und schwimmen; Amöben kriechen auf einer Unterlage.

② Beschreibe den Vorgang der Zellteilung bei einer Amöbe.

– *Bevor die Zellteilung beginnt, verdoppelt sich der Zellkern und ein zweites Pulsierendes Bläschen wird gebildet. Dann teilt sich das Zellplasma in zwei gleich große Bereiche auf und weicht auseinander. Jeder der beiden Teile enthält einen Zellkern und ein Pulsierendes Bläschen. Nachdem die letzte Plasmaverbindung aufgehoben ist, sind zwei selbstständige Lebewesen entstanden.*

Zusatzinformation

Krankheitserreger

Im Darm des Menschen leben oft Vertreter der harmlosen *Entamoeba coli* (eine Nacktamöbe), manchmal allerdings auch die Ruhramöbe *(Entamoeba histolytica*, ebenfalls eine Nacktamöbe), die die schweren, blutigen Durchfälle der *Amöbenruhr* verursacht. Die Übertragung erfolgt fast ausschließlich in Form von Zysten. Zystenlose, aktive Amöben, die mit dem Kot ausgeschieden werden, sterben schnell ab, inzystierte Amöben sind dagegen mehrere Monate lebensfähig.

Die Schalamöbe *Arcella* kann man mit etwas Glück auch im Heuaufguß finden. Ein Hinweis auf schalentragende Amöben ist daher sinnvoll.

Gesteinsbildende Einzeller

Wesentlich eindrucksvollere Schalen weisen die *Foraminiferen* auf, die jedoch nur im Meerwasser oder in seltenen Salzwassergebieten des Festlandes zu finden sind. Mächtige Gesteinsschichten sind aus den Schalenablagerungen ihrer Vorfahren entstanden. Die Kreidefelsen von Dover und die ägyptischen Pyramiden sind bekannte Beispiele. Die Steine der Pyramiden bestehen fast vollständig aus Foraminiferenschalen *(Nummulitenkalk)*, den Gehäusen von Einzellern, die vor rund 48 Millionen Jahren gelebt haben.
Moderne, technische Bedeutung erlangten die Jahrmillion alten Foraminiferenschalen bei der Auswertung von Bohrkernen der Erdölgesellschaften. Sie dienen als Leitfossilien zur Altersbestimmung.
Eine Augenweide ist die Formenvielfalt der *Radiolarien*. Ihre Kieselsäureskelette (manchmal auch aus Strontiumsulfat aufgebaut) sind „Filigranarbeit". Auch sie bilden mächtige Gesteinsformationen. Die Inseln Barbados und Haiti bestehen fast ausschließlich aus diesem Gestein.

Phagocytose – Transportsystem lebender Zellen

Die Phagocytose (*phagein*, gr.= fressen; *cytos*, gr.=Zelle, Bläschen) ist ein Grundprinzip zellulärer Stoffaufnahme. Dabei werden feste Stoffe von einer Membran eingeschlossen. *Pinocytose* heißt der entsprechende Vorgang, wenn Flüssigkeiten eingeschlossen werden. *Exocytose* ist der umgekehrt ablaufende Vorgang; von der Zelle werden dabei feste oder flüssige Stoffe nach außen entleert. Durch Phagocytose bekämpfen die weißen Blutzellen Krankheitserreger im Körper des Menschen, die Darmepithelien nehmen so Fetttröpfchen aus dem Darm auf, schleusen sie durch die Zelle und per Exocytose in die Lymphbahnen. Die Endknöpfchen der Axone entleeren so ihre Neurotransmitter in den synaptischen Spalt. Amöben können durch Phagocytose kleine Wimpertierchen als Nahrung aufnehmen. Auch beim Pantoffeltierchen erfolgt die Nahrungsaufnahme durch Phagocytose im Bereich des Mundfeldes.

Medien
- Untersuchungsobjekt: Amoeba proteus

Mikropräparate
- Amoeba spec.; Phywe

Dias
- Einzeller. Phywe
- Pathogene Einzeller. Phywe

Wir basteln ein Daumenkino

Arbeitsschritte:

1. In Streifen schneiden.
2. In der numerierten Reihenfolge aufeinanderlegen
3. Die aufeinandergelegten Streifen im linken Drittel aufeinanderkleben oder heften

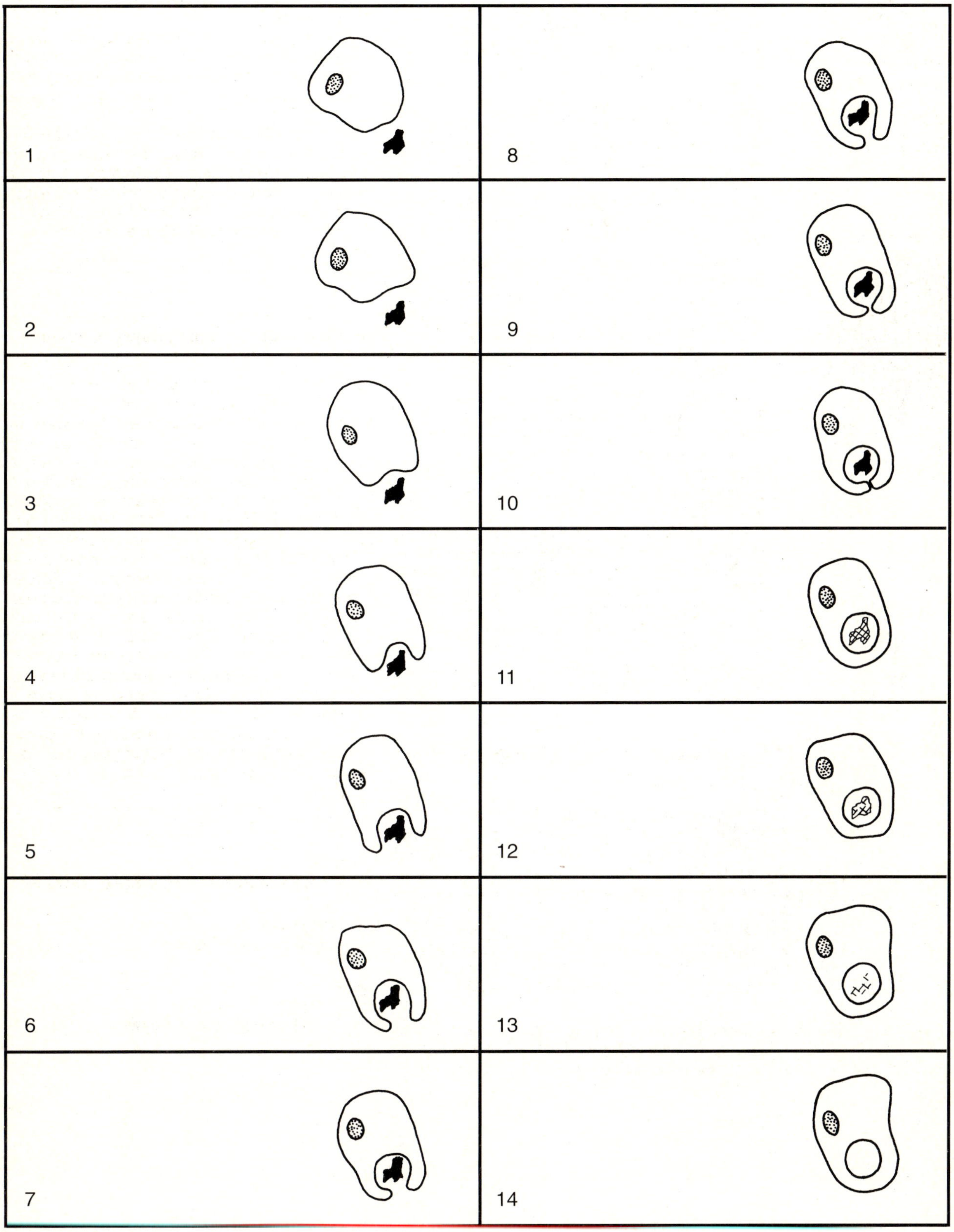

Euglena – Tier oder Pflanze?

(Schülerbuch S. 19)

Zusatzaufgaben und Lösungen

① Erkläre den Verlauf der Fortbewegung von Euglena in Abb. 1c. Schwimmt Euglena von links nach rechts oder umgekehrt?

– *Die Fortbewegung verläuft von rechts nach links, die Geißel wirkt dabei als Zuggeißel (wie ein Flugzeugpropeller, nicht wie eine Schiffsschraube!). Die schwarzen Ringpfeile deuten eine Drehung um die Längsachse von Euglena an. Da Euglena zum Licht hin schwimmt, muß sie von rechts nach links schwimmen.*

– *Man erkennt, daß die Bewegung nicht geradlinig verläuft. Die Korrektur der Bewegungsrichtung erfolgt immer, wenn das Licht nicht mehr von vorne auf das lichtempfindliche Organell trifft. Fällt das Licht von der Seite ein, so kommt es wegen der Eigendrehung zu einer periodischen Beschattung des lichtempfindlichen Organells durch den Augenfleck. Dies löst die Korrektur der Bewegungsrichtung aus.*

② Weshalb ist der deutsche Name Augentierchen für Euglena schlecht gewählt? Suche nach einer treffenden Bezeichnung.

– *Es ist unzutreffend, von einem Auge zu sprechen. Augenfleck und lichtempfindliches Organell bilden einen Lichtsensor mit der Fähigkeit, den Einfallswinkel des Lichts in gewissen Grenzen „abzuschätzen". Man bezeichnet die lichtempfindlichen Zellen in der Haut eines Regenwurms auch nicht als „Auge".*
Statt „Augentierchen" könnte man vielleicht „Augengeißler" (vgl. S. 171) sagen, wobei allerdings wieder der Ausdruck „Auge" enthalten ist. Eine andere Möglichkeit wäre, die Ernährungsweisen in den Namen einzubeziehen: „omnitropher Geißelträger". Dabei sucht man vergebens nach einer sinnvollen Eindeutschung des Wortes omnitroph.

③ Stülpe über ein Glas mit Euglenen eine Pappschachtel mit einem seitlichen Loch. Entferne die Schachtel nach einigen Stunden. Versuche deine Beobachtungen zu deuten.

– *An der Glaswand ist ein grüner Fleck in der Form des Loches entstanden: Die Euglenen mit Chloroplasten haben die hellste Stelle des Gefäßes aufgesucht.*

Lösungen zum Arbeitsblatt

1) lange Geißel, 2) kurze Geißel, 3) Geißelsäckchen, 4) Augenfleck, 5) lichtempfindliches Organell, 6) Pulsierendes Bläschen, 7) Speicherstoffe, 8) Chloroplast, 9) Zellkern, 10) Zellplasma, 11) Zellmembran

Medien

– Untersuchungsobjekt: Euglena viridis

Mikropräparate

– Euglena viridis. Phywe
– Einzeller. Phywe

Dias

– Einzeller pathogen. Phywe

Experimentelles

Euglena ist nur etwa 0,05 mm lang. Man sollte also eine 400fache Vergrößerung verwenden. Dabei zeigt sich, wie schnell Euglena sich fortbewegen kann. Zur besseren Beobachtung kann Fasermaterial, Gelatine, Kleister oder Glycerin (1:15 verdünnt) zugesetzt werden. Durch Schließen und plötzliches Öffnen der Lichtfeldblende kann die positiv phototaktische Reaktion von Euglena beobachtet werden (100fache Vergrößerung).

Zusatzinformation

Krankheitserreger

Zahlreiche Geißelträger *(Flagellaten)* sind Krankheitserreger bei Tier und Mensch.

– *Trichomonas vaginalis* kommt im Vaginalschleim auch bei gesunden Frauen vor. Eine Störung des Scheidenmilieus kann zu starker Vermehrung führen, die sich durch Juckreiz und Brennen in der Scheide bemerkbar macht. Die Übertragung erfolgt durch Geschlechtsverkehr. Die Krankheitserscheinungen beim Mann sind die Entzündung der Prostata und der Harnleiter.
– *Trypanosomas gambiense* ist der Erreger der Afrikanischen Schlafkrankheit. Die Tsetse-Fliege überträgt den Erreger. Die Krankheit äußert sich durch starkes Fieber, Drüsenschwellung, Abmagerung und Apathie. Im fortgeschrittenen Stadium wird das Rückenmark und das Gehirn angegriffen, was den Tod zur Folge hat. Die Behandlung erfolgt durch das in Deutschland im Jahr 1916 entwickelte Medikament „Germanin".
– *Trypanosomas cruzi* ruft die Chagas-Krankheit hervor. Zum Krankheitsbild gehören Lymphknotenschwellungen und die Schädigung des Herzmuskels. Sie führt entweder sehr schnell zum Tode oder geht in ein chronisches Stadium über, das durch Lähmungen und Idiotie gekennzeichnet ist. Es gibt kein Heilmittel.

Meeresleuchten

Kein Krankheitserreger ist *Noctiluca miliaris*. Dieser zu den Panzergeißlern gehörende Vertreter der Flagellaten bewirkt das Meeresleuchten. In bewegtem Wasser wird Noctiluca zum Leuchten angeregt. Sie ist weltweit verbreitet.

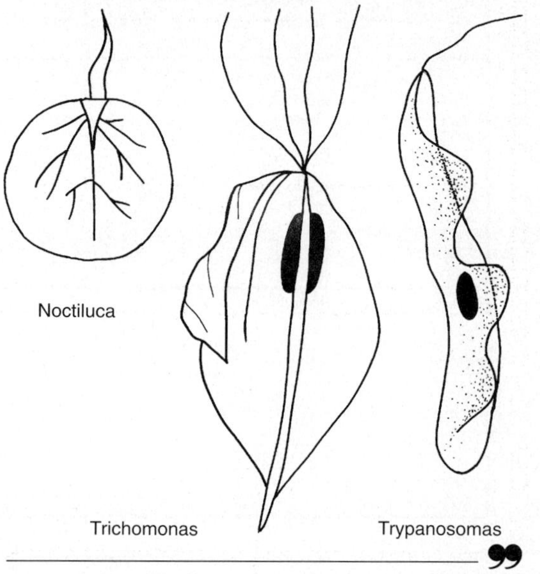

Euglena

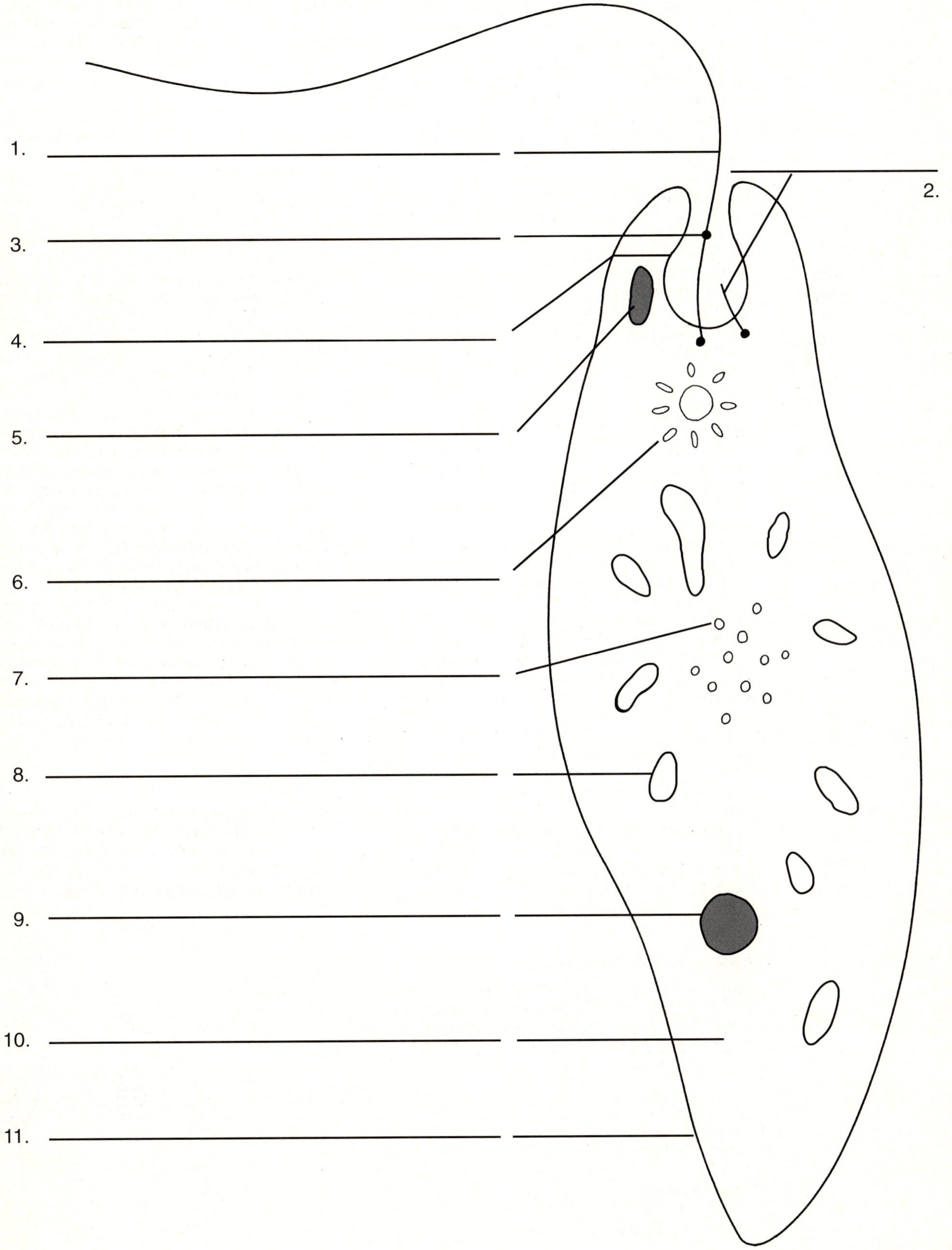

Einzeller und Zellkolonie

(Schülerbuch S. 20)

Die Kugelalge Volvox

(Schülerbuch S. 21)

Aufgaben und Lösungen

① Nach wieviel Teilungsschritten entstehen aus einer einzelnen Zelle Kolonien von Gonium bzw. Eudorina?

– *Gonium besteht aus 16 Zellen. Folglich sind 4 Teilungsschritte notwendig:*
1. Schritt: 1 -> 2
2. Schritt: 2 -> 4
3. Schritt: 4 -> 8
4. Schritt: 8 -> 16
Entsprechend sind zum Erreichen der 32 Zellen von Eudorina 5 Teilungsschritte notwendig.

② Welche Vorteile bringt der Zusammenschluß einzelner Zellen zu Kolonien?

– *Die Gattung Gonium besitzt je nach Art 4 bis 16 Zellen, Eudorina immer 32 Zellen. Diese Zellen stellen einen geformten Verband von Einzelzellen dar. Es erfolgt keine Spezialisierung von Zellen. Die Zellen sind einzeln lebensfähig, so daß eine einzelne, vom Verband abgelöste Zelle erneut eine Kolonie bilden kann. Die Zellen sind durch Gallerte miteinander verbunden. Dadurch wird der Geißelschlag koordiniert. Die Kolonie ist somit zu einer Gesamtleistung fähig, dem Schwimmen in eine Richtung. In einer Umwelt, in der viele Freßfeinde nicht viel größer sind als eine Einzelzelle von Gonium, ist der Zusammenschluß zu einer Kolonie von entscheidendem Vorteil: Die enorme Größe verhindert das Gefressenwerden.*

③ Stelle nach den Abbildungen dieser Seiten in einer Tabelle Unterschiede zwischen Chlamydomonas, Gonium, Eudorina und Volvox zusammen.

– *Gattung: Chlamydomonas; Zahl der Zellen: 1; Anordnung: einzellig; Aufgaben der Zellen: alle Lebensfunktionen. Gattung: Gonium; Zahl der Seiten: 4–6; Anordnung: flächig; Aufgaben der Zellen: alle Lebensfunktionen. Gattung: Eudorina; Zahl der Zellen: 32; Anordnung: flächig, Aufgaben der Zellen: alle Lebensfunktionen. Gattung: Volvox; Zahl der Zellen: bis zu 20 000; Anordnung: Hohlkugel; Aufgaben der Zellen: arbeitsteilig; Ernährung, Bewegung, Fortpflanzung.*

④ Ist Volvox eine Pflanze oder ein Tier? Begründe deine Antwort.

– *Volvox weist Kennzeichen von Pflanze und Tier auf. Augenfleck und Geißeln sind eher tierische Kennzeichen, der Chloroplast läßt auf eine Pflanze schließen. Ohne Fotosynthese ist Volvox nicht lebensfähig. Damit ist sie bei den Pflanzen einzureihen.*

Formenvielfalt der Volvocacaee

Oltmansiella	4 Zellen in einem Band
Gonium	4–16 Zellen in der Ebene
Stephanosphaera	4–16 Zellen in einem Kranz
Pandorina	16 Zellen in einer Kugel
Eudorina	32 Zellen auf einer Hohlkugel
Pleodorina	128 Zellen auf einer Hohlkugel
Volvox	bis 20 000 Zellen auf einer Hohlkugel, keine Kolonie

Experimentelles

Fundstellen

Eine Massenvermehrung von Volvox findet von Mai bis August statt. In dieser Zeit kann man Volvox in Tümpeln und Teichen finden. Hat man einen Standort von Volvox gefunden, kann man an dieser Stelle mit großer Sicherheit im nächsten Jahr wieder zur selben Zeit mit einer Massenvermehrung rechnen. In vielen Fällen läßt sich Volvox auch im Schulteich ansiedeln.

Individualstufen

Der Übergang von der ersten zur zweiten Individualstufe ist an der Reihe Chlamydomonas – Eudorina – Volvox gut zu beobachten. An Chlamydomonas verdeutlicht man den Bau der Einzelzelle. Durch einen Tropfen Iod-Kaliumiodid werden die Geißeln sichtbar. Eudorina trifft man oft in Vermehrungsphasen an. Dabei läßt sich die Kolonieentstehung gut beobachten. Fortbewegung und die Vermehrung durch Tochterkugeln sind die Schwerpunkte der Mikroskopie von Volvox.

Lösungen zum Arbeitsblatt

I) Chlamydomonas II) Gonium III) Eudorina IV) Volvox 1) Fortpflanzungszelle 2) Körperzelle 3) Plasmabrücke 4) Tochterkugel 5) Gallerte 6) Geißeln 7) Pulsierendes Bläschen 8) Augenfleck 9) Zellkern 10) Stärkebildungszentrum 11) Chloroplast 12) Zellwand

Medien

- Untersuchungsobjekt: Volvox

Mikropräparate

- Chlamydomonas spec. Phywe
- Gonium pectorale. Phywe
- Eudorina elegans. Phywe
- Volvox spec. Phywe

Dias

- Algen und Blaualgen. Phywe

Einzeller und Zellkolonie

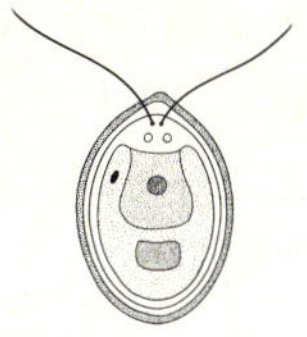

200 fach

I ____________________

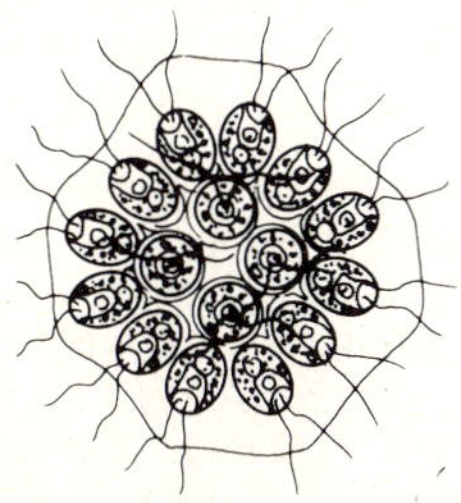

200 fach

II ____________________

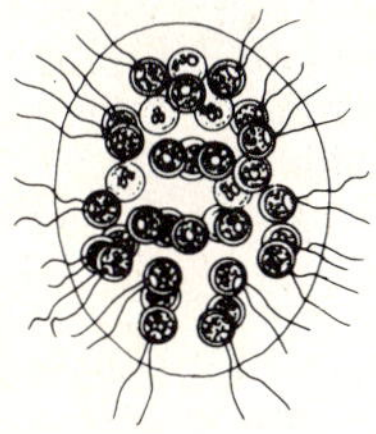

200 fach

III ____________________

IV ____________________

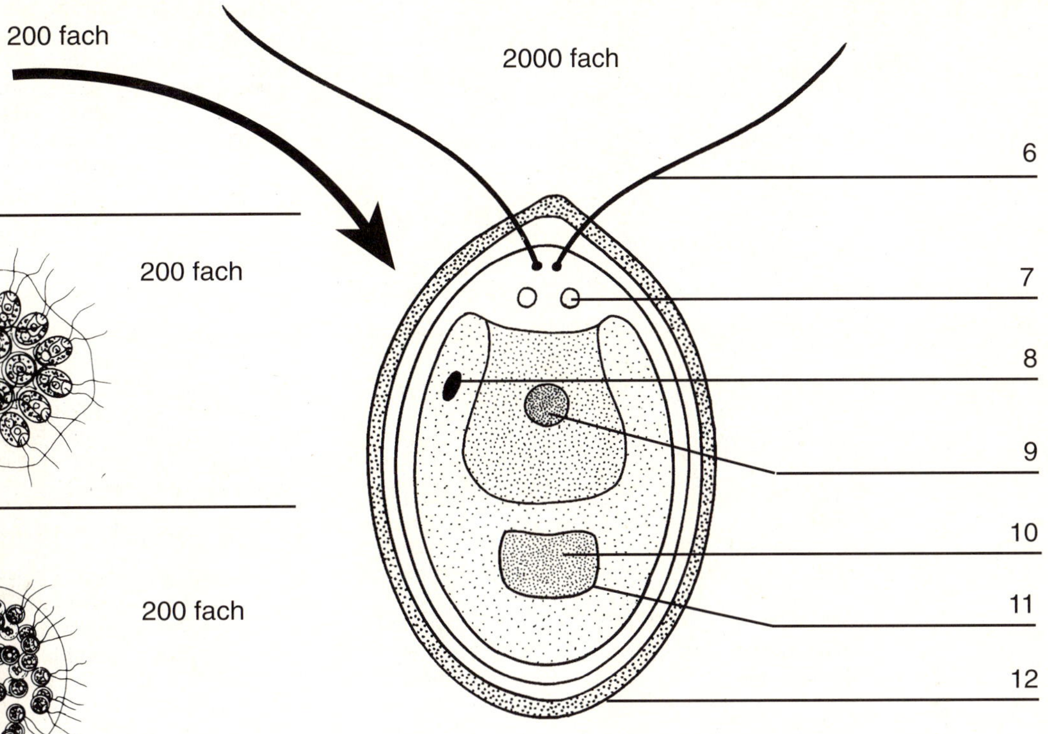

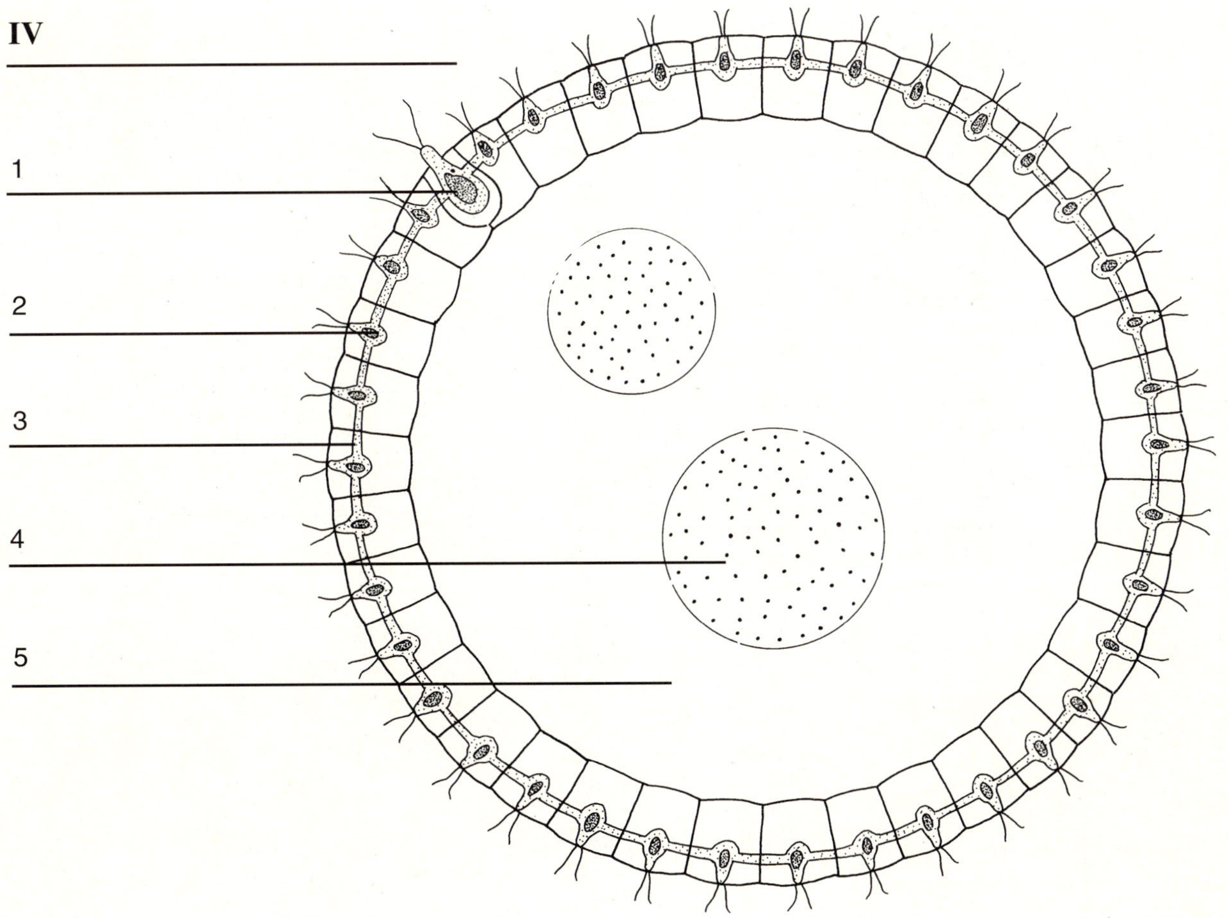

Schwämme sind einfache Vielzeller

(Schülerbuch S. 22)

Aufgaben und Lösungen

① Ordne den Zahlen der Abbildung 3 die entsprechenden Begriffe zu. (Entspricht dem Arbeitsblatt „Schema zum Aufbau eines Schwammes" auf S. 21)
- *3a/3b: 1) ausführender Kanal 2) Hautgewebe 3) nichtzellige Grundsubstanz 4) Porenkanal (Zufuhrkanal) 5) Wanderzellen. 6) Geißelkammer 7) Kragengeißelzelle*
- *3c: 1) Geißel 2) Kragen(wand) 3) Nahrungspartikel 4) Zellkern*

② Ein Schwamm hat kaum Lebenschancen, wenn er in schlammige Gebiete geschwemmt wird. Warum?
- *Die feinen Poren und Porenkanäle würden durch den Schlamm bald verstopfen. Dadurch käme der von den Kragengeißelzellen erzeugte andauernde Wasserstrom zum Stillstand. Die Ernährung und die Versorgung der Zellen mit Sauerstoff wäre nicht mehr gewährleistet.*

Zusatzinformation

Erstaunliche Regeneration

Zwei nebeneinander wachsende Schwämme können bei Berührung so miteinander verwachsen, daß ein einziger neuer Schwamm entsteht. Dies führt zu der Überlegung, ob Schwämme mehrzellige Individuen oder Kolonien sind. Die Entscheidung ist schwer zu treffen, denn ein Individuum verschmilzt nicht mit einem anderen, und eine Kolonie besitzt keine hochspezialisierten Zellen. Eine weitere interessante Beobachtung macht die Bewertung nicht leichter: Man kann einen Schwamm mit Hilfe von Chemikalien oder mittels Durchdrücken durch ein Gazenetz in seine Einzelzellen zerlegen. Mischt man die voneinander gelösten Zellen mit denen eines anderen, auf dieselbe Weise behandelten Schwammes derselben Art, so bildet sich daraus spontan ein neuer Schwamm mit allen Merkmalen der ursprünglichen Art.

Der Badeschwamm

Die *Hornschwämme*, zu denen der Badeschwamm gehört, weisen ein Skelett auf, dessen Farbe und Elastizität an Horn erinnert. Dabei besteht keine chemische Verwandschaft zwischen Horn und dem Gerüsteiweiß *Spongin.* Bei den Hornschwämmen werden die Kieselnadeln von Spongin umschlossen. Der Badeschwamm produziert gar keine Kieselnadeln mehr. Übrig bleibt ein reines Sponginskelett. Das macht den Badeschwamm für die Hautpflege verwendbar.

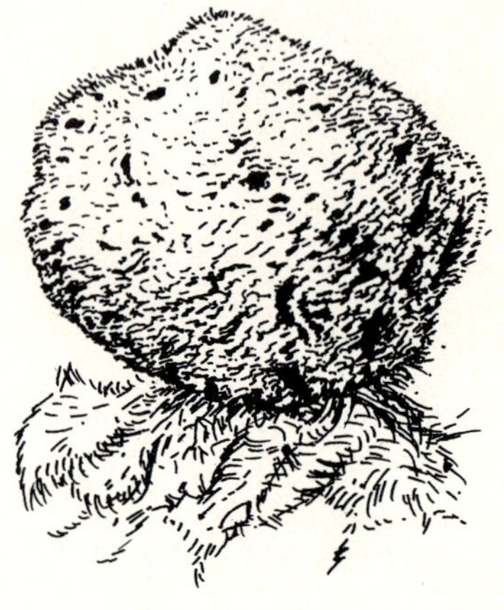

Lösung zum Arbeitsblatt

siehe Aufgaben und Lösungen ①

Medien

Bioplastik
- Kieselschwamm (Ephydatia spec.). Phywe

Mikropräparate
- Kieselschwamm, quer (Spongilla lacustris). Phywe
- Kieselschwamm, Winterknospen. Phywe
- Badeschwamm, quer (Euspongia offocinalis). Phywe
- Kalkschwamm, quer. Phywe

Entwicklung eines Kalkschwamms

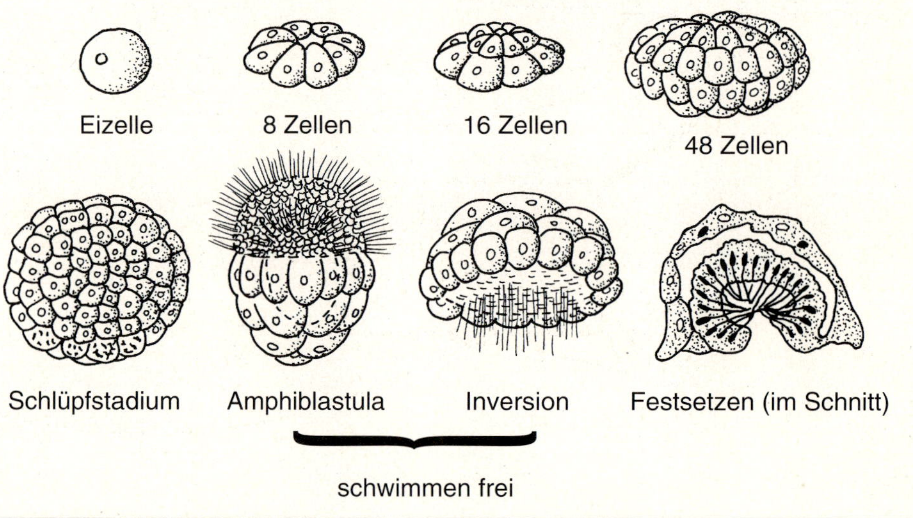

Schwamm

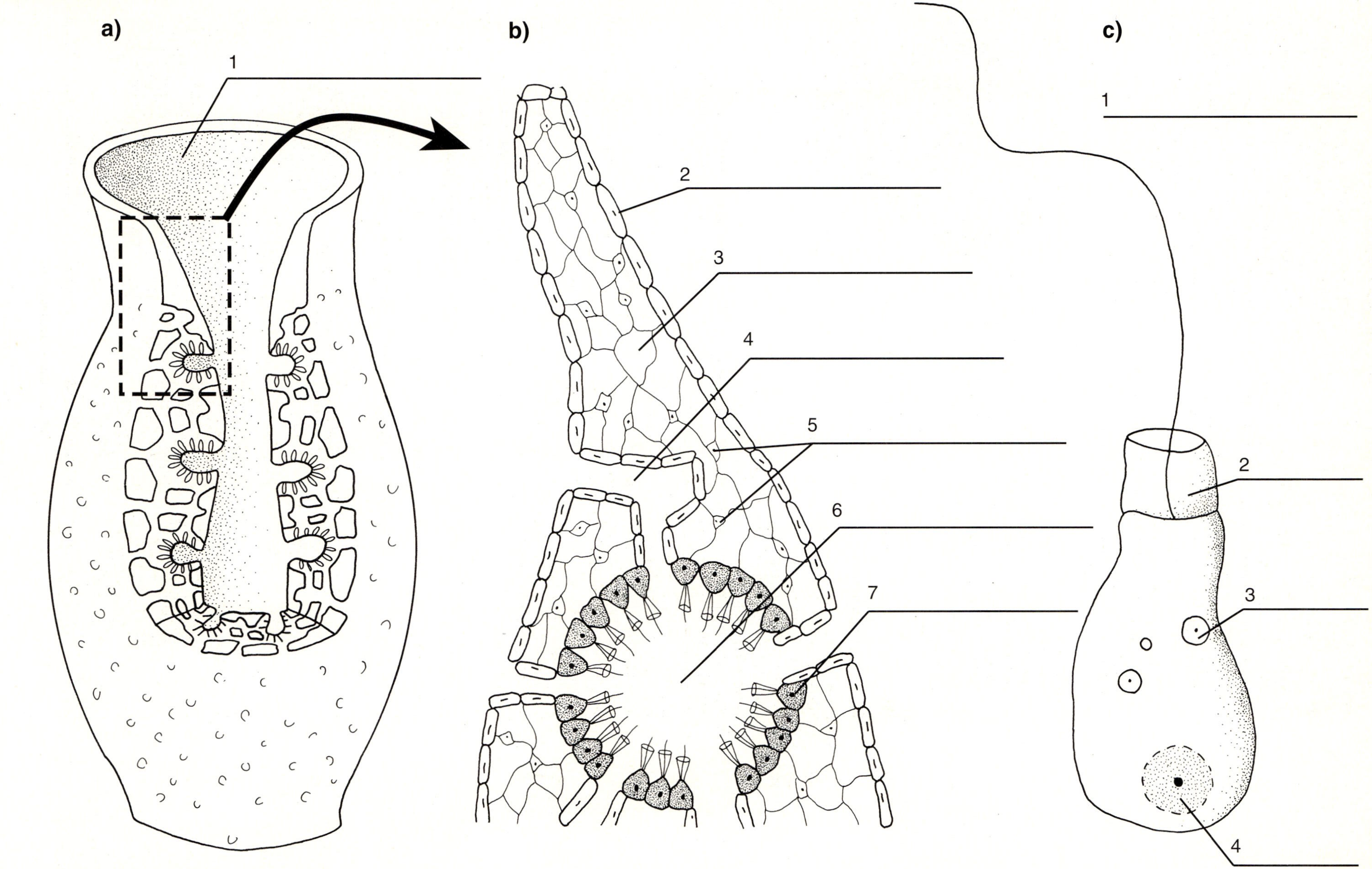

Der Süßwasserpolyp

(Schülerbuch S. 23)

Aufgabe und Lösung

① Beschreibe nach Abbildung 3 die Explosion einer Nesselzelle.

– *Berührt ein Beutetier auch nur einen der 6 bis 8 Fangarme, wird über den Auslösestift einer oder mehrerer Nesselzellen der Fangmechanismus ausgelöst. Der Deckel wird abgesprengt, und der Stilettapparat bohrt sich in den Körper des Opfers. Dabei können sogar Chitinpanzer von Wasserflöhen (Kleinkrebse) durchschlagen werden. Der lange Nesselfaden wird umgestülpt und ausgeschleudert. Er dringt in den Körper der Beute ein. Das Nesselgift ergießt sich in die Wunde, lähmt und tötet das Tier. Schließlich befördern die Fangarme die Beute unzerkleinert in die Mundöffnung. Danach wird sie im Magen-Darm-Raum zersetzt.*

Lösungen zum Arbeitsblatt

1. Abbildung
1) Fangarm 2) Mundöffnung 3) Magen-Darm-Raum 4) Fuß 5) Knospung

2. Abbildung
In der Reihenfolge der Beschriftungspfeile von oben nach unten

- Sinneszellen und Nervenzellen in der Stützschicht. Sie nehmen Reize auf und leiten Erregung weiter.
- Freßzellen (Nährmuskelzellen) im Entoderm. Sie nehmen durch Phagocytose Nahrungspartikel auf und verdauen sie in Nahrungsbläschen.
- Nesselzellen im Ektoderm. Sie dienen dem Beutefang und der Feindabwehr.
- Hautmuskelzellen im Ektoderm. Sie schließen den Körper nach außen ab, sorgen für Bewegung und Reaktionen.
- Ersatzzellen im Ektoderm. Sie können sich auch zu neuen Nesselzellen ausdifferenzieren.
- Drüsenzellen im Entoderm. Sie produzieren Verdauungssäfte für die Verdauung im Magen-Darm-Raum.

❞ Zusatzinformation

Pionierleistungen mit Hydra

Der Schweizer Naturforscher ABRAHAM TREMBLEY (1710-1784) wird als Pionier der experimentellen Zoologie betrachtet. Sein bevorzugtes Untersuchungsobjekt war der Süßwasserpolyp. TREMBLEY bemerkte unter anderem, daß sich die grüne Hydra (*Hydra viridissima;* enthält symbiontische Algen) bevorzugt zum Licht bewegt. Durch eine Versuchsserie mit Pappkarton und eingeschnittenem Loch wies er die positive Phototaxis des augenlosen Lebewesens nach. Durch seinen Zweifel bezüglich der Zuordnung zum Tier- oder Pflanzenreich angeregt, untersuchte und bewies er die Regenerationsfähigkeit (damals als eine typisch pflanzliche Eigenschaft angesehen) von zerstückelten Hydren. Erst später beobachtete er Hydren bei der Nahrungsaufnahme und ordnete sie folgerichtig dem Tierreich zu.
Weitere Erfolge verzeichnete er bei der Beobachtung der Knospung, der ungeschlechtlichen Vermehrung eines Tieres und bei der Erfindung der Vitalfärbung. Außerdem beobachtete er schon damals Zellteilungen (1740-1744).
Alle Untersuchungen führte er mit bloßem Auge oder mit Hilfe eines einfachen einlinsigen Mikroskops durch. ❞

Medien

- Pelmatohydra, lebend (Lehrmittelhandel)

Mikropräparate

- Süßwasserpolyp, quer (Hydra viridis). Phywe
- Süßwasserpolyp, total. Phywe

Video-Film

- Biologie des Süßwasserpolypen, gegliedert in drei Teile : 1. Bau, Bewegung, Ernährungsweise, 2. Teil: Ungeschlechtliche und geschlechtliche Fortpflanzung, 3. Teil: Regeneration und Pfropfung, 12 min. Klett

Das Korallenriff

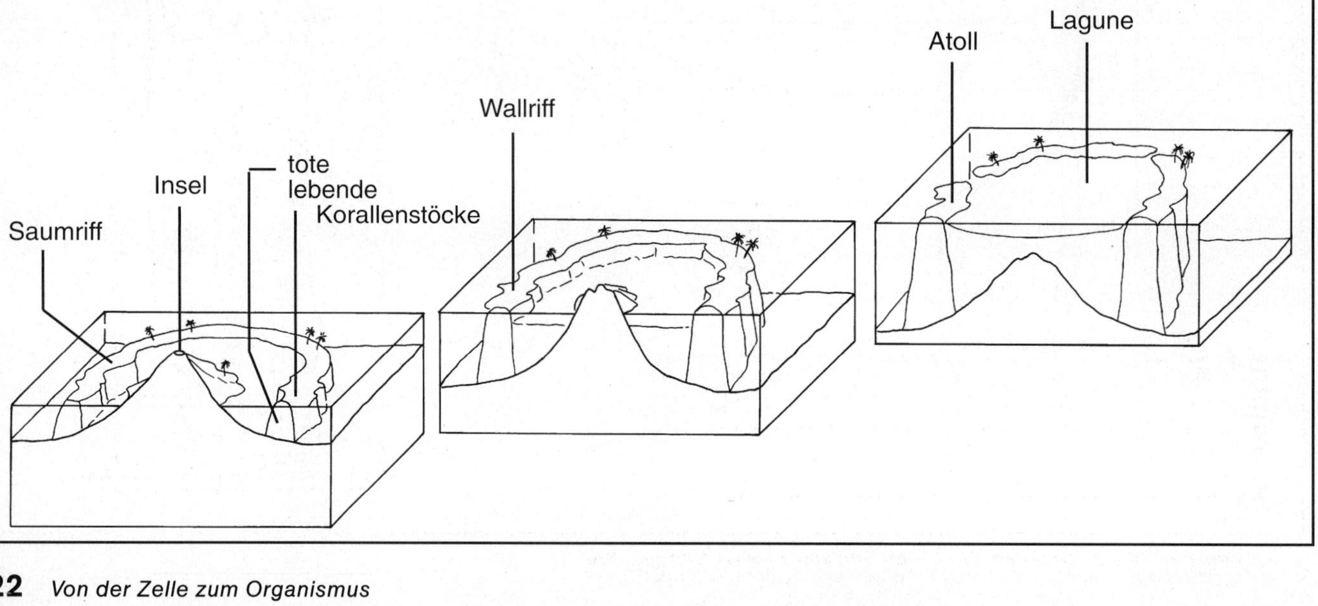

Bau eines Süßwasserpolypen

1. Benenne beim Bauplan des Süßwasserpolypen die mit Ziffern gekennzeichneten Teile und erläutere ihre Funktion.

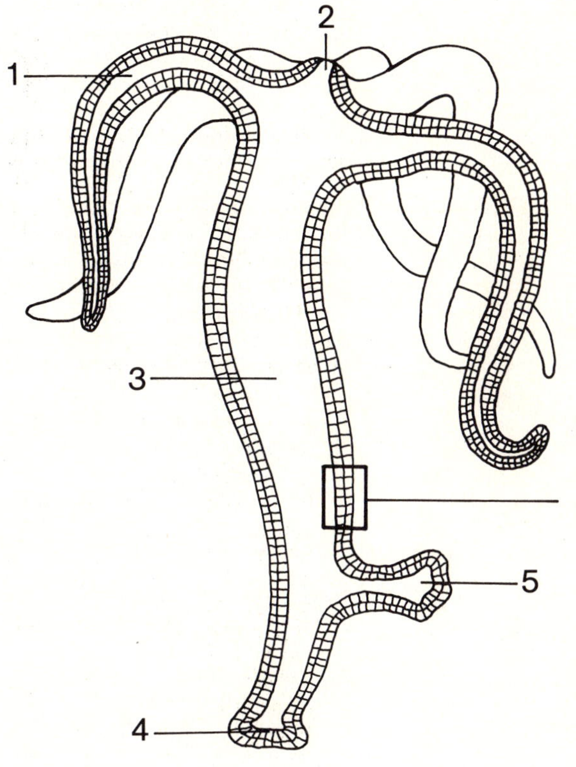

2. In der Körperwand einer Hydra findet man verschieden spezialisierte Körperzellen. Benenne die erkennbaren Formen und ordne ihnen Aufgaben zu.

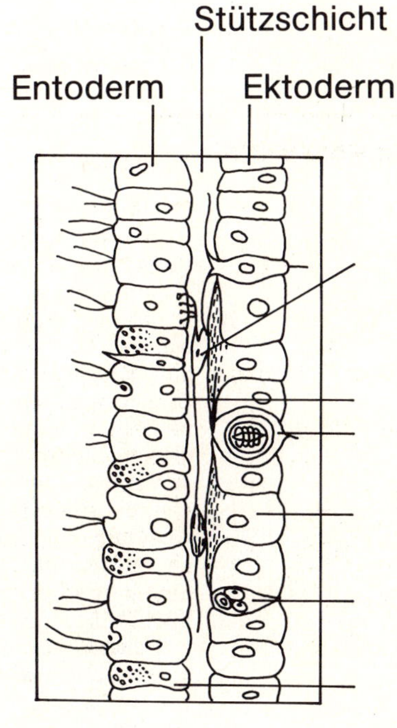

Die Ohrenqualle

(Schülerbuch S. 24)

Nicht nur Korallen bauen Riffe

Riffe bilden Lebensgemeinschaften mit Lebewesen, die in die *Riffbauer* und die *Riffbewohner* untergliedert werden können. Die Riffbauer bilden feste Skelette, die meistens aus Kalk bestehen, seltener aus Kieselsäure. Im Laufe der Erdgeschichte haben die verschiedensten Arten an der Riffbildung mitgearbeitet.
Kalkalgen und *Steinkorallen* sind die wichtigsten Vertreter der Riffbauer, aber auch *Oktokorallen* und *Moostierchen* sind beteiligt. Die ältesten Riffe sind bis zu einer Milliarde Jahre alt. Außer den Kalkalgen und Moostierchen der damaligen Zeit waren *Kalkschwämme* und *Steinschwämme* beteiligt. Vor 225 bis 270 Millionen Jahren *(Perm)* erreichten die Kalkschwämme ihre Blütezeit als Riffbauer. Auch in der Zeit vor 180 bis 225 Millionen Jahren *(Trias)* waren sie entscheidend beteiligt, wurden dann aber von den Steinkorallen überflügelt.
Die Kalkalpen und Dolomiten sind zu einem Großteil aus den Überresten von Riffen aus jener Zeit aufgebaut. Die Schwäbische und Fränkische Alb sind aus Jurariffen aufgebaut (135 bis 180 Millionen Jahre alt).
Bezüglich ihrer Lage zum Festland werden die Riffe in drei Grundtypen unterschieden: Die *Saumriffe* sind nahe an der Küste gelegen, die *Barriereriffe* sind der Küste weiter entfernt vorgelagert, und die *Atolle* schließen sich ringförmig um eine Lagune, in der oftmals noch eine Insel liegt. CHARLES DARWIN hat die Atollform als Endzustand einer langdauernden Entwicklung vom Saumriff über das Barriereriff zum Atoll richtig beschrieben. Dabei versinkt die ursprünglich vorhandene zentrale Insel mehr und mehr im Ozean.

Lexikon
Einzeller und einfache Vielzeller

(Schülerbuch S. 25)

❞ **Zusatzinformation**

Symbiosen

Die größte Klasse der Hohltiere ist die der Blumentiere *(Anthozoa)*. Dazu gehören so bekannte Vertreter wie die *Seeanemone* (auch Seerose, Aktinie genannt) und alle Korallen.
Diese Tiere tragen zur Farbenpracht der Unterwasserwelt und der Korallenriffe bei und bilden eine Vielzahl von Lebensgemeinschaften.
Zwischen Seeanemone und Einsiedlerkrebs besteht eine interessante Symbiose: Seeanemonen sitzen häufig auf Schneckenhäusern, die von Einsiedlerkrebsen bewohnt werden. Möglicherweise erhält der Krebs dadurch eine bessere Tarnung und die Seeanemone eine größere Beweglichkeit.
Eine bemerkenswerte Beobachtung kann man bei Krabben (Gattung *Melia*) im Indischen Ozean machen. Diese verwenden Aktinien als abschreckende Waffe. Sie lösen die Aktinien vom Untergrund ab und tragen in jeder Schere eine mit sich herum. Eine so bewaffnete Krabbe ist vor Feinden sicher.
Eine andere Lebensgemeinschaft wurde bei Riesenaktinien und Fischen beobachtet. Die Fische schwimmen immer in der Nähe „ihrer" Aktinie und flüchten bei Gefahr sofort zwischen die Tentakel, die für andere Tiere lebensgefährlich sind. Welchen Vorteil die Aktinie hat, ist nicht geklärt. ❞

Lösungen zum Arbeitsblatt

1) Quallenlarve 2) Geschlechtsorgane 3) Eier
4) Wimpernlarven 5) Polyp
a: *ungeschlechliche* Vermehrung
b: *geschlechtliche* Vermehrung

Medien

Bioplastik
- Edelkoralle, Corallium rubrum. Phywe
- Seerose, Actina spec. Phywe

Mikropräparate
- Quallenpolyp, Stock (Obelia apec.). Phywe
- Quallenpolyp, Meduse (Obelia spec.). Phywe

Dias
- Hohltiere. Phywe

Transparente
- Baupläne der Wirbellosen 2. Phywe

Literatur

BAY, F./RODI, D.: Einführung in das Mikroskopieren in der Hauptschule. Pädagogische Welt 37 (1983), S. 153–171
DIETLE, H.: Das Mikroskop in der Schule, Franckh Stuttgart 1984
DOBLER, H.-J. et al.: Natura, Band 4, Stuttgart, Ernst Klett Verlag, 1988
GRZIMEKS TIERLEBEN 1, Niedere Tiere, Klasse Geißelträger (Flagellaten), Ordnung Euglenoiden.
GRZIMEKS TIERLEBEN, Band „Niedere Tiere", Kapitel „Hohltiere", Kindler-Verlag, Zürich 1970
KNODEL, H. ET AL.: Neues Biologiepraktikum, Linder Biologie, Lehrerband, Stuttgart, Metzlersche Verlagsbuchhandlung, 1985
KNOLL, J. (Hrsg.): Mikroskopien. Unterricht Biologie, Heft 129, 1987
KÜKENTHAL, MATTHES, RENNER: Leitfaden für das zoologische Praktium, Gustav Fischer Verlag, Stuttgart, 1967
NULTSCH, W., GRAHLE, A.: Mikroskopisch-botanisches Praktikum für Anfänger. Stuttgart, Thieme Verlag, 7. Auflage 1983
SCHUMACHER, H.: Korallenriffe. BLV Verlagsgesellschaft, München, 1976
SCHULTE, H.: Zellbiologischer Unterricht und mikroskopische Arbeit im Sekundarschulbereich. Kastellaum. Henn 1978
SPEKTRUM DER WISSENSCHAFT, Juni 1988, S. 102 ff. „Der Beginn der Experimentalzoologie", Spektrum der Wissenschaft Verlagsgesellschaft, Heidelberg
STRASBURGER, E. ET. AL.: Lehrbuch der Botanik, Gustav Fischer, Stuttgart, 1984; zahlreiche Neuauflagen, (5. Klasse Chlorophyceae, Grünalgen)
WERNER, H.: Einführung in das Mikroskopieren. Unterricht Biologie 1 (1976), H. 2, S. 9–15

Generationswechsel der Ohrenqualle

Beschrifte.

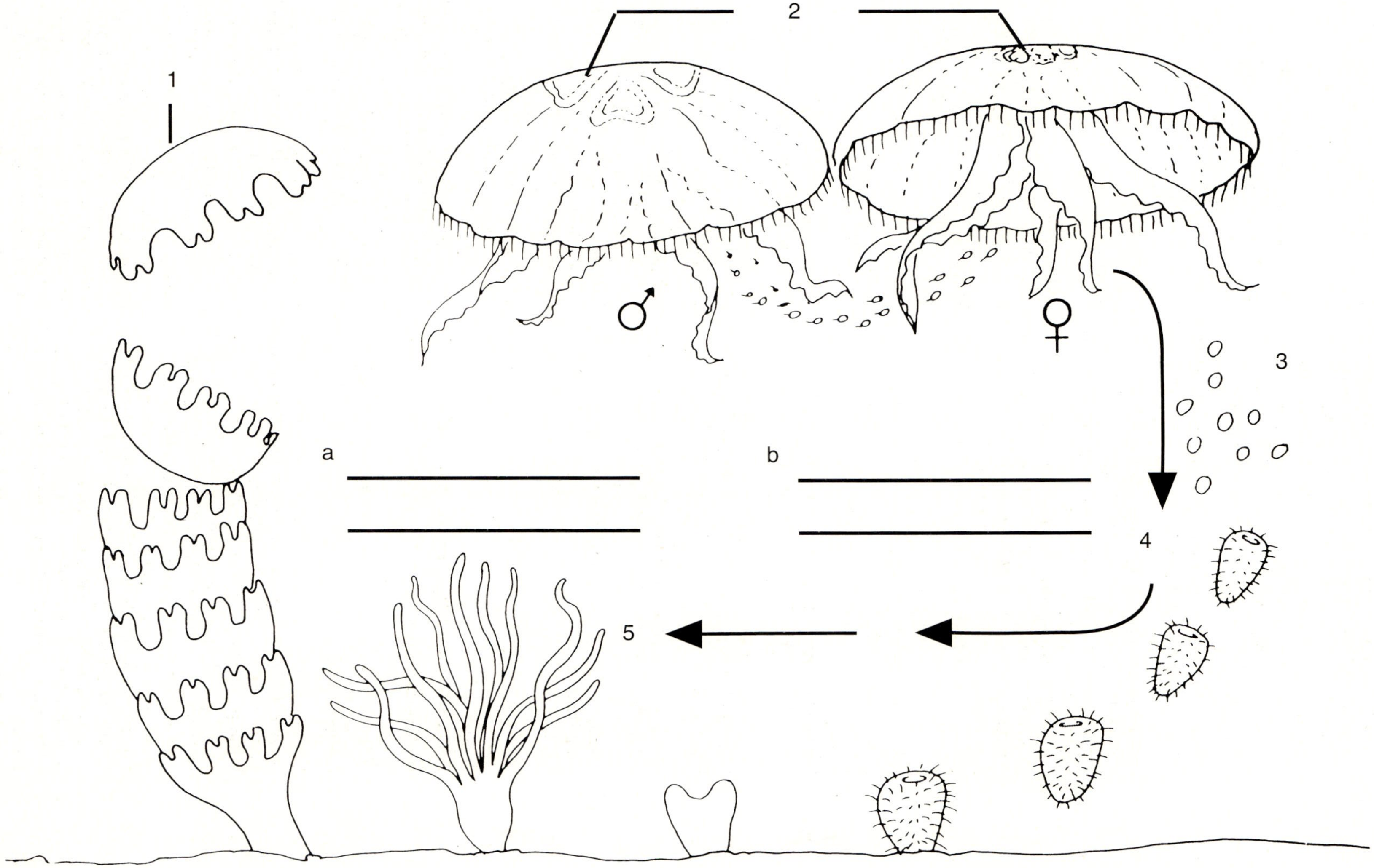

Wirbellose Tiere

Regenwürmer, Wasserflöhe, Spinnen, Insekten, Schnecken und Muscheln sind Tiere aus der Gruppe der Wirbellosen, die sich für Lebendbeobachtungen und Experimente eignen. Den größten Umfang nimmt entsprechend der Artenzahl der Themenkreis Gliederfüßer ein, darunter vor allem die Klasse der Insekten, mit der Biene als exemplarisch vorgestelltem Insekt. Beobachtungsaufgaben und Experimente sind so angelegt, daß der Schüler sie in seinem Lebensraum oder mit leicht erhältlichen Versuchsobjekten selbständig durchführen kann. Die Baupläne unter den folgenden Arbeitsblättern bieten vielfache Möglichkeiten des Vergleichs, sowohl innerhalb der Tierstämme als auch zwischen den Tierstämmen der Wirbellosen. Je nach Interessenlage bietet sich auch ein aufschlußreicher Vergleich mit dem Wirbeltierbauplan an, um die Vielfalt der strukturellen Lösungen für grundsätzliche Lebensfunktionen deutlich zu machen. Die Einbeziehung der Stachelhäuter in die Gruppe der vorgestellten Tierstämme der Wirbellosen soll die Vielgestaltigkeit der Tiere dieser Gruppe noch deutlicher machen. Die Neugier, die vor allem durch Beobachtungsaufgaben und Experimente geweckt wird, kann manche Abneigung gegenüber Tieren dieser Gruppe abbauen helfen und Begeisterung über die Vielfalt des Lebendigen auslösen.

1 Wurm ist nicht gleich Wurm

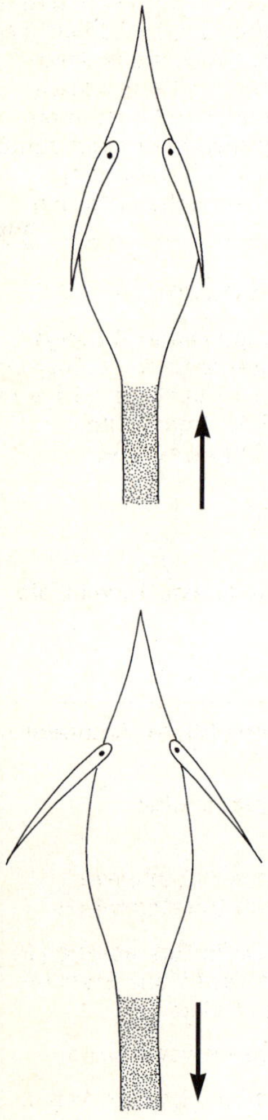

Was hat diese Harpunenpfeilspitze mit einem Regenwurm gemeinsam? Erkläre.

Regenwürmer sind Bodenbewohner

(Schülerbuch S.28/29)

Experimentelles

Regenwürmer sind leicht zu beschaffen, sie lassen sich ohne Hilfsmittel beobachten und zeigen zahlreiche Verhaltensweisen, die in einen logischen Zusammenhang mit ihrer Lebensweise gebracht werden können. Bei allen Versuchen mit ihnen muß der Respekt vor dem Leben – auch wenn es „nur“ ein Regenwurm ist – oberstes Gebot bleiben.
Die normale Zimmertemperatur in einem Klassenzimmer mit der üblichen trockenen Luft reicht schon aus, um die dünne Haut des Regenwurms sofort auszutrocknen. Sie besitzt so gut wie keinen Transpirationsschutz und ist das einzige Atmungsorgan; wenn die Haut austrocknet, stirbt der Wurm. Es ist deshalb wichtig, die Tiere während des Praktikums wiederholt mit Wasser zu befeuchten (Spritzflasche).

Aufgaben und Lösungen

① Grabe einen Regenwurm aus, spüle die Erde ab und betrachte ihn.
– *Man erkennt die Gliederung in einzelne, gleich aussehende Körperringe oder Segmente. Die Rückenseite ist dunkler als die Bauchseite. Mundwerkzeuge fehlen. Im vorderen Drittel fällt ein drüsenreicher Gürtel durch seine hellere Färbung auf.*

② Um herauszufinden, wo vorne und hinten bei einem Regenwurm ist, nimmst du das Tier locker in die geschlossene Hand! Es zwängt sein Vorderende zwischen den Fingern hindurch.
– *Sein Vorderende ist abgerundet; es ist das erste Segment, das als „Kopflappen“ über die Mundöffnung hinausragt. Das Hinterende ist abgeflacht und läuft spitz aus.*

③ Streiche mit einem Finger in beide Längsrichtungen über den Körper des Wurms. Was spürst du?
– *Streicht man an der Bauchseite von hinten nach vorn, bemerkt man die feinen Chitinborsten; in entgegengesetzter Richtung ist nichts zu spüren. Das hat für den Wurm den Vorteil, daß er sich vorwärts und vor allem abwärts ohne „Borstenbremse“ ungehindert bewegen kann und andererseits das Zurückrutschen in engen Röhren verhindert wird. Die Borsten können dem Körper anliegen, sich aber in Gegenrichtung abspreizen. (Vergleich: Fell des Maulwurfs).*

④ Lasse den Wurm über Pergamentpapier und eine Glasplatte kriechen. Beobachte und beschreibe sein Verhalten.
– *Auf dem Pergamentpapier ist ein kratzendes Geräusch zu hören, während der Regenwurm vorwärts kriecht. Der Körper des Wurms wird abwechselnd lang und dünn, dann kurz und dick.*
Zwei Muskelschichten sind dafür verantwortlich: Eine äußere Ringmuskelschicht und eine innere Längsmuskelschicht. Beide sind mit der Oberhaut verwachsen und bilden den Haut-Muskel-Schlauch. Da das Volumen des Schlauches gleich bleibt, können beide Schichten im Gegenspielerprinzip arbeiten, wobei als Kraftüberträger die Körperflüssigkeit dient.
Das Tier kriecht vorwärts, wenn die Wellenbewegungen von vorne nach hinten laufen, es kriecht rückwärts, wenn die Wellenfront von hinten nach vorne durchläuft. Die 4 Paar Chitinborsten je Segment verankern das Tier auf dem Pergament und verursachen das kratzende Geräusch. Auf der Glasplatte windet sich das Tier hin und her, es kommt aber nicht voran. Die Chitinborsten greifen nicht auf der glatten Unterlage.
Anmerkung: Hält man das Pergamentpapier, auf dem der Regenwurm kriecht, über ein Mikrofon, das z. B. an einen geeigneten Cassettenrekorder angeschlossen ist, so kann man die Kratzgeräusche verstärken und deutlich hören.

Lösungen zum Arbeitsblatt (S. 28)

Farbe: rotbraun, Länge: unterschiedlich
Form : wurmförmig, länglich
Wo ist vorne? Das Vorderteil ist dicker.
Wo ist hinten? Das Hinterteil läuft dünner aus.
Wie fühlt sich die Haut an? Sie ist weich, feucht und hat Borsten.
Betrachte das Vorderteil mit der Lupe.
Zeichne und beschrifte die ersten 4 Glieder.
Der angegebene Maßstab von 1 cm umfaßt die ersten 4 Glieder. Der Mundlappen soll erkennbar gezeichnet sein, ebenso die Borsten.

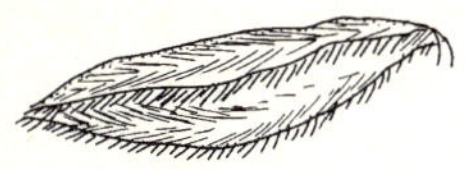

Aphrodite aculeata

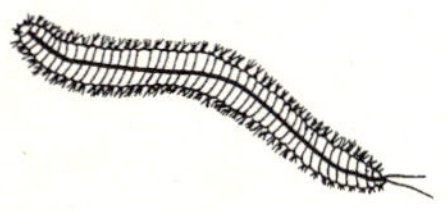

Nereis pelagica

Die Regenwürmer, eine große Familie

Die Regenwürmer gehören zu den *Wenigborstern* unter den Ringelwürmern. Die unterschiedlichen Arten besiedeln unterschiedliche Lebensräume. Der große *Lumbricus terrestris* (ca.30 cm) ist die häufigste, heimische Art. *Eisenea rosea* (ca.6 cm), klein und durchscheinend, besiedelt denselben Lebensraum. *Lumbricus rubellus,* der rote Regenwurm (max.12 cm), lebt im verwesenden Laub, und *Eisenea foetida* (ca.13 cm) bevorzugt in Dung und Kompost. Kothäufchen auf der Oberfläche weisen auf die Arten *Allolobophora longa* und *Allolobophora nocturna* hin, die – unabhängig von der Temperatur – jeden Sommer einen „Sommerschlaf" halten.
Im Gegensatz zum Regenwurm, der zu den Wenigborstern *(Oligochäten)* gehört, ist der häufig an heimischen Meeresküsten anzutreffende Sandpier oder Köderwurm *(Arenicola marina)* ein vielborstiger Meeresbewohner *(Polychät)*. Dieser im Meer lebende Borstenwurm wird bis zu 25 cm lang und baut im Schlick und Sand U-förmige Wohnröhren. Aus dem bei Ebbe freiliegenden Meeresboden wird er häufig als Angelköder z. B. für Schellfische ausgegraben.
Meeresringelwürmer haben vielfach äußere Kiemen sowie mehr und längere Borsten. Manche bauen feste Röhren aus Körpersekreten, Sand und Steinchen. Daraus ragen Tentakelkronen zur Atmung und Nahrungsaufnahme. Wie der Seeringelwurm *(Nereis pelagica)* und die schillernde Seemaus *(Aphrodite aculeata)* leben viele Polygochäten räuberisch und greifen sogar Fische an.

Zusatzinformation

Bewegungsmodell

Die typische Art der Fortbewegung der Regenwürmer findet man in der peristaltischen Bewegung der Speiseröhre oder des Magen-Darm-Traktes des Menschen wieder. Trotz der prinzipiell gleichartigen Struktur gibt es einen wichtigen Unterschied. Beim Verdauungssystem des Menschen werden Stoffe durch die muskulöse Röhre transportiert, der Regenwurm transportiert sich selbst.
Als einfaches Modell für die Peristaltik dient ein möglichst länglicher Luftballon. Er wird länger, wenn man ihn ringförmig preßt und wird dicker, wenn man ihn in Längsrichtung zusammendrückt.

Atmung

Ein Vergleich der Baupläne der dem Schüler schon bekannten Säugetiere mit dem der Ringelwürmer liefert zumindest eine Überraschung: Der Regenwurm besitzt weder Lungen noch Kiemen; womit atmet ein Regenwurm? Daß hier die Haut eine entscheidende Rolle spielt, ist insofern hervorzuheben, als das damit umso klarer wird, weshalb dieses empfindliche Organ nicht austrocknen darf. Der Regenwurm erstickt dann. Die Hautatmung beim Menschen beträgt nur wenige Promille an der menschlichen Atmung.

Lösungen zum Arbeitsblatt (S. 29)

1 Borsten, 2 Kutikula, 3 Ringmuskeln, 4 Längsmuskeln, 5 Segment, 6 Seitenherzen, 7 Rückengefäß, 8 Ringgefäß, 9 Mund,10 Schlund, 11 Nervensystem, 12 Bauchgefäß,13 Trennwand, 14 Ausscheidungsorgan,15 Speiseröhre, 16 Kropf, 17 Muskelmagen

Zusatzaufgabe

Der Bauplan des Regenwurms unterscheidet sich von dem der Säugetiere. Erstelle eine Tabelle, die die Unterschiede und Gemeinsamkeiten der Baupläne deutlich macht.

Vergleich	**Säugetiere**	**Regenwurm**
Gliederung/ Aufbau	Kopf, Körper, Schwanz und Gliedmaßen	einzelne, nahezu gleiche Ringe (Segmente)
Festigkeit	Knochenskelett	Flüssigkeitsgefüllte Leibeshöhle (Hydroskelett)
Fortbewegung	durch vier Gliedmaßen manchmal unterstützt durch den Schwanz.	durch die Peristaltik des Hautmuskelschlauches und der vier Borstenreihen
Sinnesorgane	Augen, Ohren, Nase, Zunge, Haut	Keine Sinnesorgane. Dafür Sinneszellen in der Haut. Sie reagieren auf Licht, Erschütterung und chemische Reize.
Nervensystem	Gehirn, Rückenmark und Nerven	Bauchmark (Strickleiternervensystem).
Verdauung	Abschnitte des Verdauungstraktes: Mund, Speiseröhre, Magen, Dünndarm, Dickdarm, Mastdarm, After.	Abschnitte des Verdauungstraktes: Mund, Schlund, Speiseröhre, Kropf, Muskelmagen, Darm, After.
Stofftransport	geschlossener Blutkreislauf, durch ein Herz angetrieben.	geschlossener Blutkreislauf, durch das Rückengefäß und 5 Paar Seitenherzen angetrieben. Ein Ringgefäß pro Segment.
Ausscheidung	Ein Paar Nieren für den ganzen Körper.	Pro Segment ein Paar Ausscheidungsorgane.
Atmung	Lungen	Haut

Der Regenwurm – von Nahem besehen

Beschreibe einen Regenwurm

Farbe: ____

Länge: ____

Form: ____

Wo ist vorne? ____________________________________

Wo ist hinten? ___________________________________

Wie fühlt sich die Haut an? _________________________

Betrachte das Vorderteil mit der Lupe.
Zeichne und beschrifte die ersten 4 Glieder.

Maßstab:

1 cm

Bauplan eines Regenwurms

Beschrifte.

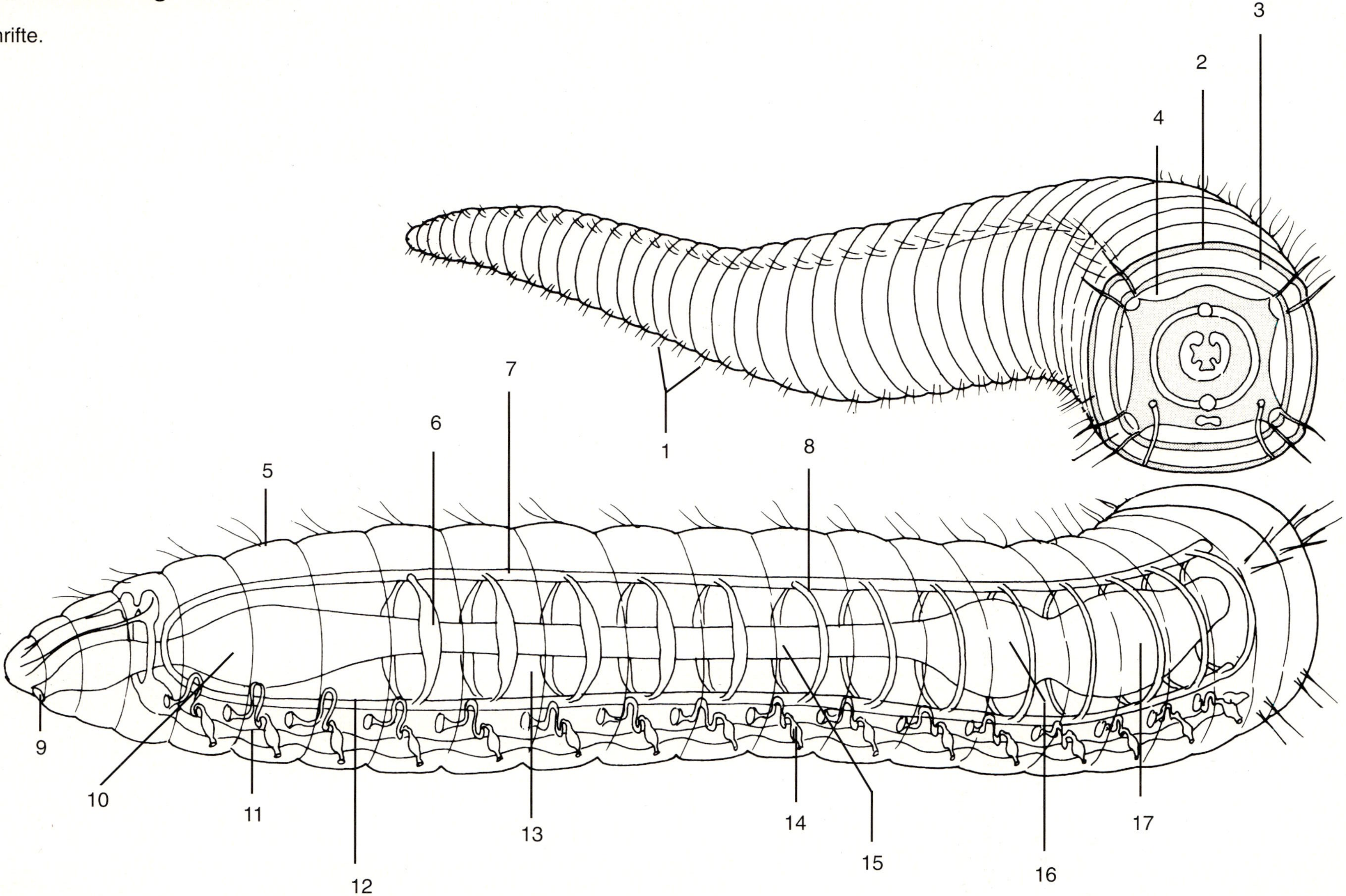

Regenwürmer verbessern den Boden

(Schülerbuch S. 30)

Aufgaben und Lösungen

① Nenne Gründe, warum die Zahl der Würmer bei einer tiefen Bodenbearbeitung vermindert wird.

– *Bei der Bodenbearbeitung mit Maschinen werden besonders viele Tiere durchtrennt und zerquetscht. Die Regeneration ist in manchen Fällen zwar möglich, erfolgt jedoch längst nicht in dem Maße, wie oftmals angenommen wird. Das Gewicht schwerer Maschinen und die starken Vibrationen während der Bearbeitung bewirken eine Bodenverdichtung. Die Wurmgänge kollabieren, die Entwässerung erfolgt langsamer, die Durchlüftung ist gestört. Die Anzahl der Würmer nimmt ab.*

② Durch welche anderen Faktoren wird die Anzahl der Würmer im Boden noch beeinflußt?

– *Hier gibt es zahlreiche biotische und abiotische Faktoren. Natürliche Feinde: Maulwürfe, die Larven der Laufkäfer und die Erdläufer unter den Hundertfüßern, Igel, Fuchs und Wildschwein, Vögel, vor allem dann, wenn die Würmer bei Bodennässe aus der Erde kriechen, um nicht im Wasser zu ersticken. Unter den abiotischen Faktoren sind vor allem Pflanzenschutz- und Insektenvernichtungsmittel zu nennen, die in den Boden eindringen. Auch die Düngung spielt eine wesentliche Rolle. Saure und größtenteils sandige Böden enthalten keine Regenwürmer.*

③ Erkläre die unterschiedlich starke Kotproduktion der Regenwürmer einer Wiese im Jahresverlauf.

– *In den relativ regenarmen Monaten August und September ziehen sich die Regenwürmer in tiefere, feuchtere Erdschichten zurück und sind dann weniger aktiv. Dasselbe geschieht aufgrund der Kälte in den Monaten Dezember, Januar und Februar. Nur in den regenreichen und relativ warmen Monaten produzieren sie viel Kot.*
In langen, sehr heißen Sommern halten viele Regenwürmer einen „Sommerschlaf“. Nur zwei Arten halten diesen Sommerschlaf immer, unabhängig von der Temperatur: Allolobophora longa und Allolobophora nocturna. Da nur diese beiden Arten ihre Kothäufchen an der Oberfläche absetzen, findet man im Sommer keine Kothäufchen auf dem Rasen. Die anderen Arten setzen ihren Kot in den oberen Bereichen ihrer Röhren ab, wo er von außen nicht zu sehen ist.

Zusatzinformation

Der Regenwurm als Düngerfabrikant

Regenwurmkot ist für Pflanzen ein unersetzlicher Dünger. Er enthält im Vergleich zur umgebenden Erde in Form von Salzen doppelt soviel Phosphor und Kalzium, dreimal soviel Kalium, sechsmal soviel Magnesium und siebenmal soviel Stickstoff.
Auf einem Hektar Laubwaldboden leben etwa 250 000 Regenwürmer. Das Gewicht dieser Würmer ist insgesamt höher, als das der auf gleicher Fläche lebenden Säugetiere.

Praktikum Beobachtungen am Regenwurm

(Schülerbuch S. 31)

Lösungen der Aufgaben

1. Bauch-Rücken-Test
Der Regenwurm kann die Richtung des einfallenden Lichtes feststellen. Er dreht sich und versucht, sich vor dem einfallenden Licht zu verstecken *(negative Phototaxis)*. In seinem natürlichen Lebensbereich kommt das Licht immer von oben, und er kriecht weg vom Licht ins Erdreich *(Fluchtreaktion)*. Er schützt sich vor Austrocknung und Verbrennung durch die UV-Strahlen der Sonne.

2. Glasrohrtest
Der Regenwurm weicht durch Rückwärts- oder Vorwärtskriechen dem Lichtstrahl aus. Als besonders reizbar erweist sich das Vorderende: Bei Belichtung kriecht der Regenwurm schnell rückwärts. Bei Belichtung des Hinterendes kriecht er mit verzögerter Reaktionsgeschwindigkeit vorwärts. Bei Belichtung der Körpermitte beginnt die Reaktion häufig erst nach einer Minute oder noch später.
Anmerkung: Der Durchmesser des Glasrohres muß dem im Schülerbuch beschriebenen genau entsprechen. Wenn kein geeignetes Glasrohr zur Verfügung steht, legt man das Tier ca. 30 Minuten lang ins Dunkle und strahlt es dann plötzlich mit einer Taschenlampe an.

3. Lerntest
Dieser Versuch wurde 1912 von YERKES entwickelt. Die Art der Versuchsanordnung ist typisch für Behaviouristen. Wählt der Regenwurm den Weg 2, so wird er durch die Essigsäure bestraft, bei Weg 3 belohnt. Der Regenwurm lernt durch Versuch und Irrtum. Die Auswertung erfolgt statistisch. Nach der Dressurphase sind die Fehlleistungen deutlich seltener.

4. Durchmischungsversuch
Die Regenwürmer durchmischen das Erde-Sand-Profil, das im freien Glas erhalten bleibt.
Untersuchungen ergaben, daß bei einer Wiese die oberste 7 cm dicke Schicht der Erde den Darm der Regenwürmer, die dort leben, in 10 Jahren einmal durchlaufen hat.

5. Feldversuch
Es werden etwa 2 m^2 des jeweiligen Bodens untersucht und verglichen. Im Rasen und Garten sind die Kothäufchen am häufigsten. In unbehandelten Böden leben mehr Würmer als in gedüngten oder mit Pestiziden behandelten Flächen. Im Nadelwald sind kaum Kothäufchen zu finden.

6. Bodenproben
Das Gangsystem des Regenwurms reicht bis zu einer Tiefe von 2 Metern und mehr. Die Regenwurmröhren haben, obwohl sie immer wieder zusammenfallen, eine ganz entscheidende Funktion: Durch sie wird der Boden belüftet, erwärmt und entwässert. Diesen Auflockerungen folgen die Wurzelhaare und die Mikroorganismen.

Experimentelles

Elektrische Reizbarkeit

Regenwürmer reagieren sehr empfindlich auf elektrische Reize. Diese Empfindlichkeit wird benutzt, um Regenwürmer in großer Zahl aus dem Boden zu treiben. Die Tiere liegen dann wie betäubt an der Oberfläche und müssen nur noch eingesammelt werden. Dieses Verfahren ist allerdings auch für die „Regenwurm-Jäger" nicht ungefährlich, da große Spannungen angelegt werden müssen.
Es gibt einen wesentlich gefahrloseren Weg, um die Empfindlichkeit der Tiere gegenüber elektrischem Strom nachzuweisen. Man nimmt ein Stück Kupferblech (etwa 20 cm x 20 cm) und ein Stück Zinkblech (etwa 7 cm x 7 cm). Beide Bleche sollte man mit verdünnter Salzsäure reinigen, gut mit Wasser abspülen und trocknen. Man legt das Zinkblech in die Mitte des Kupferblechs und dann einen gereinigten, aber noch nassen Regenwurm auf die Zinkplatte. Wenn das Tier über den Rand des Zinkblechs kriecht und die Kupferplatte berührt, bildet sich ein Galvanisches Element mit einer Spannung, die überschlagsmäßig 0,5 – 1 Volt beträgt. Der Wurm zuckt zurück.

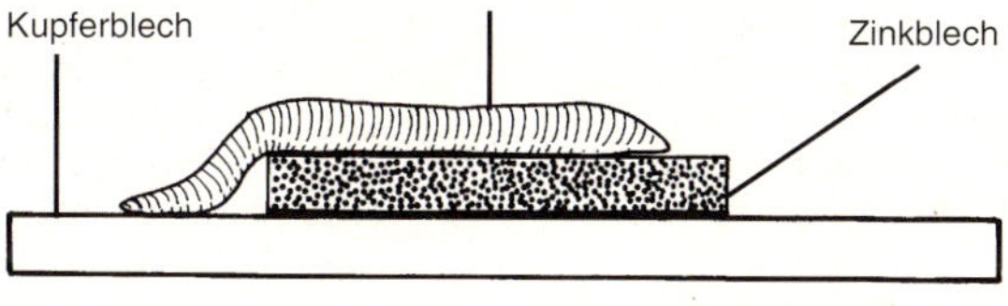

Elektrische Reizung durch Bildung eines galvanischen Elementes.

Chemotest

Man nimmt mit der Pinzette einen Wattebausch, tränkt ihn mit Essig oder Zitronensäure und bringt ihn dem Vorderende, dann dem Hinterende des Wurms näher. Gibt es Unterschiede in der Reaktion? Wie reagiert der Wurm, wenn man den Wattebausch auf seine Mitte zuführt?

Medien

Modelle
- Regenwurm. Phywe

Mikropräparate
- Regenwurm quer. Phywe
- Regenwurm Kopfabschnitt. Phywe

Transparente
- Baupläne der Wirbellosen. Phywe

Video
- Der Regenwurm. FWU

Schallplatte/Musikcassette
- Wencke Myhrre:„Max, der Regenwurm", auf „Stargala", Polydor, 2 LP 2664171, 2 MC 3578071

Würmer als Krankheitserreger

(Schülerbuch S. 32)

Lexikon Würmer

(Schülerbuch S. 33)

Zusatzinformation

Zur Systematik

Es hat nicht lange gedauert bis die „klassische" Einteilung der Wirbellosen in „Würmer" und „Insekten" von Carl von Linné (*Systema natura*, 1.Aufl. Leyden, 1735; 400 Arten) in der Wissenschaft gestürzt wurde.
Im Jahre 1812 belegte der Franzose Cuvier, daß die Gliederwürmer den Gliederfüßern viel näher stehen als anderen Würmern, womit die Gruppe der „Würmer" ihren ersten entscheidenden Riß erhielt.
Heute wird der Stamm der Gliederwürmer und der Stamm der Gliederfüßer zur Stammgruppe der Gliedertiere *(Articulata)* zusammengefaßt. Der Regenwurm ist also mit den Bienen enger verwandt als mit dem Spulwurm. Der Begriff „Wurm" sollte heute als ein Gestaltmerkmal aufgefaßt werden.
Die Hauptargumente für die Zusammenfassung der Gliederwürmer und der Gliederfüßer sind folgende:
- Beide Tiergruppen sind in Segmente unterteilt. Diese sind ursprünglich gleichartig, differenzieren sich jedoch im Laufe der Evolution in immer stärkerem Maße und verschmelzen miteinander zu einheitlichen Körperabschnitten.
- Jedes ursprüngliche Segment enthält ein Paar Leibeshöhlen, ein Paar Gliedmaßen, ein eigenständiges Ring- und Längsmuskelsystem und ein Paar Ganglien. Das Bauchmark ist damit wie eine Strickleiter aufgebaut.

Lösung zum Arbeitsblatt (S. 32)

1C, 2G, 3A, 4D, 5B, 6F, 7E.

Wurmgestalten

A
PLANARIE
flach, ungegliedert,
Augen
Stamm: Plattwürmer

B
SPULWURM
Lang, rund,
ungegliedert
Stamm: Schlauchwürmer

C
SEERINGELWURM
Lang, rund, gegliedert,
paarige Stummelfüßchen
an jedem Segment
Stamm: Gliederwürmer

D
ERDLÄUFER
Lang, rund , gegliedert,
an jedem Segment
ein Beinpaar
Stamm: Gliederfüßer
Klasse: Tausendfüßer

E
MEHLWURM
Lang, rund, gegliedert,
drei Beinpaare
Stamm: Gliederfüßer
Klasse: Insekten
(Larvenform)

F
OHRWURM
gegliedert in Kopf, Brust (u. 3
Beinpaare u. 2 Flügel), Hinter-
leib mit Zangen
Stamm: Gliederfüßer
Klasse: Insekten
(Imago)

G
SCHILDSCHWANZ
lang, geschuppte Haut,
Augen unter Kopfschuppen
verborgen
Stamm: Wirbeltiere
Klasse: Kriechtiere
Ordnung: Schlangen

Ordne die Beschriftungen
den Abbildungen zu!

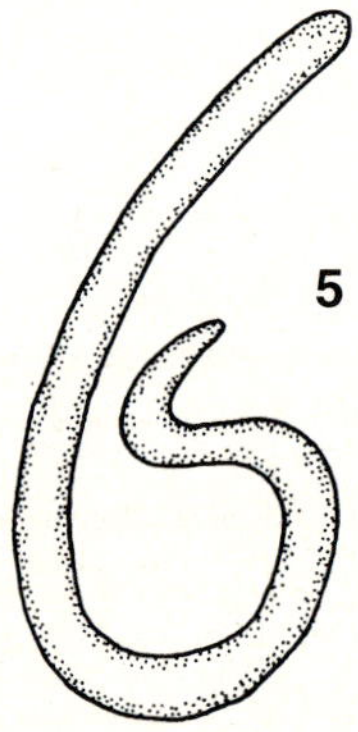
5

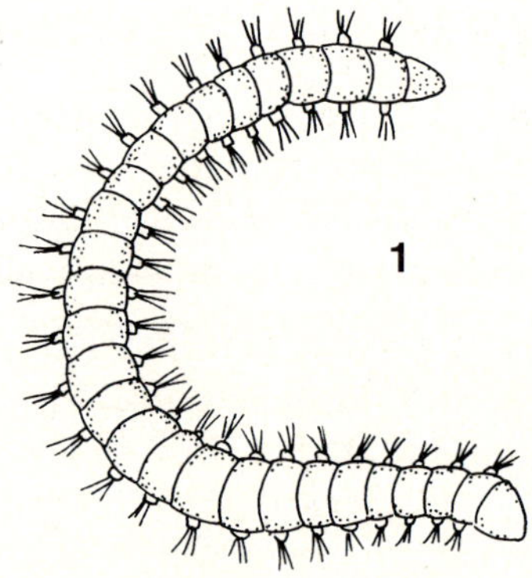
1

3

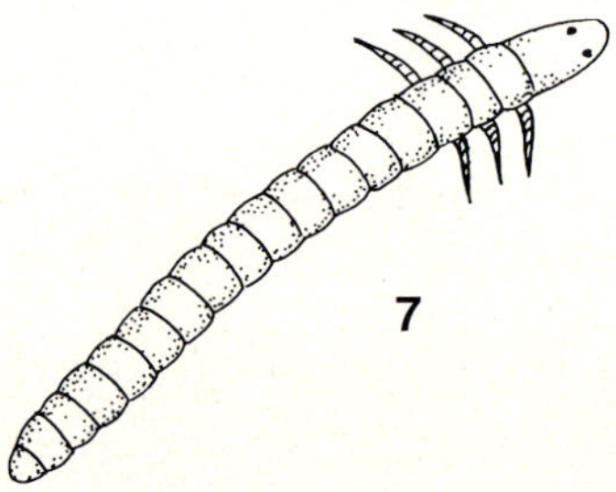
7

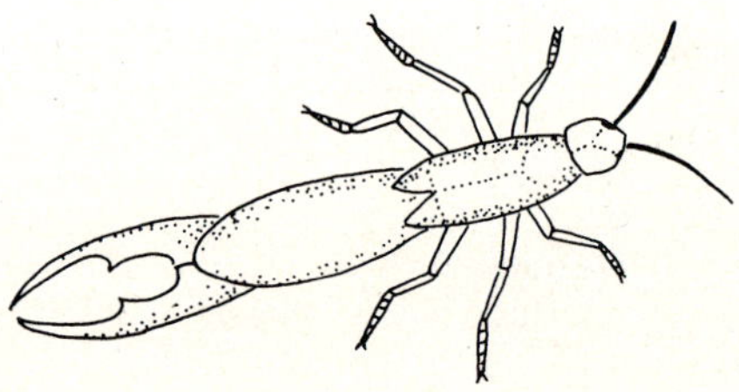
6

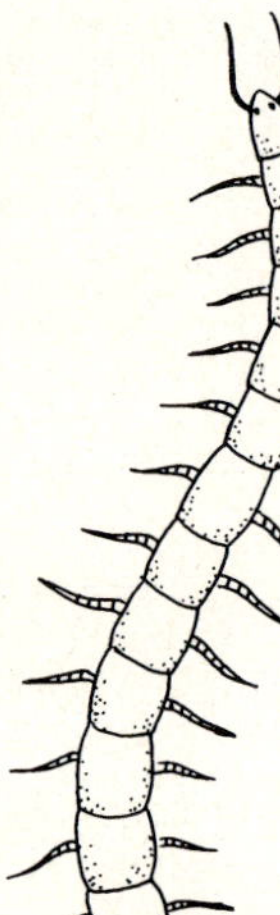
4

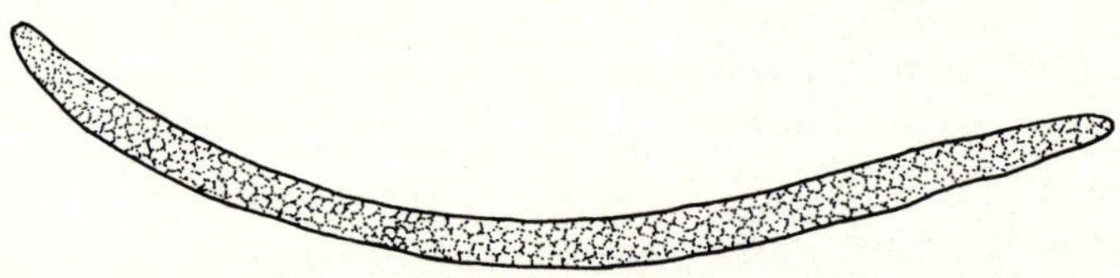
2

Ausflug in die Wurmsprache

Das arme Wurm!

Der Wurm wird leider oft verkannt,
es wird zuviel nach ihm benannt,
nicht nur bei uns, auch anderswo,
mit „verme“, „worm“ und „gusano“.

Das fängt schon an beim Wurm im Obst,
man nennt ihn so, auch wenn du tobst
und darauf hinweist – nun ganz sacht:
„Die Raupe Äpfel wurmig macht.“

Der Schaden, der durch Fraß von Raupen
entsteht bei Holz und Mehl und Trauben,
wird sprachlich Würmern zugesteckt,
obwohl es Larven vom Insekt.

Der Ohrwurm ist ein klein Insekt,
man zollt im Übermaß Respekt,
und Zoologen läuten Sturm:
„Zwickt wed' ins Ohr, noch ist er Wurm!“

Noch eines wurmt und das schon lange:
Ein Wurm, der *schlängelt* wie 'ne Schlange;
wir hoch sich die Erwartung türmt –
die Schlange trotzdem niemals *würmt*.

(Gemeinheit, was?)

engl.:	the worm
frz.:	le ver
ital.:	il verme
port.:	o verme
span.:	el gusano
lat.:	vermis
griech.:	helminthe

Der Wurm, die Wurm, das Wurm – was ist nun richtig?

Ist der Bücherwurm in dieselbe Klasse einzuordnen wie die Leseratte?

Gehört der *Drehwurm* eher in die Familie der Korkenzieher oder in die der Karusselle?

Wie läßt sich der *Lindwurm* am besten einordnen? Als Pflanzenabkömmling aus der Gruppe der Linden, oder hat er mehr mit Drachenfliegen gemeinsam (und gehört somit in die Klasse der Insekten)?

Die Wurm schlängelt sich durch Aachen in die Rur. Zwei weitere Flüsse mit Namen Würm schlängeln ebenso. Es gibt noch den Wurmberg bei Braunlage im Harz (nicht schlängelnd!)

Wie sind die verwandtschaftlichen Beziehungen bei folgenden Sätzen: „Bandwurmsatz“ und „Wurmfortsatz“?

Suche im Atlas nach Würmern.
Beantworte die Fragen nach bestem Wissen und Gewissen.
Suche nach weiteren wurmstichigen Angelegenheiten.

Der Flußkrebs

(Schülerbuch S. 34)

Experimentelles

Lebendbeobachtungen

Die Beobachtung von Flußkrebsen und Hummern in ihren natürlichen Lebensräumen ist fast nicht möglich. Man kann die Schüler jedoch anhalten, bei ihrem nächsten Badeurlaub am Meer auf Strandkrabben und Einsiedlerkrebse zu achten.
Strandkrabben lassen sich im allgemeinen nicht so leicht fangen. Sie sind sehr schnell. Man kann sie jedoch überlisten: Man muß nachts mit einer Taschenlampe losziehen und den am Strand herumhuschenden Krabben direkt von vorne in die Augen leuchten. Wahrscheinlich werden sie dadurch geblendet; jedenfalls bleiben sie ruhig in ihrer Position sitzen, und man kann sie in Ruhe mit einer Hand am Panzer ergreifen und hochnehmen. Sie sind in dieser Situation wehrlos und lassen sich in Ruhe beobachten.
Einsiedlerkrebse verlassen selten das Wasser. In Zonen, in denen bei Ebbe kleine Tümpel zurückbleiben, können sie mittels Taucherbrille gut beobachtet werde. Bei der geringsten Störung ziehen sie sich blitzartig in ihr Schneckenhaus zurück. Wenn man sie anhaucht, kommen sie wieder hervor.
Im Unterricht sind *Wasserflöhe, Hüpferlinge, Salinenkrebse* und *Asseln* am leichtesten zu halten und zu beobachten. Allerdings denkt der Schüler zunächst nicht an Krebstiere. Eine sinnvolle Aufgabe könnte darin bestehen, die Kleinkrebse mit dem Grundbauplan vergleichen zu lassen.

Lösungen zum Arbeitsblatt

1 Hinterleib, **2** Kopfbruststück, **3** 1. Fühler, **4** 2. Fühler, **5** Mundwerkzeuge, **6** Kieferbeine, **7** Laufbeine, **8** Afterfüße, **9** Schwanzfächer, **10** Gehirn, **11** Herz, **12** Kiemen, **13** Darm, **14** Nervensystem, **15** Schere
Bei diesem kleinen Puzzle liegt die Schwierigkeit in der Zuordnung der Mundwerkzeuge und Kieferbeine.

Medien

Habituspräparate
- Flußkrebs. Phywe
- Einsiedlerkrebs. Phywe
- Schwimmkrabbe. Phywe
- Taschenkrebs. Phywe
- Strandkrabbe. Phywe
- Flußkrebs. Phywe
- Entenmuschel. Phywe

Mikropräparate
- Strandkrabbe, Zoea. Phywe
- Strandkrabbe, Megalopa. Phywe
- Hüpferling. Phywe
- Rüsselkrebs. Phywe
- Wasserfloh. Phywe
- Glaskrebs. Phywe
- Nauplius. Phywe

Transparente
- Baupläne der Wirbellosen. Phywe

Lösungsabbildung zum Arbeitsblatt

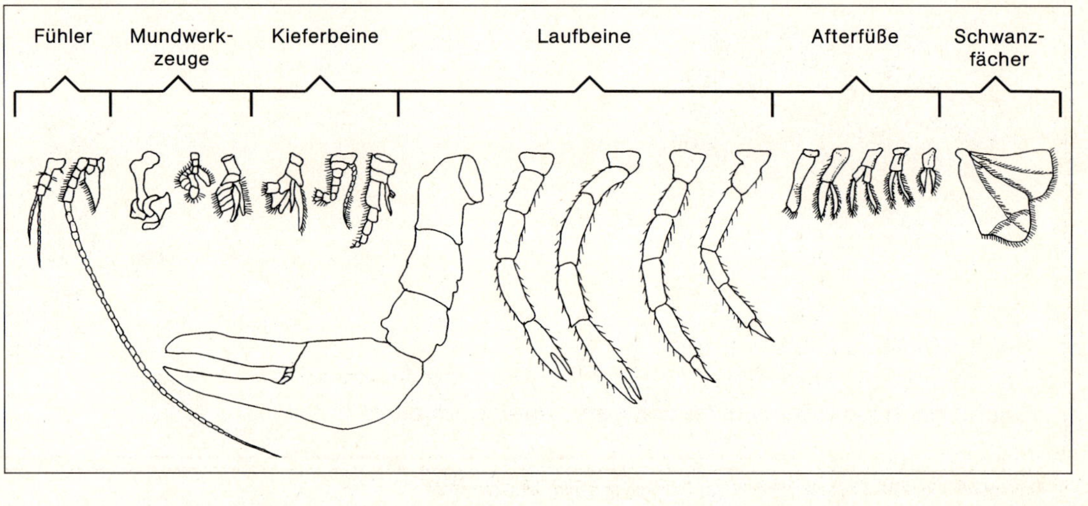

Der Flußkrebs: Wohin mit den Beinen?

1. Beschrifte den Bauplan.

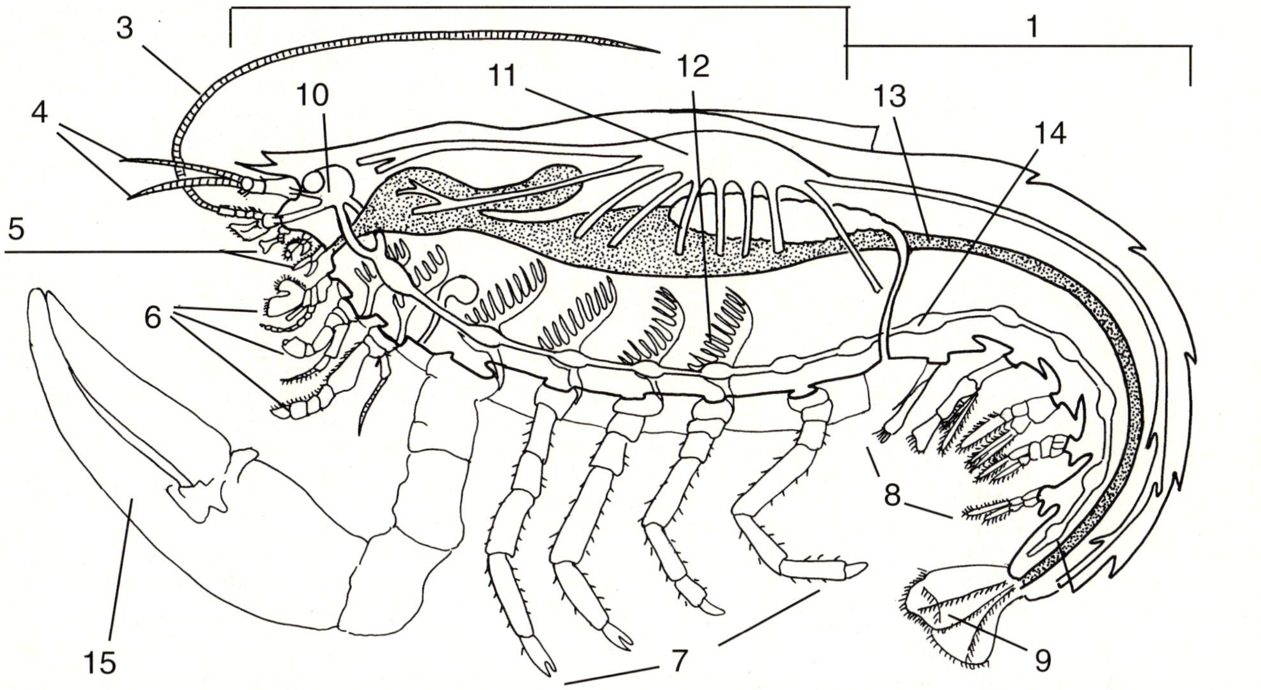

2. Beinpuzzle

Schneide die Extremitäten und die Namensleiste aus und klebe sie auf ein Blatt.
Ordne die Extremitäten in der richtigen Reihenfolge an der Namensleiste an.

Fühler	Mundwerkzeuge	Kieferbeine	Laufbeine	Afterfüße	Schwanzfächer

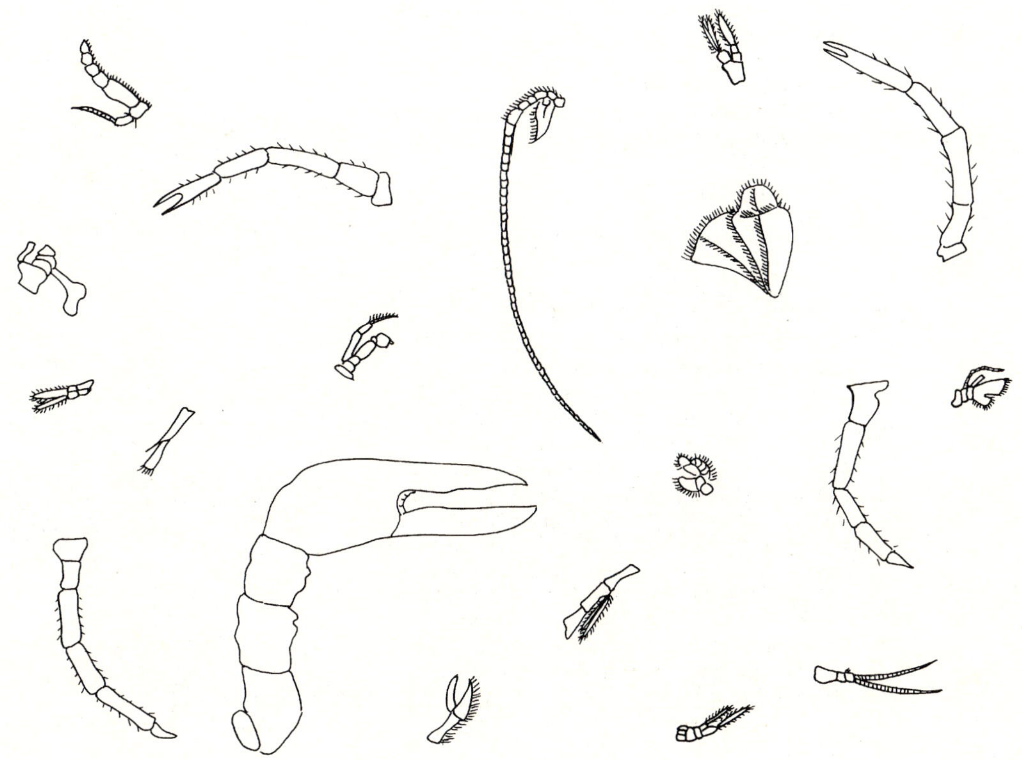

Die Kreuzspinne

(Schülerbuch S. 36/37)

Aufgaben und Lösungen

① Nenne wichtige Unterschiede und Gemeinsamkeiten zwischen Flußkrebs und Kreuzspinne.

– *Gemeinsamkeiten: Außenskelett aus Chitin, Kopfbruststück und Hinterleib, Strickleiternervensystem, offener Blutkreislauf*

– *Unterschiede:*

Spinne	*Krebs*
8 Punktaugen	*2 gestielte Komplexaugen*
4 Paar Extremitäten	*3 Paar Kieferbeine 5 Paar Laufbeine 5 Paar Afterbeine*
Fächerlunge	*Kiemen*
Röhrentrachee	–
Außenverdauung	*Innenverdauung*
Spinnapparat	–
–	*2 Paar Fühler*

② Nenne Gründe, warum die Kreuzspinne die Fäden ihrer Hilfsspirale auffrißt.

– *Diese Fäden kleben nicht, sind also zum Beutefang ungeeignet. Die Spinne betreibt gewissermaßen Recycling. Sie verwendet die bei der Verdauung abgebauten Fäden für die Produktion neuer Spinnfäden.*

Zusatzaufgaben und Lösungen

① Du findest im Keller etwas, das einer toten Spinne gleicht, aber ganz leicht und durchscheinend ist. Worum handelt es sich?

– *Es ist die abgestreifte Chitinhülle einer Spinne. Wenn Spinnen wachsen, müssen sie das feste Außenskelett aus Chitin abstreifen.*

② Netze der Hausspinne sind besonders häufig an offenen Kellerfenstern zu finden. Hierfür gibt es eine einfache Erklärung.

– *Durch das geöffnete Fenster gelangen viele Beutetiere in das Netz der Spinne. Auch die Kreuzspinne baut ihr Netz so, daß möglichst viele Beutetiere in ihr Netz getrieben werden.*

③ Lege einer Spinne eine lebende Fliege ins Netz. Protokolliere, wie sich die Spinne verhält. Kannst du auch beobachten, daß sie die Fliege frißt?

– *Im Schülerbuch wird dieses Verhalten am Beispiel der Kreuzspinne geschildert. Da läßt es sich in der Tat gut beobachten: Die Spinne sitzt im Netz im Bereich der Warte. Bewegt sich das Insekt im Netz, wird die Spinne darauf aufmerksam, vor allem, wenn die Fliege mit den Flügeln schlägt. Die Spinne lokalisiert die Beute, indem sie durch Ziehen an den Radialfäden den Spannungszustand der einzelnen Netzabschnitte überprüft. Sie läuft rasch zur Beute hin, beißt sie mit den Giftklauen und beginnt sofort, das Insekt paketartig einzuspinnen. Ist die Spinne nicht hungrig, so transportiert sie die Beute an den Rand des Netzes und läßt sie zunächst unbeachtet. Ist sie hungrig, so spritzt sie Verdauungssäfte in die Beute und saugt sie aus, so daß nur noch die Chitinhülle übrigbleibt.*

④ Überprüfe, ob die Spinne auch tote Fliegen annimmt und wie sie auf Brot- und Fleischstückchen reagiert.

– *Die Spinne reagiert nur auf Bewegung, nicht auf Geruch, Geschmack oder Aussehen. Deshalb nimmt sie keine toten Fliegen, Brot- oder Fleischstücke an.*

⑤ Lasse eine kleine Spinne von der Hand fallen. Wie reagiert sie? Wickle den so erzeugten Faden einige Male um einen Objektträger und untersuche ihn unter dem Mikroskop. Lege ein Menschenhaar daneben.

– *Die Spinne erzeugt sofort einen Spinnfaden, der entweder noch an der Hand haftet oder der Spinne bei leichter Luftbewegung zum Schweben verhilft. Der Faden zeigt keine Leimtröpfchen. Ein Menschenhaar ist etwa 20 mal so dick.*

⑥ Bringe aus einem Netz einen Klebefaden auf einen Papprahmen, so daß der Faden frei in der Luft hängt. Lege das Papprähmchen mit dem Faden unter das Mikroskop. Vergleiche mit dem in Aufgabe 4 untersuchten Faden.

– *Der Klebefaden würde beim Kontakt mit dem Objektträger seine typische Struktur verlieren, weil die Klebetropfen zerfließen. Der Klebefaden ist regelmäßig in einem Abstand von ca. 0,05 mm mit Klebetropfen besetzt.*

⑦ Weshalb spricht man von der Nützlichkeit der Spinnen?

– *Alle Spinnen sind Fleischfresser und erbeuten fast ausschließlich Insekten. Das führt zu einem sinnvollen biologischen Gleichgewicht.*

Zusatzinformation

Chitin – Bausubstanz des Außenskeletts

Die Außenskelette der Gliedertiere bestehen zum größten Teil aus Chitin; daneben kommen auch Proteine vor. Außer bei den Gliedertieren ist Chitin noch bei Pilzen vorhanden.
Im molekularen Bau ähnelt das Chitin der Cellulose. Seine etwa 2000 Monomere sind Glucosederivate (N-Acetylglucosamin).

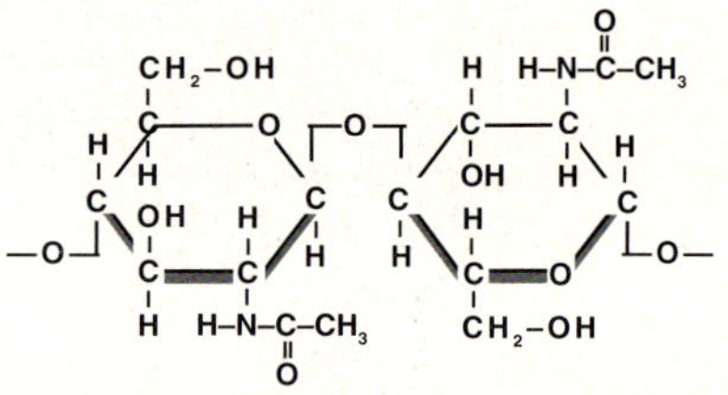

Chitin besitzt hervorragende mechanische Eigenschaften. Es ist fest und doch elastisch, zudem sehr leicht. Die Oberflächen der Außenskelette sind oft mit mehreren Schichten wasserabstoßender Substanzen bedeckt, so daß Gliederfüßer im Wasser untertauchen können, ohne daß dieses den Körper benetzt oder Wasser in die Stigmen dringt. Das schützt die Gliederfüßer auch vor Kontakt- und Berührungsgiften, sofern diese nicht mit besonderen Netzmitteln versehen sind.
Die starre Außenhaut muß durch Häutungen abgestoßen und stets nachgebildet werden. In dieser Phase sind Gliederfüßer anfällig.
Nicht alle Teile härten zu einem kompakten Panzer aus. Für die Bewegung muß es flexible Zonen geben, so zwischen den Hinterleibsringen und Beingliedern, die durch Häute und z.T. richtige Gelenke verbunden sind.

Lösungen zum Arbeitsblatt

1 Kopfbrust, **2** Hinterleib, **3** kammförmige Klauen, **4** Augen, **5** Giftdrüse, **6** Kiefertaster, **7** Kieferklaue, **8** Magen, **9** Nervensystem, **10** Herzschlauch, **11** Fächertrachee, **12** Ausscheidungsorgan, **13** Spinndrüsen, **14** Röhrentracheen, **15** Darm, **16** Mitteldarmdrüse, **17** Eierstock

Bauplan der Spinne

Beschrifte.

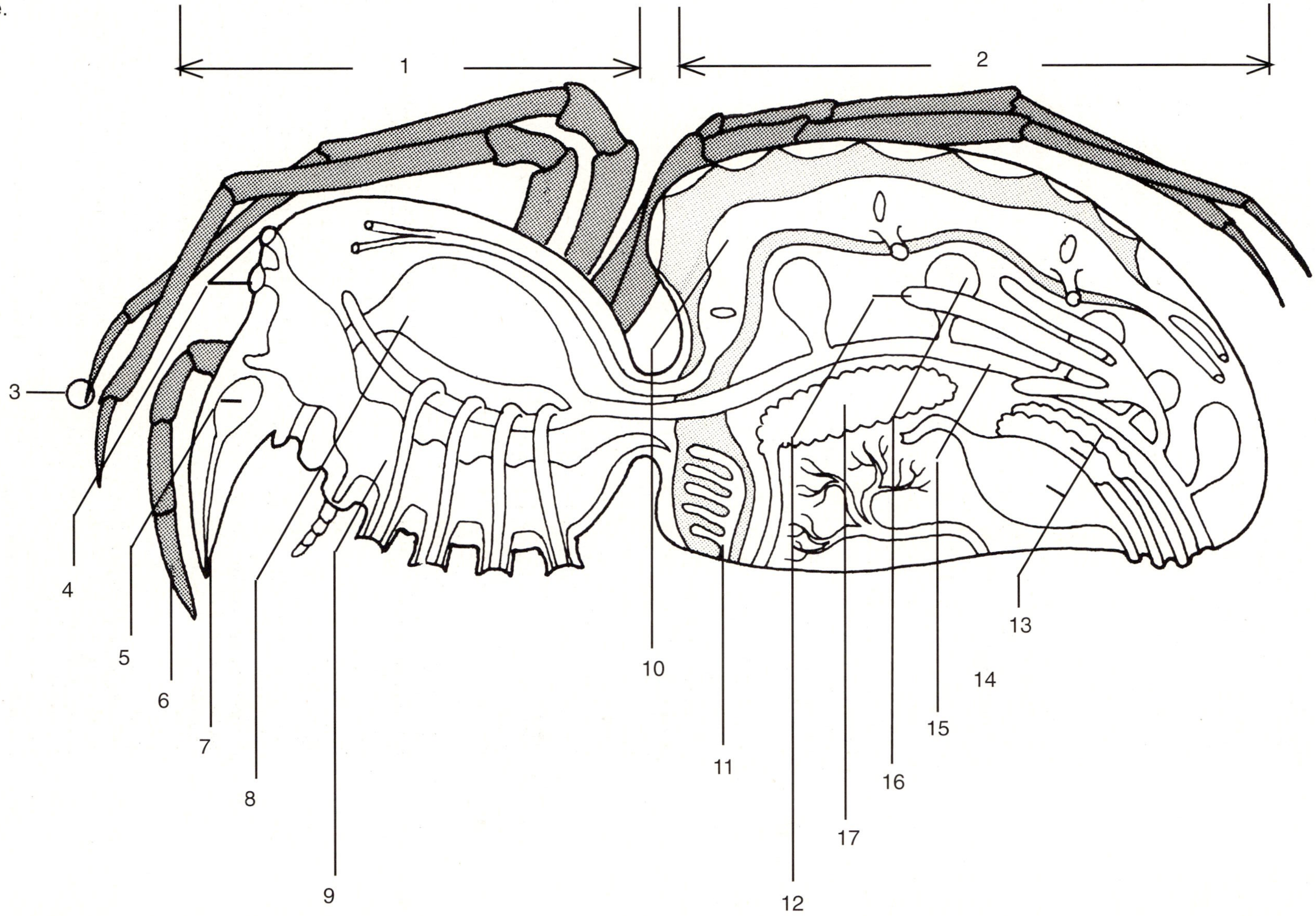

Spinnfäden

Spinnen bauen normalerweise ihre Netze bei Nacht, also ohne sehen zu können. Die Kreuzspinne baut ihr Netz in etwa einer halben Stunde. Sie verarbeitet rund 20 Meter Faden. Die Belastbarkeit, Dehnbarkeit und Reißfestigkeit eines Spinnfadens ist größer als die eines Stahlfadens gleicher Dicke. Einfache Fäden ohne klebende Eigenschaften werden als *Sicherheitsfaden* und als *Stolperdrähte* verwendet.

Der Sicherheitsfaden ist bei den nicht seßhaften, jagenden Spinnen anzutreffen. Diese ziehen ihn hinter sich her, verlängern ihn, heften ihn fest, verlängern wieder und befinden sich so an einem „Sicherheitsseil".

Die Stolperdrähte werden von seßhaften Spinnen als „Alarmglocke" verwendet. Sie ziehen diese Fäden strahlenförmig von ihrem Schlupfwinkel aus in die Umgebung. Löst eine Beutetier Erschütterungen aus, so kann die Spinne sogar die Richtung erkennen.

Bei den klebenden Fäden sind zwei prinzipiell unterschiedliche Typen zu finden. Die *Leimruten,* die kleinste *Klebstofftröpfchen* tragen, und die *Fangwollfäden,* die auf den normalen Netzfaden eine äußerst dünne Fangwolle aufgesponnen haben. Diese Fangwolle wird durch Bürsten mit besonders umgebildeten Borstenanhängen des 4. Beinpaares erzeugt. Die Wollfäden bestehen aus Einzelfäden von etwa 20 Nanometer (0,00002 mm) Dicke.

Zusatzinformation

Springspinnen: Eine Vielzahl von Spinnen jagt ohne Netz, z. B. die Springspinnen. Wenn sie ein Beutetier mit den Augen entdeckt haben, laufen sie bis auf wenige Zentimeter an das Beutetier heran, heften einen Sicherheitsfaden an den Untergrund und springen auf das Opfer.

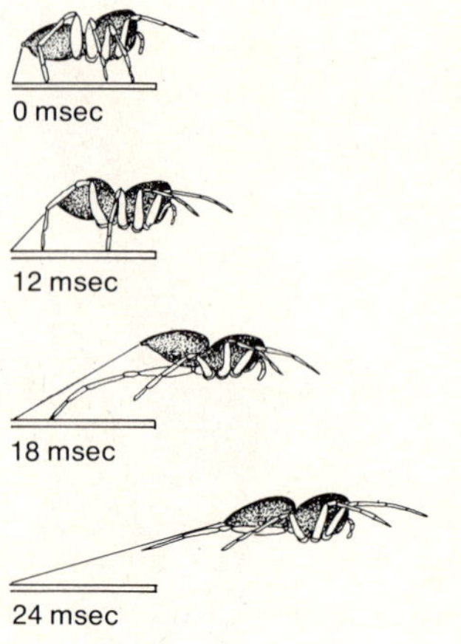

Absprung der Springspinne Sitticus (nach Zeitlupenaufnahmen). Der Sprung resultiert aus einer sehr raschen Streckung des 4. Beinpaares.

Lösungen zum Arbeitsblatt

Sektorenspinne:

1 **Das Lauern auf Beute**
Die Spinne lauert in einem Schlupfwinkel auf Beute. Durch den Sektor des Netzes führt von der Warte ein Signalfaden zum Versteck.

2 **Die Wahrnehmung der Beute**
Hat sich ein Insekt im Netz verfangen, so eilt die Spinne auf dem Signalfaden mit großer Geschwindigkeit zunächst zur Warte, von wo sie die Lage der Beute ertastet.

3 **Die Überwältigung der Beute**
Die Spinne beißt das Beutetier, spinnt es ein und kehrt zum Unterschlupf zurück.

4 **Der Verzehr der Beute**
Oft erst nach Stunden wird das nun völlig gelähmte Beutetier erneut aufgesucht, an einem Faden befestigt und zum Schlupfwinkel transportiert, wo es ausgesaugt wird.

Deckennetzspinne

1 **Das Lauern auf Beute**
Die Spinne befindet sich mit der Bauchseite nach oben auf der Unterseite der Gespinstdecke. Sie wartet, bis sich ein Insekt in dem darüberliegenden Fadengewirr, den Stolperfäden verfängt.

2 **Wahrnehmung der Beute**
Kräftige Rüttelbewegungen schütteln die Beute auf die Gespinstdecke

3 **Die Überwältigung der Beute**
Durch die Gespinstdecke hindurch versetzt die Spinne der Beute einen Biß.

4 **Verzehr der Beute**
Sie zieht die Beute durch das Netz hindurch und verzehrt sie.

Medien

Bioplastik
- Spinne. Phywe

Mikropräparate
- Spinne (Kreuzspinne). Phywe

Dias
- Ektoparasiten des Menschen. Phywe
- Spinnentiere. FWU

Videos
- Aus dem Leben der Spinnen, 4 Teile. Klett 994701

Sektorenspinne und Deckennetzspinne

Verhaltensbeschreibung

Die Spinne sitzt versteckt am Ende eines Signalfadens, der von der Warte aus durch einen Netzsektor läuft.
Das gelähmte Beutetier wird durch das Gespinst gezogen und verzehrt.
Die Beute wird zu einem Paket versponnen, die Spinne kehrt in den Schlupfwinkel zurück.
Durch kräftige Rüttelbewegungen wird das Beutetier auf die Gespinstdecke geschüttelt.
Die Spinne beißt das Beutetier, das dadurch gelähmt wird.
Mit der Bauchseite nach oben wartet die Spinne auf der Unterseite des Netzes auf Beute.
Hat sich ein Insekt im Netz verfangen, eilt die Spinne mit großer Geschwindigkeit zur Warte, von wo sie die Lage der Beute ertastet.
Wenn sich ein Insekt in den Stolperfäden verfängt, versetzt die Spinne der Beute einen Biß.
Oft Stunden später wird das gelähmte Beutetier an einem Faden befestigt und im Schlupfwinkel verzehrt.

Aufgabe

Gib Einzelbeschreibungen des Beutefangverhaltens der Sektorenspinne und der Deckennetzspinne. Ordne dazu den Text und gliedere die Beschreibungen jeweils in folgenden Abschnitt:

1 Lauern auf Beute
2 Wahrnehmung der Beute
3 Fang der Beute
4 Verzehr der Beute

Ein Insekt als Haustier

(Schülerbuch S. 40/41)

Das Bienenjahr

(Schülerbuch S. 42)

Praktikum: Untersuchungen an der Honigbiene

(Schülerbuch S. 43)

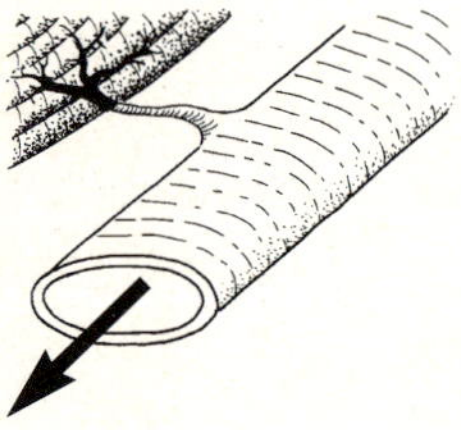

Ausatmung

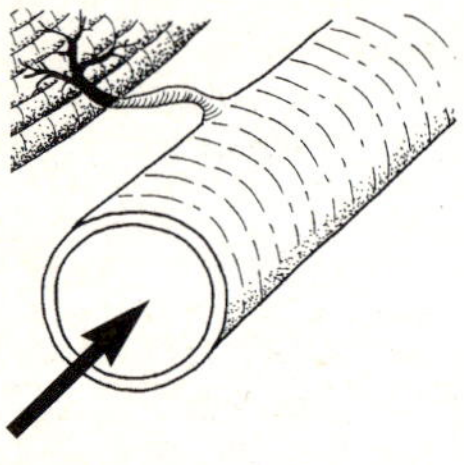

Einatmung

Die Seiten 40 bis 43 des Schülerbuchs werden hier zunächst im Zusammenhang behandelt, da es dabei ausschließlich um die Honigbiene geht. Die darauffolgenden Seiten 44 bis 51 behandeln viele interessante Aspekte der Insekten im Vergleich. Auch die Medien und Literaturangaben sind hier unterteilt in den ersten Abschnitt „Biene" und den zweiten „Insekten allgemein". Dies dient der Übersichtlichkeit. Allerdings werden schon beim Thema „Biene", wie auch im Schülerbuch, allgemeine Aspekte angesprochen, z.B. der Bauplan.
Die Biene eignet sich als Paradebeispiel für die Einführung der Insekten im Unterricht. Bienen sind im Gedankengut der Schüler meist positiv besetzt – durch Kinderlieder („Summ, summ, summ, Bienchen summ herum"), Cartoons und Zeichentrickfilme („Biene Maja"). Bienen sind „fleißig und putzig", nur das Stechen ist ein Negativaspekt.
Die Erarbeitung des Grundbauplans der Insekten am Beispiel der Biene hat den Vorteil, daß hier alle wesentlichen Strukturen vorhanden sind: Kopf, Brust, Hinterleib, 2 Paar Flügel, 3 Beinpaare, Mundwerkzeuge, Fühler, Stigmen sowie eine vollständige Entwicklung über Ei, Larve, Puppe zur Imago.

Experimentelles

Hinweise zur Beobachtung von Insekten

Tote Bienen sind beim Imker (Branchenverzeichnis) zu beschaffen. Mit Lupe, Binokular oder – bei Einzelheiten – mit dem Mikroskop lassen sie sich gut untersuchen.
Stellt die Beschaffung der Insekten kein Problem dar, ist es angebracht, jedem Schüler „sein" Insekt zu geben. Dann kann die Beobachtung auch in eine Präparation der Mundwerkzeuge, Beine, Flügel übergehen. Jeder Schüler muß schon bei den ersten Beobachtungsschritten darauf achten, daß keine Gliedmaßen oder Fühler abbrechen oder das Insekt ansonsten beschädigt wird. Schließlich beeinträchtigt ein unvollständiges Objekt die Qualität der Arbeit.
Wenn dieselben Tiere mehrmals verwendet werden sollen, empfiehlt es sich, die Tiere zur Beobachtung in eine Petrischale mit Wasser (billiger und geruchloser als Alkohol) zu legen. So können sie leichter in eine andere Position gebracht werden. Für die Daueraufbewahrung ist hochprozentiger Alkohol geeignet.
Die Schüler sollten wissen, daß die Tiere speziell für den Unterricht gesammelt wurden. Um eine weitere Verwendung zu ermöglichen, ist jede Beschädigung zu vermeiden.

Atmen mit Tracheen

Tracheen sind Röhren, die den Körper durchziehen. Als ektodermale Einstülpungen sind sie mit einer Kutikula aus Chitin ausgekleidet. Diese weist spiralige Verdickungen auf, die die Tracheen aussteifen und ein Kollabieren verhindern.
Eine Trachee beginnt an der Körperoberfläche mit einer verschließbaren Öffnung, dem *Stigma*. Feine Härchen dienen als Staubfilter. Die Trachee verzweigt sich immer mehr. Die feinsten Verzweigungen, die *Tracheolen*, enden blind und haben nur noch einen Durchmesser von weniger als 1 µm, also weniger als ein tausendstel Millimeter. Sie sind die wichtigen Orte des Gasaustausches im Gewebe.
Da es keinen sauerstofftransportierenden Stoff wie z.B. das Hämoglobin gibt, ist die Diffusion der Luft durch die Tracheen und ins Gewebe der Transportmechanismus. Diffusion ist bei größeren Weglängen ein langsamer Vorgang und könnte eine ausreichende Sauerstoffversorgung bei erhöhtem Bedarf, z.B. während des Fluges, nicht sicherstellen. Dann treten Atembewegungen auf, die eine Konvektion der Luft in den Tracheen bewirken. Diese Bewegungen kommen durch dorsoventrale Abflachung oder teleskopartige Hinterleibsverkürzung zustande. Ein derartiges „Pumpen" ist beispielsweise beim Abflug von Biene oder Maikäfer zu beobachten. Während des Fluges bewirkt die Aktivität der Flugmuskulatur einen intensiven Luftstrom, der speziell zur Versorgung der Flugmuskulatur dient. Dies wird unterstützt durch gezieltes Öffnen und Schließen der Stigmen.

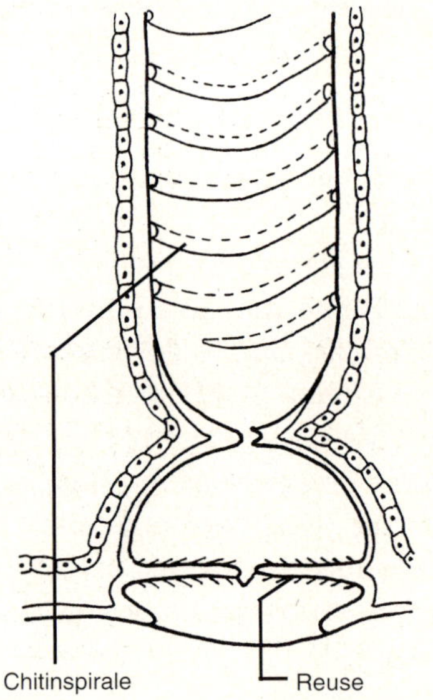

Zusatzaufgabe und Lösung

Der Vergleich der Baupläne eines Insekts und eines Wirbeltiers wird im Lehrplan nicht ausdrücklich verlangt, bietet sich aber an. Denn bei den Insekten ist eben alles anders. Fast alle den Schülern bekannten Strukturen, die die Körperfunktionen der Wirbeltiere ermöglichen, stehen bei den Insekten andere Strukturen mit letztlich vergleichbarer Funktion gegenüber.

Vergleich

	Wirbeltier	**Insekt**
Gestalt	Kopf, Rumpf, Schwanz, 4 Gliedmaßen	Kopf, Brust, Hinterleib, 6 Beine
Skelett	Innenskelett aus Knochen und Knorpel	Außenskelett aus Chitin
Flügel	umgewandelte Gliedmaßen	Ausstülpungen des Außenskeletts
Mundwerkzeuge	geschützt im Schädel Kiefer, Zähne, Zunge	nach außen gerichtet
Sinnesorgane	generell sehr unterschiedlich: z. B. Linsenaugen	z. B. Netzaugen
Herz	Kompakter Herzmuskel an der Bauchseite	röhrenförmiger Herzmuskel, an der Rückseite offen
Blutkreislauf	geschlossen	offen
Blut	auch wichtig für den Sauerstofftransport	keine Funktion beim Sauerstofftransport
Gasaustausch	Lungen- oder Kiemenatmung, Diffusion ins Blut und danach ins Gewebe	Transport im Tracheensystem, danach Diffusion ins Gewebe
zentrales Nervensystem	Gehirn, Rückenmark	Kopfganglien, Bauchmark

Gesicherte Bestäubung – mehr und bessere Früchte

Erträge je Baum bzw. Strauch

bei Kirschen	durch Wind	durch Bienen
Versuchs-Nr. 1	1,8 kg	18kg
2	1,0 kg	18kg
3	1,4 kg	60kg
bei Pflaumen	ohne Bienen	mit Bienen
Reineclaude	0,76 kg	5,31 kg
Hauszwetschge	1,47 kg	5,88 kg
Mirabelle	0,21 kg	1,98 kg
bei Himbeeren	214,1 g	427,4 g

Steigerung der Qualität bei Äpfeln

	ohne Bienen	mit Bienen
höchstes Gewicht	107,4 g	155 g
Durchschnitts-gewicht	87,6 g	119 g
Fruchtgröße	60 mm	75 mm
Zuckergehalt	12,57 %	14,25 %
Säuregehalt	0,609 %	0,676 %

Lösungen zum Arbeitsblatt (S. 42)

1 Vorderflügel, **2** Hinterflügel, **3** Hinterleibsringe, **4** Atemöffnungen, **5** Kiefer, **6** Saugrüssel, **7** Putzbein, **8** Hüfte, **9** Schenkelring, **10** Schenkel, **11** Schiene, **12** Fuß, **13** Sammelbein (Höschen), **14** Kamm, **15** Bürste, **16** Oberschlundganglion, **17** Darm, **18** Röhrenherz, **19** Bauchmark, **20** Ausscheidungsorgan, **21** Eierstock

Lösungen zum Arbeitsblatt (S. 43)

1 a) Königin b) Drohn c) Arbeiterin
2 Die Königin legt Eier und sorgt so für die Nachkommenschaft. Die Drohnen begatten die Königin. Die Arbeiterinnen führen alle anfallenden Arbeiten aus.
3 Gelée royale ist eine spezielle Nahrung, die nur diejenigen Larven erhalten, die zur Königin werden sollen.
4 Siehe Jahresverlauf der Bienen
5 Sie sorgen für die Bestäubung der Blüten
6 Den Bienenstock
7 Die Waben werden entdeckelt und dann in einer Zentrifuge ausgeschleudert.
8 Die Honigmenge hängt von der Größe des Volkes, dem Nahrungsangebot und dem Wetter ab. Sie liegt zwischen 15 und 50 kg.
9 Der Imker arbeitet von Frühjahr bis Herbst an den Stöcken. Dabei fallen in manchen Wochen mehrere Arbeitsstunden an, in manchen Sommerwochen ist auch nichts zu tun. Im Winter ruht das Volk.
10 Man darf sie nicht reizen und muß ruhig arbeiten.

Medien

Modelle
- Bienen – Orientierungsmodell. Phywe

Bioplastiken
- Biene. Phywe
- Biene, Entwicklung. Phywe

Mikropräparate
- Biene, einzelne Organe. Phywe

Dias
- Das Leben der Honigbiene. Phywe
- Mikroaufnahmen von Insekten. FWU

Transparente
- Baupläne der Wirbellosen. Phywe

Filme
- Biene I. Phywe
- Aus der Arbeit des Imkers. FWU
- Blütenbestäubung – Glockenblume, Honigbiene. FWU
- Nachweis des Farbensehens. FWU

Videos
- Die Honigbiene. FWU

Körpergliederung und Bauplan eines Insekts

1. Ergänze in beiden Abbildungen die fehlenden Begriffe.
2. Male in der unteren Abbildung die einzelnen Organe mit Kennfarben aus. (Nervensystem: gelb; Verdauungsorgan: grün; Ausscheidungsorgane: lila; Geschlechtsorgane: orange)

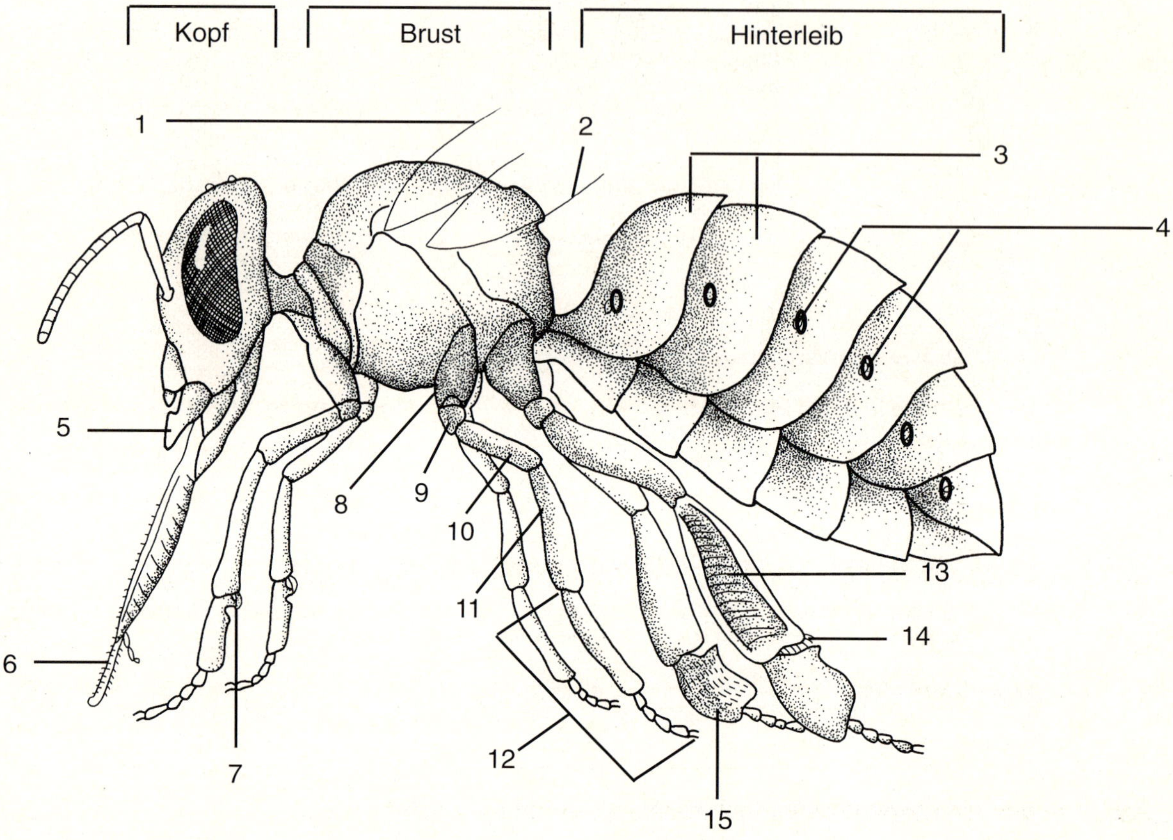

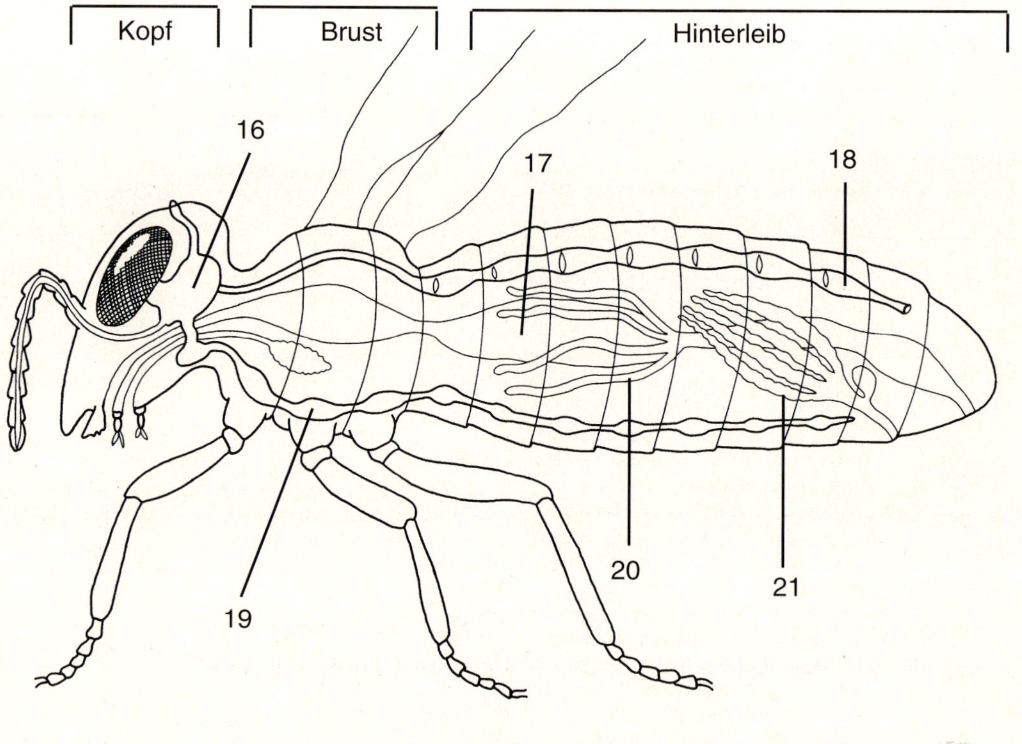

Besuch beim Imker

Suche mit diesem Fragebogen einen Imker auf und stelle ihm die folgenden Fragen. Werte danach die Antworten aus und berichte vor der Klasse.

1. Welche drei „Bienenwesen“ kann man unterscheiden?

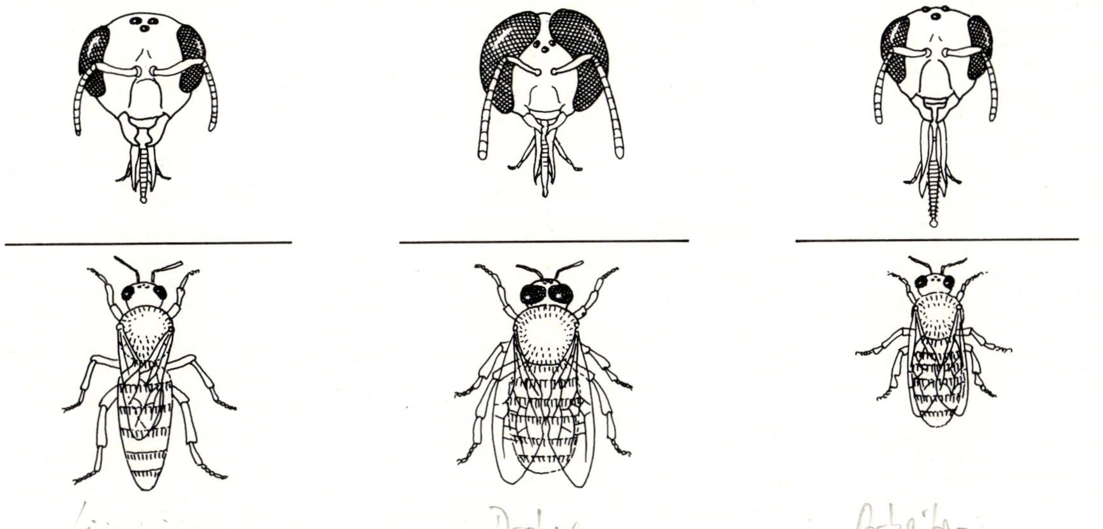

a) Königin b) Drohne c) Arbeiterin

2. Welche Aufgaben erfüllen diese jeweils innerhalb eines Bienenvolkes?

Königin -> Eier, Drohnen begatten Königin, Arbeiterinnen -> Arbeiten

3. Was ist „Gelee royal“?

Nahrung für Larven, die Königin werden

4. Wie überwintern Bienen? Wann schwärmen sie und warum?

5. Welche Bedeutung haben die Bienen in der Natur?

Bestäubung

6. Was nennt der Imker „Beute“?

Bienenstock

7. Wie wird der Honig gewonnen?

Waben entdeckelt, Zentrifuge

8. Wie groß ist die Honigmenge pro Volk und Jahr?

15–50 kg

9. Welche wöchentliche Arbeitszeit muß ein Imker pro Volk ansetzen? Wann hat er viel Arbeit, wann weniger?

Frühjahr + Herbst?

10. Welche Regeln muß man beim Umgang mit Bienen unbedingt beachten?

nicht reizen, ruhig arbeiten

Die Beine der Insekten

(Schülerbuch S. 44)

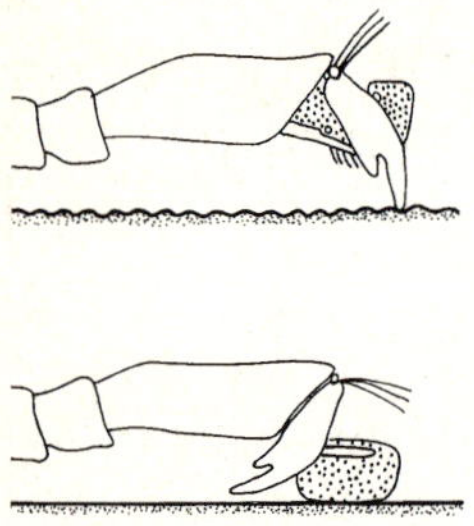

Haftung eines Klauen-glieder der Honigbiene auf (A) rauher und auf (B) glatter Unterlage.

Aufgabe und Lösung

① Versuche, das Sprungbein der Heuschrecke (S.49, Abb.1) und das Fangbein der Gottesanbeterin (S.50, Abb.5) zu zeichnen. Welche Abschnitte der Beine sind verändert?.

– *Im Vergleich zum Laufbein, das den Grundtypus des Insektenbeins darstellt, ist beim Sprungbein der Laubheuschrecke die Muskulatur des Schenkels stark vermehrt. Der Schenkel ist entsprechend dicker, das Kniegelenk ist das Sprunggelenk.*
Beim Fangbein der Gottesanbeterin sind Schiene und Schenkel verändert. Sie tragen Chitinzähne und Dornen, um ein einmal erbeutetes Tier nicht entkommen zu lassen.
Anmerkung: Als weitere Anpassungen an die Lebensbedingungen sind die Gliedmaßen von Kopflaus und Filzlaus anzusehen (S. 223).

Zusatzinformation

Sprünge

Auch die *Zikaden* besitzen Sprungbeine, bei ihnen ist aber das Sprunggelenk zwischen dem Hüftglied und dem Schenkel. Die Sprungmuskulatur liegt im Hüftbereich, der bei den Zikaden verdickt ist.
Flöhe strecken beim Sprung sowohl das Hüft- als auch das Kniegelenk. Sie erreichen an Sprungweite das 160fache ihrer Körperlänge (vgl. S. 223)

Lösungen zum Arbeitsblatt

1 Hüftglied, Schenkelring, Schenkel, Schiene, Fuß (Klauenglied).
2 Durch die Farbe wird die Homologie deutlich.
3 a – Gelbrandkäfer, verbreiterte Glieder als Paddel; b – Laubheuschrecke, kräftige Sprungmuskulatur; c – Honigbiene, Bürste und Kamm zum Ausbürsten des Haarkleides und zur Überführung des Pollens in das Körbchen am Hinterbein; d – Maulwurfsgrille, schaufelartiges Grabbein; e – Kleiderlaus, Klammerbein

Sinnesorgane an den Beinen

„Heuschrecken hören mit den Beinen." Dieser Satz mag für Schüler recht überraschend klingen. Doch die Beine der Insekten weisen die unterschiedlichsten Sinnesorgane auf.

Tastsinn: Zahlreiche fliegende Insekten hören dann auf zu fliegen, wenn die Füße Berührung verspüren. Ohne Kontakt beginnen sie sofort wieder zu fliegen.

Vibrationssinn: Viele Insekten besitzen an der Schiene ein spezielles Organ zu Wahrnehmung von Vibrationen. Bei den Schaben ist diese besondere Form des Tastsinns von hoher Empfindlichkeit. Bei der optimalen Frequenz genügt eine Schwingungsamplitude von 4 pm = 4×10^{-9} mm (Empfindlichkeit der menschlichen Fingerspitze: 10^{-4} mm).

Richtung der Schwerkraft: Einige Insekten, wie zum Beispiel die Bienen (siehe S. 41) besitzen Sinneshaare zwischen Kopf und Brust sowie zwischen Brust und Hinterleib. Die Ablenkung dieser Körperteile durch die Schwerkraft kann so wahrgenommen werden. Ähnliche Sinneszellen gibt es auch am Übergang von der Brust zum Hüftglied.

Hörsinn: Bei Grillen und Heuschrecken liegt ein Hörsinnesorgan in den Schienen der Vorderbeine. Singschrecken hören bis in den Ultraschallbereich, Frequenzen bis zu 90 kHz. Erstaunlich ist, daß Heuschrecken auch mit nur einem Sinnesorgan die Richtung des eintreffenden Schalls wahrnehmen können. Ihr Sinnesorgan funktioniert wie ein Richtmikrophon.

Temperatursinn: Er wird außer in den Antennen einiger Insekten auch in den Beinen vermutet.

Geschmackssinne: Geschmackssinnesorgane befinden sich bei den Fliegen, Schmetterlingen und Honigbienen am Fuß.

Geruchssinn: Meist sind die Antennen der Ort des Geruchssinns. Bei einer Fliegenart hat man jedoch auch am Fuß ein Geruchssinnesorgan entdeckt.

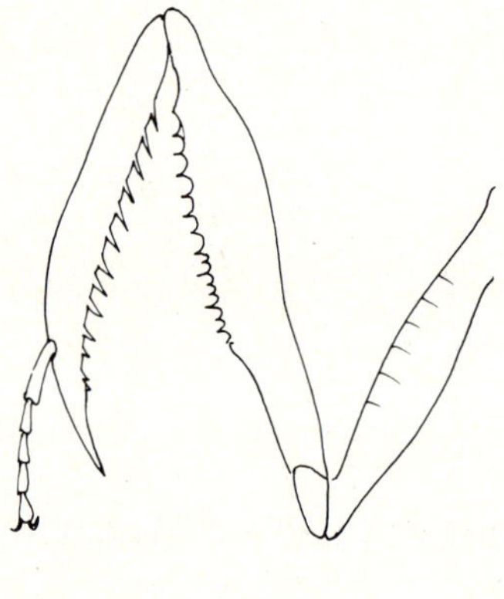

Fangbein der Gottesanbeterin

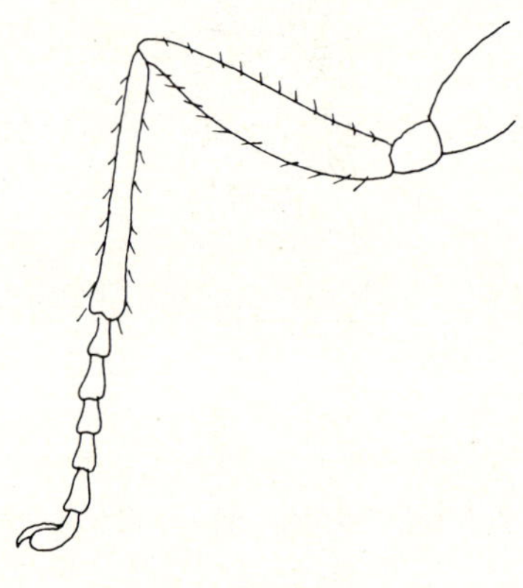

Laufbein der Stubenfliege

Insektenbeine

1. Benenne die einzelnen Abschnitte beim Grundbauplan eines Insektenbeines und male sie mit jeweils unterschiedlichen Farben aus.
2. Vergleiche den Grundtyp mit den dargestellten Abwandlungen. Kennzeichne die einander entsprechenden Abschnitte mit den von dir gewählten Farben.
3. Ordne die nachfolgend genannten Insekten dem entsprechenden Beintyp zu und erkläre die Funktion dieser Spezialisierung.
   (Honigbiene, Maulwurfsgrille, Gelbrandkäfer, Laubheuschrecke, Kleiderlaus)

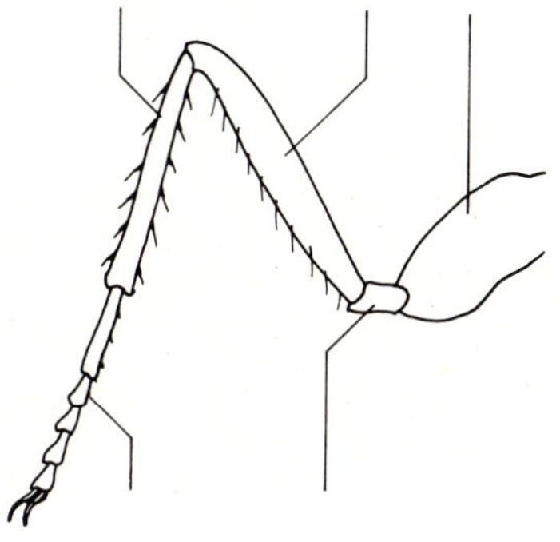

Grundbauplan

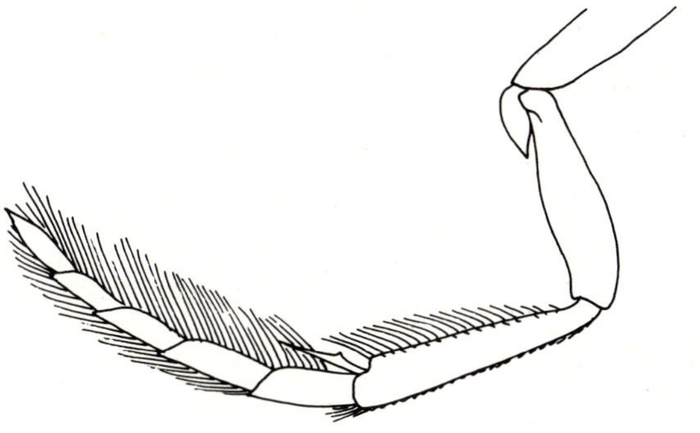

a) ______________________________

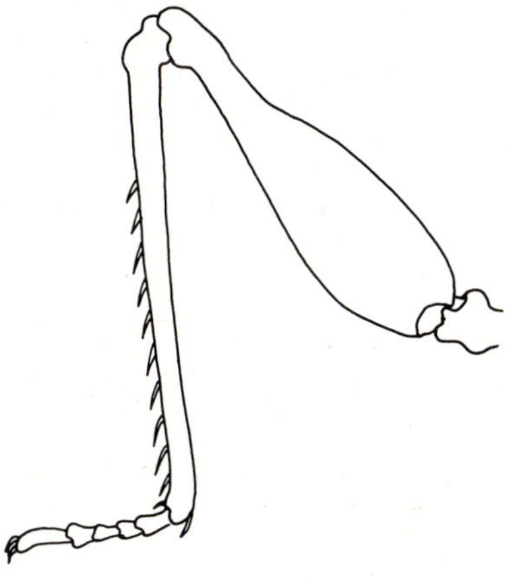

b) ______________________________

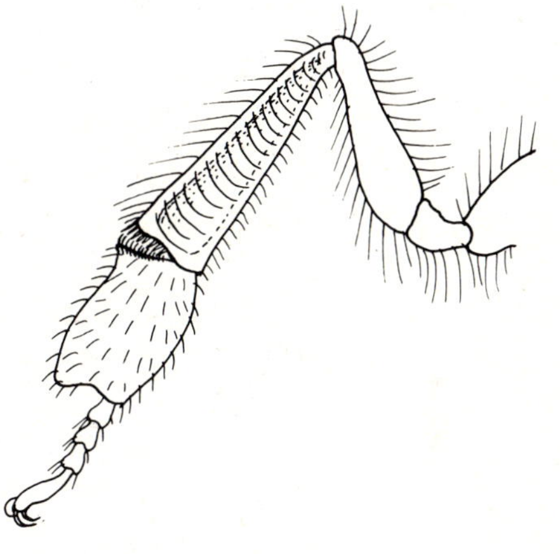

c) ______________________________

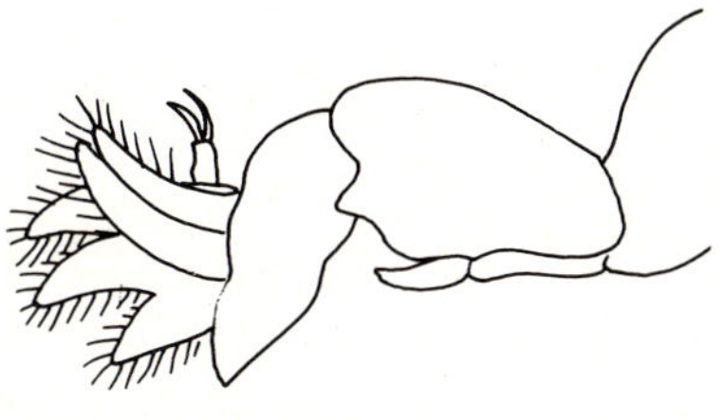

d) ______________________________

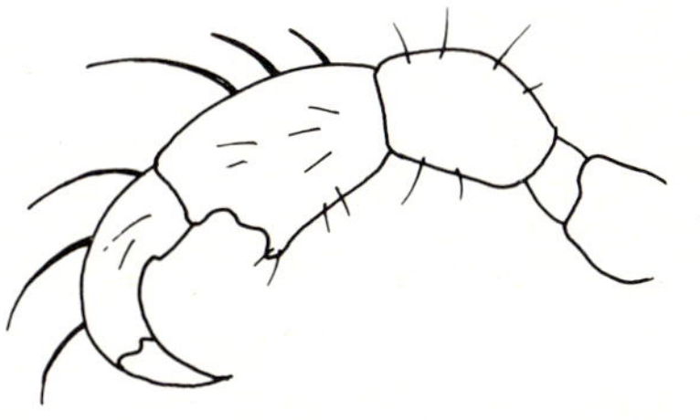

e) ______________________________

Die Mundwerkzeuge der Insekten

(Schülerbuch S. 45)

Zusatzaufgaben und Lösungen

① Beobachte eine Biene bei der Nahrungsaufnahme auf einer Blüte. In welcher Weise benutzt sie ihre Mundwerkzeuge?

– *Sie bildet aus den Unterkiefern und den Tastern der Unterlippe eine rüsselförmige Saugröhre. Auf der Unterseite der Zunge verläuft eine Speichelrinne. Mit Hilfe des Speichels kann Nahrung verflüssigt werden. Der Saugapparat der Biene wird nach der Nahrungsaufnahme nach hinten geklappt und ist dann schlecht sichtbar.*

② Beobachte eine Wespe bei der Nahrungsaufnahme. Welche Nahrung nimmt sie auf?

– *Besonders im Spätsommer kann man Wespen beobachten, die an Früchten nagen. Sie fressen das Fruchtfleisch. Gelegentlich sieht man Wespen beim Fangen und Zerlegen von Insekten. Im Gegensatz zur Biene nehmen Wespen auch feste Nahrung zu sich und zerkauen sie mit ihren Oberkiefern. Angenagtes altes Holz dient dem Nestbau.*

Lösungen zum Arbeitsblatt

Nr/Name	Nahrung	Mundwerkzeug
1/*Maikäfer*	Blätter	Schneidewerkzeug
2/*Heuschrecken*	Pflanzenteile, Fleisch	Beißzange
3/*Honigbiene*	Pollen, Nektar	Saugrüssel, Löffelchen
4/*Stubenfliege*	Zucker, aufgelöste Abfälle	Saugrüssel Saugrüssel, Stempelform
5/*Schmetterlinge*	Nektar	einrollbarer Saugrüssel
6/*Stechmücke*	Blut (♀), Pflanzensaft (♂)	Stechrüssel

Anmerkung zur Kopiervorlage:

Der Bastelbogen sollte vergrößert werden. Vor dem Ausschneiden können die Mundwerkzeuge farbig ausgemalt werden.

Kopiervorlage: Bastelbogen Mundwerkzeuge

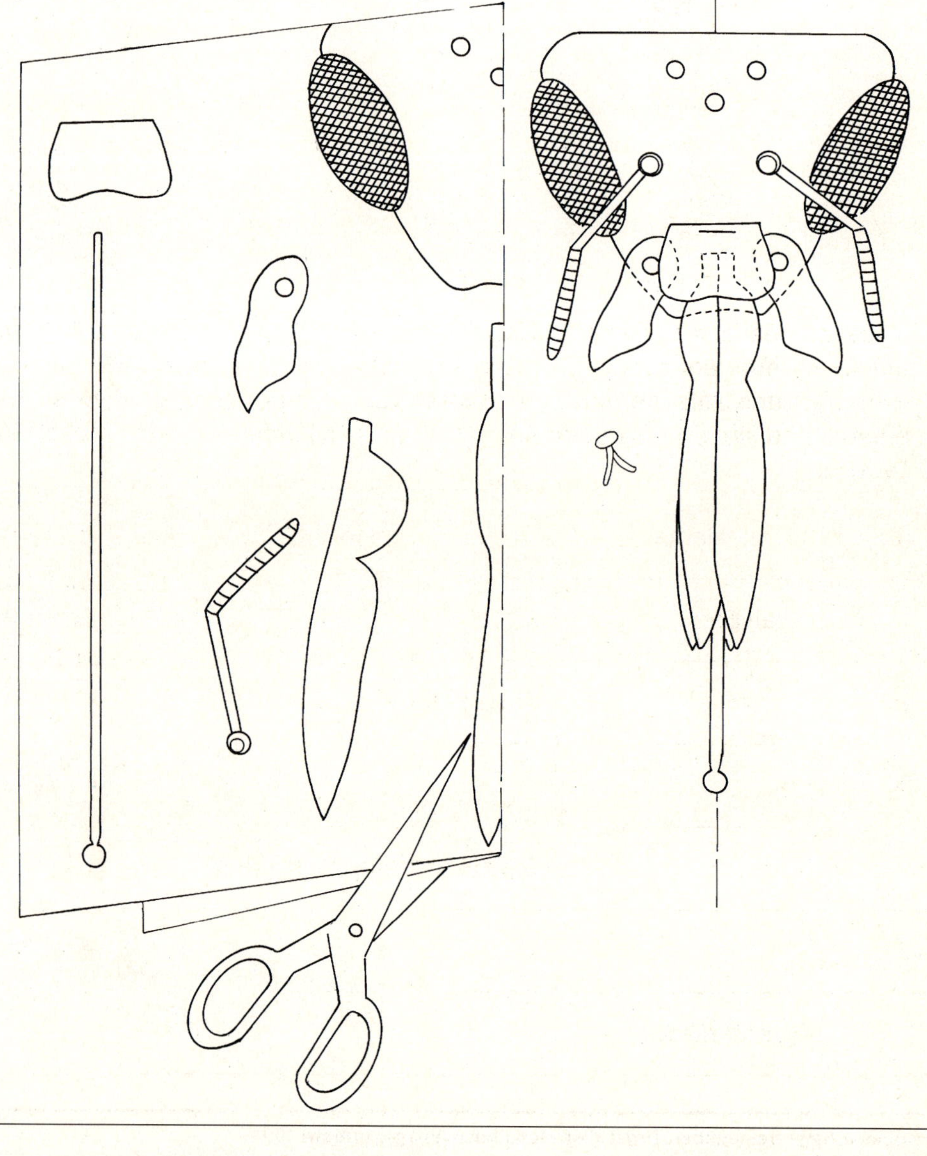

Wie Insekten fressen

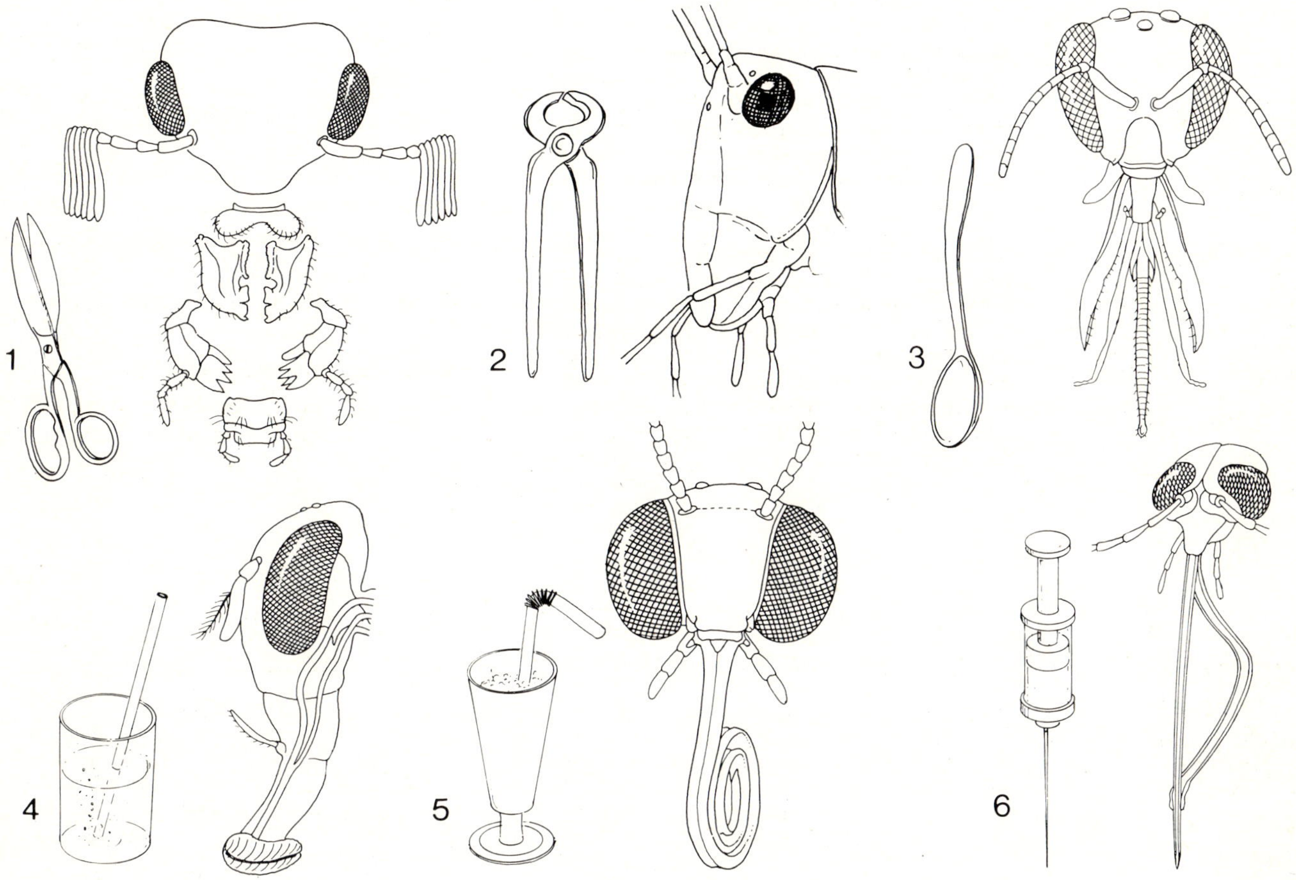

1. Insekten besitzen zur Nahrungsaufnahme verschieden gestaltete Mundwerkzeuge (beim Maikäfer auseinandergelegt dargestellt). Dadurch ist es den einzelnen Insektenarten möglich, unterschiedliche Nahrung aufzunehmen. Um besser verstehen zu können, wie die Mundwerkzeuge funktionieren, sind sie jeweils mit einem Gerät des täglichen Gebrauchs verglichen. Vervollständige die Tabelle.

Nr.	Name	Nahrung	Mundwerkzeug
1	Maikäfer		Schneidwerkzeug
2		Pflanzenteile und Fleisch	
3			Saugrüssel mit Löffelchen
4		Zucker, Abfälle (aufgelöst)	
5			einrollbarer Saugrüssel
6	Stechmücke		

Die Sinnesorgane

(Schülerbuch S. 46)

Anzahl der Einzelaugen

Krebslarve (Naupliusauge)	20
Kellerassel	30
Rote Waldameise	600
Stubenfliege	3200
Honigbiene, Drohne	7500
Honigbiene, Königin	3900
Maikäfer	5500
Libelle	28000
Rennkrabbe	30000

Spektralbereich

300–360 nm (Ultraviolett)
360–330 nm (Violett)
440–480 nm (Blau)
480–500 nm (Blaugrün)
500–650 nm (Orange, Gelbgrün)

Aufgaben und Lösungen

① Betrachte die Augen einiger toter Insekten mit der Lupe. Zeichne das Muster.

– *Durch die Lupe erkennt man zahlreiche kleine Sechsecke, die wabenförmig angeordnet sind. Jedes Sechseck stellt ein einzelnes Auge (Ommatidium) dar. Durch diese Art der Zusammensetzung kommt der Name „Komplexauge“ oder „Facettenauge“ zustande.*

② Halte ein Salatsieb vor die Augen. Versuche zu lesen und durch den Raum zu gehen. Welche Beobachtungen machst du?

– *Lesen ist nur bedingt möglich und wird erschwert, wenn man den Kopf bewegt. Die Orientierung in der Ferne ist besser. Da jedes Einzelauge in eine etwas andere Richtung schaut, ist eine gute Rundumsicht gegeben. Die Bildqualität ist von der Anzahl und Größe der Löcher im Sieb abhängig.*
Anmerkung: Wir können keine Aussagen machen, welchen Eindruck ein Insekt von seiner Umgebung hat. Auch das menschliche Auge hat ein begrenztes Auflösungsvermögen, und dennoch haben wir den Eindruck eines einheitlichen, nicht gerasterten Bildes. Der Versuch dient nur zur Veranschaulichung des Begriffs *Auflösungsvermögen* und zeigt die Bedeutung der Anzahl der Einzelaugen.

③ Kannst du einen Zusammenhang zwischen dem Fühlerbau der Männchen und Weibchen des Seidenspinners und der Anzahl der Riechzellen herstellen?

– *Die Männchen haben große, stark gegliederte Fühler, die Weibchen wesentlich kleinere. Den Männchen steht daher eine größere Oberfläche für die Riechsinneszellen zur Verfügung (ca.30 000), was ihre erstaunlichen Leistungen bei der Partnersuche erklärt.*

Verwirren statt Locken

Pheromone, chemische Botenstoffe, steuern das soziale Verhalten vieler Insekten. Oft handelt es sich bei den Duftsignalen um komplizierte Mischungen von hochaktiven Substanzen im Bereich von wenigen Milliardstel eines Gramms. Beigemischte flüchtige Stoffe informieren über das Alter der Botschaft. Begleitstoffe sichern die Artspezifität. Eine Reihe von Pheromonen sind bereits analysiert und synthetisiert worden. Zur Schädlingsbekämpfung lockt man mit kleinsten Mengen hochreiner, meist teurer Stoffe in *Duftfallen* Schmetterlinge und Borkenkäfer an. Neuerdings werden weniger reine, billigere Pheromone auch in großen Mengen eingesetzt. Solche *Duftschleudern* verwirren die Insekten, z.B. beim Balzanflug und behindern damit die Fortpflanzung erfolgreich. Beide Techniken, die Duftfallen und die Duftschleudern werden auch in der Natur angewandt. So lockt die Bolaspinne mit Pheromonen Falter ins Netz, eine südamerikanische Bienenart raubt nach einer Attacke mit konzentriertem, selbstproduziertem Blütenduft die gesammelten Vorräte anderer Bienenvölker.

Zusatzinformation

Farbensehen

Bis 1914 hatte man allgemein geglaubt, daß Insekten nicht farbtüchtig seien. Erst Karl von Frisch wies durch Dressurversuche die Farbtüchtigkeit von Bienen nach.
Alle bisher untersuchten Insekten sind farbtüchtig. Ihr Farbspektrum ist jedoch im Vergleich zu den Wirbeltieren um etwa 150 nm zum Ultravioletten hin verschoben.
Insekten können kein Rot sehen. Bei uns sind rote Blüten relativ selten. Eine der auffallenden Ausnahmen, der Klatschmohn, reflektiert UV-Licht, das für den Menschen unsichtbar, für Bienen aber ein Farbton ist. Die zahlreichen rotblühenden Arten in den Tropen werden meist nicht von Insekten bestäubt, sondern von Kolibris und Honigsaugern. Die weißen Blüten reflektieren kaum UV-Licht. Die Bienen sehen das Weiß dann als Blaugrün, der zu UV-Licht komplementären Farbe.

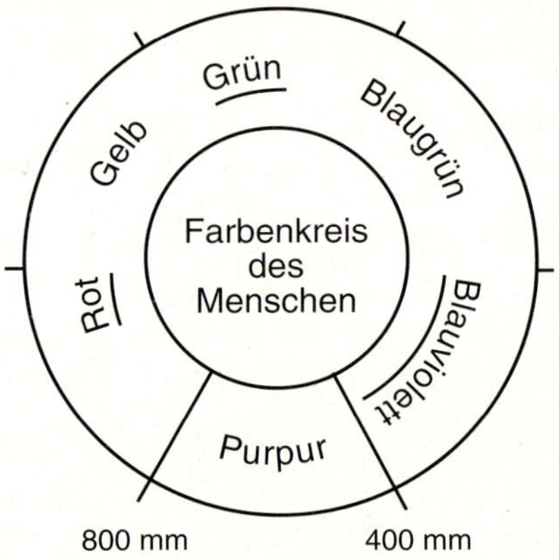

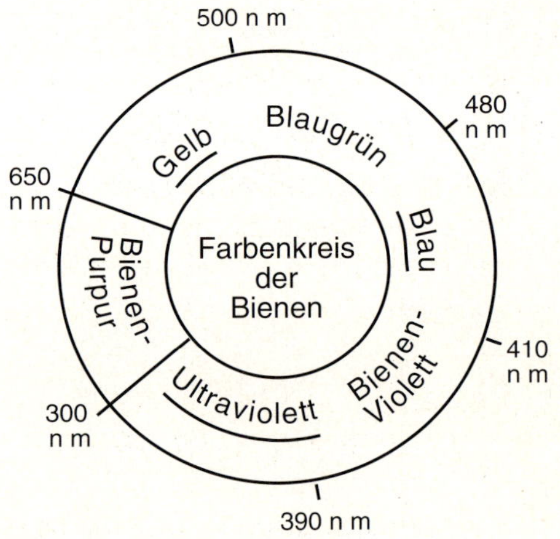

Polarisiertes Licht

Insekten können die Polarisationsebene des Lichts wahrnehmen . Dieses ermöglicht ihnen, auch bei nur kleinen blauen Stellen am Himmel die Richtung der Sonne, ein wichtiges Orientierungsmerkmal, festzustellen.

Lösungen zum Arbeitsblatt

1 schützend – lichtbrechend – lichtabsorbierend – lichtempfindlich – reizleitend
2 Honigbiene (3), Mensch (1), Ohrkneifer (4), Libelle (2)
3 a Facettenauge, b Linsenauge, c Facettenauge, d Linsenauge

Insekten nehmen ihre Umgebung wahr

1. Ordne den beschrifteten Teilen des Netzauges (Facettenauges) folgende Eigenschaften zu: lichtabschirmend, lichtbrechend, schützend, reizleitend, lichtempfindlich.

Chitinlinse ______________________

Kristallkegel ______________________

Pigmentzelle ______________________

Sinneszelle ______________________

Sehnerv ______________________

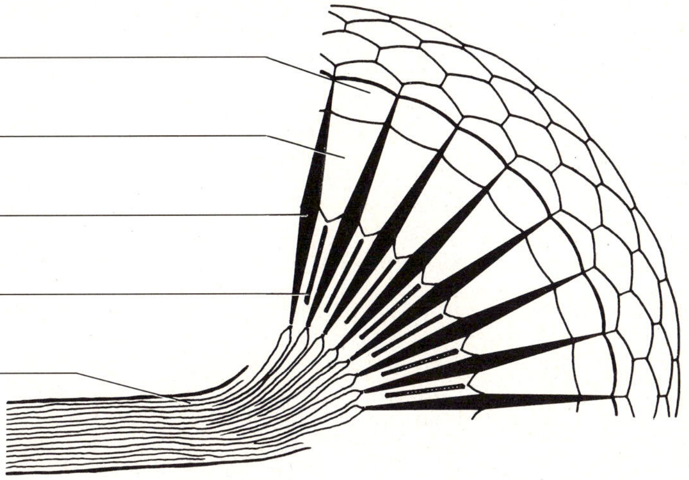

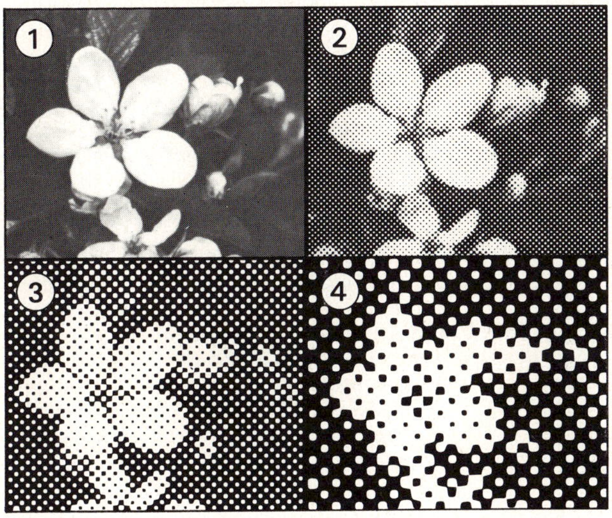

2. Welche Bildqualität läßt sich folgenden Lebewesen zuordnen?

Honigbiene (ca. 5 000 Einzelaugen):

Bild ◯

Mensch (Linsenauge):

Bild ◯

Ohrkneifer (ca. 300 Einzelaugen):

Bild ◯

Libelle (ca. 25 000 Einzelaugen):

Bild ◯

3. Gib bei jeder der folgenden Beschreibungen an, ob sie zum Facettenauge des Insekts oder zum Linsenauge des Menschen paßt.

a) gewölbter Bau ermöglicht gute Rundumsicht ______________________

b) verschiedene Schutzeinrichtungen vorhanden ______________________

c) kann als exakter Winkelmesser zur Bestimmung des Sonnenstandes benutzt werden ______________________

d) beweglich durch Augenmuskeln ______________________

Der Flug der Insekten

(Schülerbuch S. 47)

Zusatzinformation

Leichtbauweise

Wie bei den Vögeln ist eine Voraussetzung für den Flug die Leichtbauweise des Insektenkörpers. Typisch dafür ist das extrem leichte Außenskelett aus Chitin, das luftgefüllte Tracheensystem, der stark konzentrierte Urin und Kot.

Flügelbau

Der Schüler hat gelernt, daß Auftrieb nur an gewölbten Flächen entsteht. Insektenflügel sehen aber nicht gewölbt aus. Das scheint jedoch nur auf den ersten Blick so. Bei zahlreichen Insekten kann man schon im Ruhezustand eine schwache Wölbung erkennen.
Untersuchungen im Windkanal haben auch für kleinste Flächen die Notwendigkeit einer Wölbung gezeigt. Mittels Hochfrequenzfilmen konnte man zeigen, daß die Flügel in den Schlagphasen oft stärker gewölbt sind als in Ruhe. Die Flügelfläche wird bei manchen Insekten, z.B. Schmetterlingen, durch verschieden starke Überlappung von Vorder- und Hinterflügeln variiert. Bei Heuschrecken z.B. faltet sich beim Abschlag der Hinterflügel etwas ein und wird beim Aufschlag gespreizt.
Durch spezielle Flugmuskeln oder auch allein durch die Trägheitsmomente während des Schlages kann der Flügel häufig so gedreht werden, daß die beim Abschlag wirksame Fläche größer wird.

Schlagfrequenz

Die hohen Flügelschlagfrequenzen lassen sich nicht mehr durch die übliche Anregung mit Nervenimpulsen erklären. Pro Muskelkontraktion ein Nervenimpuls – das ist allein aufgrund der unerregbaren Refraktärzeiten zwischen den Aktionspotentialen nicht denkbar. Bei den hochfrequenten Fliegern findet man auch tatsächlich mehr Flügelschläge als Nervenimpulse. Der indirekte Ansatz der Flugmuskulatur am Brustkorb setzt diesen in Schwingungen. Diese Eigenschwingungen führen zu Flügelschlägen und müssen stets durch neue Impulse ausgelöst werden.

Interessante Zahlen

Insekten findet man in bis zu 4000 m Höhe. Große Insekten, die verhältnismäßig langsam mit den Flügeln schlagen, fliegen oft sehr schnell, kleine Insekten mit schnellem Flügelschlag fliegen dagegen langsam.

	Flügelschläge pro Sekunde	Geschwindigkeit (km/h)
Kohlweißling	8-12	7-14
Kleinlibelle	16	3-7
Großlibelle	25-40	25-55
Maikäfer	46	11
Schwebfliege	120	11-14
Stubenfliege	200	7
Honigbiene	225	7-11
Stechmücke	600	1-2
Zuckmücke	1000	1-2

Der Flügelschlag der Libelle

Im Gegensatz zu allen anderen Insekten zeichnen sich die Libellen durch eine *direkte* Flugmuskulatur aus, d. h. die Flugmuskeln sind unmittelbar an den Flügelwurzeln verankert. Daher können Libellen ihre beiden Flügelpaare gegenläufig bewegen, z. B. wenn Großlibellen auf der Stelle rüttelnd in der Luft stehen.

Zusatzaufgaben und Lösungen

① Bienen können Vorder- und Hinterflügel miteinander koppeln. Untersuche mit dem Mikroskop, ob du den Kopplungsmechanismus erkennen kannst.

– *Vorder- und Hinterflügel werden abgeschnitten und in der richtigen Reihenfolge zwischen zwei Objektträger geklemmt. Schon bei der kleinsten Vergrößerung kann man am Vorderrand des Hinterflügels kleine Häkchen erkennen. Wenn die beiden Flügel gekoppelt sind, greifen die Häkchen in eine Falte am Vorderflügel ein, die als Verdickung des Flügelrandes sichtbar ist.*

② Du kannst die Flugmuskulatur bei einer Biene sichtbar machen. Schneide dazu mit einer Rasierklinge (Vorsicht!) den Brustabschnitt etwa in der Mitte quer durch. Wie groß ist der Anteil der Flugmuskulatur auf dem Querschnitt? Fertige eine Skizze an!

– *Die Flugmuskulatur füllt den ganzen Brustabschnitt aus, nur die Speiseröhre verläuft in der Mitte. Mit der Lupe sind vier Muskelpakete zu erkennen.*

③ Beobachte, wie ein Marienkäfer von deiner Hand startet. Welche Flügel benutzt er?

– *Er sucht zum Start einen erhöhten Punkt auf, z.B. die Fingerspitze. Vor dem Abfliegen spreizt er die Flügeldecken auseinander. Zum Fliegen benutzt er die dünnhäutigen Hinterflügel. Sie liegen unter den Flügeldecken und werden erst kurz vor dem Start entfaltet. Wird der Käfer unmittelbar vor dem Start am Abfliegen gehindert, ist deutlich zu erkennen, wie die nicht rechtzeitig zusammengefalteten Hinterflügel unter den Flügeldecken hervorschauen.*

④ Oft sieht man Insekten, die in der Luft stillzustehen scheinen. Es sind Schwebfliegen. Bewege behutsam deinen Finger auf sie zu. Welche verschiedenen Flugmanöver kannst du beobachten?

– *Schwebfliegen benutzen oft den entgegengestreckten Finger als Bezugspunkt im Raum und vollziehen alle behutsamen Bewegungen des Fingers mit. Auf diese Weise kann man sichtbar machen, daß Schwebfliegen ihre Manöver in alle denkbaren Richtungen ausführen können, sogar nach rückwärts. Es bietet sich der Vergleich mit den Flugeigenschaften eines Hubschraubers an. In der Tat verändert die Schwebfliege zur Richtungsänderung die Schlagbahn der Flügel. Sie verfährt nach dem gleichen physikalischen Prinzip wie der Hubschrauber. Ihre Flügel schlagen in der Minute ca. 20 000mal auf und ab.*

Medien

– Funktionsmodell, Firma Schlüter (Winnenden) Nr. 3411 d

Anmerkung: Dieses dreidimensionale Flugmodell zeigt die Zusammenhänge der Flugmechanik. Ein zweidimensionales Modell läßt sich aus Zeichenkarton nach der Kopiervorlage S. 51 bauen.

Bastelbogen für ein Modell zur Flügelbewegung bei Insekten

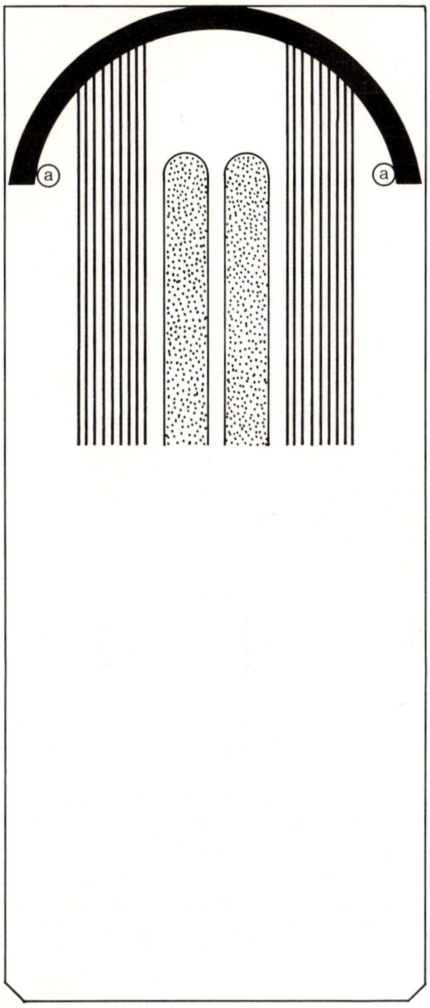

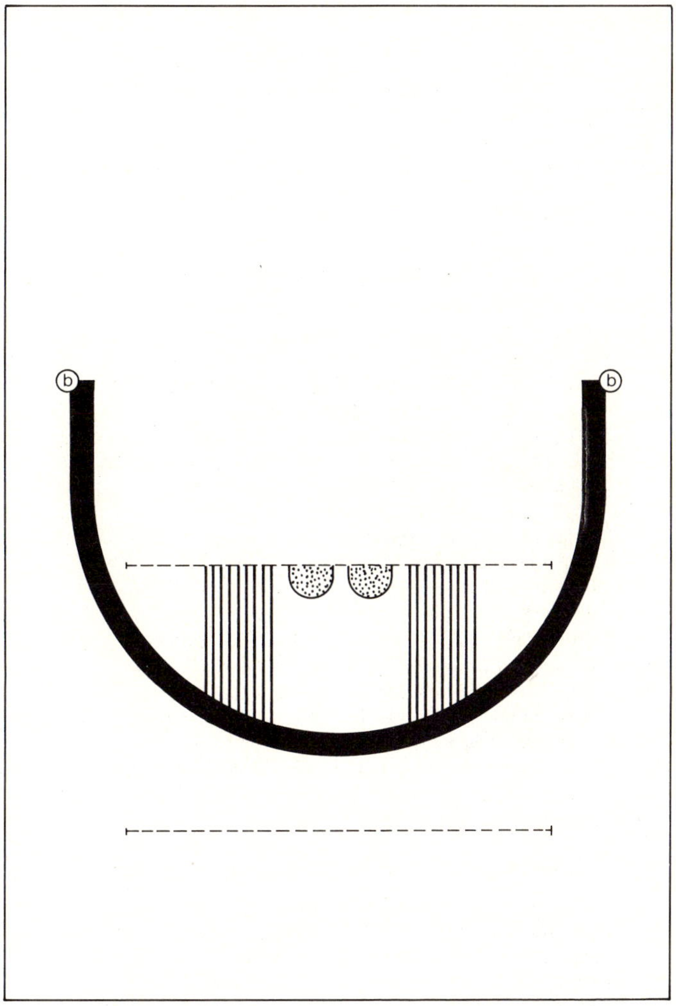

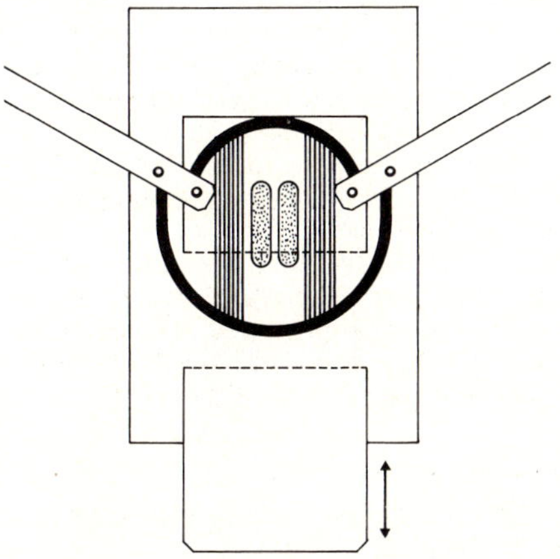

Zusammengebautes Modell in Flügelaufschlagstellung

Bauanleitung und Handhabung:

1. Kopie auf Bastelkarton aufkleben.
2. Die vier Einzelteile ausschneiden und an den markierten Stellen lochen.
3. Entlang der gestrichelten Linien je einen Schlitz einschneiden.
4. Teil 1 durch den oberen Schlitz schieben und durch den unteren herausziehen.
5. Die beiden Flügel mit Beutelklammern zunächst auf 1, dann auf 2 montieren.
6. Teil 1 wird oben, Teil 2 unten festgehalten. Durch Schieben und Ziehen werden die Flügel auf- und abbewegt.

Die vollständige Verwandlung der Schmetterlinge

(Schülerbuch S. 48)

Die unvollständige Verwandlung der Laubheuschrecke

(Schülerbuch S.49)

Aufgaben und Lösungen

① Welche anderen Insekten kennst du noch, die auch eine vollständige Verwandlung durchmachen?

– *Hier sind vor allem Beispiele schon behandelter Arten zu erwarten: Honigbiene, Maikäfer, Gelbrandkäfer, Stubenfliege, Stechmücke.*

② Die Puppe des Schwalbenschwanzes, eines anderen Tagfalters, heißt Gürtelpuppe. Informiere dich darüber, wo und wie sie befestigt ist.

– *Nach vier Häutungen beginnen die Raupen zu wandern. Sie suchen nach geeigneten Plätzen für die Verpuppung, um den Winter zu überdauern. In Spalten von Baumrinden und in Mauerritzen finden sie günstige Stellen. Mit Hilfe von zwei Spinndrüsen, die auf der Unterlippe münden, fertigt die Raupe einen Spinnfaden, den sie neben ihrer Körpermitte auf der Unterlage festmacht. Dann führt sie den Faden mit einem Schwung auf die andere Körperseite hinüber und befestigt ihn dort ebenfalls. Diese Bewegung vollführt die Raupe mehrmals, wobei sie jeweils einen weiteren Faden um sich schlingt. So entsteht ein kräftiger Gürtel, der die Raupe auf der Unterlage hält. Das Ende des Hinterleibs ist mit Häkchen an einem Polster aus feinen Fäden verankert. Danach häutet sich die Raupe zum 5. Mal. Die leere Hülle fällt zu Boden, die Puppe hängt am Gürtel fest und überwintert so.*

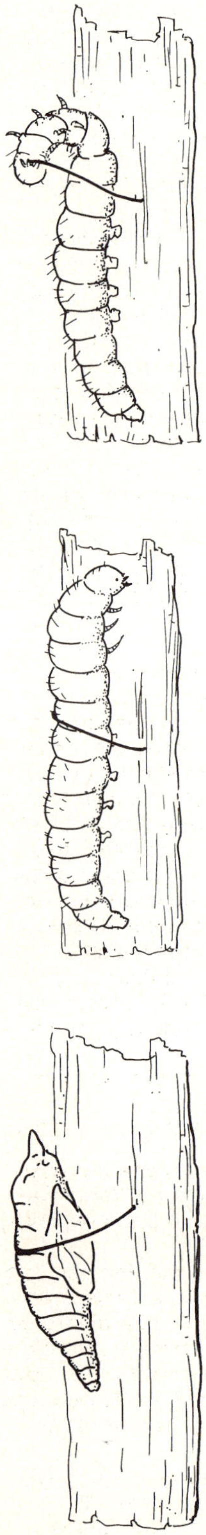

Gürtelpuppe
(Mumienpuppe)

Metamorphose

Durch die Entwicklung des Frosches ist den Schülern die Metamorphose bekannt. Die gravierende Umgestaltung der Kaulquappe in Bezug auf die Atmungsorgane, Verdauungsorgane und Fortbewegung ist bei diesem Lebewesen eindrucksvoll. Die Metamorphose der Insekten weist ebensolche Umgestaltungen auf. So zeigt der Vergleich der Lebens- und Ernährungsweise der Stechmückenlarve mit ihrer Imago einschneidende Veränderungen im Puppenstadium. Die unvollständige Verwandlung, die als die ursprünglichere angesehen werden muß, zeigt, wie bei der Heuschrecke, oft keine derart drastischen Unterschiede in Form und Verhalten. Allerdings ist das nicht imnmer so. Bei den Libellen z.B. tritt auch ohne Puppenstadium ein Wechsel in der Lebensweise auf: Die Larven leben im Wasser und jagen schleichend mit Hilfe einer Fangmaske. Die erwachsenen Tiere jagen in der Luft und benützen die Beine als Fangkorb. (vgl. Schülerbuch S. 124/125)

Experimentelles

Die **Entwicklung der Insekten** läßt sich an **Mehlwürmern** besonders leicht beobachten, weil die Tiere samt Futter jederzeit beschafft werden können und die Haltungsbedingungen einfach sind. Wichtig ist das Beobachten und Protokollieren der Entwicklungsstadien: Larve, Puppe und Vollinsekt. Außerdem können die Schüler erkennen, daß Insekten auf völlig andere Weise wachsen als die Wirbeltiere, nämlich schubweise bei der Häutung. Die alte, zu eng gewordene Haut platzt an vorgebildeten Bruchstellen auf, während die neue, größere Haut darunter – in Falten gelegt – bereitliegt. Nur solange die Kutikula noch hell, also noch nicht ausgehärtet ist, kann sie auf ihre volle Länge gedehnt werden.

Hormone steuern die Entwicklung

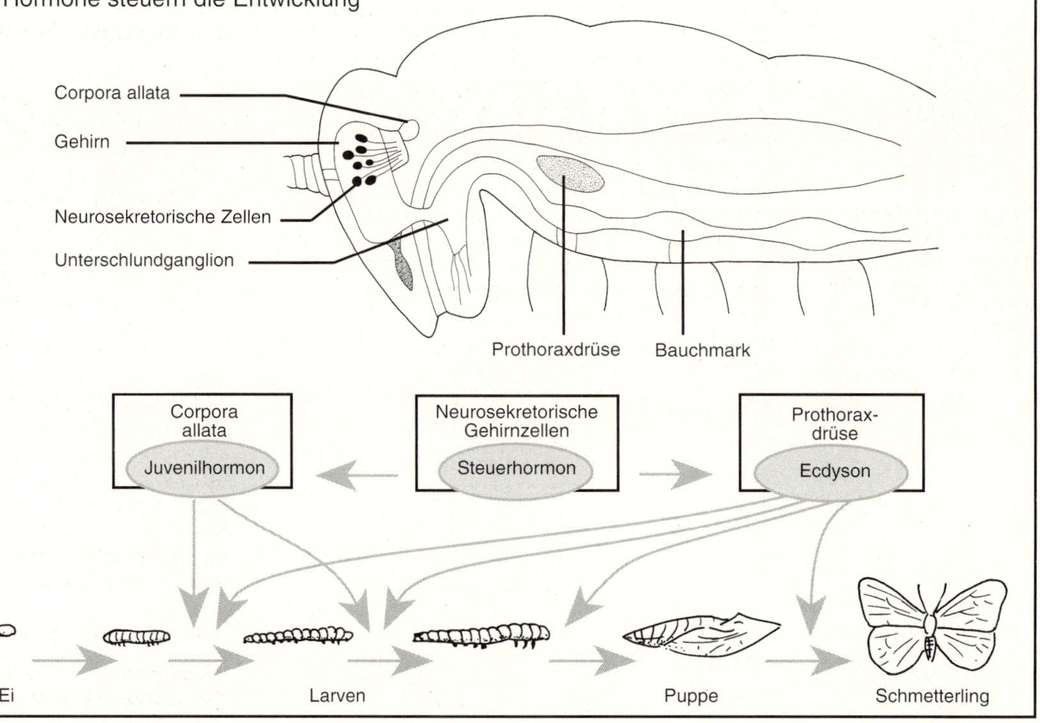

Zusatzinformation

Brutfürsorge

Brutpflege ist dem Schüler durch das Beispiel der Bienen geläufig. Eine interessante Pflegevorsorge betreiben die **Sandwespen**, die zur Familie der *Grabwespen* gehören.
Ein Sandwespenweibchen überfällt eine Schmetterlingsraupe, lähmt diese durch einen Stich mit ihrem Giftstachel und schleppt sie in eine in den Boden gegrabene Neströhre. Dann legt sie ein Ei darauf ab und verschließt die Röhre mit kleinen Steinchen. Später öffnet sie die Röhre in regelmäßigen Abständen und kontrolliert die Entwicklung des Eies. Sie schafft neues Futter heran, wenn die Larve geschlüpft ist. Ein Sandwespenweibchen betreut mehrere Nester. Ihre Arbeit läuft ohne einsichtiges Verhalten ab. Die einzelnen Verhaltensweisen werden instinktiv duch bestimmte Reizsituationen ausgelöst:
„Leeres Nest" -> Eintragen der Raupe, Eiablage, Nestverschluß
„Raupe und Larve im Nest" -> Eintragen weiterer Raupen
„Larve nahe Puppenstadium im Nest"-> endgültiger Nestverschluß
Durch so einfache Reizsituationen lassen sich *Handlungsketten* aufbauen, die ein zwanghaft ablaufendes Instinktverhalten – von außen betrachtet – als ein überlegtes Verhalten erscheinen lassen.

Der **Bienenwolf** entstammt derselben Familie wie die Sandwespe: Das Weibchen des Bienenwolfes überfällt Bienen und sticht diese in eine weichhäutige Stelle im Brustkorb hinter dem ersten Beinpaar. KARL VON FRISCH beschreibt, wie der Bienenwolf dabei vorgeht:
„Dann umarmt er die Stelle ihres Hinterleibs, wo die Honigblase sitzt, und preßt ihr zur eigenen Labung den Nektar durch den Mund heraus, den sie zu einem anderen Zweck an den Blumen gesammelt hat. Nun trägt er sie im Fluge unter seinem Bauch zu einem schon vorher gegrabenen Loch in sandigem Boden, das durch einen tiefen Gang zur Bruthöhle führt. Nachdem er hier meist drei bis vier derart erlegte Bienen in Reih und Glied nebeneinander hingebreitet hat, legt er an eine derselben ein Ei und setzt darauf an einer anderen Bruthöhle der Neströhre seine Tätigkeit fort oder beginnt, ein neues Loch zu graben. Aus dem Ei schlüpft eine Larve, einer Fliegenmade ähnlich, die sich unverzüglich daran macht, die bereitliegenden Bienen eine nach der anderen aufzufressen. Da sie durch den Stich der Wespe gelähmt, aber nicht getötet sind, bleiben sie frisch, wie ein wohl konservierter Fleischvorrat, und sind doch der trägen Made wehrlos preisgegeben. Herangewachsen, verpuppt sich diese in der Bruthöhle, um im nächsten Sommer auszuschlüpfen und das Handwerk ihrer Mutter fortzusetzen."

Das Weibchen des Bienenwolfes hat eine Honigbiene überfallen und spritzt ihr das lähmende Gift in die weichhäutige Stelle hinter dem ersten Beinpaar.

Eine Brutkammer des Bienenwolfes: drei gelähmte Bienen sind als Nahrungsvorrat für die bald aus dem Ei (E) schlüpfende Larve eingebracht. (nach Grizmeks Tierleben)

Hormone

Hormone steuern die Entwicklung
Das Hormonsystem der Insekten zeigt eine erstaunliche Parallele zu dem der Wirbeltiere: Es gibt neurosekretorische Zellen, also Nervenzellen, die Hormone abgeben, und ein der Hypophyse entsprechendes Zentrum *(Neurohämalorgan)*, wo diese Hormone in die Blutbahn gegeben werden. Bei den Insekten heißen diese paarigen Zentren *Corpora cardiaca*. Die hierarchische Struktur wird an folgendem Beispiel deutlich: Ein Aktivitätshormon wird von den Corpora cardiaca in die Aorta abgegeben und gelangt zur Prothoraxdrüse, die es zur Bildung von *Ecdyson*, dem Häutungshormon, anregt. Das Ecdyson wirkt vorwiegend in den Epidermiszellen. Es bewirkt, daß die Häutungen ablaufen. Das Ecdyson ist jedoch nicht das einzige Hormon, das bei der Häutung wirkt. Von den Corpora allata, die hinter den Corpora cardiaca liegen und mit diesen nervös verbunden sind, wird das Juvenilhormon abgegeben. Dieses fördert das Wachstum der Larve und hemmt gleichzeitig die Metamorphose, also den Eintritt ins Puppenstadium. Wenn die Konzentration des Juvenilhormons abnimmmt, entstehen nach der Häutung keine größeren Larven sondern die Puppen.

Hormone beeinflussen das Verhalten
Wie bei den Wirbeltieren gibt es bei den Insekten einen Einfluß der Hormone nicht nur auf physiologische Abläufe, sondern auch auf das Verhalten. Beispielsweise sind junge Abendpfauenaugen *(Smerinthus ocellatus)* sehr stark positiv phototaktisch, das heißt, sie bewegen sich vom Dunkleren ins Helle. Je älter die Raupe wird, desto mehr nimmt diese Reaktion ab; sie kehrt sich sogar kurz vor der Verpuppung um. Spritzt man nun in diesem Stadium Juvenilhormon, werden die alten Raupen wieder positiv phototaktisch. In umgekehrter Weise bewirkt das Ecdyson das zunehmende Auftreten der negativ phototaktischen Reaktion.

Lösungen zum Arbeitsblatt (S. 54)

1. Im Normalfall nimmt die Konzentration des Juvenilhormons immer mehr ab. Wenn keines mehr vorhanden ist, wird die Larve zur Puppe.
   Bei Versuch 1 ist die Konzentration des Juvenilhormons künstlich immer mehr verringert worden, so daß die Puppe viel früher gebildet wurde. Dadurch entsteht ein kleinerer Schmetterling. Bei Versuch 2 wurde Juvenilhormon zugeführt, so daß die Verpuppung erst später einsetzt. Diese Larve wird zum Riesenschmetterling.
2. Ohne Häutungshormon würde die Entwicklung völlig zum Stillstand kommen, da Wachstum ohne Häutung letzten Endes nicht möglich ist.

Anmerkung: In Wirklichkeit ist für die Verpuppung ein bestimmtes Konzentrationsverhältnis von Juvenilhormon und Wachstumshormon entscheidend. Die Kenntnis dieser Feinheiten ist für den Schüler nicht notwendig.

Lösungen zum Arbeitsblatt (S. 55)

Mehlkäfer: Eier, Larve, Larve, Puppe, Imago
Heuschrecke: Eier, Larve, Larve, Larve, Imago
Trennlinie: quer über Schmetterling und Floh.

Hormone steuern die Entwicklung

Aufgaben:

1. Erkläre ausführlich die Wirkungsweise des Juvenilhormons.
2. Was geschieht, wenn man das Häutungshormon künstlich vermindert oder ganz wegläßt?

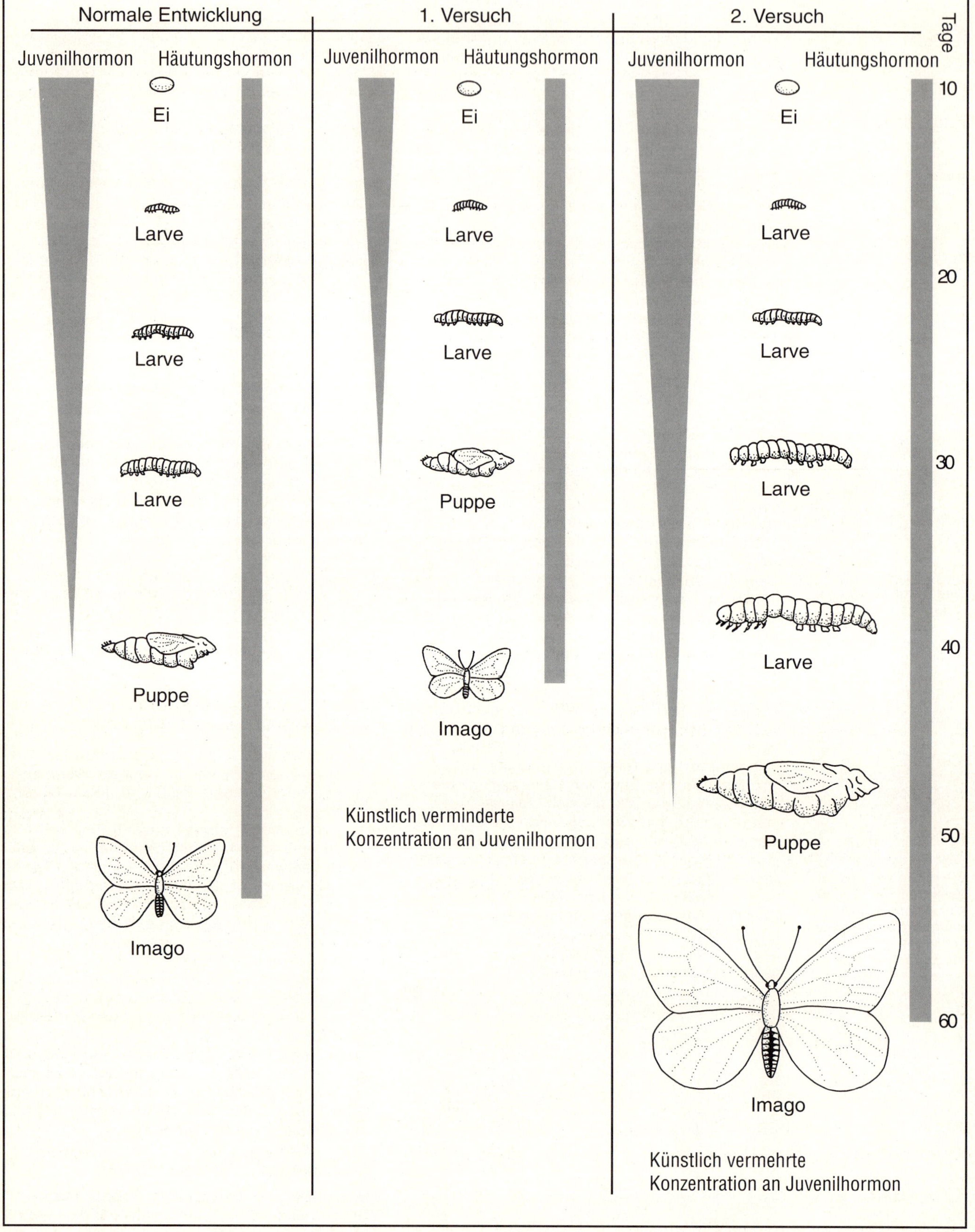

Vollkommene und unvollkommene Verwandlung

1. Beschrifte in den beiden folgenden Abbildungen die Entwicklungsstadien von Mehlkäfer und Laubheuschrecke.

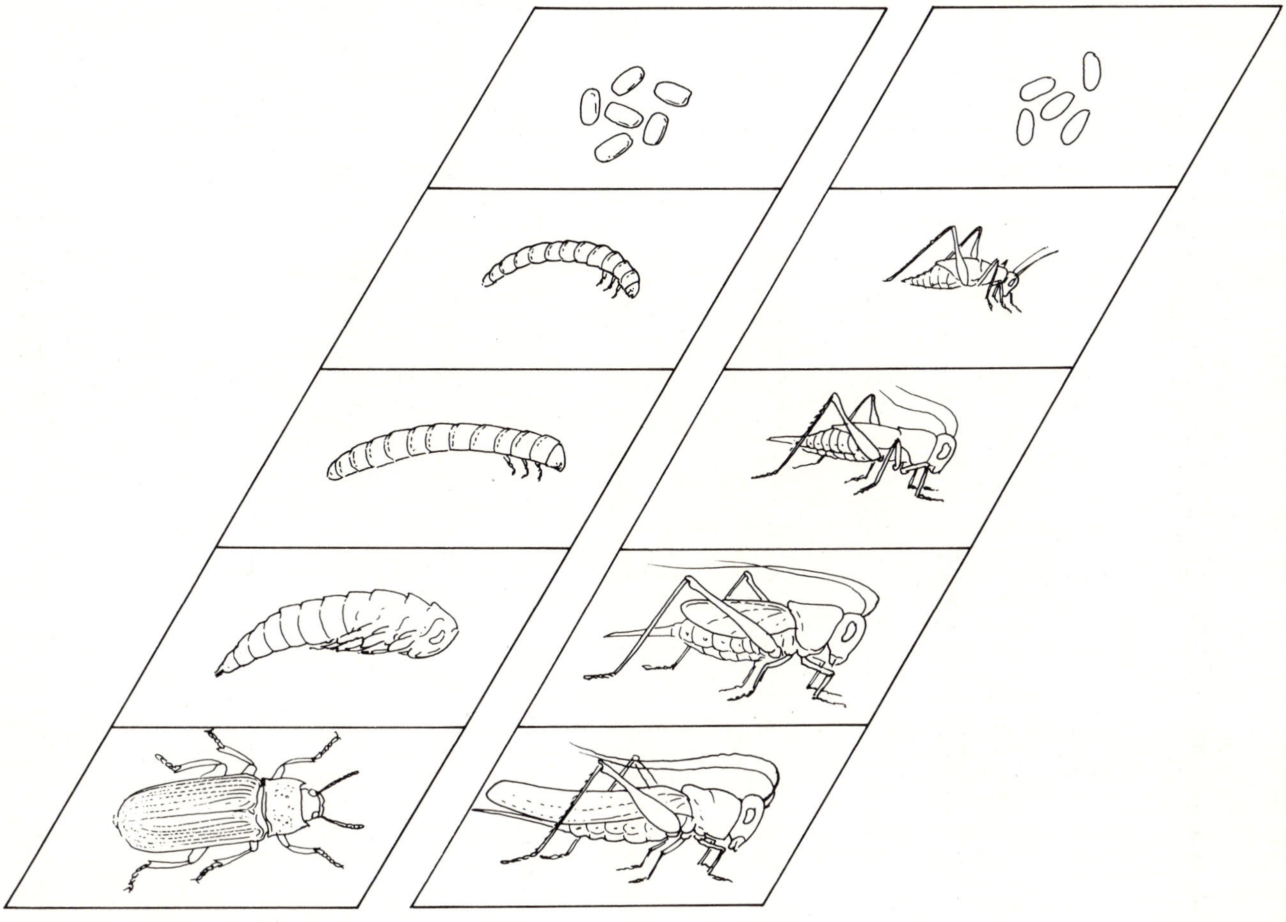

2. Trenne in der folgenden Abbildung durch eine gerade Linie die Insekten mit vollkommener Verwandlung von denen mit unvollkommener Verwandlung.

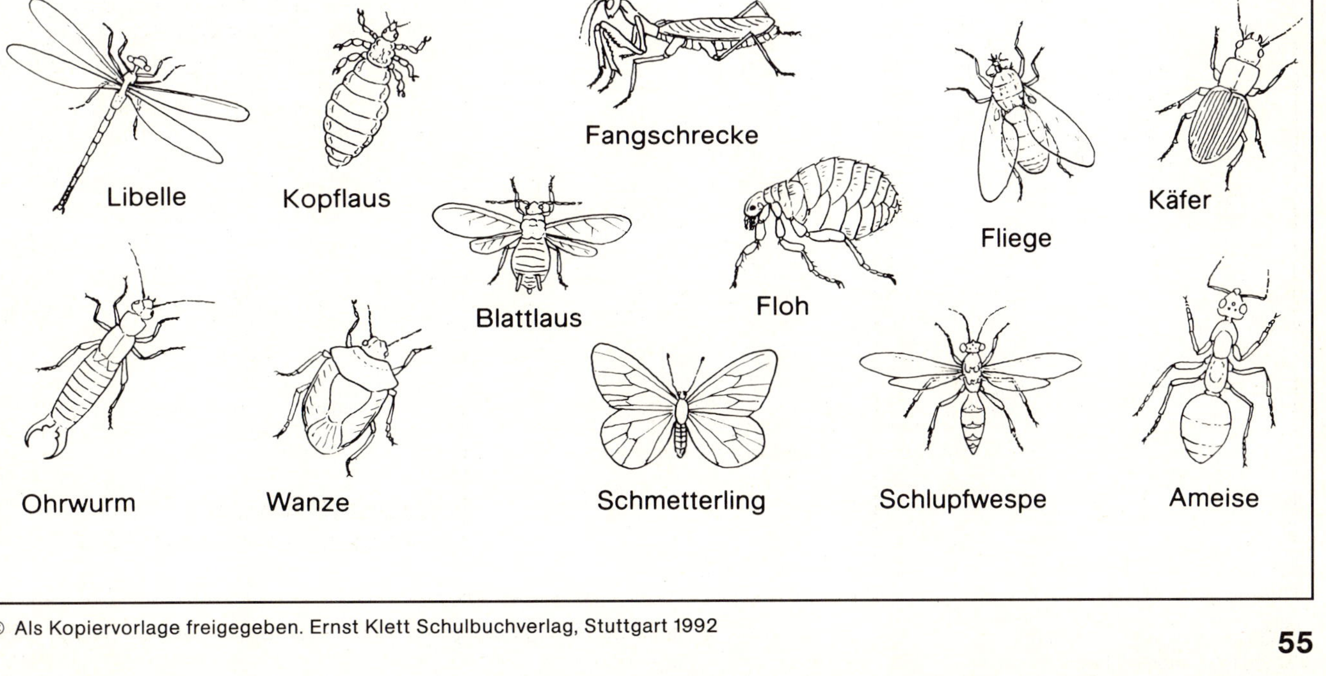

Lexikon: Insekten – ein Grundbauplan wird abgewandelt.

(Schülerbuch S. 50/51)

Nun gilt's, daß einen Blick man werfe
Auf die Insekten oder Kerfe.
Wenn auch darunter viele sind,
Die glaubt zu kennen jedes Kind –
Maikäfer, Schmetterlinge, Bienen –
so sind doch manche unter ihnen,
Die selbst der hohen Wissenschaft
Noch neu sind oder rätselhaft.

Sechshunderttausend Arten kennt sie.
Ein (strittiges) System benennt sie
Nach Ordnungen, jetzt sechsundzwanzig,
Umfassend, was da lausig, wanzig
Sich rumtreibt, emsig oder mückig-
Und manche Art billionenstückig,
Vom allerwinzigsten Vertreter
Zu Schrecken, einen Viertelmeter.

EUGEN ROTH hat in seinem Gedicht von 600 000 Arten gesprochen; mittlerweile sind 750 000 Arten bekannt. Insekten besiedeln alle Lebensräume. Man findet sie auf der Hochsee, in der Antarktis, in Gipfelregionen, im Wüstensand. Das Lexikon bietet eine kleine Auswahl.
Anmerkung: Im Schülerbuch werden in vier Lexika weitere Insekten vorgestellt: „Tiere des Waldes" S. 97; „Tiere im Teich" S. 126/127; „Zeigerlebewesen für die Gewässergüte" S. 140/141; „Parasiten des Menschen" S. 223.
Dazu gibt es im Schülerbuch noch zwei Praktika mit Insekten: „Untersuchung von Laubstreu" S. 105; „Zum Verhalten der Mittelmeergrille" S. 294.
Einzelbeschreibungen findet man auf den Seiten 99/101/102/124/321.

Medien
- verschiedene Insekten, lebend, als Alkoholpräparat oder Trockenpräparat.

Modelle
- Facettenauge. Phywe
- Bienensprache. Schlüter
- Arthropodengelenk. Schlüter
- Flügelbewegungen. Schlüter

Mikropräparate
- Sammlung Insekten. Phywe

Dias
- Ameisen. Phywe
- Der Maikäfer. Phywe
- Ektoparasiten des Menschen. Phywe
- Der Seidenspinner. FWU

Filme

- Bemerkungen über den Schmetterling. Klett
- Brutpflege der Sandwespe. Klett
- Kopfläuse. Klett
- Der Schwalbenschwanz. FWU
- Wanderheuschrecken und Sandlaufkäfer. FWU
- Hormomwirkung bei Schmetterlingen. Klett
- Drosophila – Zucht und Entwicklung. Klett

Literatur

AID, Broschüre Nr.290 u.323, „Schützt die Bienen", „Imker im Dienst der Umwelt", 53 Bonn 2, Postfach 200708.

BAY, F./RODI. D./LINHART, C.: Modelle zur Informationsübermittlung im Bienenstock. Unterricht Biologie 1981, Heft 60/61

BÄNSCH, R.: Zähne des Windes. Informationen zum Thema „Wanderheuschrecken". Unterricht Biologie 1979, Heft 29

BOBETH, H.: Versuche zum Farbensehen der Bienen. Unterricht Biologie 1978, Heft 18

BUND NATURSCHUTZ IN BAYERN (Hrsg.): Ökologischer Garten. Fischer Taschenbuch, Frankfurt 1981

CHINERY, M.: Insekten Mitteleuropas. Parey, Hamburg 1984

DIXON, A.F.G.: Biologie der Blattläuse. G. Fischer, Stuttgart 1976

ERPENBECK, A., ERPENBECK, E.: Bienen und Wespen bauen. Unterricht Biologie 1983, Heft 87

ESCHENHAGEN, D. (Hrsg.): Insekten. Unterricht Biologie, Heft 32, Friedrich Verlag, Seelze, 1979

FARB, P.: Die Insekten Life – Wunder der Natur. Time-Life international, o.J.

FRISCH, K. V.: Aus dem Leben der Bienen. Springer, Berlin 1977

FRISCH, K. V.: Tanzsprache und Orientierung der Bienen. Springer, Berlin 1965

GERASCH, R.: Akustische Kommunikation bei Grillen. Unterricht Biologie 1980, Heft 41

GRZIMEKS TIERLEBEN Band 3, Weichtiere, Stachelhäuter, Kindler, Zürich 1970

GRZIMEKS TIERLEBEN Band 1, Niedere Tiere

JACOBS, W., SEIDEL, F.: Zoologisches Wörterbuch, Systematische Zoologie: Insekten. G.Fischer, Stuttgart 1975

JANUS, H.: Unsere Muscheln und Schnecken. Kosmos Franckh, Stuttgart 1968

MEYER, G. (Hrsg.): Tarnung, Warnung, Mimikry. Unterricht Biologie, Heft 32, 1979

SIELMANN, H. (Hrsg.): Knaurs Tierleben im Meer. Droemersche Verlagsbuchhandlung, München 1979

SOMMERMANN, U.: Stundenblätter Insekten. Ernst Klett, Stuttgart 1984

STERN, H.: Bemerkungen über die Bienen. Rowohlt, Hamburg 1974

TESCHNER, D.: Versuche mit Insekten. Quelle und Meyer, Heidelberg 1979

TROMMER, G.: Gegen Blattlausbefall: Schädlingsbekämpfung exemplarisch. Naturwissenschaften im Unterricht-Biologie 30 (1982), Heft 6

ZAHRADNIK, J.: Der Kosmos-Insektenführer. Franckh'sche Verlagsbuchhandlung, Stuttgart 1984

Wir bestimmen Insekten

Siehst du ein Insekt und willst wissen, zu welcher Ordnung es gehört, kannst du diesen Bestimmungsschlüssel benutzen. Beginne links oben und folge den Pfeilen. An jeder Verzweigung mußt du dein Tier anschauen und seine Kennzeichen mit den im Schlüssel genannten vergleichen. Dann findest du leicht heraus, welchen Weg du weitergehen mußt. Schließlich gelangst du zum Namen der Ordnung.

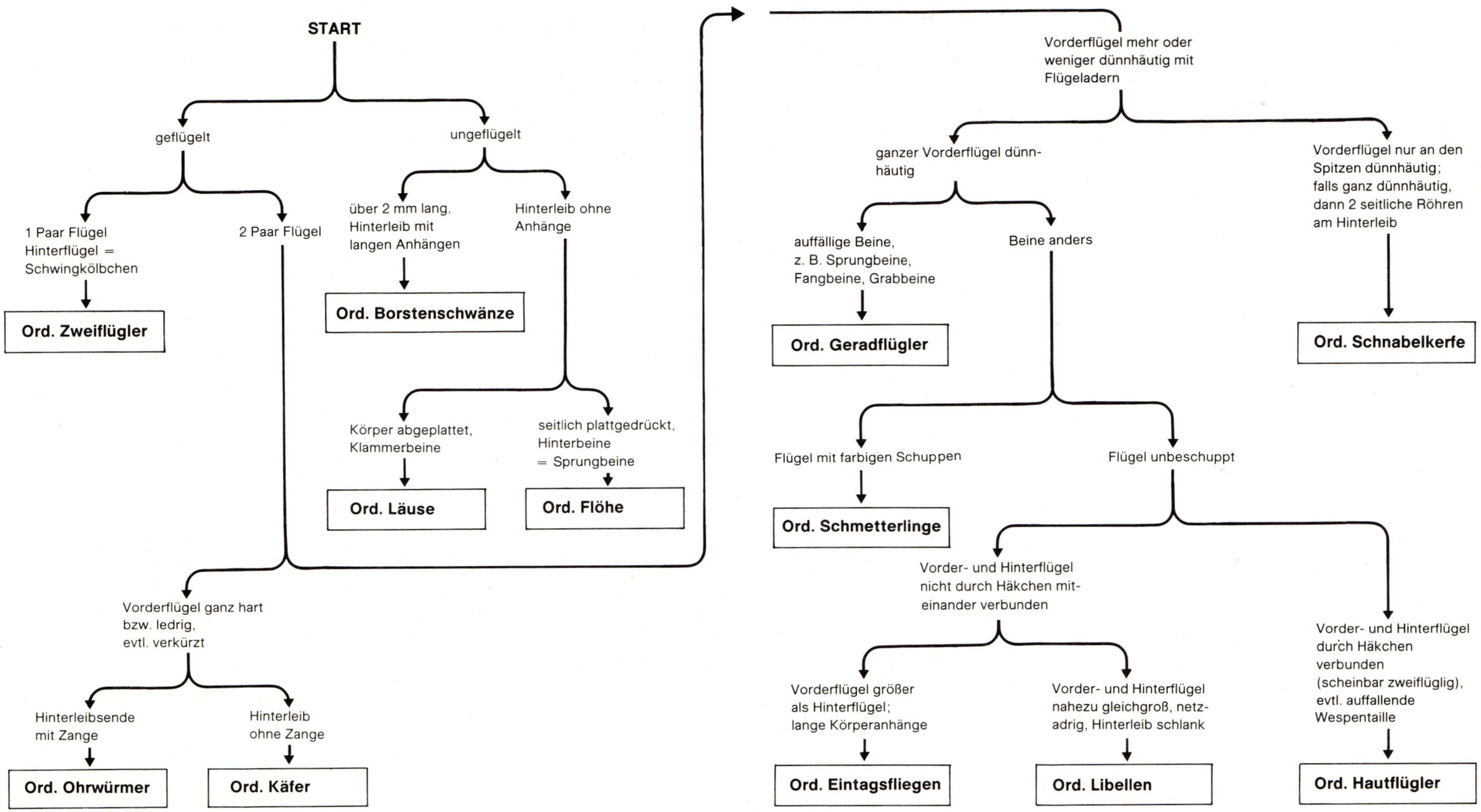

Die Weinbergschnecke

(Schülerbuch S. 52/53)

Versuche mit Schnecken

(Schülerbuch S. 54)

Vielfalt der Schnecken

(Schülerbuch S. 54/55)

Aufgaben und Lösungen (S. 53)

① Setze eine schwingende Stimmgabel auf den Tisch auf, auf dem eine Gehäuseschnecke sitzt. Wie verhält sich das Tier?

– *Die Schnecke bewegt sich von der Störquelle weg oder zieht sogar Kopf und Fuß ins Gehäuse zurück. Sind die übertragenen Erschütterungen sehr intensiv, sondert die Schnecke zudem Schleim ab. Die gleiche Reaktion ist zu beobachten, wenn man die Schnecke berührt. Schnecken nehmen mit ihrem Tastsinn Erschütterung, Berührung und Druck wahr.*

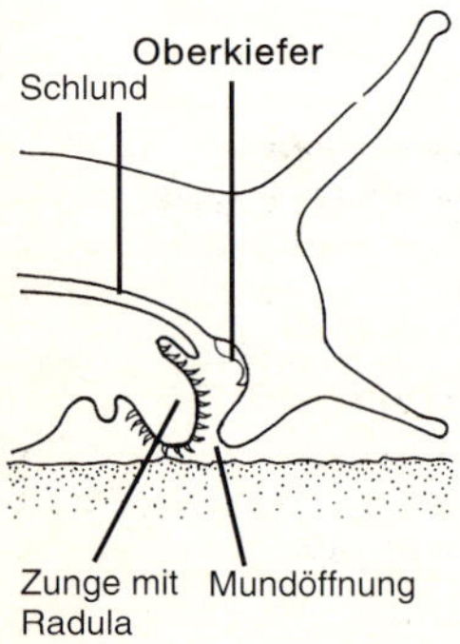

② Setze eine Gehäuseschnecke auf ein frisches, feuchtes Salatblatt. Sei ganz ruhig und beobachte die Mundpartie. Achte auf Geräusche und Fraßspuren am Salat. Berichte!

– *Es ist ein schabendes Geräusch zu hören. Die Weinbergschnecke ist ein Pflanzenfresser. Mit ihrem harten Oberkiefer aus Chitin schneidet die Schnecke Teile des Salatblattes heraus. Mit der Zunge (Radula), die mit vielen, kleinen Chitinzähnchen besetzt ist, werden die Pflanzenteile in den Mund hineingeraspelt. Während des Freßvorgangs kontrolliert die Schnecke ständig die Nahrung mit ihren Fühlern.*

Anmerkung: Unter den Schnecken gibt es durchaus räuberische Arten, die kleine Würmer und Insektenlarven auffressen.

③ Sammle leere Schneckenhäuser und lege sie in verdünnte Säure (z.B. Essig). Verfahre ebenso mit einem Kalkstein. Welche Schlüsse kannst du aus deinen Beobachtungen ziehen?

– *Bei beiden Versuchen bilden sich kleine farb- und geruchslose Gasbläschen. Zum Nachweis des entstehenden Kohlenstoffdioxidgases kannn man es in eine gesättigte Kalziumhydroxid-Lösung einleiten. Es ergibt sich eine weiße Trübung. Schneckenhäuser und Kalkstein bestehen also zumindest teilweise aus dem gleichen Stoff. Das Schneckengehäuse ist zu 98% aus Kalk aufgebaut.*

Sinne

Die Sinnesorgane der Schnecken sind vor allem der *Geruchs-* und *Geschmackssinn* sowie der *Tastsinn*. Der *Sehsinn* ist mäßig, hören können Schnecken überhaupt nicht. Die Schallwellen der Stimmgabel in Versuch S.53 im Schülerbuch werden nicht gehört, die Vibrationen der Tischplatte jedoch nimmt der Tastsinn, genauer gesagt *Vibrationssinn*, im Fuß wahr.

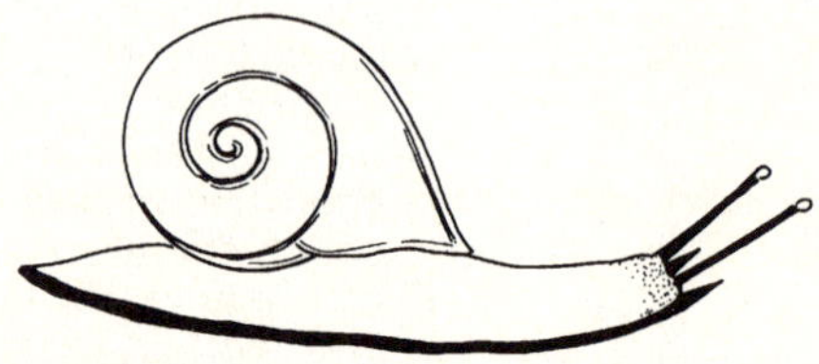

Temperatursinn

Geruchsinn

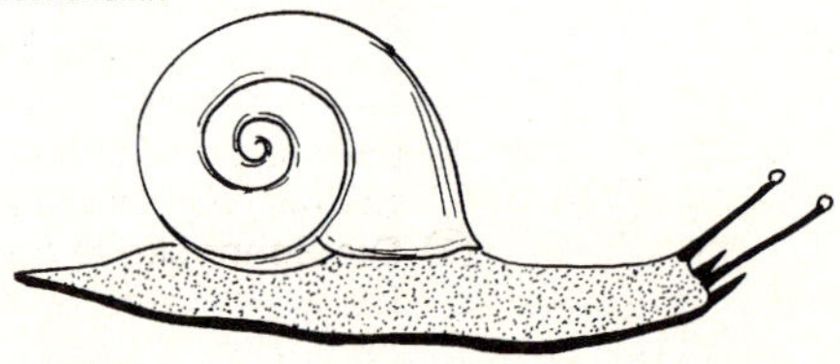

Tastsinn

Sehsinn

Lagesinn

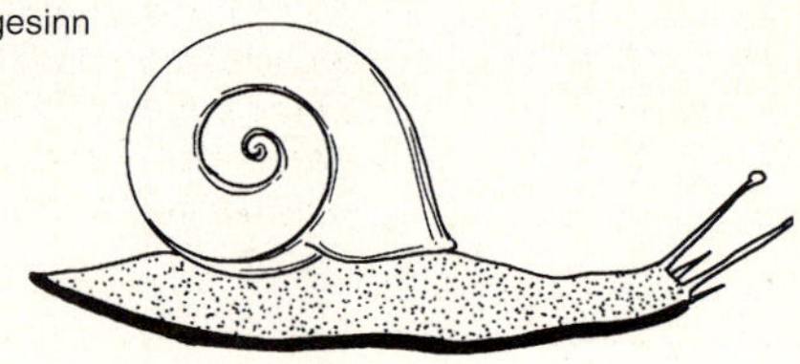

Feuchtigkeitssinn

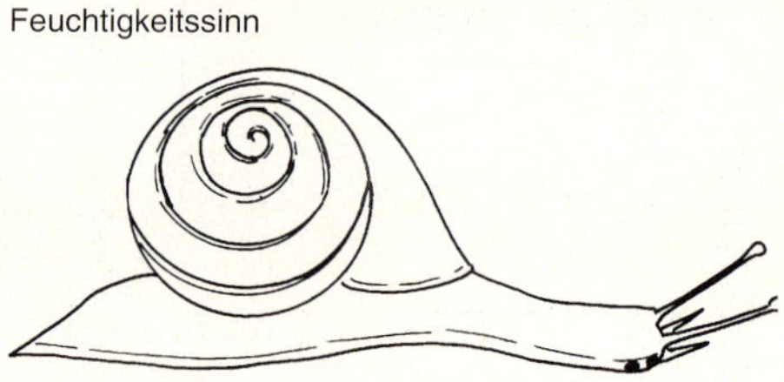

Geschmacksinn

In die Umrisse ist eingetragen, was die Schnirkelschnecken mit welchem Körperbereich wahrnehmen können. Hören können sie nicht.

Aufgaben und Lösungen (S. 54)

① Lasse eine Schnecke über eine Glasplatte kriechen und betrachte die Kriechsohle von der Seite und von unten. Beschreibe, wie sich das Tier fortbewegt. Erkläre die Fortbewegung mit Hilfe der Abbildung auf der Randspalte.
– *Von unten sieht man die breite Kriechsohle des Fußes. Durch wellenförmige Muskelkontraktionen, die über die Fußsohle laufen, bewegt sich die Schnecke vorwärts. Man nennt diese Art der Fortbewegung „Stemmschieben". Je nach Schneckenart kann diese Bewegung von vorn nach hinten oder von hinten nach vorn verlaufen, beidesmal mit dem gleichen Ergebnis, der Vorwärtsbewegung. Während des Kriechens tritt immer Schleim aus Schleimdrüsen der Fußsohle in der Nähe des Kopfes. Das ebnet den Untergrund und setzt extreme Reibungswiderstände herab.*

② Laß mehrere Tiere gleicher Art 20 cm weit über die Glasplatte laufen und notiere die benötigte Zeit. Errechne die Kriechgeschwindigkeit pro Minute. Welche Strecke könnte eine Schnecke bei gleicher Geschwindigkeit in einer Stunde zurücklegen?
– *Je nach Art und Untergrund werden die Schnecken 2 bis 6 Minuten brauchen, um die 20 cm zurückzulegen. Das sind dann 6 m, bzw. 2 m pro Stunde. Bei Weinbergschnecken wird die maximale Geschwindigkeit mit 3,24 m pro Stunde, also 0,00324 km pro Stunde angegeben.*

③ Die Schnecke in der nebenstehenden Abbildung kriecht über die Schneide eines Messers. Wie ist es zu erklären, daß sich das Tier nicht schneidet?
– *Der Tastsinn der Schnecke ist nicht nur in den Fühlern am Kopf ausgeprägt, sondern auf der ganzen Länge der Fußsohle vorhanden. Tastsinn und Fußmuskulatur arbeiten Hand in Hand. So schiebt sich die Schnecke über scharfkantige Unebenheiten hinweg, ohne geritzt zu werden. Zudem schützt der zähflüssige Schleim vor Hautabschürfungen.*

④ Setze eine Schnecke auf die Glasplatte, ziehe mit einem Deostift einen nicht völlig geschlossenen Kreis um sie. Wie verhält sich das Tier, wenn es an die Duftspur kommt?
– *Das Tier kriecht nicht auf die Duftspur. Es wendet sich ab und setzt erneut an. Es gibt kein zielgerichtetes Suchen nach einem Ausgang. Nur durch Zufall gelangt das Tier an die Kreisöffnung.*

⑤ Biete einer Schnecke mit Kochsalzlösung, Eierfarbe und Essig präparierte Salatblätter an. Notiere deine Beobachtungen.
– *Die chemischen Sinne sind hier die ausschlaggebenden. Geruchs- und Geschmackssinneszellen befinden sich vor allem im Bereich der Mundregion und auf den Fühlern, aber auch verstreut auf der Oberseite von Kopf und Fuß. Nahrung, die anders schmeckt als gewohnt, wird verschmäht.*

Modell der Kriechbewegung

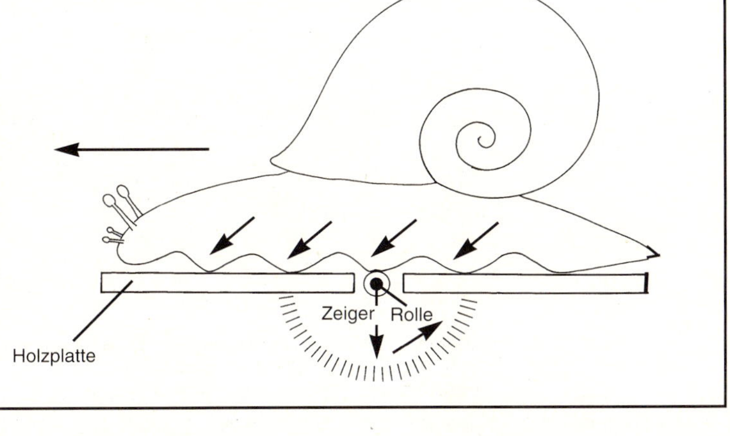

Lösungen zum Arbeitsblatt (S. 61)

1 Mitteldarmdrüse (Leber), **2** Darm, **3** Herz, **4** Herzbeutel, **5** Schale, **6** Atemhöhle, **7** Mantel, **8** Mantelrand, **9** Speicheldrüsen, **10** Auge, **11** Fühler, **12** Mundöffnung, **13** Nervensystem, **14** Ausscheidungsorgan, **15** Fuß mit Kriechsohle, **16** Rückziehmuskel

Medien
– Weinbergschnecken, Hainschnirkelschnecken und andere Schnecken

Bioplastik
– Weinbergschnecke. Phywe

Mikropräparate
– Weinbergschnecke, Radula. Phywe
– Weinbergschnecke, Zwitterdrüse. Phywe
– Wegschnecke, quer. Phywe

Dias
– Die Weinbergschnecke. Phywe

Transparente
– Baupläne der Wirbellosen. Phywe

Literatur

Grzimeks Tierleben Band 3, Weichtiere, Stachelhäuter, Kindler, Zürich 1970
Janus, O.: Unsere Muscheln und Schnecken. Kosmos, Franckh, Stuttgart 1968

Wir bestimmen Schnecken

1a	Schnecken ohne Gehäuse .... (Nacktschnecken)	2
1b	Schnecken mit Gehäuse .... (Gehäuseschnecken)	4
2a	Atemloch hinter der Schildmitte	3
2b	Atemloch vor der Schildmitte, rot schwarz oder braun, 12 bis 15 cm lang **Große Wegschnecken**	
3a	12 bis 15 cm lang, schlank, grau oder weißlich, Schleim farblos **Große Egelschnecke**	
3b	4 bis 6 cm lang, grau, Schleim weißlich **Ackerschnecke**	
4a	Gehäuse über 3 bis 4 cm breit und hoch, bräunlich mit drei dunklen Streifen .... **Weinbergschnecken**	
4b	Gehäuse kleiner	5
5a	Gehäuse kugelig oder flach (mehr breit als hoch)	6
5b	Gehäuse länglich (mehr hoch als breit)	12
6a	Gehäuse mit Nabel, zuweilen ist der Nabel vom Mundsaum teilweise verdeckt	8
6b	Gehäuse ohne Nabel.....................	7
7a	Mundsaum dunkel (braun oder (schwarz) **Hainbänderschnecke**	
7b	Mundsaum hell (weißlich oder gelb) **Gartenbänderschnecke**	
8a	Gehäuse kugelig (etwa so breit wie hoch)	9
8b	Gehäuse flach (deutlich breiter als hoch)..................................	10
9a	Nabel teilweise verdeckt, Gehäuse dunkelbraun mit gelben Flecken und Strichen, z.T. durchsichtig **Baumschnecke**	
9b	Nabel offen und breit, Gehäuse grau, gelblich oder rötlich, z.T. durchsichtig **Buschschnecke**	
10a	Gehäuse gelblich weiß, braun gebändert, weiter Nabel **Heideschnecke**	
10b	Gehäuse braunrot, nicht braun gebändert...............................	11
11a	Gehäuseumgang scharf gekielt, weiter Nabel **Steinpicker**	
11b	Gehäuseumgang ohne Kiel, abgerundet, enger Nabel, häufig halb verdeckt **Laubschnecke**	
12a	Gehäuse nur etwa 3 mm breit, 3 bis 4 mal so hoch, am Mundsaum sind kleine Zähne (Lupe!), braun **Schließmundschnecke**	
12b	Gehäuse etwa 1 cm breit, nur etwa doppelt so hoch, weiß, häufig mit braunen Strichen **Zebraschnecke**	

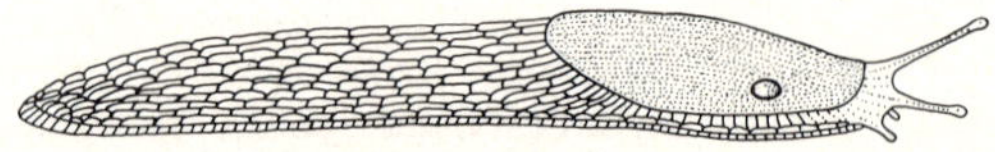
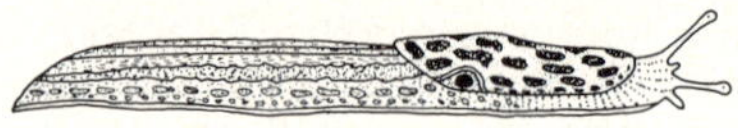

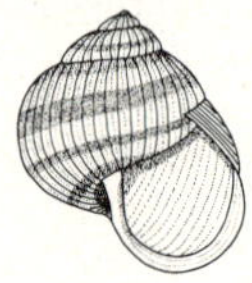

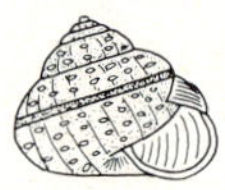
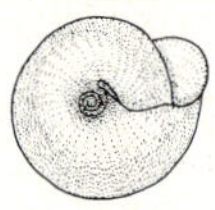

Bauplan einer Schnecke

Beschrifte.

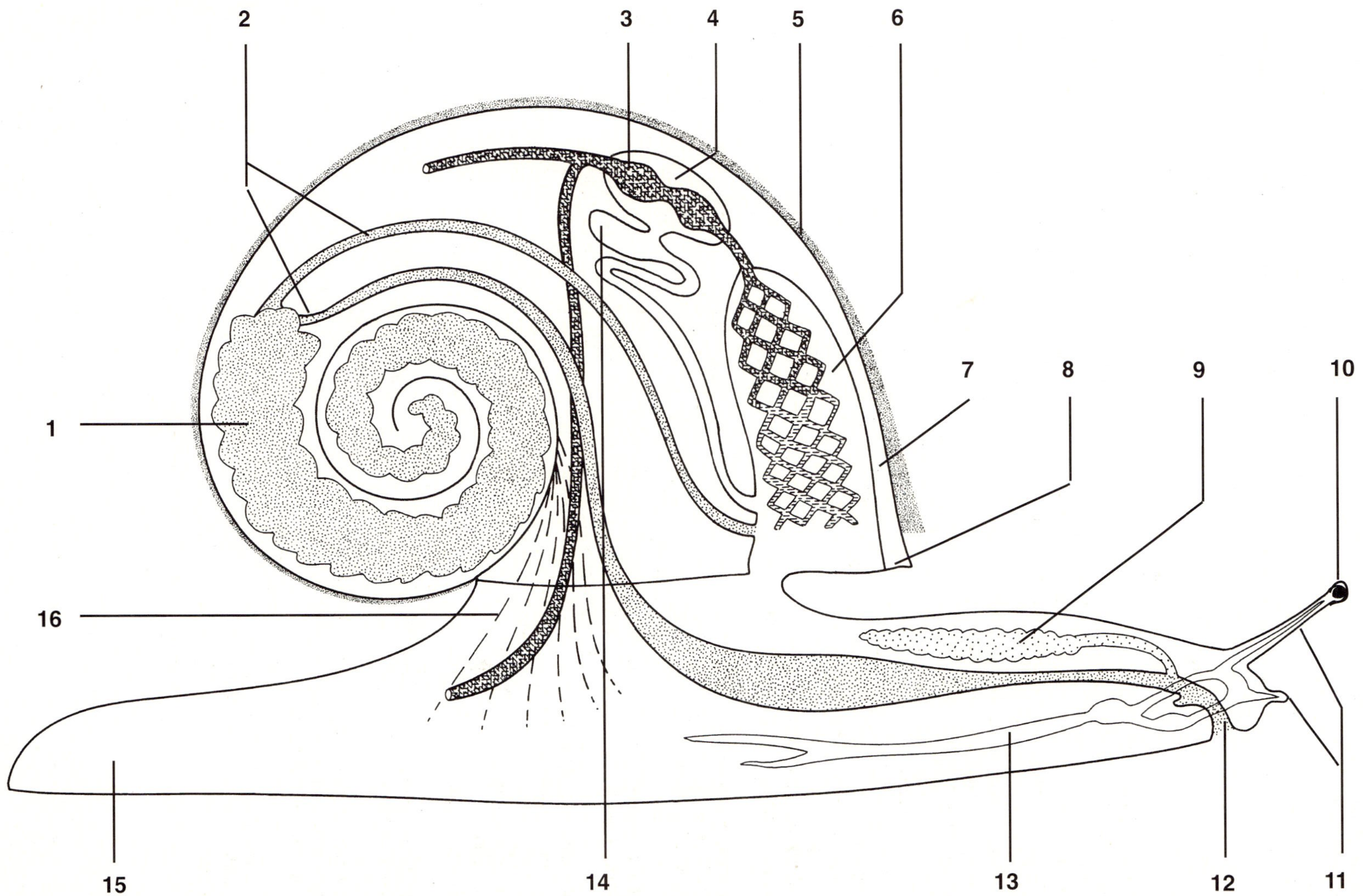

Die Miesmuschel – ein Weichtier mit harter Schale

(Schülerbuch S. 56)

Aufgaben und Lösungen

① Beschreibe den Weg des Atemwasserstroms mit Hilfe von Abbildung 2.

– *Die Miesmuschel strudelt in einer Stunde etwa 1,5 Liter Wasser durch die Einströmöffnung in die Mantelhöhle ihres Körpers. In den sich dort befindenden Kiemen wird Sauerstoff aus dem Wasser aufgenommen und Kohlenstoffdioxid abgegeben. Spezielle Wimpern wirken wie ein feinmaschiges Netz und filtrieren Nahrung aus dem Atemwasser. Das Filtrat besteht aus Algen, Bakterien, Urtierchen und natürlich auch Sand und anderen unverdaulichen Teilchen. Die Nahrung wird von einer Schleimschicht auf den Kiemen zurückgehalten und durch Wimpernbewegungen zum Mund transportiert. Das Wasser fließt weiter an den Kiemen vorbei und gelangt durch die Ausströmöffnung wieder nach außen. Dabei nimmt es die vom After abgegebenen Reste der Nahrung (auch den Sand) wieder mit ins Freie.*

② Vergleiche die Baupläne von Weinbergschnecke und Miesmuschel. Welche Unterschiede und Gemeinsamkeiten gibt es?

– *Gemeinsamkeiten : Schale oder Haus aus Kalk, Fuß, Mantel, Eingeweidesack*
– *Unterschiede: Bei der Weinbergschnecke liegt ein einteiliges Gehäuse vor, sie hat einen Kopf mit Radula. Die Miesmuschel hat eine zweiklappige Schale, sie besitzt weder Kopf noch Radula.*

Die Miesmuschel – Präparationsanleitung

1. Betrachte die äußere Körperform der Muschel. Das dem Schloß nahe schmale Ende ist das Vorderende, das entferntere breite das Hinterende. Lege die Muschel so, daß das Schloß von dir wegzeigt und das Vorderende nach links. Nun ist oben die Rückenseite, unten die Bauchseite der Muschel. Fertige eine Umrißskizze und beschrifte.
2. Öffne die Muschel, indem du vorsichtig ein Skalpell am Hinterende auf der Bauchseite zwischen die Schalenklappen schiebst und den hinteren Schließmuskel durchtrennst.
3. Orientiere die Muschel so wie in der Abb. S. 56 und vergleiche. Benenne die Teile. Die Ausströmöffnung ist jetzt nur noch als bräunliche Hautfalte zu sehen. Darunter liegt mit „ausgefransten" Rändern der Mantelrand, der die Einströmöffnung umgibt. Unter dem braunen Fuß in der Mitte liegen die glatt-gelben Kiemen. Magen und Darm liegen zwischen Fußansatz und Schloß. In der Nähe befindet sich der Mund, umgeben von den gelben Mundlappen.

Zusatzinformation

Sinnesorgane

Bei einem Lebewesen ohne Kopf schließt man auf eine dürftige Ausstattung mit Sinnesorganen. Die Aufgabe des Kopfabschnittes hat bei den Muscheln der Mantelrand übernommen. Dort sitzen zahlreiche Sinneszellen, oft mit speziell ausgebildeten Tentakeln. Der Mantelrand leitet die aufgenommenen Reize als Erregungen weiter zum hinteren Sinnesknoten *(Visceralganglion)*. Bei vielen Muschelarten sind am Mantelrand sogar Augen ausgebildet. Schweresinnesorgane liegen im Fuß.

Die Mördermuschel

Die Mördermuschel ist keineswegs eine angriffslustige Muschel; sie könnte es auch kaum sein mit einem Schalengewicht von bis zu 200 kg. Die Mördermuschel reagiert auf verstärkte Strömungen und andere Reize, indem sie ihre Schalen schließt. Alles, was zwischen diese Schalen kommt, kann nur dadurch wieder befreit werden, daß entweder die Schalen zertrümmert oder der Schließmuskel durchschnitten wird. Gefährlich ist die Muschel für den Menschen nur, wenn er in die gut getarnte Muschel gerät und sich nicht mehr befreien kann. Eine fast tödliche Situation beschreibt ULRICH DUNKEL:
Ein Südseeinsulaner hatte bei Ebbe Meerestiere gesammelt und kehrte bei eintreffender Flut von seinem Ausflug zurück: „Da – ein lauter Schrei! Malis linker Fuß war in einer festen Klammer unter Wasser gepackt. Ächzend vor Angst tauchte Mali mit dem Kopf unter Wasser, tastete nach der Falle. Gurgelnd und atemlos kam er wieder mit dem Kopf hoch, tauchte wieder, kam nochmals zum Atemhohlen herauf, suchte wieder mit verzweifelter Kraft loszukommen. Zentnerschwer ruhte die Menschenfalle im Sand: eine meterlange, dickschalige Muschel, die größte Muschel der Erde. Mit seiner zerbrochenen Gürtelschnalle als „Messer" versuchte Mali, den Schließmuskel der Muschel zu zerschneiden. Als die Flutwellen schon gefährlich hoch über Mali hinwegschwappten und er kaum noch Luft bekam, gelang es ihm mit einem letzten verzweifelten Versuch, den Muskel zu trennen und die Falle zu öffnen.
(aus: GRZIMEKS TIERLEBEN, Band 3)

Lösungen zum Arbeitsblatt

Das Modell dient nur dazu, darzulegen, wie sich Schalenhälften, Mantel, die Kiemen und der Fuß „schichten". Damit wird der im Schülerbuch abgebildete Schnitt leichter verständlich.

Bioplastik

– Teichmuschel. Phywe

Mikropräparate

– Herzmuschel, quer. Phywe
– Herzmuschel, Kiemen. Phywe
– Teichmuschel, Glochidien. Phywe

Wir basteln ein Muschelmodell

Ein einfaches Muschelmodell

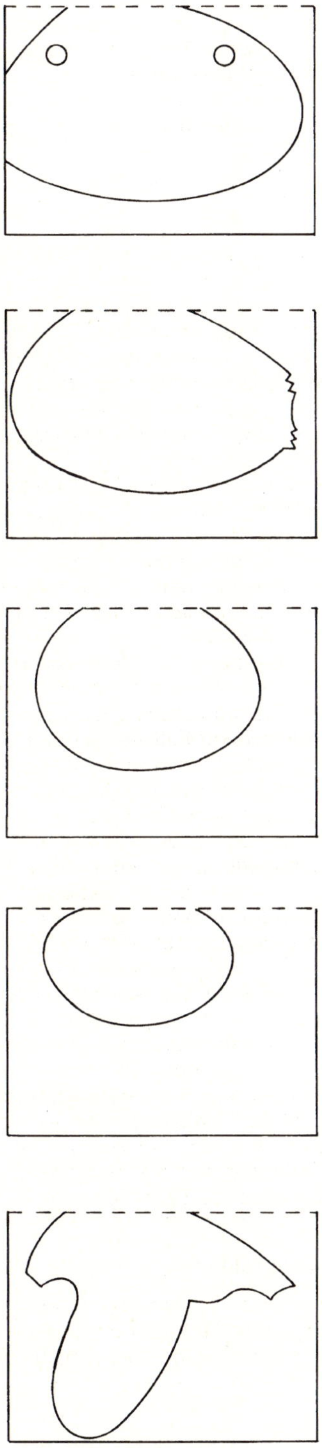

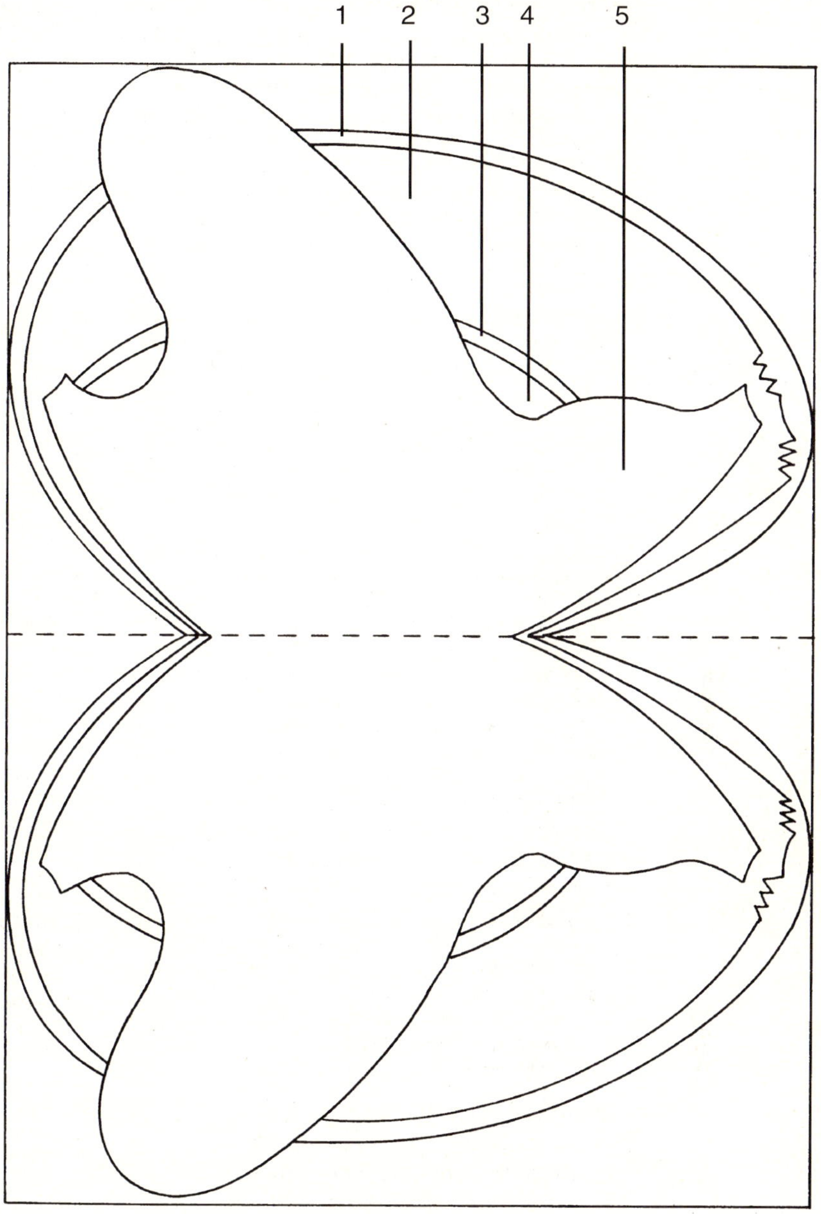

Muster zum Herstellen eines Muschelmodells aus farbigem Karton
(– – – – – Umbruchkante)

1 Schale
2 Mantel
3 äußere Kieme
4 innere Kieme
5 Fuß

Arbeitsanleitung:

Man kann Tonpapier oder Aktendeckel in verschiedenen Farben verwenden. Die Kartons werden vor dem Ausschneiden gefaltet, danach auseinandergeklappt. Sie werden in der richtigen Reihenfolge aufeinandergelegt und mit einem Faden oder Klammern geheftet.
Die beiden Hälften des Fußes werden aufeinandergeklebt. Man kann noch die Lage der Schließmuskeln einzeichnen.

Tintenfische

(Schülerbuch S. 57)

Aufgabe und Lösung

① Stelle in einer Tabelle Gemeinsamkeiten und Unterschiede von Schnecken, Muscheln und Kopffüßern zusammen.

Tabelle:

Merkmal	**Schnecke**	**Muschel**	**Tintenfisch**
Kalkschale	einteilig	zweiklappig	Schulp
Gliederung	Kopf, Fuß, Mantel, Rumpf Eingeweidesack	Fuß, Mantel, Rumpf	Kopf, Fuß, Mantel Eingeweidesack
Atmung	„Lunge", Kiemen	Kiemen	Kiemen
Nahrungs-aufnahme	Radula, Oberkiefer	Atemwasser	Schnabelkiefer, manchmal Radula
Sinne	Augen, Geschmack, Geruch, Tastsinn, kein Gehör	(Augen) Geschmack, Tastsinn, kein Gehör,	Linsenaugen, Geschmack, Tastsinn, kein Gehör
Kreislauf	Herz, offener Kreislauf	Herz, offener Kreislauf	Herz, fast geschlossener K.

Seemannsgarn?

Es gibt furchterregende Geschichten über **Riesenkalmare**, ehemals **Kraken** genannt, die Schiffe angegriffen und mit in die Tiefe des Ozeans gezogen haben sollen. Tatsächlich gibt es Riesenkalmare *(Architeuthis princeps)* mit 6,5 m Körperlänge und 10 m langen Fangarmen. Das Gewicht dieser Riesen beträgt rund 3 Tonnen. Der bisherige Rekord liegt bei 8 m Körperlänge und weiteren 14 m Fangarm. Untersuchungen des Mageninhalts von gefangenen Pottwalen, den schlimmsten Feinden der Riesentintenfische, lieferten Saugnäpfe von 25 cm und Augen von 45 cm Durchmesser. Hochgerechnet ergibt das Tiere mit 10 m Körperlänge und 15 m Fangarm.

Kopffüßer

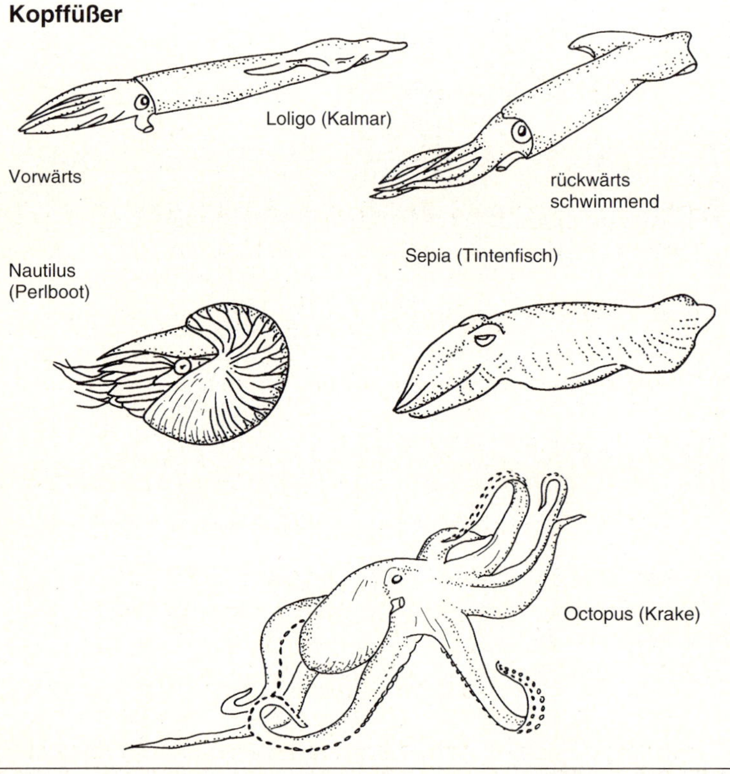

Zusatzinformation

Höherentwicklung

Das Gehirn der Tintenfische ist so hoch entwickelt, daß dies durchaus mit Leistungen des Wirbeltiergehirns verglichen werden kann. Beispielsweise lösen Tintenfische im Versuch Labyrinthprobleme und öffnen verkorkte Flaschen, in denen Beute zu erkennen ist. Lern- und Dressurfähigkeit sowie einsichtiges Verhalten sind nachgewiesen.
Entsprechend hoch sind die Sinnesorgane entwickelt. Besonders das *Linsenauge* ist dabei hervorzuheben. Es kann damit sogar eine Entfernungsanpassung erfolgen *(Akkommodation)*: die Linse wird für die Nahsicht verschoben – nicht in ihrer Brechkraft verändert wie bei den Säugern. Der Gemeine Kalmar hat pro Quadratmillimeter die gleiche Dichte an Sinneszellen wie der Mensch (160 000 Zellen pro mm^2). Tintenfischaugen sind farbtüchtig und in der Lage, die Schwingungsebene des polarisierten Lichts wahrzunehmen.
Auch Geschmacks-, Geruchs-, Tast- und Gleichgewichtssinn sind gut ausgebildet.

Lösungen zum Arbeitsblatt

1 Fangarm, **2** Schnabelartiger Kiefer, **3** Auge, **4** Gehirn, **5** Mitteldarmdrüse, **6** Schulp, **7** Herz, **8** Magen, **9** Geschlechtsorgane, **10** Tintenbeutel, **11** Ausscheidungsorgan, **12** Kiemen, **13** After, **14** Speicheldrüse, **A** Fuß, **B** Kopf, **C** Eingeweidesack, **D** Mantel

Medien

Mikropräparate
- Tintenfisch, total. Phywe

Dias
- Lichtsinnesorgane. Phywe

Bauplan des Tintenfisches

Beschrifte.

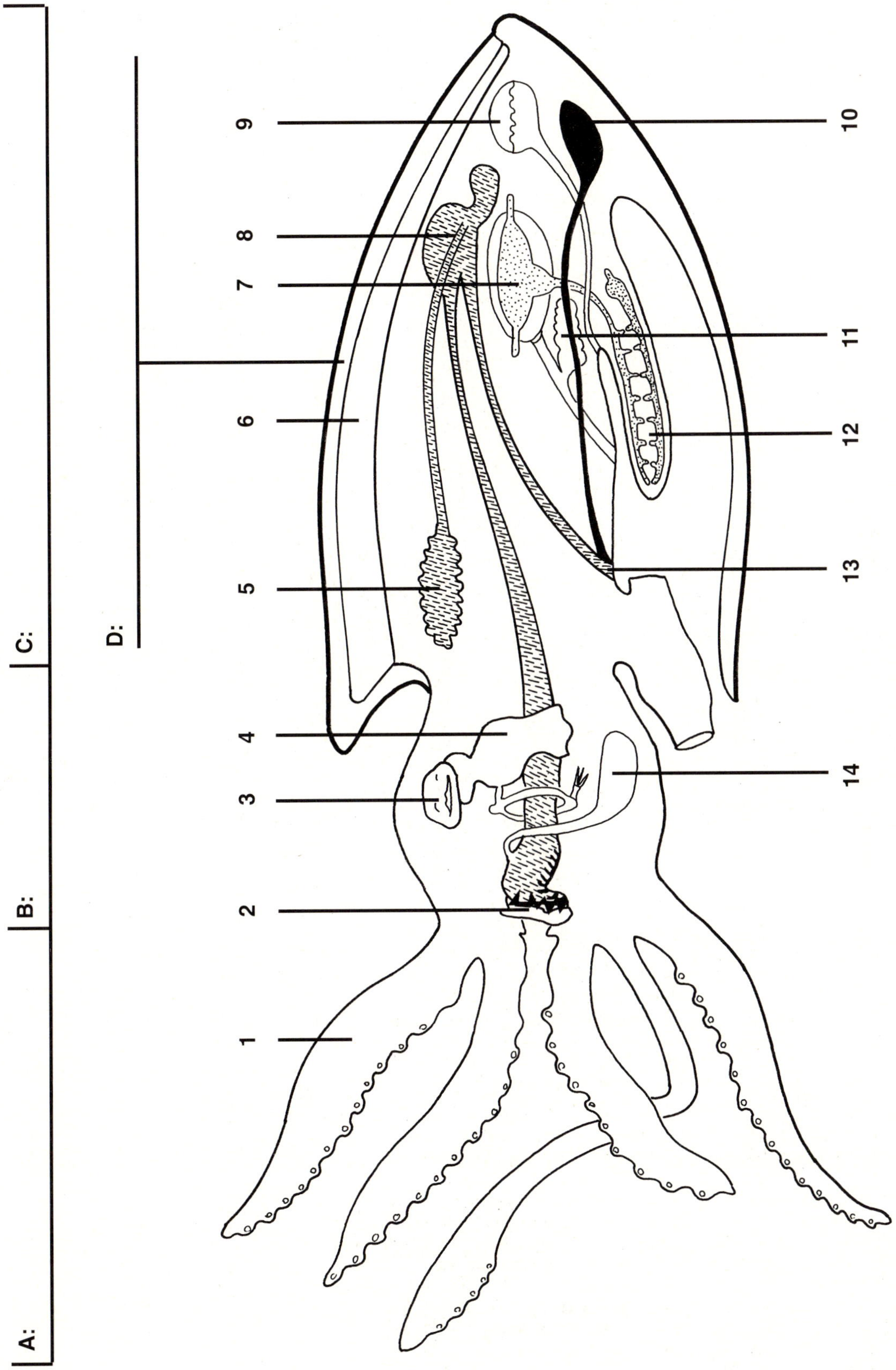

Der Gemeine Seestern gehört zu den Stachelhäutern

(Schülerbuch S. 58)

Aufgabe und Lösung

Fünfstrahlige Symetrie

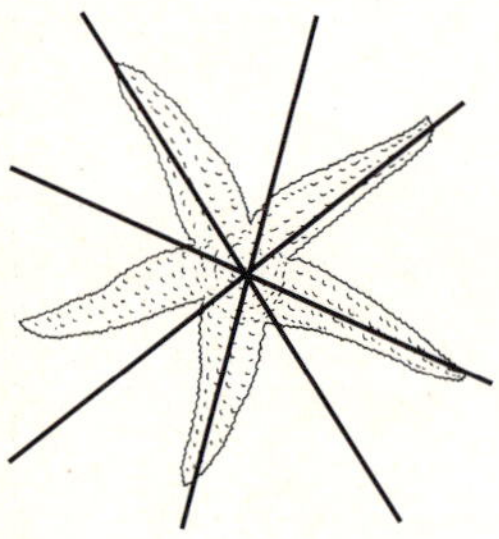

① Zeichne in den Umriß eines Seesterns alle Geraden ein, die ihn in spiegelbildlich gleiche Hälften teilen. Wieviele Geraden kannst du zeichnen?

– *Man kann 5 derartige Geraden zeichnen. Alle Stachelhäuter haben als Grundlage die fünfstrahlige Symmetrie. Bei einigen wird sie jedoch sekundär abgewandelt, so daß asymmetrische Formen entstehen.*

Seesternplage

Am Great Barrier Riff im Nordosten Australiens sind die Seesterne *(Acanthaster planci)* zu einer Plage geworden. Sie haben sich reichlich vermehrt – aus bisher noch nicht bekannten Gründen. Dadurch sind die Riffkorallen bedroht, die die Hauptnahrung der Seesterne bilden. Der Mensch versucht – bisher wenig erfolgreich – durch regelrechte Seesternjagden der Massenentwicklung Herr zu werden.

Wanderungs-Geschwindigkeit (Max.) (Luidia sarsi) 75 cm / min.

Zusatzinformation

Sinnesorgane

Seesterne besitzen einen **Tastsinn.** Dies zeigen Versuche, bei denen man Seesterne auf den Rücken dreht. Der Seestern beginnt sofort damit, alle fünf Arme rückwärts – also auf den Boden – zu biegen. Damit leitet er die Umdrehbewegung ein. Verantwortlich für diesen Umdrehreflex ist in erster Linie der fehlende Kontaktreiz der Füßchen des Wassergefäßsystems *(Ambulakralsystem).*
Die **Lichtsinnsorgane** der Stachelhäuter sind einfach gebaut. Viele haben eine lichtempfindliche Haut. Einige Seesterne besitzen zusätzlich einfache Augen. Weitere Sinneszellen in der Haut reagieren auf mechanische und chemische Reize. Die Verarbeitung der aufgenommenen Reize erfolgt in jedem einzelnen Arm unabhängig von den anderen Armen. Es gibt fast kein übergeordnetes Zentrum. Die notwendige Koordination, z.B. die der Bewegung, wird in einem Ringnerv bewerkstelligt, der die einzelnen autonomen Nervenknoten verbindet. Wenn von einem Zentrum gesprochen werden kann, dann ist es diese Verknüpfung der 5 ansonsten voneinander unabhängigen Nervenknoten.

Schlangenstern

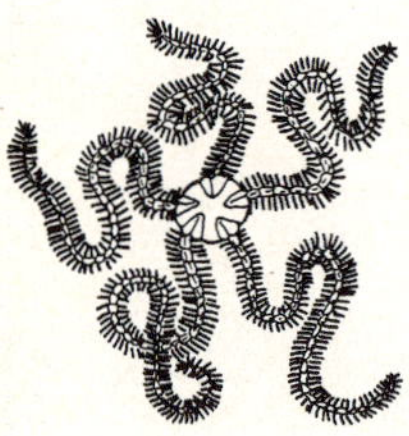

Greifzangen

Zwischen den Stacheln eines Seeigels gibt es kleine gestielte Greifzangen, die sehr unterschiedlich geformt sein können. Sie säubern die Haut und wehren die Tiere ab, die sich zwischen den Stacheln einnisten wollen. Einige der Greifzangen sind mit Giftdrüsen versehen. Diese dienen der Feindabwehr. Es besteht für den Menschen im allgemeinen keine Gefahr, da die kleinen Greifzangen normalerweise noch nicht einmal die Haut durchdringen können.

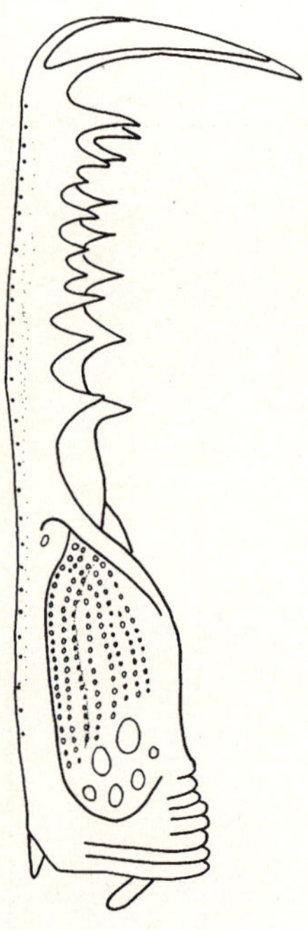

Einzelne Zangenbacke einer Giftzange von Psammechinus miliaris

Verschiedene Möglichkeiten für einen auf den „Rücken“ gefallenen Seestern, sich wieder umzudrehen.

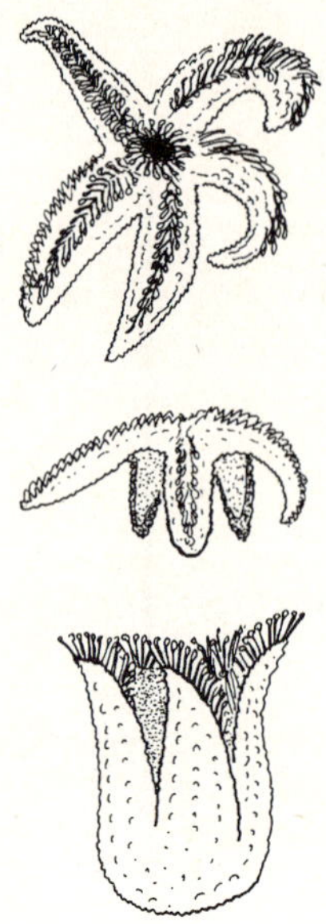

Lösung zum Arbeitsblatt

1 Siebplatte mit Steinkanal, **2** After, **3** Magen, **4** Ringkanal, **5** Längskanal, **6** Darmblindsäcke, **7** Saugfüßchen mit Bläschen, **8** Radialnerv, **9** Ringnerv, **10** Mund (Ausstülpung des Magenschlauchs), **11** Längskanal, **12** Radialnerv.

Medien

Modelle
- Seestern, Modell. Phywe

Bioplastik
- Seestern. Phywe
- Strandigel. Phywe

Mikropräparate
- Seestern. Phywe
- Seeigel. Phywe

Dias
- Stachelhäuter. Phywe

Literatur

SIELMANN, H. (Hrsg.): Knaurs Tierleben im Meer. Droemersche Verlagsbuchhandlung, München 1979

Bauplan eines Seesterns

Beschrifte.

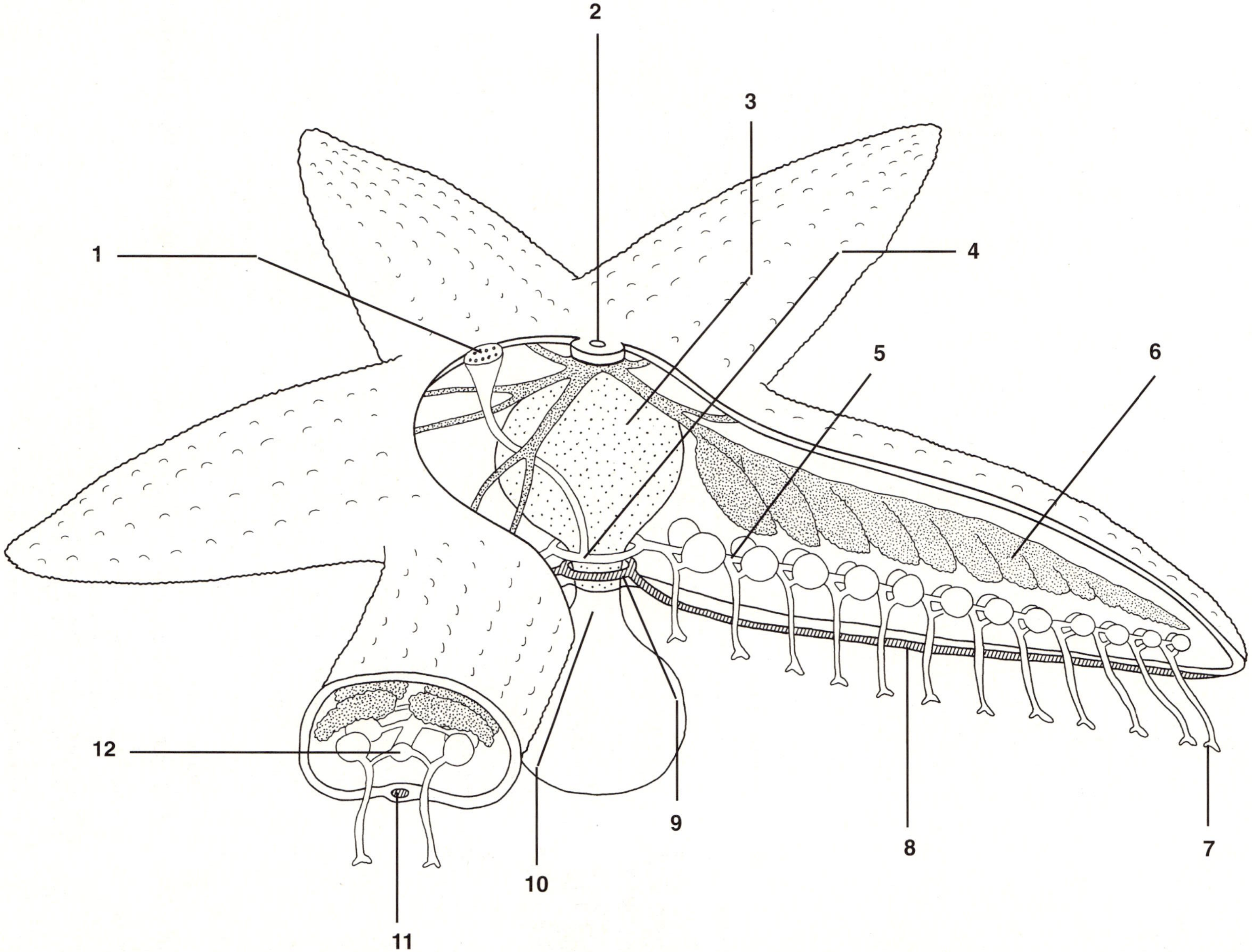

Stoffwechsel der Pflanzen

Der erste Teil dieses Kapitels macht die Schüler mit der Anatomie von Blatt, Wurzel und Sproß vertraut. Dabei liegt der experimentelle Schwerpunkt auf den Strukturen, die Aufnahme, Synthese, Umwandlung und Abgabe von Wasser, Kohlenstoffdioxid, Sauerstoff und Kohlenhydraten betreffen. Diese Verbindungen des Fotosynthese- und Atmungsstoffwechsels werden im Praktikum des zweiten Teils in Schülerversuchen nachgewiesen. Einfache historische Versuche zeigen, daß in einer Zeit, in der die chemischen Grundlagen noch so dürftig waren, daß man sich von „Sauerstoff" als solchem noch keinen Begriff machen konnte, durchaus Folgerungen gezogen werden konnten, die den zugrundeliegenden Sachverhalt richtig wiedergaben. In einer ähnlichen Situation befindet sich der Schüler, der von den chemischen Grundlagen wenig Ahnung hat, diese für das Verständnis der Fotosynthese auf dieser Ebene auch nicht braucht.

1 Zum Aufbau von Pflanzen

Bau der Wurzel

(Schülerbuch S. 62/63)

Aufgaben und Lösungen

① Trage in deinem Heft die verschiedenen Gewebe der Wurzel in eine zweispaltige Tabelle ein und ordne ihnen die entsprechenden Aufgaben zu.

Gewebe	Aufgaben
Wurzelhaube	*durch Verschleimen Schmierung und Schutz*
Bildungsgewebe	*Zellteilung*
Sauggewebe	*Aufnahme von Wasser- und Mineralsalzen*
Rindengewebe	*Speicherung von Reservestoffen*
Kontrollgewebe	*Regulation der Wasserabgabe in den Zentralzylinder*
Leitgewebe	*Wasser- und Nährstofftransport*

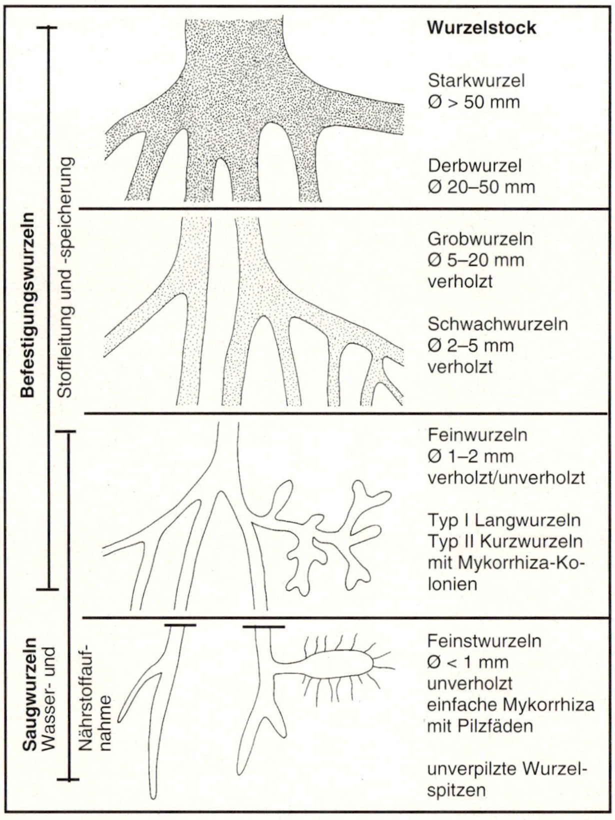

Zusatzinformation

Boden

Der Boden enthält zwischen den Erdkrümeln relativ viel Luft (30%, wichtig für die Atmung der Wurzeln), freies Wasser und an Mineralien oder Humus gebundenes Wasser. Viele Mineralien werden durch aktive Säureabgabe durch die Wurzel in Lösung gebracht und dadurch erst zugänglich für die Pflanze.

Mykorrhiza – eine pflanzliche Symbiose

Eine Zusammenarbeit besonderer Art von Baum und Pilz stellt die Mykorrhiza dar. Feine Pilzfäden umspinnen die Saugwurzelenden des Baumes und wachsen zwischen die Zellwände der äußersten Wurzelschicht. Wie die Wurzelhaare im Boden, nehmen diese Pilzfäden durch eine erhebliche Oberflächenvergrößerung Wasser auf und ermöglichen so, daß große Bäume die benötigten 100 – 200 Liter Wasser pro Tag erhalten.
Die Pilze, die weder Blätter noch andere grüne Teile zur Fotosynthese besitzen, versorgen sich aus dem Wurzelgewebe mit Assimilaten, die aus der Blätterschicht des Baumes in die Wurzel transportiert werden. Bäume kann man mit Erfolg nur mit „ihrem Pilz" verpflanzen.

Lösungen zum Arbeitsblatt (S. 70)
siehe Schülerbuch S.63. Abb.1

Lösungen zum Arbeitsblatt (S. 71)

1) Bodenkrume, **2)** Wasser, **3)** Luft, **4)** Wurzelhaar, **5)** Rindenzellen, **6)** Kontrollzellen, **7)** Zellwände, **8)** Zentralzylinder
- Das Wasser kann in die Zellen eindringen und dort weitergeleitet werden.
- Das Wasser kann innerhalb der Zellwände weitergeleitet werden; es muß allerdings in die Kontrollzellen hinein, da diese wasserundurchlässige Seitenwände haben.

Medien

Mikropräparate
- Mais, Wurzelspitze längs. Phywe
- Löwenzahn, Wurzel quer. Phywe

Dias
- Mikroskopische Anatomie der Wurzel. Phywe

Transparente
- Pflanzenanatomie. Phywe

Wurzelhaare

Zur Untersuchung der Wurzelhaarzone eignen sich die feinen Wurzelspitzen von Kresse-, Senf- oder Bohnenkeimlingen, ausgekeimt auf feuchtem Filterpapier oder Watte. Ausgelegt auf schwarzem Karton, wird der feine „Filz" der Wurzelhaare auch ohne Vergrößerung sichtbar.

Streckungszone

Hier eignen sich Bohnensamen zur experimentellen Untersuchung, die nach der Quellung auskeimen. Durch „Lebendfärbung" in gleichen Abständen mit Tusche oder einem wasserunlöslichen Filzstift läßt sich im Laufe von wenigen Tagen die Streckungszone der Wurzel feststellen. Die Lage der Bildungszone kann daraus abgeleitet werden.

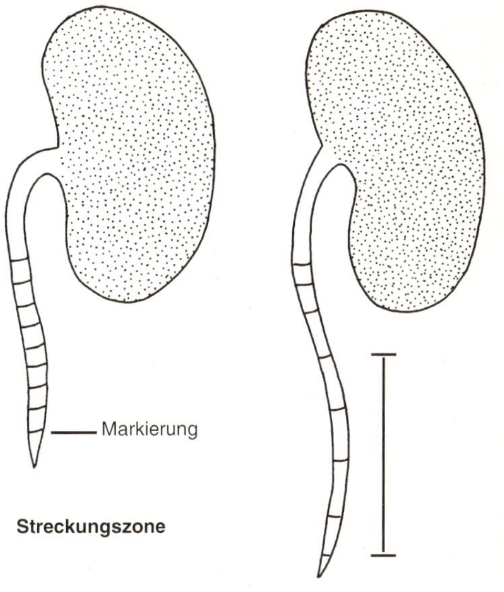

Streckungszone

Wasserwege in den Zentralzylinder

Vom Wurzelhaar bis in den Zentralzylinder gibt es zwei unterschiedliche Wege, die das Wasser mit den darin gelösten Salzen nehmen kann, den Weg per *Diffusion* durch die Zellwand und den von Zelle zu Zelle durch *Osmose.*

Diffusionsweg

Dieser Weg verläuft immer innerhalb der Zellwände. Die Zellwände bestehen zum überwiegenden Teil aus Zellulose, einem Stoff, der durch seine hydrophile Eigenschaft und durch seine vielen, sehr engen Kapillarräume das Wasser regelrecht aufsaugt. Eine Haushaltsrolle, in einen Teller mit angefärbtem Wasser gestellt, veranschaulicht diesen Effekt.
Diese Transportmöglichkeit ist am Kontrollgewebe nicht mehr gegeben, da in den Seitenwänden ein hydrophober Stoff eingelagert ist *(Kasparyscher Streifen).*
Das Wasser muß nun durch die nicht wasserabstoßenden tangentialen Flächen der Zellen in das Kontrollgewebe eindringen.
Die Wirkung des Kasparyschen Streifens läßt sich in einem Modellversuch zeigen: Zwei Streifen Löschpapier werden so in eine Schale mit Wasser gehängt, daß das Wasser hochsteigen kann. Ein Streifen wurde in einer Höhe von etwa 4 Zentimeter über dem unteren Rand mit Fett getränkt. Man sieht, daß in dem präparierten Papier das Wasser nur bis zum Fett hochsteigen kann.

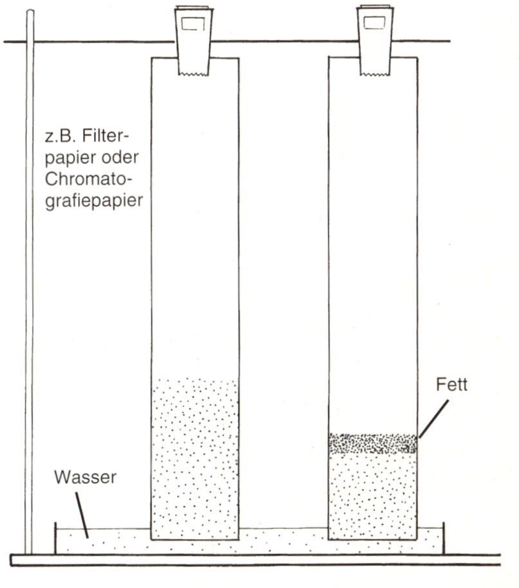

Osmotischer Weg

Das Eindringen von Wasser in eine Zelle ist abhängig vom osmotischen Wert der Zelle. Ist die Konzentration der gelösten Teilchen innen höher als außen, so entsteht eine Saugkraft, die Wasser durch die Zellmembran in die Zelle einströmen läßt. Im Bereich der Rinde ist bezeichnend, daß die Saugkraft von den Wurzelhaarzellen bis zum Kontrollgewebe ständig zunimmt; dadurch ergibt sich eine Strömung in Richtung Zentralzylinder. Das Kontrollgewebe hat die höchste Saugkraft und kann damit auch Wasser aus den Zellwänden aufnehmen. Hier führen Diffusionsweg und osmotischer Weg zusammen. Die Wassertransportgefäße im Zentralzylinder besitzen als tote Zellen keine Saugkraft mehr. Die Zellen des Kontrollgewebes müssen also aktiv Wasser in das Leitgewebe pumpen. Der Versuch zum Wurzeldruck (Schülerbuch S. 67) veranschaulicht diesen Effekt.

Osmotischer Wert im Wurzelgewebe

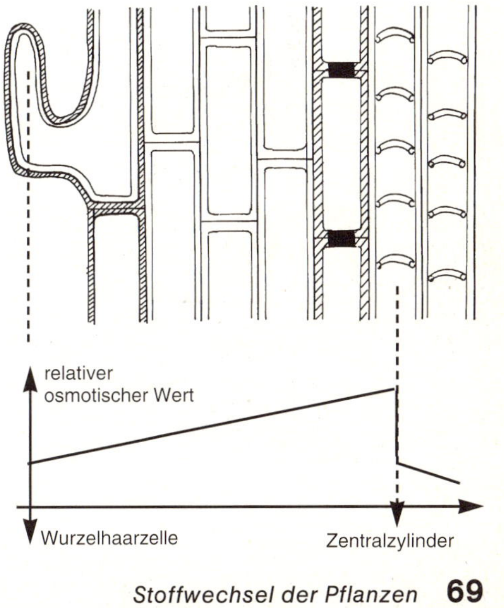

Wurzel im Schnitt

Beschrifte die Abbildung

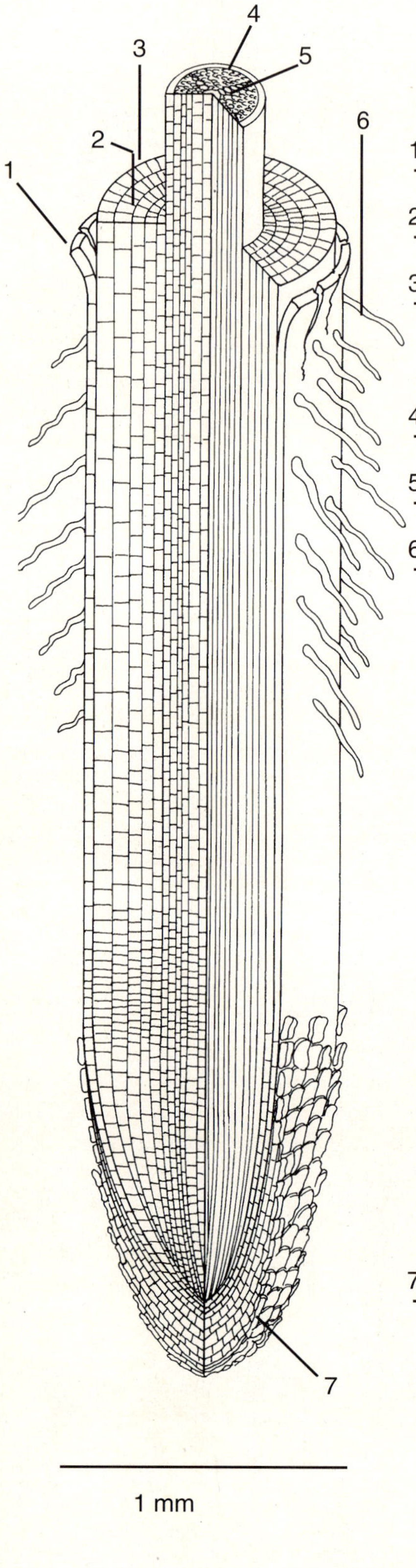

1 ____________________

2 ____________________

3 ____________________

4 ____________________

5 ____________________

6 ____________________

7 ____________________

8 ____________________

9 ____________________

10 ____________________

Wasseraufnahme in der Wurzel

Zeichne und beschreibe den Weg des Wassers.

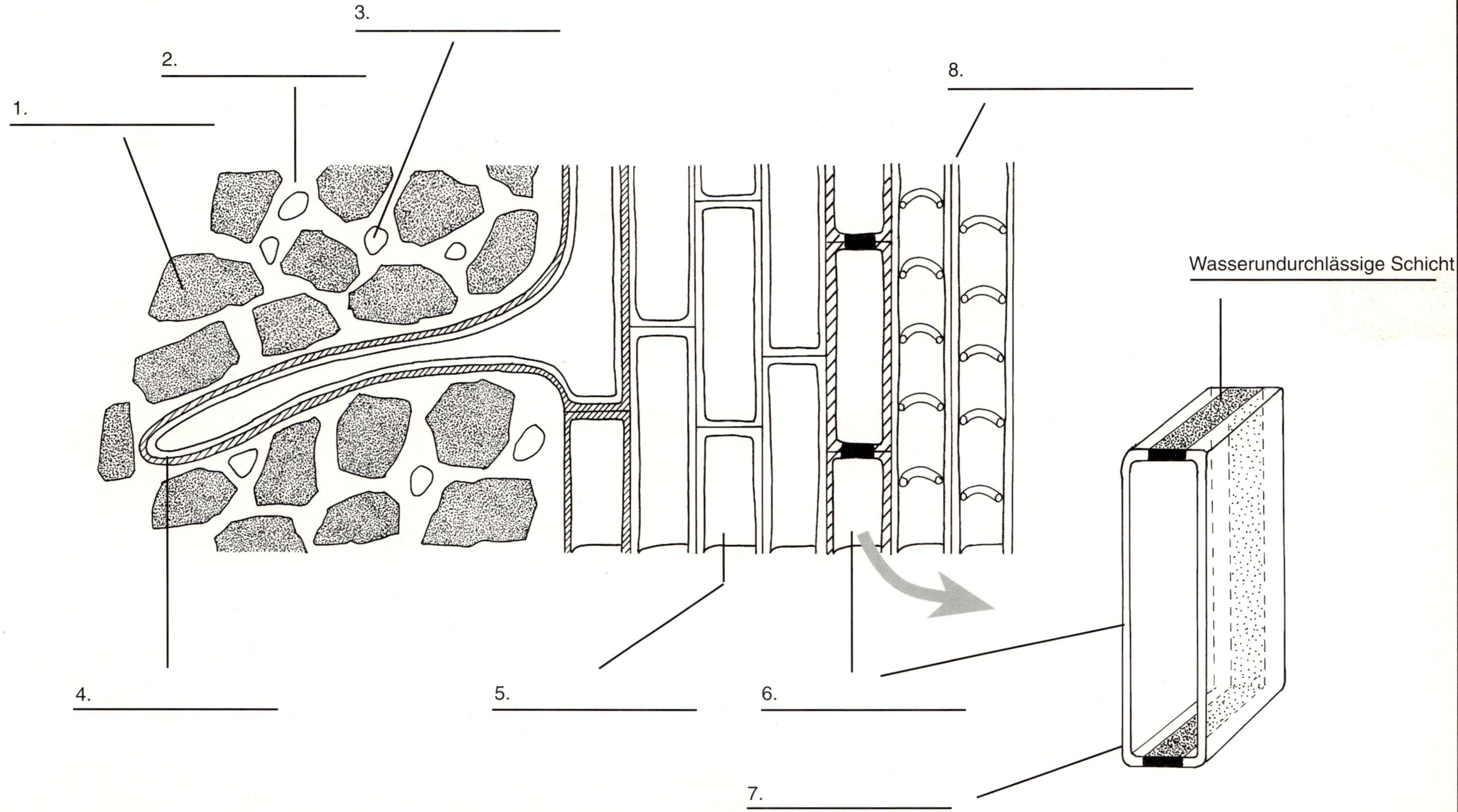

Der Schichtenbau des Blattes

(Schülerbuch S. 64)

Zusatzinformation

Anatomische Standortanpassung

Eine lohnende experimentelle Untersuchung ist der Vergleich verschieden gebauter Blätter und ihre ökologische Interpretation. Viele Pflanzen müssen zum Beispiel Wasser sparen, sie haben oft schmale, nadelförmige Blätter, die mit einer dicken Kutikula bedeckt sind. Die Spaltöffnungen sind eingesenkt (vgl. Praktikum S. 66 im Schülerbuch, Kiefernadel).

Andererseits kann ein Gasaustausch nur erfolgen, wenn die Spaltöffnungen offen sind. Außerdem kann nur Wasser nachgesaugt werden, wenn gleichzeitig Wasser verdunstet. Die aktive Steuerung der Spaltöffnungen ist für die Pflanze also sehr wichtig.

Der Transport der Gase im Blatt und durch die Spaltöffnungen erfolgt ausschließlich durch Diffusion. Außen wird durch Konvektion der Luft dauernd für den Abtransport der austretenden Gase (Sauerstoff und Wasserdampf) und für die Kohlenstoffdioxidzufuhr gesorgt. Unterbleibt diese *Konvektion* (z. B. bei Windstille), so sammelt sich z. B. Wasserdampf vor der Spaltöffnung an, wodurch aber die weitere Wasserabgabe, damit auch die Wasser- und Mineralstoffaufnahme, behindert wird.

Die tropische Schattenpflanze *Ruellia portellae* ist an äußerst feuchte, schattige Standorte angepaßt. Die herausragenden Spaltöffnungen bewirken, daß selbst kleinste Luftströmungen den Gasaustausch fördern und auch bei hoher Luftfeuchtigkeit Wasserdampf abgegeben werden kann.

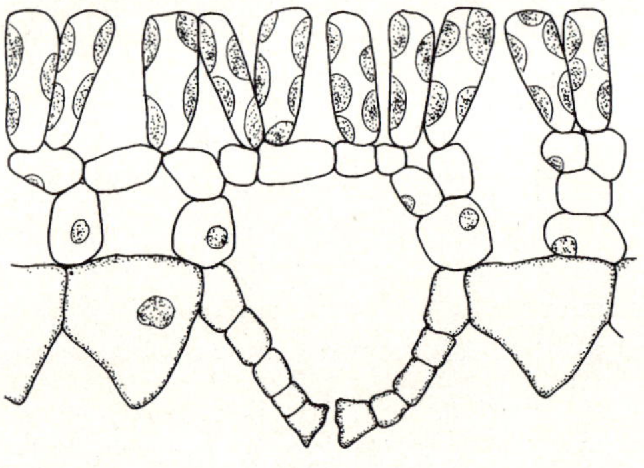

Ruellia portellae

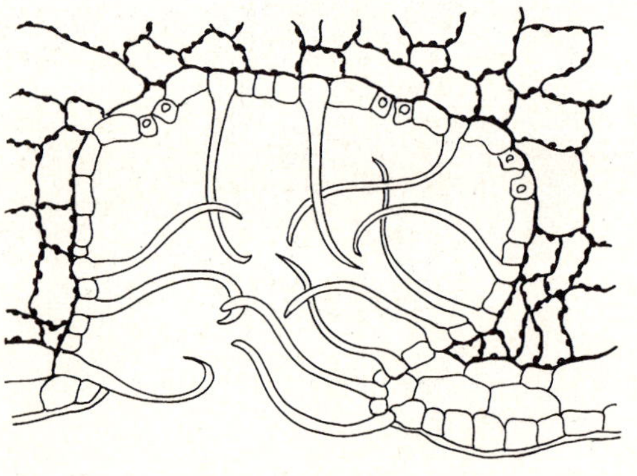

Nerium oleander

Der im Mittelmeerraum vorkommende Oleander *(Nerium Oleander)* ist an heiße, sonnige, trokkene Standorte angepaßt. Die tiefe, mit Haaren ausgekleidete Spaltöffnungsmulde behindert die Konvektion und Wasserdampfabgabe.
Das dünne Schattenblatt von Ruellia und das mehrschichtige Sonnenblatt vom Oleander ist prinzipiell mit den Sonnen- und Schattenblättern z.B. der Buchen vergleichbar (siehe Parktikum im Schülerbuch S. 66).

Lösungen zum Arbeitsblatt

1) Kutikula, 2) Epidermiszelle, 3) Palisadenzelle, 4) Blattader, 5) Schwammzelle, 6) Zellzwischenraum, 7) Epidermiszelle, 8) Schließzelle, 9) Spaltöffnung

Medien

Modelle
- Blattquerschnitt. Phywe

Mikropräparate
- Schlangenkraut, Blatt, Spaltöffnungen. Phywe
- Buche, Sonnenblatt, Schattenblatt. Phywe

Dias
- Mikroskopische Anatomie von Blatt- und Blattgebilden. Phywe

Transparente
- Pflanzenanatomie. Phywe

Video
- Arbeitsvideo: Wasserhaushalt der Pflanzen. Klett 999082

Aufbau eines Laubblattes

1. Ordne den Ziffern der schematischen Abbildung die richtigen Bezeichnungen zu.
2. Versuche die entsprechenden Teile im Mikrofoto wiederzuerkennen. Zeichne Hinweisstriche.

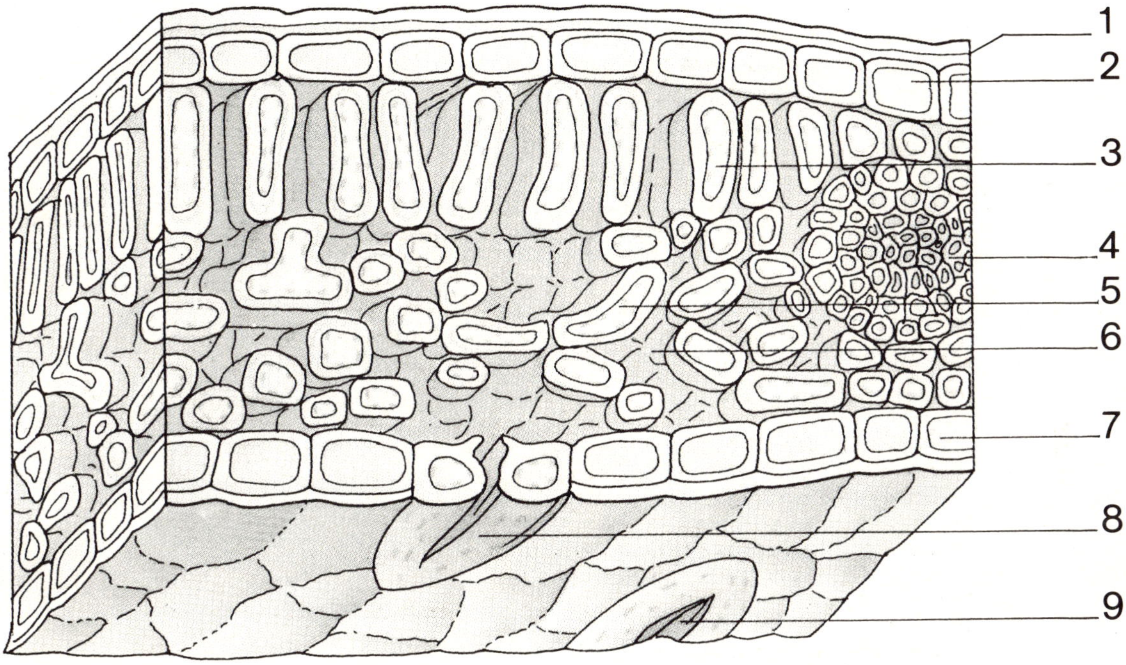

1 ______________________________

2 ______________________________

3 ______________________________

4 ______________________________

5 ______________________________

6 ______________________________

7 ______________________________

8 ______________________________

9 ______________________________

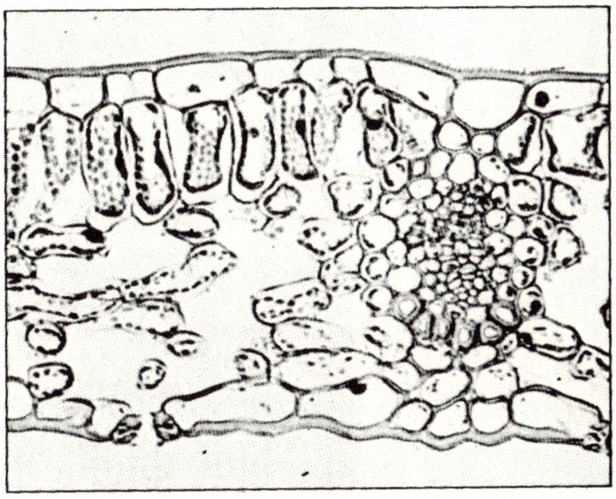

Bau der Sproßachse

(Schülerbuch S. 65)

Aufgaben und Lösungen

Lentizellen im Querschnitt

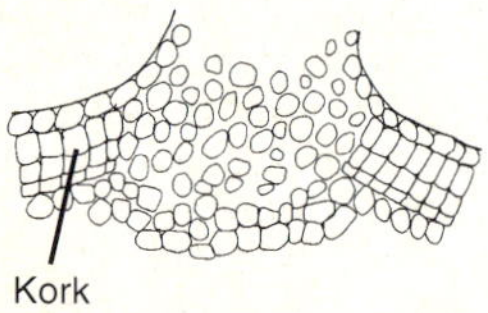

① Stelle einen frisch geschnittenen Stengel einer hellblühenden Pflanze (Alpenveilchen, Fleißiges Lieschen) in Wasser, das du zuvor mit Tinte angefärbt hast. Welche Beobachtungen kannst du schon nach wenigen Minuten machen?

– *Das Leitgewebe für Wasser wird nach und nach blau gefärbt; die Leitbahnen treten deutlich hervor. Schließlich werden auch die Adern (Leitungsbahnen) der Blütenblätter gefärbt. Der Weg des Wassers durch den Stengel bis zur Verdunstung durch die Blätter wird so erkennbar.*

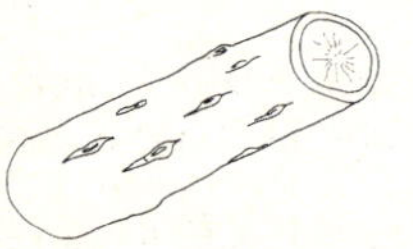

Zweig mit "Rindenporen" (=Lentizellen)

② Schneide den Stengel deiner Versuchspflanze mit einer Rasierklinge quer durch (Vorsicht). Betrachte die Schnittfläche mit der Lupe. Fertige eine Skizze an.

– *Man erkennt eine Kranz von gefärbten Punkten. Der Wassertransport erfolgt also in eigens dafür spezialisierten Geweben. Bei starker Vergrößerung erkennt man die quergeschnittenen Röhren deutlich.*

Zusatzinformation

Wassertransport

Modell: "Transpirationssog"

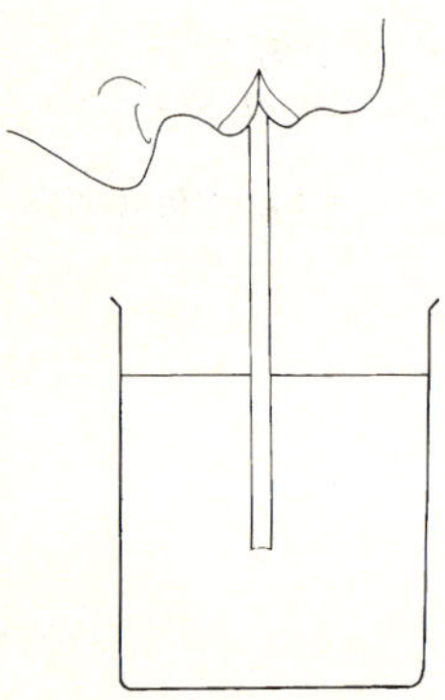

Die Mechanismen des Wassertransports von der Wurzel in die Blätter sind komplex. Für die Schüler dieser Altersstufe genügt es, vom Wurzeldruck und vom Transpirationssog zu sprechen. Den größten Wurzeldruck hat man bei Birken gemessen, er entsprach einer 10 Meter hohen Wassersäule.

Um klar zu machen, weshalb Wasserleitungsgefäße Versteifungen aufweisen müssen, wird bezüglich des Transpirationssogs oft ein einfacher Versuch verwendet: Der Schüler soll einmal Wasser aus einem Strohhalm und einmal aus einer Schnittlauchröhre trinken. Der Schnittlauch kollabiert. Dieser Versuch führt jedoch hinsichtlich der Ursachen des Transpirationssogs in die Irre.

Beim Strohhalmversuch ist physikalisch betrachtet der außen herrschende Luftdruck gegenüber dem Druck im Mund größer, so daß das Wasser im Strohhalm hochsteigt.

Der Transpirationssog kann jedoch nicht diese Ursache haben, wie folgender Gedankenversuch zeigt: Angenommen man könnte den Unterdruck im Mund auf Null absenken, so würde die Druckdifferenz (△ Druck = Luftdruck – Mundinnendruck) maximal, und zwar gleich der Größe des Luftdrucks. Der Luftdruck entspricht einer Wassersäule von etwa 10 Meter Höhe. Folglich könnte durch diesen Mechanismus das Wasser nie höher als 10 Meter steigen, selbst wenn am anderen Ende ein Vakuum wäre.

In der Realität liegt hinter den Blättern kein nennenswerter Unterdruck vor. Der Luftdruck in Baumhöhe ist fast gleich dem in Bodennähe; das Strohhalmmodell erklärt also anschaulich die Notwendigkleit von Versteifungen, kann aber die falsche Vorstellung wecken, eine Luftdruckdifferenz sei die treibende Kraft. Tatsächlich ist das Potentialgefälle des Wasserdampfes zwischen Blatt und Außenluft entscheidend. Dazu kommen noch Kohäsions- und Adhäsionskräfte in den Gefäßen und zwischen den Wassermolekülen sowie der Wurzeldruck. Dadurch wird es möglich, daß z. B. Eukalyptusbäume eine Höhe von bis zu 150 Meter erreichen.

Kommunizierende Röhren mit jeweils verengtem Durchmesser: Kapillareffekt

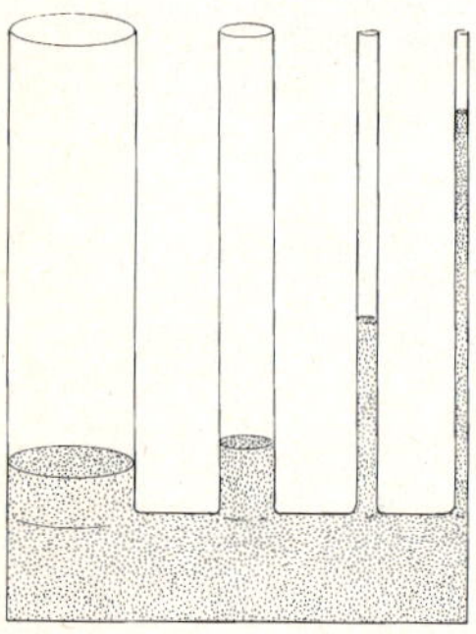

Luftzufuhr

Nachdem der Schüler gelernt hat, daß Pflanzen atmen, wird er sich vielleicht fragen, wie denn der Sauerstoff in den Sproß und in die Wurzeln gelangt. Die Rinde der Bäume ist zwar verkorkt, läßt also kein Wasser und keine Luft durch, sie hat aber besonder Öffnungen, die mit locker geschichteten Zellen gefüllt sind und zahlreiche Interzellularräume aufweisen. Diese reichen bis in den belebten Bast und ins Kambium. Leider wird für diese Öffnungen der Ausdruck „Lentizelle" gebraucht, obwohl es sich dabei nicht um eine Zelle handelt. Im Wurzelbereich ist bei gut durchlüfteten Böden (ca. 30 Volumenprozent) die Sauerstoffaufnahme kein Problem. In schlammigen Böden, z. B. in Mangrovenwäldern, sind schlauchartige Interzellularräume vom Stamm bis in die Wurzeln nachgewiesen. Dazu können diese Pflanzen Atemwurzeln ausbilden, die bis über die sumpfigen Oberflächen reichen.

Experimentelles

Präparation von Wasserleitgefäßen

Koche kleine Stücke vom Stengel des Fleißigen Lieschens oder des Rhabarbers kurz in Wasser ab. Schneide nach dem Erkalten mit der Schere ein oder zwei Leitbündel der Länge nach heraus (man erkennt sie als dunkle Stränge im hellen Gewebe). Übertrage die Leitbündel in einen Wassertropfen auf den Objektträger und zerzupfe sie mit zwei Nadeln, bis das Präparat durchsichtig erscheint. Kontrolliere bei kleinster Mikroskopvergrößerung, ob der Leitbündelstrang völlig aufgefasert ist und entferne das dicke Material und das getrübte Wasser vom Objektträger. Füge frisches Wasser hinzu und lege ein Deckglas auf.

Man sieht die Spiralen der Leitgefäße in polarisiertem Licht besonders gut.

Ohne Kochen lassen sich die Leitbündel des Breitwegerichs mit bloßem Auge, wenn auch nicht schön erkennen.

Medien

Modelle

- Leitbündel. Phywe
- Schnitt durch Dikotylenstamm, Linde. Phywe
- Kapillarröhrchen zur Demonstration der Kapillarwirkung. Phywe

Mikropräparate

- Hahnenfuß, Stengel quer. Phywe
- Mais, Stengel quer. Phywe
- Holunder, Stengel quer mit Lentizelle. Phywe

Dias

- Mikroskopische Anatomie des Stammes. Phywe

Praktikum Untersuchung von Pflanzenorganen

(Schülerbuch S. 66/67)

Anmerkung: Aus den vorgeschlagenen Experimenten sollten ja nach thematischem Schwerpunkt wenige ausgewählt werden. Vor allem die Quer- und Flächenschnitte erfordern Übung und Geschick und damit einen Zeitaufwand, der es sinnvoll erscheinen läßt, das Erlernen dieser experimentellen Technik als wichtiges Lernziel herauszustellen. Bei der Wahl des Pflanzenmaterials sind eine Vielzahl von Alternativen möglich, denn der Schwerpunkt liegt auf der Darstellung der Grundelemente des Blattaufbaus.

Bau des Laubblattes

② *Anmerkung:* Es können drei beliebige Blätter genommen werden.
– *Ergebnis: Der Blattbau ähnelt in allen Fällen dem generellen Schema der Abbildung im Schülerbuch S. 64. Unterschiede liegen in der Beschaffenheit der Oberflächen (Kutikula, Haare) sowie der Größe der Interzellularen.*

③ *Ergebnis: Sauerklee ist eine Schattenpflanze. Die Blätter sind dünn, das Palisadengewebe einschichtig, das Schwammgewebe locker und eine Kutikula ist kaum ausgebildet.*

④ *Anmerkung:* Es bietet sich an, zunächst die Blattgrößen und die Blattdicke vergleichen zu lassen.
– *Ergebnis: Schattenblatt: einschichtiges Palisadengewebe; große, dünne Blätter; Sonnenblatt: mehrschichtiges Palisadengewebe; kleine, dicke Blätter*

⑤ *Ergebnis: Beim Maisblatt ist die Unterscheidung von Palisadengewebe und Schwammgewebe nicht so ausgeprägt. Ebenso lassen sich Ober- und Unterseite kaum unterscheiden, zumal auch beide Seiten Spaltöffnungen aufweisen. Das trifft häufiger auf Pflanzen mit senkrecht stehenden Blättern zu.*

Bau eines Nadelblattes

Anmerkungen und Ergebnisse:
Diese Schnitte sind besonders schwierig ohne Mikrotom, so daß sich die Vorbereitung von Präparaten durch den Lehrer oder die Bereitstellung von fertigpräparaten alternativ anbietet.

② *Kiefernadel: halbmondförmiger Blattquerschnitt, mindestens zwei Harzgänge*

③ *Tannenadel: runder Blattquerschnitt. Harzkanäle im Kreis angeordnet*

④ *Beim Laubblatt gibt es eine Ober- und Unterseite. Das Nadelblatt ist von allen Seiten her in gleicher Schichtung aufgebaut. Das Nadelblatt weist eine starke Kutikula, eingesenkte Spaltöffnungen sowie zentrale Leitbündel auf.*

⑤ *Die Spaltöffnungen der Christrose liegen eben in der unteren Epidermis, die der Kiefernnadel sind eingesenkt.*

Bau der Spaltöffnungen

Anmerkungen und Ergebnisse: ① – ④
Bei diesen Aufgaben kann deutlich werden, daß es unterschiedliche Typen von Spaltöffnungen gibt, daß zu der eigentlichen Spaltöffnung mit den Schließzellen z. B. bei der Königskerze noch Nebenzellen treten. Zur Demonstration der Spaltöffnungen an der Oberseite der Seerosenblätter eignet sich auch ein Experiment, bei dem man in den Stengel eines untergetauchten Seerosenblattes bläst, wodurch aus den Spaltöffnungen Luft austritt. Gleichzeitig wird damit die Sauerstoffversorgung der unter Wasser liegenden Teile der Seerose demonstriert.

Wasserbewegung im Stengel

Anmerkungen und Ergebnisse:

① *Bei der Wahl von Kirschlorbeer und Eibe muß der Versuch wegen der geringen Verdunstung länger stehen. Nimmt man junge Birkenzweige oder Buchenlaub, so läßt sich die Verdunstung in ca. 10 Minuten deutlich zeigen, zumal wenn man mit einem Fön Wind simuliert.*

a *Die Verdunstung führt im Blatt zum Wasserentzug. Dieses wird durch den Stengel aus den Wurzeln nachgesaugt.*

b *Die Transpiration wird größer bei Wind, Trokkenheit und Wärme.*

c *Der Ölfilm verhindert die Verdunstung des Wassers aus dem Meßzylinder.*

② *Beim Mais sind die Leitbündel über den Stengelquerschnitt verteilt, beim Fleißigen Lieschen ringförmig angeordnet.*

Bau und Aufgabe von Wurzeln

Ergebnisse:

a *Der Zentralzyinder ist heller gelb.*

b *Das gefärbte Speichergewebe ist das Rindengewebe.*

c *Die Nebenwurzeln entspringen am Rand des Zentralzylinders.*

Pflanzen verbessern die Luft

(Schülerbuch S. 68)

Der Gaswechsel bei Pflanzen

(Schülerbuch S. 69)

Lösungen zum Arbeitsblatt

① Beobachtung: In einer mit Luft gefüllten Glasglocke werden Mäuse nach kurzer Zeit ohnmächtig (sie sterben sogar, wenn man sie nicht rechtzeitig herausholt). Folgerung: Ein Teil der Luft ist für die Aufrechterhaltung der Lebensprozesse notwendig. Ist dieser verbraucht, wird man ohnmächtig und stirbt.
② Beobachtung: Eine Pfefferminzpflanze gedeiht gut in „verbrauchter“ Luft. Folgerung: Pflanzen gedeihen in „verbrauchter“ Luft.
③ Beobachtung: Nachdem eine Pfefferminzpflanze vier Wochen in der „verbrauchten“ Luft gelebt hat, kann eine Maus wieder für kurze Zeit darin leben. Folgerung: Die Pfefferminzpflanze verändert die Luft so, daß eine Maus wieder darin leben kann.

❝ **Experimentelles**

Kohlenstoffdioxidnachweis

Der Nachweis von Kohlenstoffdioxid kann leicht im Schülerversuch durchgeführt werden. Die auszuatmende Luft wird durch ein Glasrohr in eine gesättigte Kalziumhydroxid-Lösung geblasen.

Die Reaktiongleichungen:

$CO_2 + H_2O \rightarrow H_2CO_3$ (Kohlensäure)

$H_2CO_3 + H_2O \rightarrow H_3O^+ + HCO_3^-$ (Hydrogenkarbonation)
$HCO_3^- + H_2O \rightarrow H_3O^+ + CO_3^{2-}$ (Karbonation)

$CO_3^{2-} + Ca^{2+} \rightarrow CaCO_3$ (Kalziumkarbonat)

Die Schüler sollen nach Beginn der milchigen Trübung nicht lange weiterblasen, da sich bei zu viel Kohlenstoffdioxid der Niederschlag wieder auflöst, indem das leichtlösliche Kalziumhydrogenkarbonat gebildet wird. ❞

Chloroplasten sind die Orte der Stärkebildung

(Schülerbuch S. 79)

Grüne Pflanzen stellen energiereiche Stoffe her

(Schülerbuch S. 71)

❝ **Experimentelles**

Ort der Fotosynthese

Die Experimente des Schülerbuchs weisen auf die Notwendigkeit von Licht und Chlorophyll für die Stärkebildung, das heißt die Fotosynthese, hin. Daß die Chloroplasten tatsächlich die Orte der Fotosynthese sind, ließ sich schlüssig erst durch Experimente mit isolierten Chloroplasten zeigen, die bei Belichtung Sauerstoff entwickeln und Kohlenhydrate synthetisieren können.
Daß das Chlorophyll der wesentliche Lichtakzeptor ist, wird erst durch die Übereinstimmung von Absorptions- und Wirkungsspektrum belegt. ❞

❝ **Zusatzinformation**

Zum Energiebegriff

In der Umgangssprache ist häufig von „verbrauchter“ oder „gewonnener“ Energie die Rede. Es ist wichtig, deutlich zu machen, daß die Pflanze keine Energie erzeugt, der Mensch keine Energie verbraucht, sondern unterschiedliche Energieformen ineinander umgewandelt werden. So wandelt die grüne Pflanze Lichtenergie in chemische Energie um, der Mensch chemische Energie (aus den Nahrungsmitteln) unter anderem in Arbeit um. Dabei wird immer ein Teil der Ausgangsenergie in Form von Wärme verlorengehen. Zu diesem Verlust an verwertbarer Energie nach dem 2. Hauptsatz der Thermodynamik kommt bei den Lebewesen als offene Systeme noch ein Verlust oder Zugewinn von Energie durch Austausch mit der Umgebung dazu. Der Energieerhaltungssatz, den Robert Mayer 1842 und Hermann v. Helmholtz 1847 für abgeschlossene Systeme formulierten (1. Hauptsatz der Thermodynamik), wurde für die belebte Natur durch Max Rubner um die Jahrhundertwende auch an Hefezellen und Hunden bewiesen. Wenn der Mensch also durch Nahrungsaufnahme Energie gewinnt, so bleibt doch die Gesamtenergie des Systems „Mensch und Nahrung“ gleich.

Wirkungsgrad

Eine normale Glühbirne hat einen Wirkungsgrad von etwa 4%, die restliche elektrische Energie geht als Abwärme verloren. Der Wirkungsgrad eines Autos beträgt 20 – 30 %. Solarzellen nutzen die Sonnenenergie auch bei modernster Technik heute nur zu ca. 20%. ❞

Medien

Dias
- Mikroskopische Anatomie der Zelle. Phywe

Lehrtafeln
- Fotosynthese I, II, III. Klett 150309, 150319, 150329

Filme/Videos
- Fotosynthese, Arbeitsvideo. FWU
- Stoffwechsel bei Pflanzen. Phywe

Priestleys Versuche

Beschreibe, welche Beobachtungen man zu den angegebenen Versuchen machen kann.
Welche Folgerungen lassen sich daraus ziehen?

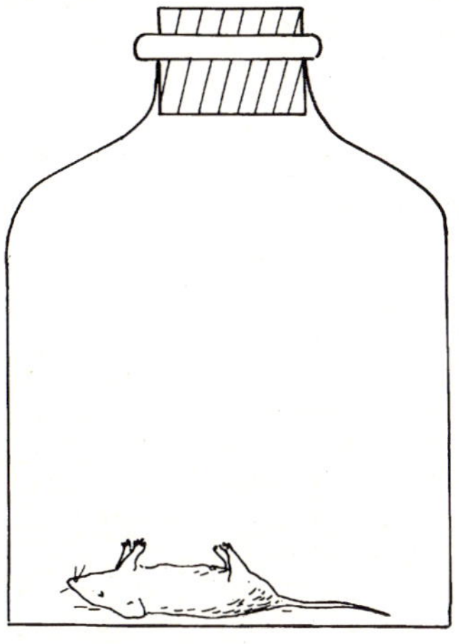

1. ______________________________

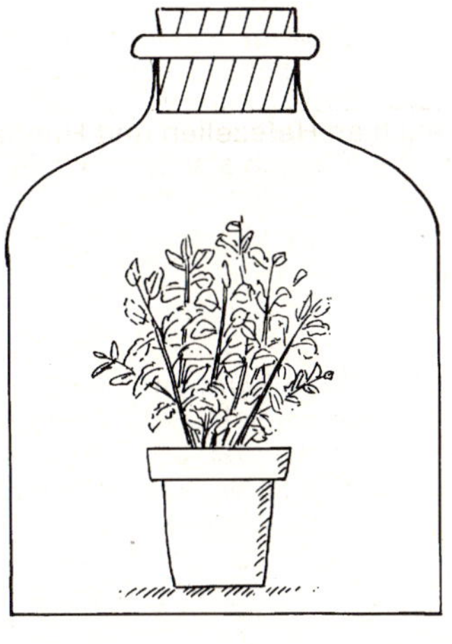

2. ______________________________

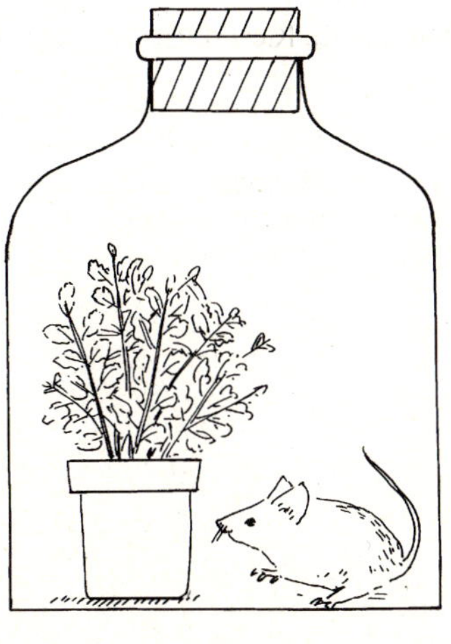

3. ______________________________

Praktikum
Versuche zur Fotosynthese

(Schülerbuch S. 72/73)

Nachweis von Sauerstoff

① *Anmerkung und Ergebnisse:*
Im Schülerversuch eignen sich als alternative Lichtquellen auch Filmprojektoren, Overhead-Projektoren, starke Glühlampen.
– *An den Blättern bilden sich farblose Gasblasen, die sich schließlich ablösen und nach oben steigen. Sie sammeln sich unter dem geschlossenen Hahn.*

② *Anmerkung und Ergebnisse:*
Dieser Versuch gelingt nur, wenn sich eine große Menge Sauerstoff (ca. 10 ml) angesammelt hat. Beim Öffnen des Hahnes ist darauf zu achten, daß das Gas durch Eintauchen des Trichters unter Druck ausströmen kann. Der Glimmspan sollte dicht über der Hahnöffnung sein, ohne diese zu berühren, damit mitgerissenes Wasser ihn nicht zum Erlöschen bringt.
– *Der glimmende Span leuchtet mit offener Flamme auf.*

③ *Ergebnis:*
– *Schon nach kurzer Zeit (bei intensiver Belichtung schon innerhalb der ersten Minute) sind blaue Schlieren um die Blätter herum erkennbar. Die Blaufärbung dient als Sauerstoffnachweis.*

Orte der Stärkebildung

① *Anmerkung:* Das Abkochen tötet die Zellen und macht die Zellwände durchlässiger. Mit Brennspiritus wird das Chlorophyll extrahiert, die Stärkekörner lösen sich nicht. Im gebleichten Blatt läßt sich der Stärkenachweis führen.
– *Stärke ist nur an den Stellen nachweisbar, an denen das Blatt zuvor grün war. Dies läßt vermuten, daß Chlorophyll eine notwendige Voraussetzung für die Bildung von Stärke ist.*

② *Am zuvor abgedeckten Teil des Blattes ist keine Stärke nachweisbar. Der Faktor Licht ist also eine weitere wichtige Voraussetzung für die Stärkebildung.*

Temperaturabhängigkeit der Fotosynthese

① *Anmerkung:* Eine interessante Tabelle läßt sich im Schülerversuch durch Variation der Temperaturen pro Arbeitsgruppe erreichen, Sinnvolle Temperaturen liegen zwischen 0 °C und 70 °C. Dabei ist auf eine gleichmäßige Beleuchtungsstärke, gleichartige, frische Stengelanschnitte und genaue Temperaturprotokollierung zu achten. Der Abfall der Werte ab ca. 50 °C ist auf die Enzymdenaturierung zurückzuführen.
– *Im Eiswasser bilden sich weniger Bläschen. Der Temperaturfaktor kommt als weitere Komponente im Fotosyntheseprozess hinzu.*

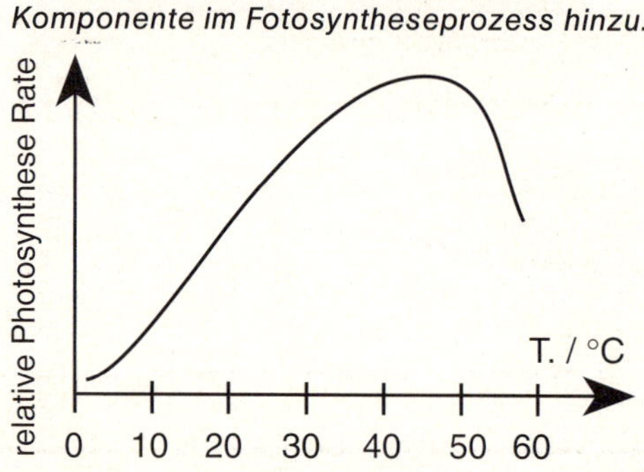

Aufnahme von Kohlenstoffdioxid

① *Anmerkung:*
Zieht man die Lackhäutchen später ab, so erkennt man die Oberflächenstruktur der oberen und unteren Epidermis. Auf der unteren sind die Spaltöffnungen zu erkennen.
– *Das Blatt zeigt überall die Stärkereaktion mit Ausnahme der Stelle, an der „U" auf der Unterseite aufgebracht wurde. Hier wurde die CO_2- Aufnahme verhindert. An der Oberseite hat das Auftragen von Lack keine Folgen, da dort keine Spaltöffnungen liegen.*

Lichtabhängigkeit der Fotosynthese

Anmerkung und Ergebnis: ①, ②
Es ist angebracht nach jedem Wechsel der Beleuchtungsstärke ein oder zwei Minuten zu warten, bis eine gleichmäßige Sauerstoffproduktion eingesetzt hat. Der Versuch läßt sich auch gut mit einem variablen Graufilter, einem Dimmer oder durch Zurückschieben des Projektors durchführen.
– *Mit abnehmender Lichtintensität wird die Sauerstoffproduktion geringer.*

Fotosynthese in Abhängigkeit von Kohlenstoffdioxid

① *Anmerkung:*
Man darf beim Versuch mit dem Sprudel keinen stark kohlenstoffdioxidhaltigen, frisch geöffneten Sprudel nehmen, da sich dabei Kohlenstoffdioxidbläschen an Blattflächen und Stengel abscheiden, die von der Sauerstoffproduktion nicht zu unterscheiden sind.
– *1. Gefäß: Nach wenigen Minuten einsetzende „normale" Sauerstoffbildung*
2. Gefäß: Minimale oder gar keine Sauerstoffbildung.
3. Gefäß: Schnell beginnende, anhaltende Sauerstoffbildung
4. Gefäß: Keine Sauerstoffbildung
– *Ergebnissatz: Die Intensität der Sauerstoffbildung hängt von der Konzentration des Kohlenstoffdioxids ab.*

Trennung von Blattfarbstoffen

① *Anmerkungen:*
Als einfach herzustellendes Laufmittel eignet sich ein Gemisch aus Aceton und Petrolether (50:50). Wesentlich für das Gelingen der Trennung ist das sorgfältige Auftragen einer dünnen, aber intensiven Linie des Farbstoffgemisches, eventuell mit feinen Kanülen unter Zuhilfenahme eines Föns.
Eine einfache und schnelle Chromatographie kann mit der alkoholischen Blattfarbstofflösung auch mittels weißer Tafelkreide als stationärer Phase durchgeführt werden. Der Alkohol selbst dient als Laufmittel. Die Kreide steht senkrecht in der Farbstofflösung. Diese Trennung ist weniger scharf, immerhin lassen sich eine gelborange und eine dunkelgrüne Farbfront erkennen.
Ergebnisse: ② – ⑤
– *Bei guter Trennung erkennt man vier verschiedene Farbstofflinien: einmal gelborange, zweimal grün, einmal hellgelb.*
– *Orange ist Karotin, gelb Xanthophyll, und die grünen Blattfarbstoffe sind Chlorophyll a und b.*
– *Die Relation „Start – Farbfront" geteilt durch „Start – Laufmittelfront" ergibt den Rf-Wert, der für zahlreiche Stoffe für Standardbedingungen tabelliert ist und somit zur Identifizierung von Substanzen dienen kann.*

Zusatzinformation

Indigoblau:

Schon 4000 Jahre vor Christus wurde der blaue Farbstoff Indigo aus der Indigopflanze gewonnen und als Farbstoff verwendet, wie Funde in ägyptischen Grabkammern zeigen. Heute wird Indigo künstlich hergestellt und ist berühmt durch seine Verwendung bei der Herstellung von „Blue Jeans“. Indigo ist ein blauer Feststoff mit rötlichem Glanz. Er ist nicht wasserlöslich. Seine reduzierte, weiße Form (Leukoform = Indigoweiß) ist wasserlöslich. Man erhält sie durch Reduktion mit Natriumdithionit ($Na_2S_2O_4$) in alkalischer Lösung. Durch Luftsauerstoff wird er wieder oxidiert und erhält seine blaue Farbe wieder.

Medien

Literatur

KLETT, Experimentalkartei Biologie: Fotosynthese, Stuttgart 1979; Klett 79734

MOISL, F. (Hrsg.) Photosynthese, Unterricht Biologie, 3. Jahrgang, Heft 35, Friedrich Verlag, Seelze 1979

MOISL, F. (Hrsg.), Energie, Unterricht Biologie, 10. Jahrgang, Heft 120, Friedrich Verlag, Seelze 1986

MOISL, H./DOBAT, K.: Botanische Versuche und Beobachtungen mit einfachen Mitteln, G. Fischer Verlag, Stuttgart 1979

WEBER, R.: Das Bohnenpraktikum, Aulis, Köln 1973

Auch grüne Pflanzen atmen

(Schülerbuch S. 74)

Aufgaben und Lösungen

① Stelle eine Versuchsanordnung nach Abbildung 1 zusammen. (Natronlauge ist ein Stoff, der das Kohlenstoffdioxid der eingeblasenen Luft bindet. Kalkwasser bildet einen weißen Niederschlag, sobald es mit Kohlenstoffdioxid in Verbindung kommt). Fülle das Versuchsgefäß mit gelben Erbsen, die du zum Quellen einen Tag ins Wasser gelegt hast. Beobachte den Versuch über mehrere Tage. Pumpe ab und zu mit dem Blasebalg Luft in die Versuchsanordnung. Welche Veränderungen kannst du im Kalkwasser und im Versuchsgefäß beobachten?

– *Obwohl das Kohlenstoffdioxid durch die vorgeschaltete Natronlauge entfernt wurde, trübt sich das Kalkwasser. Also muß im Gefäß mit den keimenden Erbsen Kohlenstoffdioxid entstanden sein. Keimende Erbsen setzen energiereiche Speicherstoffe mittels Sauerstoff in Kohlenstoffdioxid und Wasser um. (Die gelben Erbsen werden verwendet um den Fotosyntheseprozeß auszuschließen.)*

② Erkläre anhand von Abbildung 2 die Zellatmung und gib an, weshalb man sie auch als Umkehrung der Fotosynthese bezeichnet.

– *Im Schema wird erkennbar, daß in der Bilanz die Fotosynthese und die Zellatmung entgegengesetzt verlaufende Reaktionen sind. Ein deutlicher Unterschied liegt in der Energieform Strahlungsenergie, die bei der Fotosynthese auftritt und in verschiedene Energieformen umgewandelt wird. Wesentlich ist die Erkenntnis, daß Fotosynthese und Atmung sich nicht gegenseitig aufheben, da stets Wärme ans Universum verlorengeht.*

Versuch zum Nachweis der Atmungswärme

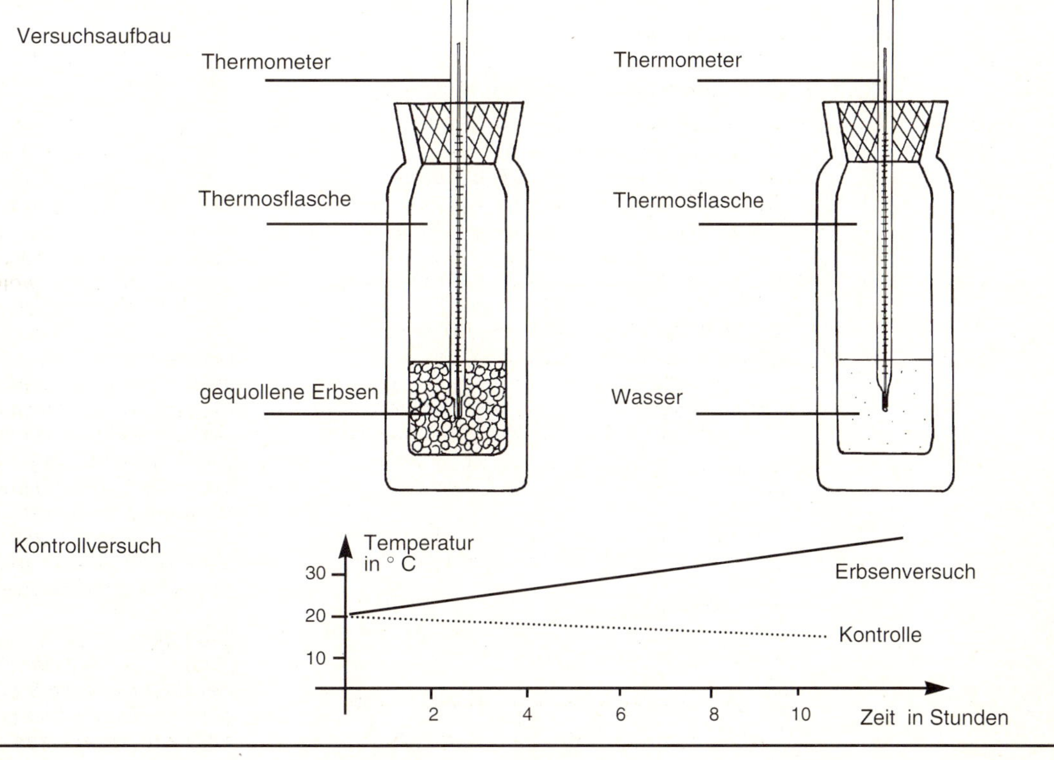

24 Stunden im Leben einer Pflanze

(Schülerbuch S. 75)

Aufgaben und Lösungen

① Die Abbildungen der Randspalte zeigen den Gaswechsel einer Pflanze. Ordne den Abbildungen die entsprechenden Tageszeiten zu. Begründe deine Entscheidung.
– *Die obere Zeichnung stellt den Zustand bei Tag dar, denn nur bei Licht laufen sowohl Fotosynthese als auch Atmung ab. Man beachte die dicken Pfeile für den Gaswechsel der Fotosynthese. Der Überschuß reicht nicht nur für die nachts ablaufende Atmung der Pflanze, sondern in seiner Gesamtheit auch für die Ernährung und Atmung aller anderen nicht autotrophen Organismen.*
② Pflanzen zehren nachts von den Vorräten, die sie tagsüber aufgebaut haben. Wie ist es dennoch möglich, daß manche Bäume eine Höhe von 40 Metern und mehr erreichen?
– *Die Stoffproduktion übertrifft den Verbrauch der hergestellten energiereichen Stoffe durch die Atmung bei weitem. Der Überschuß, die Nettoprimärproduktion, dient der Pflanze zum Wachsen.*
③ In manchen Gewächshäusern werden die Pflanzen mit Kohlenstoffdioxid begast. Welchen Vorteil hat der Gärtner davon?
– *Je höher die Kohlenstoffdioxidkonzentration ist, desto besser läuft die Fotosynthese ab. Voraussetzung ist genügend Licht. Viele Gewächshäuser werden deshalb auch künstlich beleuchtet. Somit ist die Nettoprimärproduktion höher, und der Gärtner kann schneller oder mehr ernten.*
④ Erkläre, warum Aquarien künstlich beleuchtet werden.
– *Gute Beleuchtung fördert unter anderem die Sauerstoffmenge durch die Fotosynthese der Wasserpflanzen.*
⑤ Oberhalb des Polarkreises geht die Sonne im Sommer nicht unter. Welche Folgen hat das für die Pflanzen?
– *Die Pflanze kann rund um die Uhr Fotosynthese betreiben. Die 6 Monate dauernde Polarnacht wird so ausgeglichen.*

Lösungen zum Arbeitsblatt

a Beschrifte die leeren Kästchen:

Fotosynthese:
Kohlenstoffdioxid + Wasser + Lichtenergie
-> Traubenzucker + Sauerstoff
Zellatmung:
Traubenzucker + Sauerstoff
-> Kohlenstoffdioxid + Wasser + Energie

b Tagsüber laufen sowohl die Fotosynthese als auch die Zellatmung ab. Alle Zellen in der Pflanze brauchen dauernd Energie, also läuft Tag und Nacht die Zellatmung. Während des Tages kommt die Fotosynthese dazu, denn nur dann gibt es Licht.
c Nachts läuft nur die Zellatmung ab (siehe oben).
d Bei Mensch und Tier läuft nur die Zellatmung ab, denn sie besitzen keine Organellen zur Fotosynthese.
– Beschrifte:
– 1) Kohlenstoffdioxid, 2) Wasser, 3) Licht, 4) Zucker, 5) Sauerstoff.

Grüne Pflanzen heute

(Schülerbuch S. 78)

... und vor Jahrmillionen

(Schülerbuch S. 79)

Aufgaben und Lösungen

① 1 m^2 Blattfläche erzeugt pro Stunde etwa 1 g Sauerstoff. Wieviel erzeugt eine Birke (200 000 Blätter, Fläche eines Blattes ca. 20 cm^2) in einer Stunde?
– *Berechnung der Gesamtfläche:*
200 000 x 20 cm^2 = 400 m^2
400 m^2 erzeugen 400 g Sauerstoff
② Ein Mensch verbraucht pro Stunde etwa 200 g Sauerstoff, ein Flugzeug verbraucht bei einer Flugzeit von 7 Stunden 35 t Sauerstoff
a) Wieviel Sauerstoff verbraucht das Flugzeug in einer Stunde?
– *5 t Sauerstoff*
b) Wieviel Birken sind notwendig, um diese Sauerstoffmenge in einer Stunde zu produzieren?
– *5 000 000 : 400 = 12 500*
12 500 Birken sind notwendig.
c) Wie lange könnte ein Mensch mit dieser Sauerstoffmenge auskommen?
– *Er könnte 25 000 Stunden, das sind 1 041 Tage oder 2,85 Jahre damit auskommen.*
③ Grüne Pflanzen produzieren durch die Fotosynthese jährlich etwa 250 Milliarden Tonnen an Traubenzucker. Wie lang wäre ein Güterzug (Fassungsvermögen eines Güterwagens 35 t, Länge 20 m), um diese Jahresproduktion zu befördern ?
– *250 000 000 000 : 35 = 7 142 857*
7 142 857 Güterwagen, diese entsprechen 142 857 143 km. Diese Entfernung entspricht der 371fachen Entfernung Erde – Mond und fast der Entfernung Erde – Sonne (Erde – Mond: 384 400 km; Erde – Sonne: 150 000 000 km).
④ Lies den Aufsatz des Präsidenten der Royal Society of London aufmerksam durch. Vergleiche seine Aussagen mit deinem Wissen über die Fotosynthese.
– *Betonenswert ist der Gesichtspunkt, daß jede grüne Pflanze ungeachtet ihrer sonstigen Nützlichkeit als Sauerstofflieferant von Bedeutung ist. Ihre Bedeutung als Energie- und Stofflieferant wird nicht klar ausgedrückt. In der Rede von 1773 wird nur der Gaswechsel angesprochen.*

Zusatzinformation

Chemosynthese, eine alternative Energiegewinnung

Die Fotosynthese ist nicht die einzige Form autotropher Lebensweise von Organismen. Autotrophe Organismen, die ohne Licht energiereiche Substanzen assimilieren können, sind z.B. die nitrifizierenden Bakterien, die Eisen-, Methan- und Schwefelbakterien. Auch die Grünalge Scenedesmus kann unter bestimmten Bedingungen mit H_2 als Wasserstoffspender wie Knallgasbakterien Chemosynthese betreiben.

Fotosynthese und Zellatmung

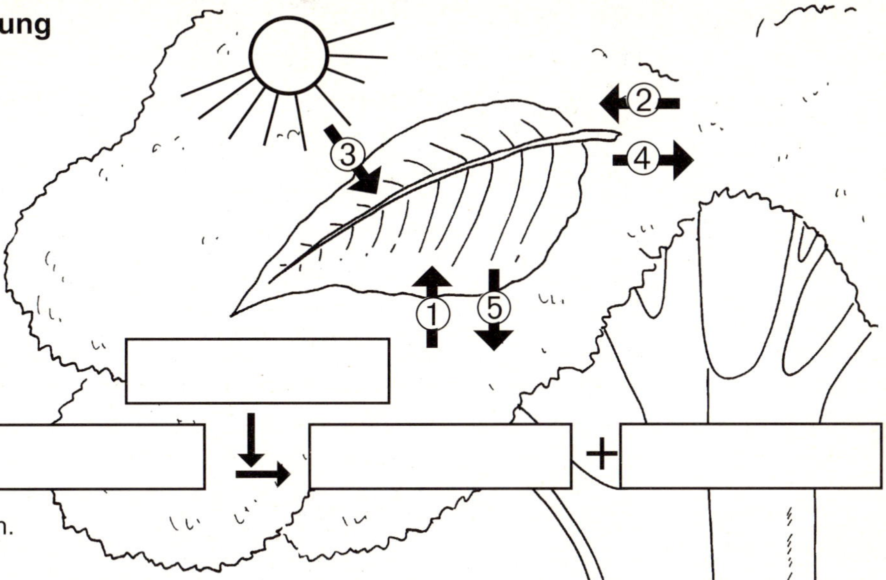

Fotosynthese

[ ] + [ ] → [ ] + [ ]

a) Beschrifte die leeren Kästchen.

b) Welche Prozesse laufen tagsüber ab? Begründe.

____

____

____

c) Welche Prozesse laufen nachts ab? Begründe.

____

____

____

d) Welche Prozesse laufen bei Tier und Mensch ab?

____

____

____

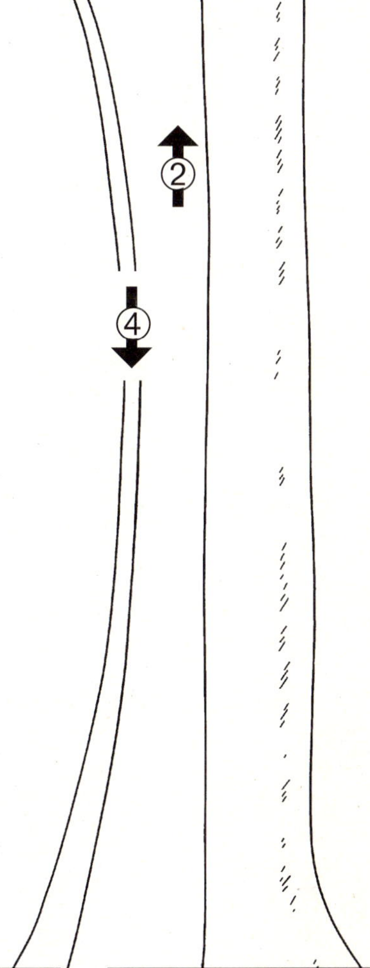

Energie für die Zelle

Zellatmung

[ ] + [ ] → [ ] + [ ]

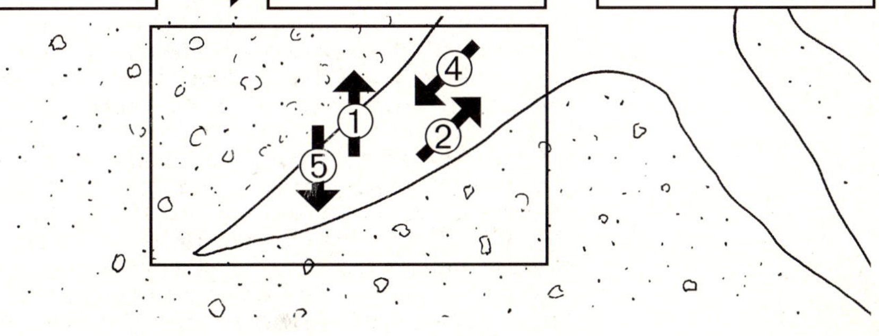

Ökosystem Wald

Unter Wald versteht man einen Bestand von Holzgewächsen, dessen Kronendach weitgehend geschlossen ist. Aufforstungen, die vor allem mit rasch wachsenden Hölzern durchgeführt werden, sind von einem Wald mit Naturverjüngung zu unterscheiden. Diese Vegetationseinheit enthält eine besondere Pflanzen- und Tierwelt, die sich gemäß den Umweltfaktoren (Temperatur, Feuchtigkeit, Höhenlage, Relief des Geländes) in verschiedenen Typen ausprägt. Beispiele sind der Erlen-Buchenwald in feuchten Niederungen oder der natürlich gewachsene Eichen-Hainbuchenwald im trockenwarmen Klima der Täler des Hügellandes und der Niederungen oder der natürlich gewachsene Fichtenwald in den feucht-kalten Höhenlagen der Mittelgebirge.
Wälder haben deutliche Rückwirkungen auf das Kleinklima und die Bodenbildung. Waldfreie Landschaften (Wüsten, Steppen) weisen extreme Klimaschwankungen auf. Der Wald hingegen dämpft die Spitzenwerte im Tagesgang der Temperatur, reguliert den Wasserhaushalt und wirkt der Abschwemmung des Bodens entgegen. Besonders deutlich wird dies am Beispiel des tropischen Regenwaldes.

1 Planzen des Waldes

Bäume bestimmen das Bild des Waldes

(Schülerbuch S. 82/83)

Kambiumzellen
An Weidenzweigen, die im Frühjahr voll im Saft stehen, kann man die junge Rinde ablösen. Man beklopft dazu das Zweigstück leicht von allen Seiten. Dabei wird das Kambiumgewebe zerstört, und die Rindenhülle kann abgezogen werden. (Man kann aus diesem Röhrchen eine Pfeife herstellen.)

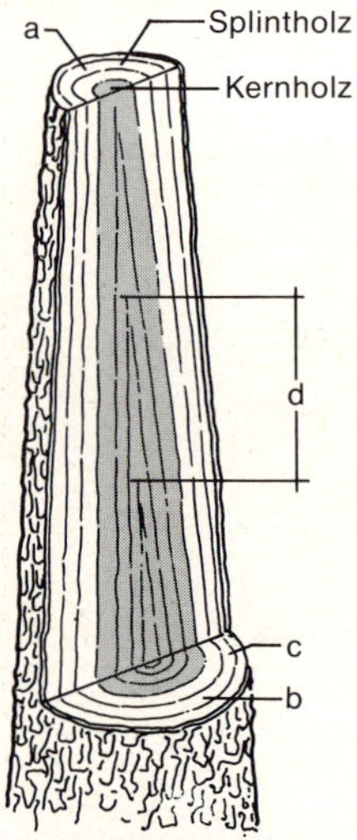

Querschnitt zeigt
a vier Jahresringe
b sieben Jahresringe
c Dickenwachstum in einem Jahr
d Längenwachstum in einem Jahr

Zusatzinformation

Rotbuche und Waldkiefer – Bäume verschiedener Standorte

Die Buche liebt mineralkräftigen, humusreichen, gleichmäßig durchfeuchteten Boden. Sie meidet staunasse Standorte und sehr trockene Lagen, ebenso nährstoffarme und saure Böden. Wie die Tanne zählt die Buche zu den schattenertragenden Arten, während die Kiefer, Birke und Eiche zu den Lichtholzarten gehören. So bildet die Buche einen relativ dicht stehenden, sich selbst verjüngenden Hochwald mit wenigen anderen Bäumen als Begleitarten.
Die Kiefer ist dagegen eine anspruchslose Art, die Frost, Staunässe und Trockenheit gut erträgt. In Nordeuropa ist sie der häufigste Baum in den lichten Wäldern der Taiga. In Deutschland wird sie wegen ihres wertvollen Holzes angepflanzt; Kiefernforste machen mehr als 25 % der gesamten Waldfläche aus.
Die Kiefer besitzt ein starkes Wurzelsystem. Gräbt man eine junge Kiefer aus, so findet man eine Pfahlwurzel und ein weitverzweigtes Wurzelgeflecht. Damit steht sie auch im lockeren Sandboden sicher und fest. Zahlreiche Feinwurzeln befinden sich direkt unter der Oberfläche und können selbst kleinste Mengen von Regen und Tau aufsaugen.

Mechanische Eigenschaften des Holzes

Durch einen Vergleich mit Stahlbeton werden Struktur und mechanische Eigenschaften des Holzes veranschaulicht. Denn wie sich Stahlbeton aus zwei Bestandteilen zusammensetzt (Beton und Baustahlmatten), besteht Holz aus *Lignin* und *Zellulose*. Beton ist fest, aber unelastisch. Durch Baustahl kommt eine gewisse Elastizität hinzu. Ebenso ist es im Prinzip mit Holz: Die elastischen Zellulosefasern sind in das feste Lignin eingebettet. Ein 30 cm langes Stück Eichenholz mit einem Querschnitt von 2,5 x 5 cm kann bis zu 20 t Gewicht tragen.
Wird die Rinde eines Baumes verletzt, können Wasser und holzzerstörende Pilze eindringen. Sie greifen – je nach Art des Pilzes – entweder das Lignin oder die Zellulose an. Dadurch wird das Holz morsch.
Vergleicht man hohle Stämme mit Getreidehalmen, so kann man die Vorstellung von lebender Hülle und totem (keineswegs funktionslosem) Holzkern recht gut veranschaulichen. Hohle Stämme besitzen durchaus Festigkeit, wie ein Grashalm zeigt. Ein hohler Baum kann noch viele Jahre grünen, blühen und fruchten. Ein starkes Unwetter jedoch knickt Getreidehalme und fällt hohle Bäume.

Konservierungsstoffe

Man erkennt in Brettern aus Eiche oder Kiefer besonders gut das helle Splintholz und das dunkle Kernholz. Es hat sich unter dem Einfluß von Konservierungsstoffen („Verkernungsstoffe") dunkel verfärbt (s. Randspalte). Das Holz der Eiche enthält besonders wirksame Konservierungsstoffe (z. B. Gerbsäuren). Nagelt man Eichenholz einfach zusammen, verrosten die Nägel unter dem Einfluß der Gerbsäure und der Witterung. Die Zimmerleute haben früher beim Bau der Fachwerkhäuser die Balken mit Zapfen und Holznägeln verbunden, wie heute an diesen Konstruktionen noch zu erkennen ist.

Lösungen zum Arbeitsblatt

	Buchenblatt	**Kiefernnadel**
Form	flach	dick
Spaltöffnungen	Blattunterseite	rundherum eingesenkt
Festigungsgewebe	–	unter der Epidermis
Chloroplasten	in Palisaden- und Schwammgewebe	nur in Palisadenzellen
Zellzwischenräume	vorhanden	–
Harzgänge	–	zahlreich

Bedeutung: Kiefernnadeln zeigen Einrichtungen zum Überleben in trockenem und kaltem Klima: Sie sind verdickt und haben eingesenkte Spaltöffnungen. Das Festigungsgewebe verhindert ein Welken bei Wassermangel. Harz schließt entstandene Wunden schnell.

Buchenblatt und Kiefernnadel

Aufgabe:

1. Vergleiche den Querschnitt durch ein Buchenblatt mit dem Schnitt durch eine Kiefernnadel. Notiere in der Tabelle die Unterschiede im Bau von Buchenblatt und Kiefernnadel.

Erläuterungen

Buchenblatt: E = Epidermis; Sp = Spaltöffnung; P = Palisadenzellen; Sch = Schwammzellen; schwarze Flächen = Zellzwischenräume; L = Leitbündel

Kiefernnadel: E = Epidermis; F = Festigungsgewebe; P = Palisadenzellen; Ü = Übertragungsgewebe; L = Leitbündel; H = Harzgang

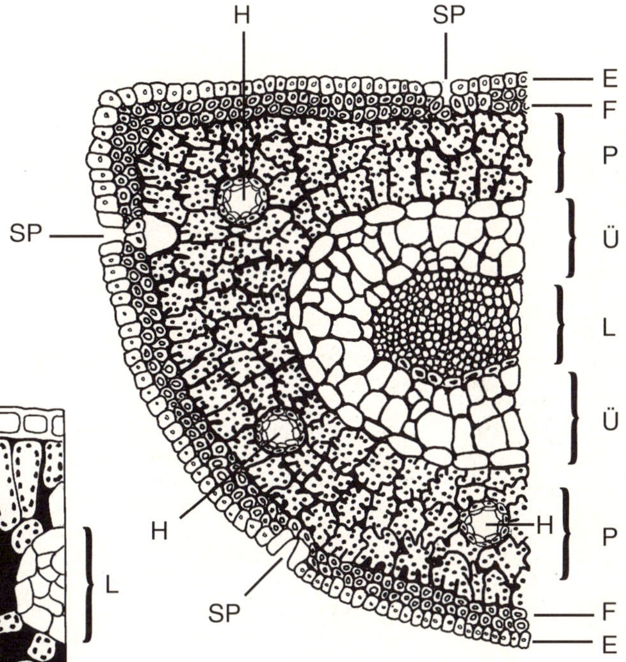

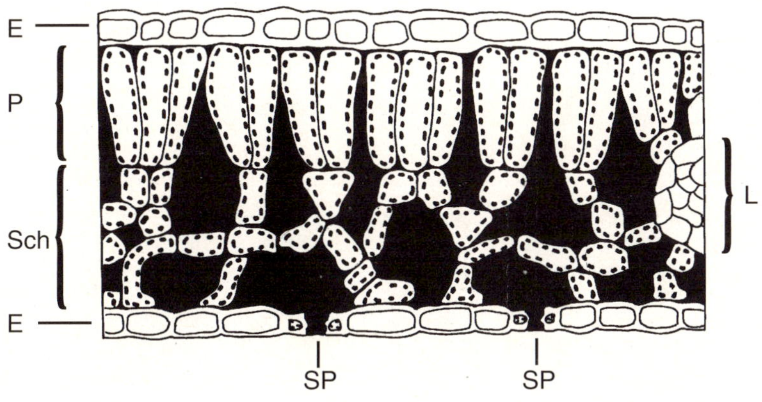

	Buchenblatt	Kiefernnadel
Form		
Spaltöffnungen		
Festigungsgewebe		
Chloroplasten		
Zellzwischenwände		
Harzgänge		

Bedeutung: ______________________________

____

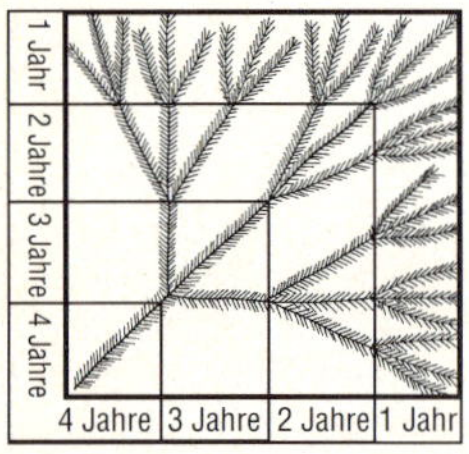

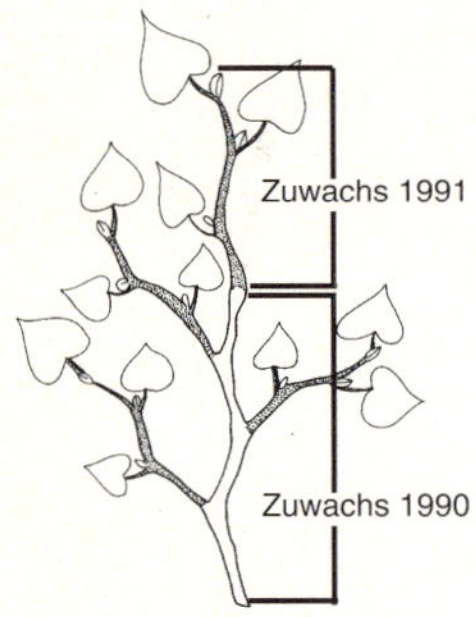

Die Linde als Laubbaum folgt einer anderen Verzweigungsregel. Erkläre mit Hilfe der Abbildung.

Abstand zum Baumstamm + Körperhöhe bis Auge = Baumhöhe

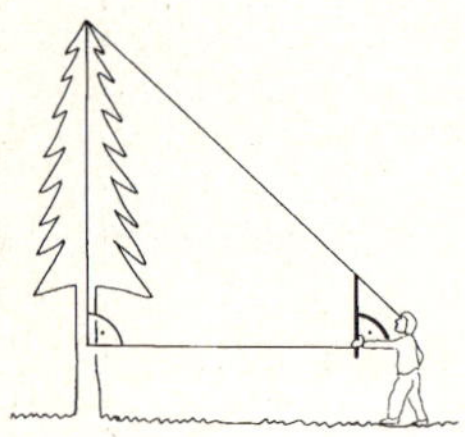

Lexikon: Planzen des Waldes

(Schülerbuch S. 84/85)

Experimentelles

Untersuchungen im Gelände

1. Artenkenntnis
Ein Mindestmaß an Artenkenntnis ist eine wichtige Voraussetzung für das Verständnis ökologischer Zusammenhänge. Selbsterarbeitete Bestimmungstabellen sind eine geeignete Durchgangsstation zum Verständnis der Taxonomie und der Verwandtschaftsbeziehungen. Das Kennenlernen verschiedener Baumarten kann zunächst über Zweige erfolgen, die in die Schule mitgebracht werden. Zuerst wird als Ziel ein Raster mit einer Übersicht der zu beachtenden Merkmale vorgegeben. Dieses Raster sollte, wenn in Gruppen gearbeitet wird, möglichst groß und übersichtlich angelegt sein (Tapetenrollen, Packpapier). Von jeder Baumart werden Zweige dem Raster gemäß durchgearbeitet. Dies bedeutet im einzelnen:
- Man legt die Blätter auf und zeichnet ihre Umrissse nach (in manchen Fällen kann man sie noch auf Papier mittels Wachskreide oder Bleistift durchpausen).
- Der Blattrand wird vergrößert herausgezeichnet und beschriftet.
- Der Verzweigungstyp wird charakterisiert, die Farbe der Rinde beschrieben.
  In einer Zwischenbesprechung werden die Merkmalsraster vervollständigt und die differenzierenden Merkmale als „Wegzeiger", herausgestellt. Wenn nun die Merkmalsraster auseinandergeschnitten und entsprechend den „Wegzeigern" neu angeordnet werden, ergibt sich eine selbst hergestellte Bestimmungstabelle. Fordert man die Schüler nicht zum eigenhändigen Zeichnen auf, kann das Arbeitsblatt als Schnittbogen verwendet werden, um eine eigene Bestimmungstabelle herzustellen.

2. Häufigkeit bestimmter Baumarten im Wald
Die Klasse wird in Zweier- oder Dreiergruppen aufgeteilt. Jede Gruppe erhält ein 30–50 m langes Wäscheseil sowie eine Plastiktüte. Im Wald werden zunächst die vorkommenden Baumarten bestimmt (es sollten mehr als vier sein). Der Lehrer läßt schätzen, welche Art am häufigsten ist. Diese Schätzung wird mit einer genaueren Methode überprüft. Mit dem ausgerollten Seil wird die Methode des „Transsektlegens" demonstriert. Das Seil wird am Startbaum befestigt und auf dem Transsekt um jeden Baum geschlungen. Von jedem Baum nimmt die Schülergruppe ein Blatt. In der Schule kann später auf einfache Weise ein Säulendiagramm, nach Arten geordnet, mit den senkrecht übereinandergeklebten Blättern hergestellt werden. Damit ergibt sich für jede Baumart ein Durchschnittswert der Häufigkeit.

3. Wie alt ist der Zweig?
Diese Übung wird am besten im Juni durchgeführt, wenn die Triebe noch jung sind. Allerdings ist zu beachten, daß an jedem Baum wüchsige und weniger wüchsige Triebe vorkommen. Die Verzweigungsregel gilt jeweils nur für die Haupttriebe und nur während der ersten 3–4 Jahre. Welches diesjährige und welches vorjährige Zweige sind, kann man besonders gut bei den Nadelbäumen an der unterschiedlichen Färbung der Nadeln erkennen. Ein diesjähriger Zweig besitzt am Ende eine Haupt und zwei Nebenknospen. Daraus wachsen in jedem Jahr drei neue Triebe. Danach erst ist die schwierigere Aufgabe mit den Laubbäumen sinnvoll. Geeignet sind Linde, Rotbuche und auch Obstbäume. Hier läßt sich neben der unterschiedlichen Dicke des Zweiges an den noch unverholzten, diesjährigen Trieben die Verzweigungsregel ableiten. So sind es bei der Linde zwei nebeneinanderliegende Knospen, von denen die eine im ersten Jahr treibt, die zweite bis zum nächsten Jahr ruht.

4. Messen vom Baumhöhen mit dem Peildreieck
Man schneidet einen Stock, der genauso lang ist wie der rechte Arm. Nun hält man den Peilstock senkrecht, so daß Peilstock und Arm ein rechtwinkliges Dreieck bilden. Man entfernt sich soweit vom Baumstamm, daß über die Stockspitze die Spitze des Baumes anvisiert werden kann. Nun entspricht der Abstand vom Baumstamm der Höhe des Baumes, wobei die eigene Augenhöhe noch hinzugerechnet werden muß.

Lösungen zum Arbeitsblatt

Die Bestimmungswege werden als Pfeildiagramme aufgezeichnet. Die ausgeschnittenen Teile sind als Bild und Textelemente geordnet nach den Kriterien Blätter (ungeteilt, gelappt, gefiedert) und Art der Verzweigung (wechselständig, gegenständig).
1 Rotbuche; 2 Esche; 3 Schwarzerle: 4 Stieleiche; 5 Bergahorn

Medien

Dias
- Wuchsformen der Laubbäume. FWU
- Wuchsformen einheimischer Nadelhölzer. FWU
- Bäume und Sträucher. FWU
- Einheimische Sträucher: Ökologische Bedeutung. FWU
- Einheimische Sträucher: Blüten, Blätter, Früchte. FWU
- Laubwald 1 und 2. Jünger
- Nadelwald. Jünger

Arbeitstransparente
- Anatomie des Holzes. FWU
- Einheimische Laubbäume. Siemers
- Nacktsamer: Beispiel Kiefer. Siemers

Ausschneidebogen mit Merkmalskärtchen für fünf einheimische Laubbäume

Aufgabe:

Schneide die Kärtchen aus und verwende sie in einer selbst hergestellten Bestimmungstabelle.
- Setze die Namen der Bäume ein.
- Ordne die Bäume mit gemeinsamen Merkmalen zu Gruppen zusammen (Blätter ungeteilt, gelappt, gefiedert; wechselständige und gegenständige Verzweigung).

Blätter		Zweige		Name
Form	Rand	Verzweigung	Rindenfarbe	
 ungeteilt	 schwach gekerbt	wechselständig, Seitenzweige in einer Ebene	grau	①
 gefiedert	 gesägt	gegenständig	graugrün	②
 ungeteilt	 schwach gekerbt und fein gezähnt	wechselständig	zweifarbig: graugrün (Schatten) rotviolett (Licht)	③
 gelappt	 glatt	wechselständig	graugrün	④
 gelappt	 gesägt	gegenständig bzw. gabelig	graugrün bis ockerbraun	⑤

Farne – blütenlose Kräuter des Waldes

(Schülerbuch S. 86/87)

Zusatzaufgaben und Lösungen

Scherzfrage zum Thema „Sporenpflanzen“: Ein Gartenbesitzer schimpft: Der Gärtner hat mich schlecht beraten. Die hochgepriesenen Farne haben bisher noch kein einziges Mal geblüht. Jetzt reiße ich sie endgültig heraus! Hat er recht damit?

① Vergleiche Wurmfarn und Adlerfarn.

Wurmfarn	*Adlerfarn*
bis 1 m hoch	*bis 2 m hoch*
Blattstiel beiderseits regelmäßig mit Fiederblättchen besetzt	*beiderseits Fiederblättchen, die sich in „zwei Etagen“ anordnen*
Blätter bilden einen Busch	*Blätter stehen vereinzelt*
–	*Stengelquerschnitt zeigt eine dunkle Zeichnung in Form eines Doppeladlers*

② Bei Samenpflanzen findet die Befruchtung in der Blüte statt. Schildere die Vorgänge von Bestäubung und Befruchtung. Wie verlaufen die Befruchtungsvorgänge beim Farn?

- **Blütenpflanzen:**
  Der Pollen gelangt durch den Wind oder mit Hilfe von Insekten auf die Narbe (Bestäubung). Pollenschläuche wachsen in den Fruchtknoten hinein. Die Kerne aus den Pollen verschmelzen mit den Eizellen (Befruchtung).
- **Farne:**
  Farne bilden keine Blüten. Sie verstreuen Sporen, aus denen Vorkeime wachsen. Auf einem Vorkeim bilden sich getrennte Behälter für Eizellen und männliche Befruchtungszellen. Wenn Wassertropfen vorhanden sind, schwimmen die männlichen Befruchtungszellen mit ihren Geißeln zu den Eizellen und verschmelzen mit ihnen (Befruchtung). Aus den befruchteten Eizellen wachsen Farnpflanzen.

Zusatzinformation

Sporen

Nicht nur Farne, auch Moose und Pilze sind *Sporenpflanzen*. Sie besitzen keine Blüten und bilden riesige Mengen von Vermehrungskörperchen, die man Sporen nennt. Diese können *haploid* oder *diploid* sein. Für die Schüler ist dieser Unterschied ohne genetische Kenntnisse bedeutungslos. Jedoch dürfen Sporen nicht als Samen bezeichnet werden.

Amphibien unter den Pflanzen

Weil die Vermehrungsstadien von Moosen und Farnen ans Wasser gebunden sind, hat man sie auch als „Amphibien unter den Pflanzen“ bezeichnet. Die vom Wind verwehten Sporen keimen nur an feuchten Orten (zumindest muß Tau vorhanden sein). Die weiblichen Organe auf dem Vorkeim scheiden in Anwesenheit von Wasser einen Lockstoff ab (Apfelsäure). Die Schwärmsporen brauchen für ihre Fortbewegung Wasser.

Tropische Farne als Zimmerpflanzen

Viele Farne sind *Aufsitzerpflanzen* aus den tropischen Regen- oder Nebelwäldern. Sie sind bei uns als Zimmerpflanzen gebräuchlich, weil sie in ihrem natürlichen Lebensraum mit Perioden niedriger Luftfeuchtigkeit fertig werden müssen und deshalb auch relativ gut die trockene Raumluft vertragen. Beispiele sind der Hirschgeweihfarn (*Platycerium alcicorne*) und der Vogelnestfarn (*Asplenium nidus-avis*).

Experimentelles

Mikroskopie von Sporangien

Farnwedel mit Sporangien lassen sich mittels Lupe oder Mikroskop einfach untersuchen. Einige Wedel mit fast reifen Sporangien legt man auf weißes Papier und läßt sie trocknen, bis sie ihre Sporen ausschleudern. Hebt man den Farnwedel vorsichtig ab, so findet man die Sporenhäufchen in einem Muster, das den Sporangien auf der Wedelunterseite entspricht.

Herbar

Farnblätter lassen sich leicht und mit dekorativem Ergebnis pressen. In der Regel kann man 6–7 Farnarten im Wald beschaffen. Weitere gute Fundorte sind alte, feuchte Mauern. Geschützte Arten wie Straußfarn oder Hirschzunge dürfen allerdings nicht mitgenommen werden.

Farnpflege

Überlegungen zur richtigen Pflege von Zimmerfarnen führen nochmals auf typische Eigenheiten der Farne. So können die Schuppen auf den Blättern wie ein Schwamm Wasser aufsaugen. Deshalb ist häufiges Ansprühen angezeigt. Farne in Hängeampeln sollten in den Halbschatten plaziert werden, da dies meist den natürlichen Standorten entspricht.

Lösungen zum Arbeitsblatt

1 Er wächst im Mischwald an einem schattigen, feuchten Ort. Seine Blätter neigen sich nach außen und beschatten sich nicht gegenseitig.
2 Von dem geringen Lichtangebot muß möglichst viel eingefangen werden.
3 Reife Schleier sind braun, die Sporenkapseln schauen hervor.
4 Die Sporenkapsel gleichen dem Helm eines Ritters: mit einem Verstärkungsring über dem Scheitel und mit geschlossenem Visier.
5 In der trockenen Luft des Klassenzimmers und unter der Mikroskopierleuchte kommt es zur Austrocknung des Zellrings. Die Sporenkapsel reißt in der Zone des „Visiers“ auf.

Untersuchungen am Wurmfarn

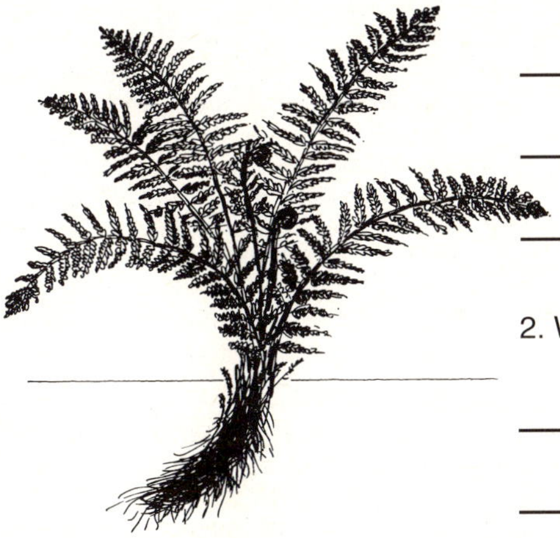

1. Wo kommt der Wurmfarn vor? Beschreibe seine Gestalt.

2. Warum sind die Blätter so schwach und dünn ausgebildet?

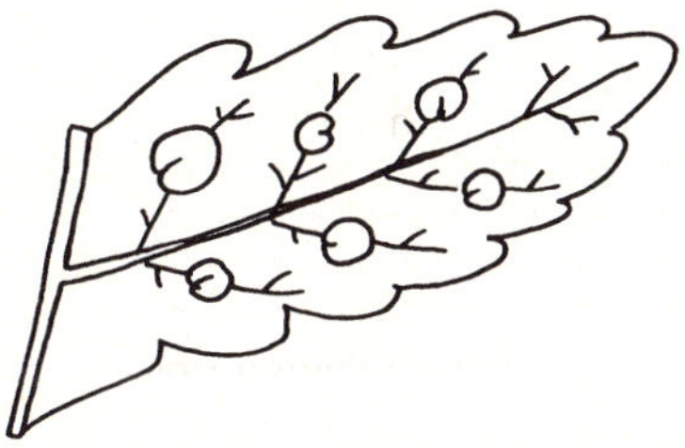

3. Auf der Blattunterseite befinden sich nierenförmige Schleier, welche die Sporenkapsel bedecken. Man kann reife und unreife Schleier unterscheiden.

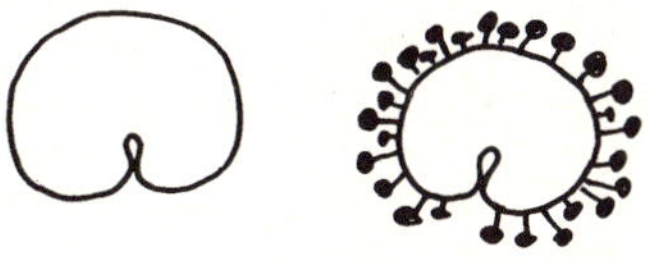

4. Zupfe die Schleier mit der Pinzette ab und betrachte die Sporenkapseln mit einer starken Lupe oder mit dem Mikroskop.

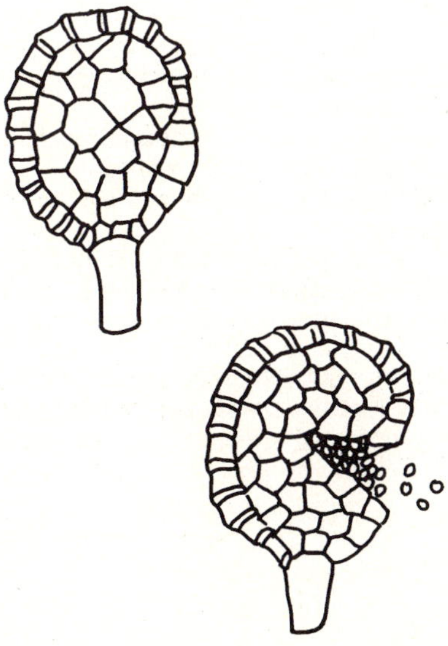

5. Es kann vorkommen, daß eine Sporenkapsel nach der anderen während der mikroskopischen Betrachtung aufplatzt. Erkläre (vgl. Schülerbuch S. 87.1)

Moose – Pflanzen des Waldbodens

(Schülerbuch S. 88/89)

Aufgabe und Lösung (S. 88)

① Lasse ein Moospolster eintrocknen und wiege es. Lege das Moospolster anschließend einen Tag in Wasser, lasse es abtropfen und wiege es erneut.

– *Moospolster speichern das Wasser zwischen den Blättchen wie ein Schwamm in seinen Hohlräumen. Torfmoos kann zum Beispiel das 20fache seines Gewichts an Wasser aufnehmen. Bei Trockenheit stellen die Moose ihre Lebensvorgänge ein und geben sehr viel Wasser ab, ohne Schaden zu nehmen. Beim nächsten Regen regeneriert das Moos und nimmt die Lebensvorgänge wieder auf.*

Aufgaben und Lösungen (S. 89)

① Vergleiche den Generationswechsel bei Moosen und Farnen. Nenne Gemeinsamkeiten und Unterschiede.

– *Die Befruchtung verläuft bei Moosen und Farnen im Prinzip gleich: Die Antheridien bilden Schwärmer, die bei Anwesenheit von Wasser zu den Archegonien schwimmen und die Eizellen befruchten. Dabei spielen Lockstoffe eine wichtige Rolle. Der Ort, an dem die Antheridien und Archegonien wachsen, ist jedoch verschieden. Bei Moosen existieren männliche und weibliche Moospflanzen, d. h. die Schwärmer müssen eine relativ große Strecke überwinden, und es muß reichlich Wasser da sein. Farne bilden die Antheridien und Archegonien auf dem Vorkeim, d. h. sie sind eng beisammen. Die große Farnpflanze wächst erst nach der Befruchtung heran. Die Moospflanzen entstehen dagegen als Knospen am Vorkeim und wachsen zu einer beträchtlichen Größe heran, während nach der Befruchtung der relativ klein bleibende Sporenträger entsteht.*

② Die Fortpflanzung der Moose und Farne ist an ausreichend Feuchtigkeit gebunden. Begründe!

– *Die Schwärmer besitzen keinen Schutz gegen Austrocknung. Sie müssen mit Hilfe ihrer Geißel aktiv zu den Eizellen schwimmen.*

③ Stelle jeweils einen Moosstengel und einen Farnwedel ins Wasser. Beschreibe und erläutere deine Beobachtungen nach einem Tag.

– *Tauchen nur die Haftwurzeln des Moosstengels ins Wasser, trocknet er aus, weil die Leitungsbahnen nicht leistungsfähig genug sind. Taucht dagegen ein großer Teil des Moospflänzchens ins Wasser, steigt es an den Blättchen hoch. Diese spreizen sich, Wasser wird mit der ganzen Oberfläche aufgenommen. Farne besitzen dagegen leistungsfähige Leitungssysteme im Stengel, die das Wasser nach oben transportieren und den Farnwedel frisch halten.*

❝ **Zusatzinformation**

Zur Bedeutung der Moose und Farne

Bei den Farnen ist der Generationswechsel wichtig, da hier Grundlagen für das Verständnis der Evolution bei den Blütenpflanzen gelegt werden. Moose repräsentieren dagegen einen Seitenast ohne stammesgeschichtliche Fortsetzung.
Von ökologischer Bedeutung ist die Polsterbildung der Moose, die ein enormes Wasserspeichervermögen bewirkt. Moose sind gute Zeigerpflanzen. Viele deuten auf den Säuregehalt (Torfmoose, Weißmoos), andere auf den Mineralstoffgehalt des Bodens (Moose auf Brandstellen im Wald). ❞

Das Moospolster als Kleinstlebensraum

Das Moospolster ist ein Kleinstlebensraum mit einer Biotopstruktur, die sich an einem abgelösten Polsterteil gut erkennen läßt. Die Bereiche weisen eine charakteristischen Besatz von Kleinstlebewesen auf.
Grüner Polsterteil: Winzige Gehäuseschnekken, Käfer, Moosmilben, Springschwänze, Wimperntierchen, Amöben.
Brauner Polsterteil: Räuberische Springschwänze und Milben, Rädertierchen, kleine Schnurfüßer, Zweiflüglerlarven, Blattwespenlarven
Humusteil: Amöben, Wimperntierchen, Asseln, Springschwänze, kleine Schnurfüßer
Verwitterungshorizont: Fadenwürmer. Milben, Springschwänze

Lösungen zum Arbeitsblatt

1 Wurmfarn: Schleier mit Sporenkapseln; Sporenkapsel; Sporen; Vorkeim
2 Waldbürstenmoos: Sporen; Vorkeim; Knospe einer Moospflanze; Antheridien mit Schwärmern; Archegonien

Medien zu Farnen und Moosen

Dias
- Einheimische Farne. FWU
- Sporenpflanzen. Jünger

Arbeitstransparente
- Vergleich des Generationswechsels bei Farn und Moos. Klett
- Generationswechsel beim Farn (Wurmfarn). Klett
- Generationswechsel beim Moos (Waldbürstenmoos). Klett
- Generationswechsel und Bauplan des Haarmützenmooses. CVK
- Generationswechsel beim Farn. Siemers
- Generationswechsel beim Moos. Siemers
- Generationswechsel bei Moosen. Jünger
- Generationswechsel bei Farnen. Jünger

Entwicklung bei Wurmfarn und Waldbürstenmoos

1. Ergänze in beiden Abbildungen die fehlenden Begriffe.

2. Erkläre dann mit eigenen Worten den Unterschied in der Entwicklung von Wurmfarn und Waldbürstenmoos.

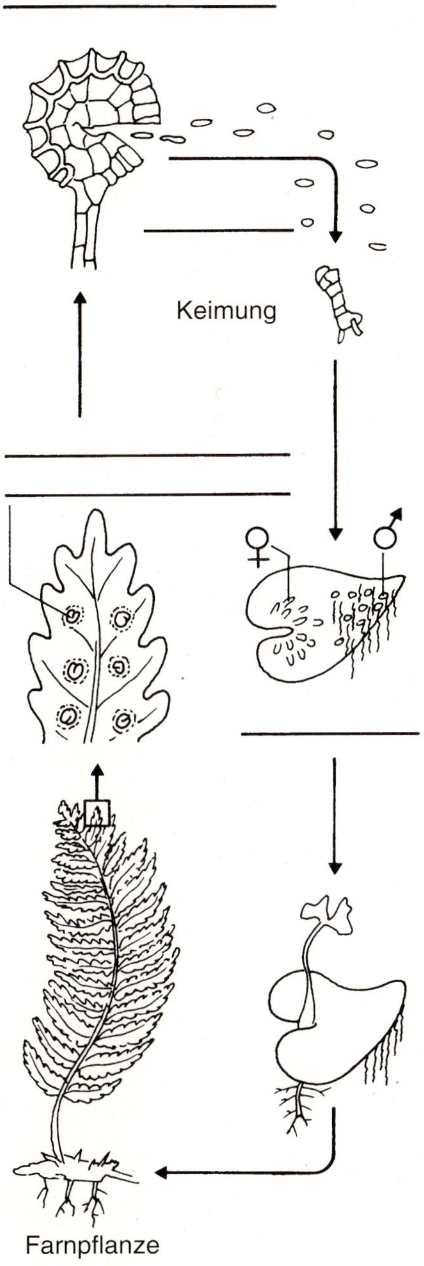

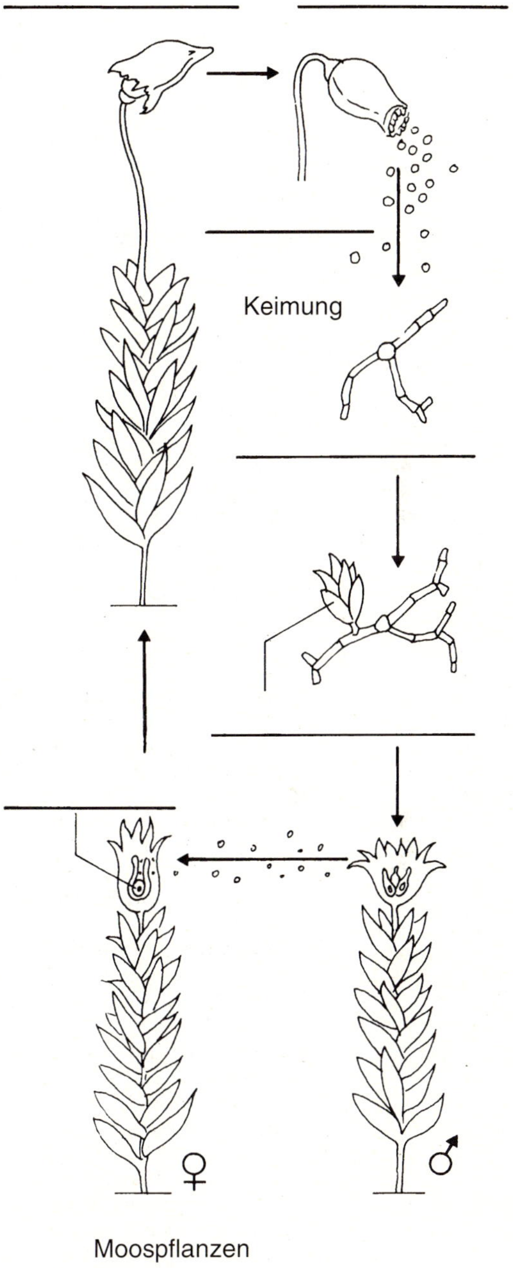

Pilze sind lebensnotwendig für den Wald

(Schülerbuch S. 90/91)

Aufgaben und Lösungen

① Vergleiche die Fortpflanzung der Pilze mit der bei Farnen und Moosen. Welche Unterschiede stellst du fest?

– *Pilze bilden wie Farne und Moose keine Samen, sondern Sporen. Es gibt bei Ständerpilzen (Basidiomyceten) jedoch keinen Generationswechsel, Organe wie Vorkeim, Antheridien und Archegonien fehlen. Aus den Sporen gehen die geschlechtsverschiedenen Plus- und Minushyphen hervor, die zum Paarkernmycel verschmelzen. Dies ist der wachsene, ausdauernde Teil des Organismus. Bei günstiger Witterung entstehen innerhalb weniger Stunden Fruchtkörper mit der Sporenbildungsschicht, welche die Ständer (Basidien) trägt. Hier erfolgen die Kernverschmelzung und die Zellteilungen zur Bildung der Sporen.*

② Fasse zusammen, welche wichtigen Aufgaben Pilze im Wald haben.

– *Die Fäulnisbewohner leben von der Zersetzung toter Pflanzenteile, z. B. von Fallaub und Holz, von tierischem Material wie Kot und Leichenteilen. Dabei entstehen Mineralstoffe, die wieder von den Wurzeln aufgenommen werden. Parasitische Pilze befallen in der Regel geschwächte Bäume und sorgen für natürliche Auslese im Wald. Mykorrhizapilze leben mit bestimmten Baumarten in Symbiose. Das Mycel umhüllt die Wurzelspitzen und unterstützt die Wasser- und Mineralstoffaufnahme des Baumes. Das Pilzmycel entnimmt den Wurzeln organische Stoffe. Der Baum hat jedoch insgesamt Vorteile beim Wachsen.*

Symbiosepartner

Kiefer:	Butterröhrling, Kuhröhrling, Echter Bitterling
Fichte:	Ockertäubling, Fichtenreizker
Lärche:	Gold-Röhrling, Grauer Lärchen-Röhrling, Hohlfußröhrling
Birke:	Rotkappe, Birkenpilz, Birkenmilchling
Eiche:	Eichenmilchling
Buche:	Süßlicher Milchling

Sporen werden in unvorstellbar großer Zahl gebildet. Auf 1 mm^3 einer Champignon-Lamelle wurden 33 265 Basiden gezählt. Jede von ihnen bildet 4 Sporen. So kann ein Champignon mit 10 cm Hutdurchmesser ca. 16 Milliarden Sporen erzeugen.

Regeln für das Sammeln und den Verzehr von Pilzen

- Allein die genaue Kenntnis der Giftpilze schützt vor Pilzvergiftung.
- Nur Pilze sammeln, die ganz sicher bekannt sind. An vielen Orten gibt es Pilzberatungsstellen, die im Zweifelsfall aufgesucht werden.
- Pilze haben eine hohe Stoffwechselrate. Sie müssen luftig in einem Korb aufbewahrt und rasch zubereitet werden, da sie schnell verderben.
- Giftige und ungenießbare Pilze im Gelände nicht zerstören. Sie haben wichtige Aufgaben im Wald.
- Pilze nicht roh essen.
- Im Fall von Beschwerden nach einer Pilzmahlzeit sofort den Arzt aufsuchen (Pilzabfälle oder Erbrochenes zur Untersuchung sicherstellen).
- Niemals Alkohol zu einem Pilzgericht trinken.
- Nie Pilzgerichte in Metallgefäßen aufwärmen.

Zusatzinformation

Hexenringe

Oft stehen die Fruchtkörper derselben Art kreisförmig; wachsen sie im Grünland, erkennt man häufig üppiges Wachstum des Grases in diesem Ring.
Erklärung: Zur Fruchtkörperbildung ist ein Mindestumfang des Mycels erforderlich. An der in konzentrischen Ringen fortschreitenden Wachstumszone werden die Fruchtkörper gebildet. Das Pilzmycel liefert aus dem umgebenden Boden reichlich Wasser und verbessert dadurch die Versorgug mit Mineralstoffen. Die Humusbildung wird beschleunigt. Davon profitieren die in der Nähe stehenden Gräser. Es gibt jedoch auch Hexenringe, in denen die Vegetation abstirbt. Dies gilt vor allem für Trockengebiete. Ursache ist hierfür wahrscheinlich die starke Entwässerung des Bodens und die Ausscheidung von Stoffen durch das Pilzmycel.

Braunfäule und Weißfäule

Holzzerstörende Pilze im Wald lassen entweder ein braunes, meist würfelig zerbrechendes oder ein weißliches, fasrig zerfallendes Produkt entstehen. Faulendes Holz ist oft sehr wasserhaltig.
Erklärung: Bei den Braunfäulepilzen (z. B. Birkenporling) ernährt sich das Mycel vor allem von Zellulose, übrig bleibt das Lignin des Holzes. Das Mycel eines Weißfäulepilzes (z. B. Halimasch, Zunderschwamm) bildet Enzyme für das schwer abbaubare Lignin. Auch die Zellulose wird nach und nach angegriffen. Jedoch bleibt die Struktur des Holzes in den weißen Resten noch erkennbar.

Mykorrhiza

(wörtlich Pilzwurzel, verpilzte Wurzel)

Viele Waldbäume wachsen vor allem auf saurem, rohhumusreichem und nährstoffarmem Boden schlecht. Sie leben hier in Symbiose mit bestimmten Pilzen. Bei Aufforstungen in ungünstigem Gelände gibt man deshalb oft mycelhaltige Erde in das Pflanzloch. Die Verschlechterung des Bodens durch sauren Regen führt zu einem Rückgang dieser Pilze und damit zu einer Beeinträchtigung des Holzzuwachses.
Erklärung: An Bäumen (auch an Sträuchern und Farnen) ist die ektotrophe Mykorrhiza verbreitet, d. h. das Mycel dringt zwischen die Zellen der Wurzelrinde, nicht in diese selbst hinein. Die feinen Saugwurzeln werden vom Mycel mantelartig umgeben, es strahlt seitlich in den Boden aus. Die Wurzelspitzen bilden keine Wurzelhaare aus, diese Aufgabe übernimmt das Mycel. Die Saugwurzeln verdicken sich und bilden oft gabel- bis fächerförmige Verzweigungen. Der Baum fördert über die Abgabe organischer Stoffe aus den Wurzeln das Pilzwachstum. Das Mycel steigert dadurch die Anlieferung von Wasser und der darin gelösten Mineralstoffe aus dem Boden.

Holzertrag

Im Schönbuch bei Stuttgart wurde nachgewiesen, daß Fichten mit gut ausgebildeter Mykorrhiza bis zu 30 % mehr Ertrag bringen. Das optimale Wachstum der Pilze liegt bei einem pH-Wert von 4 bis 7, Versauerung des Bodens schadet ihnen.

99 Zusatzinformation

Pilzgifte

Giftpilze lassen sich nach der Wirkung der Gifte in drei Gruppen ordnen.

- Gifte, die sich in inneren Organen ablagern, ohne sich nach dem Genuß duch Übelkeit oder Kreislaufbeschwerden bemerkbar zu machen. Beispiel: Grüner Knollenblätterpilz. Sein Gift zerstört die Leber, meist ist keine Rettung möglich.
- Gifte, die auf das Nervensystem und den Kreislauf wirken. Schon bald nach der Pilzmahlzeit stellen sich Schweißausbrüche, Tränenfluß und Schüttelfrost ein. Der Puls wird langsamer und es kann zeitweilig zum Verlust des Sehvermögens kommen. Durch entsprechende Gabe von Gegengiften kann der Arzt meist das Leben des Patienten retten. Beispiele: Fliegenpilz, Pantherpilz, Ziegelroter Rißpilz.
- Gifte, die auf die Verdauungsorgane wirken. Es kommt zu Erbrechen und Durchfällen, die bei ärztlicher Behandlung oft schnell abklingen.

99

Lösungen zum Arbeitsblatt S. 92

1 Sporen keimen aus und bilden geschlechtsverschiedene Hyphen (+ und -). Ihre Endzellen verschmelzen und wachsen zu einem Mycel weiter, wobei jede Zelle zwei Kerne beibehält.
2 Wenn das Mycel genügend Reservestoffe gesammelt hat, entstehen bei feuchtem und warmem Wetter Pilze. Die jungen Champignons sind in einen Schleier eingehüllt, der bei der Ausbildung des Hutes aufreißt. Reife Pilze streuen Sporen aus.
3 Es wächst von rechts nach links.
4 Die Sporenbildungsschicht befindet sich auf den Lamellen auf der Unterseite des Hutes.
5 In der letzten Zelle (Ständer, Basidie) verschmelzen auch die Zellkerne des Paarkernmycels. Anschließend entstehen vier Sporen aus der Basidie.

Lösungen zum Arbeitsblatt S. 93

1 Die Sporen entstehen auf den Lamellen (Unterseite des Hutes). Verbreitung durch den Wind.
2 Die Sporen entstehen in Röhren (Unterseite des Hutes). Verbreitung durch den Wind.
3 Die Sporen entstehen auf Stacheln (Unterseite des Hutes). Verbreitung durch den Wind.
4 Die Sporen entstehen in den Poren auf der Unterseite des Fruchtkörpers. Jedes Jahr bildet der Feuerschwamm eine neue Zuwachszone (hier beträgt das Alter 3 Jahre). Verbreitung durch den Wind.
5 Im Inneren des Bovists entstehen viele kleine Hohlräume, in denen die Sporen gebildet werden. Die Außenhaut wird lederartig. Tritt man auf den Bovist, werden die Sporen wie mit einem Blasebalg in die Luft geblasen.
6 Über dem Stiel der Stinkmorchel sitzt der freihängende Hut, der mit Schleim bedeckt ist und einen Aasgeruch ausströmt. Die Sporen werden in den abtropfenden Schleim gegeben. Der Geruch lockt Fliegen an, welche die Sporen verbreiten.

Lösungen zum Arbeitsblatt S. 94

1 Der Stoffwechsel von Pilz und Baumwurzel ist einander angepaßt. Die Pilze finden bei ihren Wirtsbäumen optimale Bedingungen.
2 a) Sind die feinen Saugwurzeln verpilzt, besitzen sie große, verdickte, gabelförmig verzweigte Wurzelspitzen.
b) Fehlt die Mykorrhiza, sind die Wurzelspitzen klein und weniger verzweigt. Die Wasser- und Mineralstoffaufnahme ist beeinträchtigt.
3 Das Mycel überzieht die Wurzelspitze wie ein flauschiger Mantel oder wie ein Schwamm. Man kann sich gut vorstellen, daß dadurch die Wasser- und Mineralstoffversorgung des Baumes verbessert wird. Andererseits spricht der dichte Kontakt zwischen Mycel und Wurzel dafür, daß organische Stoffe leicht aus dem Baum auf das Pilzmycel übertragen werden können.

Flechten – eine Symbiose zwischen Pilzen und Algen

(Schülerbuch S. 93)

99 Zusatzinformation

Nutzung

Nutzbare Flechtenstoffe sind der Lackmus-Farbstoff, der aus Roncella-Arten Nordafrikas und der Kanarischen Inseln gewonnen wird sowie eine hustenlösende Schleimdroge aus Isländisch Moos (*Cetraria islandica*). Die Mannaflechte (*ecanora esculenta*), eine kleinlappige bis knollige Flechte der Steppen Nordafrikas und des Orients, wird gegessen.

99

Lösungen zum Arbeitsblatt S. 95

1 *Gelb kennzeichnen:* obere und untere Rindenschicht, einzelne Pilzfäden im Innern (Bild unten), sowie die Oberfläche des Thallus, Fruchtkörper (oben).
Mit der Rindenschicht und den Hafteinrichtungen sichert der Pilz den Standort und schafft ein günstiges Kleinklima für die Algen.
2 *Grün kennzeichnen:* einzellige Algen. Sie sind in der Mehrzahl nahe der oberen Rindenschicht angeordnet, wo das Licht einfällt (vgl. Palisadenschicht im Laubblatt der Buche).

Medien

Dias

- Höhere Pilze. FWU
- Pilze auf Holz. FWU
- Pilze der Heimat 1 und 2. Jünger

Arbeitstransparente

- Entwicklung eines Ständerpilzes. Jünger
- Parasitische Pilze. Siemers

Mycel- und Fruchtkörperbildung beim Champignon

1. Erkläre die Entstehung des Paarkernmycels.

2. Wie bilden sich Pilze (Fruchtkörper)?
   Wie muß das Wetter sein?

3. In welcher Richtung wächst hier das Mycel weiter?

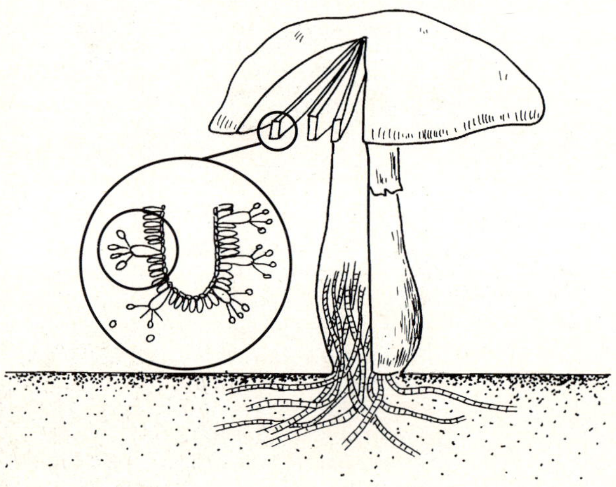

4. Wo werden Sporen gebildet?

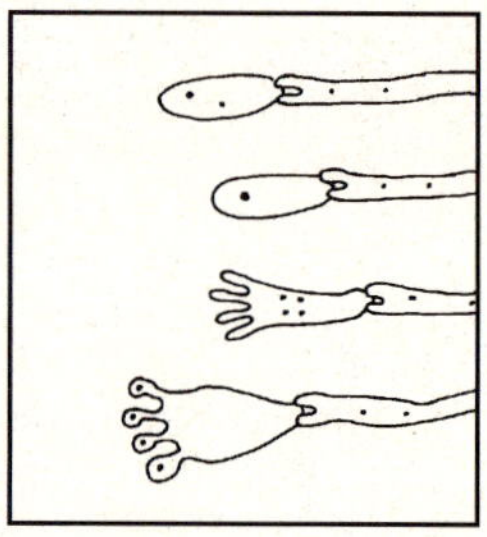

5. Was geschieht in der Sporenbildungsschicht?

Wo werden beim Pilz die Sporen gebildet?

Die wichtigste Aufgabe der Fruchtkörper ist, möglichst effektiv Sporen in großer Zahl zu bilden und ihre Verbreitung durch den Wind oder durch Tiere zu begünstigen. Dazu sind Einrichtungen vorhanden, die die Oberfläche der sporentragenden Schicht vergrößern.

Aufgabe:
Kennzeichne in den Zeichnungen jeweils die sporentragende Schicht mit einer Farbe. Erläutere, wie jeweils die Oberflächenvergrößerung erzielt wird und wie die Sporen verbreitet werden.

1. Der Wiesenchampignon, ein Lamellenpilz:

1

2. Der Steinpilz, ein Röhrenpilz:

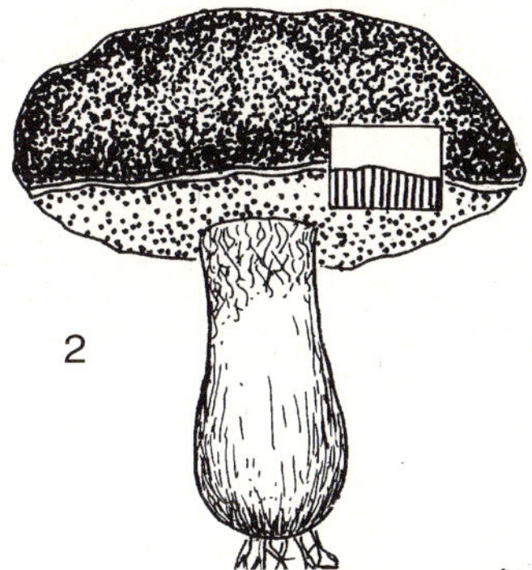
2

3. Der Semmelstoppelpilz, ein Stachelpilz:

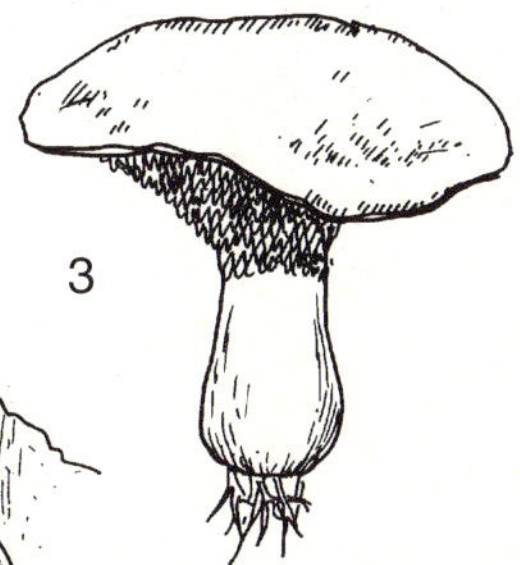
3

4. Der Feuerschwamm, ein Porling:

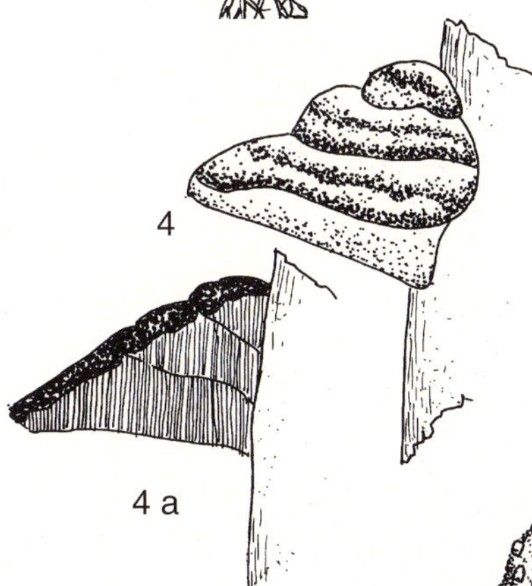
4

4 a

5. Der Kartoffelbovist, ein Bauchpilz:

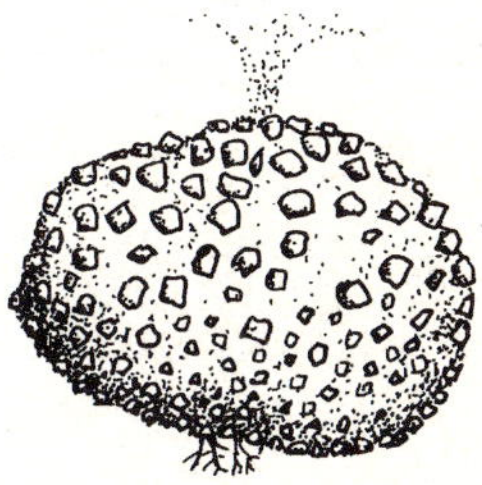
5

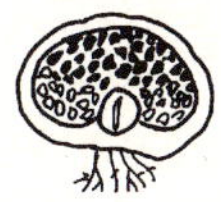
5 a

6. Die Stinkmorchel, ein Bauchpilz:

6

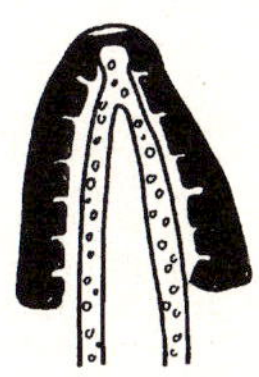
6 a

Mykorrhiza - Symbiose zwischen Baum und Pilzen

1. Folgende Pilze kommen immer wieder unter Kiefern vor: Echter Ritterling, Butter-Röhrling, Kuh-Röhrling. Ihr Mycel wächst in engem Kontakt mit den Wurzeln der Kiefer. Wie ist das zu erklären?

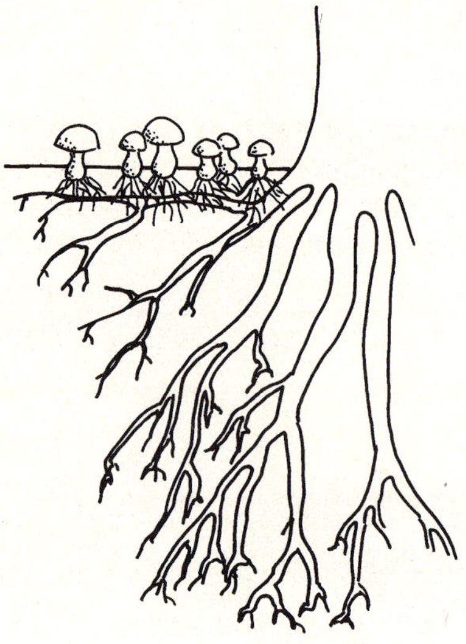

2. Übersetzt heißt Mykorrhiza „Pilzwurzel" oder „verpilzte Wurzel". Vergleiche die Abbildungen von feinen Saugwurzeln a) mit Mykorrhiza, b) ohne Mykorrhiza.

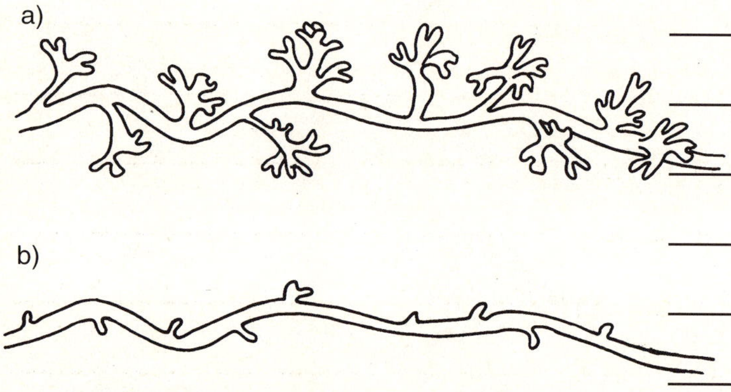

3. Erläutere das mikroskopische Bild einer Wurzelspitze. Lies im Schülerbuch nach über Mykorrhiza und erläutere ihre Vorteile für Pilz und Baum.

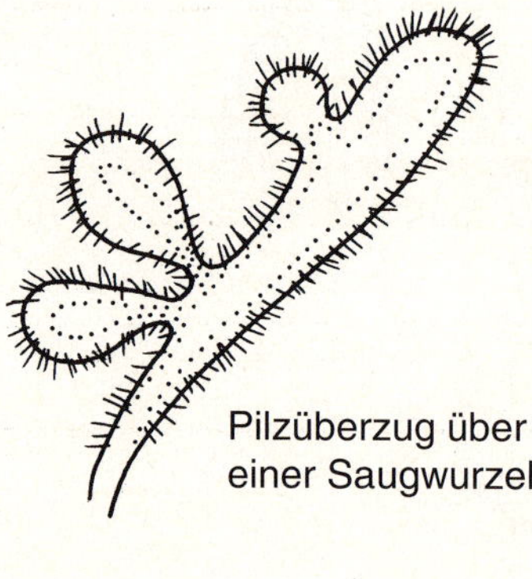

Flechten – Symbiose zwischen Pilz und Alge

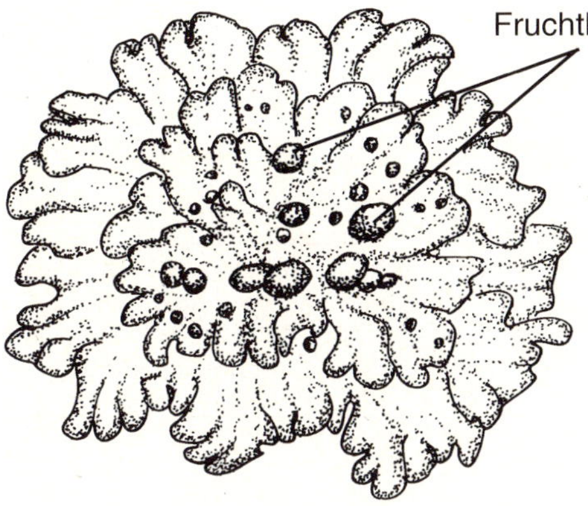

Die Laubflechte
Pamelia acetabulum

Laubflechten wachsen meist auf der Rinde von Bäumen. Sie liegen locker auf und sind mit besonderen Hafteinrichtungen befestigt. An den schüsselförmigen Fruchtkörpern des Pilzes erkennt man, daß die Flechte vital ist und gut wächst.

Aufgabe:
Betrachte die Laubflechte (oben) sowie das mikroskopische Bild des Querschnitts einer Laubflechte.

1. Kennzeichne mit gelber Farbe die vom Pilz gebildeten Teile. Beschreibe die Funktionen des Pilzes in der Symbiose, soweit sie in den Bildern erkennbar sind.

____
____
____
____
____
____

2. Kennzeichne in grüner Farbe die in Symbiose lebenden Algen. Vergleiche ihre Anordnung mit den Blattgrünkörpern im Laubblatt der Buche.

____
____
____
____
____
____

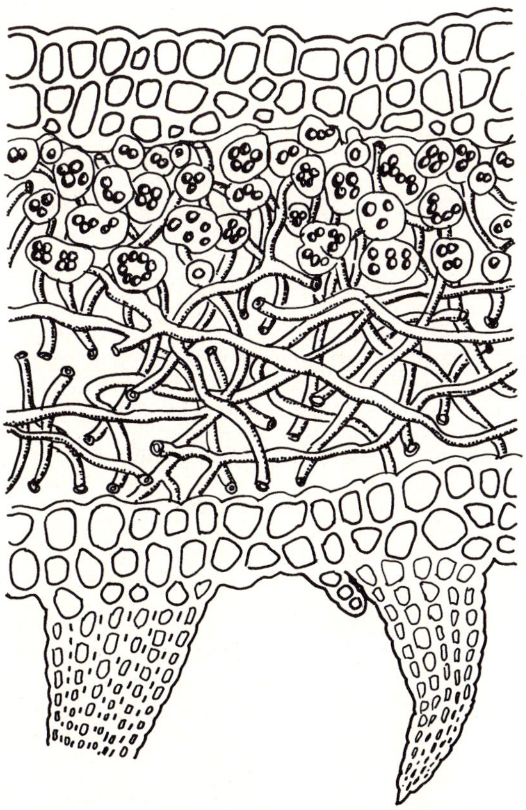

Querschnitt durch eine Laubflechte

Umrechnungstabelle für den Belichtungsmesser

Lichtwert	Lux (ca.)
1	0,17
2	0,35
3	0,7
4	1,4
5	2,8
6	5,5
7	11
8	22
9	44
10	88
11	175
12	350
13	700
14	1 400
15	2 800
16	5 500
17	11 000
18	22 000
19	44 000
20	88 000
21	175 000
22	350 000

Aufbau des Waldes in Stockwerken

(Schülerbuch S. 94/95)

Aufgaben und Lösungen S. 94

① Überprüfe, an welchen Stellen im Wald man den im Text beschriebenen Stockwerkbau besonders gut erkennen kann.

– *Lichtungen oder der Waldrand gewähren einen guten Überblick. Der Stockwerkaufbau ist hier wegen des höheren Lichteinfalls deutlicher ausgeprägt. So lassen sich Moos-, Kraut-, Strauch- und Baumschicht besonders gut erkennen.*

② Überlege, wie sich die Umweltbedingungen in den einzelnen Stockwerken unterscheiden. Begründe deine Ansicht.

– *In der Nähe des Waldbodens (Moos- und Krautschicht) ist es am feuchtesten, jedoch bleibt der Lichteinfall nur gering. In den Baumkronen ist Licht reichlich vorhanden, jedoch führen Sonne und Wind zur Austrocknung bzw. erfordern besonderen Verdunstungsschutz der Blätter. Die Strauchschicht ist vor Wind und praller Sonne geschützt, jedoch fehlt oft das Licht zum kräftigen Wachstum.*

③ Beschreibe Aussehen und Gliederung eines Waldes, der vom beschriebenen Aufbau deutlich abweicht. Suche Ursachen dafür.

– *Stehen gleichaltrige Bäume eng beieinander (z. B. in einer dicht gepflanzten Aufforstung), sind die Stockwerke des Waldes nicht erkennbar. Zu wenig Licht erreicht den Boden; hier wachsen höchstens Moose und wenige schattenertragende Kräuter (z. B. Sauerklee), kaum Sträucher oder nachwachsende Jungbäume.*

Aufgaben und Lösungen S. 95

① Versuche zu erklären, warum Sonnenblätter eines Baumes dicker und kleiner sind als Schattenblätter.

– *Sonnenblätter wachsen oben oder außen an der Baumkrone, wo viel Licht einfällt und durch den Wind die Verdunstung beschleunigt ist. Sie sind dicker als Schattenblätter. Verkleinerung der Blattoberfläche bedeutet Verdunstungsschutz.*
Die Palisadenschicht der Sonnenblätter ist meist mehrschichtig ausgebildet, d. h. das Blatt enthält trotz kleiner Fläche zahlreiche Blattgrünkörner. Beim Schattenblatt ist die Palisadenschicht nur einschichtig ausgebildet, d. h. die Blattgrünkörner sind auf eine größere Fläche verteilt.

② Versuche mit Hilfe des Textes dieser Seite und des Lexikons auf S. 85 eine Reihenfolge der Blühzeiten verschiedener Waldkräuter anzugeben.

– *Leberblümchen und Buschwindröschen erscheinen bereits im März/April. Danach folgt der Lerchensporn, der zusammen mit dem Waldmeister im April/Mai blüht. Der Sauerklee blüht im Mai, seine Blätter sind auf das Ertragen von Schatten spezialisiert. Das Großblütige Springkraut blüht von Juli bis September.*

③ Bäume derselben Art unterscheiden sich in ihrer Wuchsform, je nachdem, ob sie freistehend oder innerhalb eines geschlossenen Baumbestandes groß geworden sind. Erkläre.

– *Nahe beieinanderstehende Bäume beschatten sich gegenseitig und wachsen in die Höhe, dem Licht entgegen. Sie bilden lange, gerade gewachsene Stämme. Bei freistehenden Bäumen beginnt die Verzweigung weiter unten am Stamm, die Baumkrone wächst mehr in die Breite.*

Experimentelles

Kleinklima

Die Pflanzen des Waldes sind in unterschiedlicher Weise den Klimafaktoren ausgesetzt, denn in den verschiedenen Stockwerken des Waldes bildet sich ein eigenes *Kleinklima*. Dies läßt sich bereits mit einfachen Meßgeräten (Thermometer, Hygrometer, Windmeßgerät) nachweisen. Man führt Vergleichsmessungen innerhalb und außerhalb des Waldes durch (Windmessung, Bodentemperatur, Lufttemperatur und -feuchte in 50 cm und 2 m Höhe).

Faktor Licht

Ein das Wachstum begrenzender Faktor ist die Menge des einfallendes Lichtes. Mit einem Belichtungsmesser kann man den für die Fotografie wichtigen Lichtwert messen (er läßt sich anhand einer Tabelle in Lux umrechnen, s. Randspalte). Aber auch mit einem Fotoapparat mit eingebauter Belichtungsmessung erhält man praktikable Vergleichswerte. Wir ermitteln z. B. (bei gleichbleibender Belichtungszeit) außerhalb des Waldes die Blende 16, innerhalb die Blende 5,6. Definitonsgemäß bedeutet das Öffnen bzw. Schließen der Blende um einen Wert die Verdopplung bzw. Halbierung des durch das Objektiv einfallende Licht. Setzen wir die Lichtmenge bei Blende 16 als 100 %, bedeutet das Überspringen der Blendenwerte 11 und 8 bis zu 5,6, daß innerhalb des Waldes nur noch 12,5 % des Lichtes zum Fotografieren zur Verfügung steht. (Solche Messungen müssen unter standardisierten Bedingungen durchgeführt werden. Man mißt mit dem Foto oder dem Belichtungsmesser das von einem weißen Tuch (1 m x 1 m) reflektierte Licht in 1 m Abstand).

Lösungen zum Arbeitsblatt

1. Die Kurve zeigt den Stand der Sonne zu den verschiedenen Jahreszeiten und veranschaulicht damit die Lichtmenge, die sie zur Erde liefert.
2. Die Buche entwickelt ihr Laub mit ansteigendem Sonnenstand und wirft es bei abnehmendem Sonnenstand wieder ab (paralleler Kurvenverlauf).
3. Es entsteht eine zum Sonnenstand gegenläufige Kurve. Im Sommer beschatten die Buchen den Waldboden sehr stark. Für Pflanzen in der Krautschicht bleibt dann nur noch wenig Licht.
4. Die Frühblüher besitzen unterirdische Speicherorgane (Zwiebeln, Knollen, Erdstengel), welche ein frühzeitiges Wachsen und Blühen der Pflanze ermöglichen. Das Springkraut wächst im Schatten langsam heran und blüht spät.

Spezialisten in der Krautschicht des Buchenwaldes

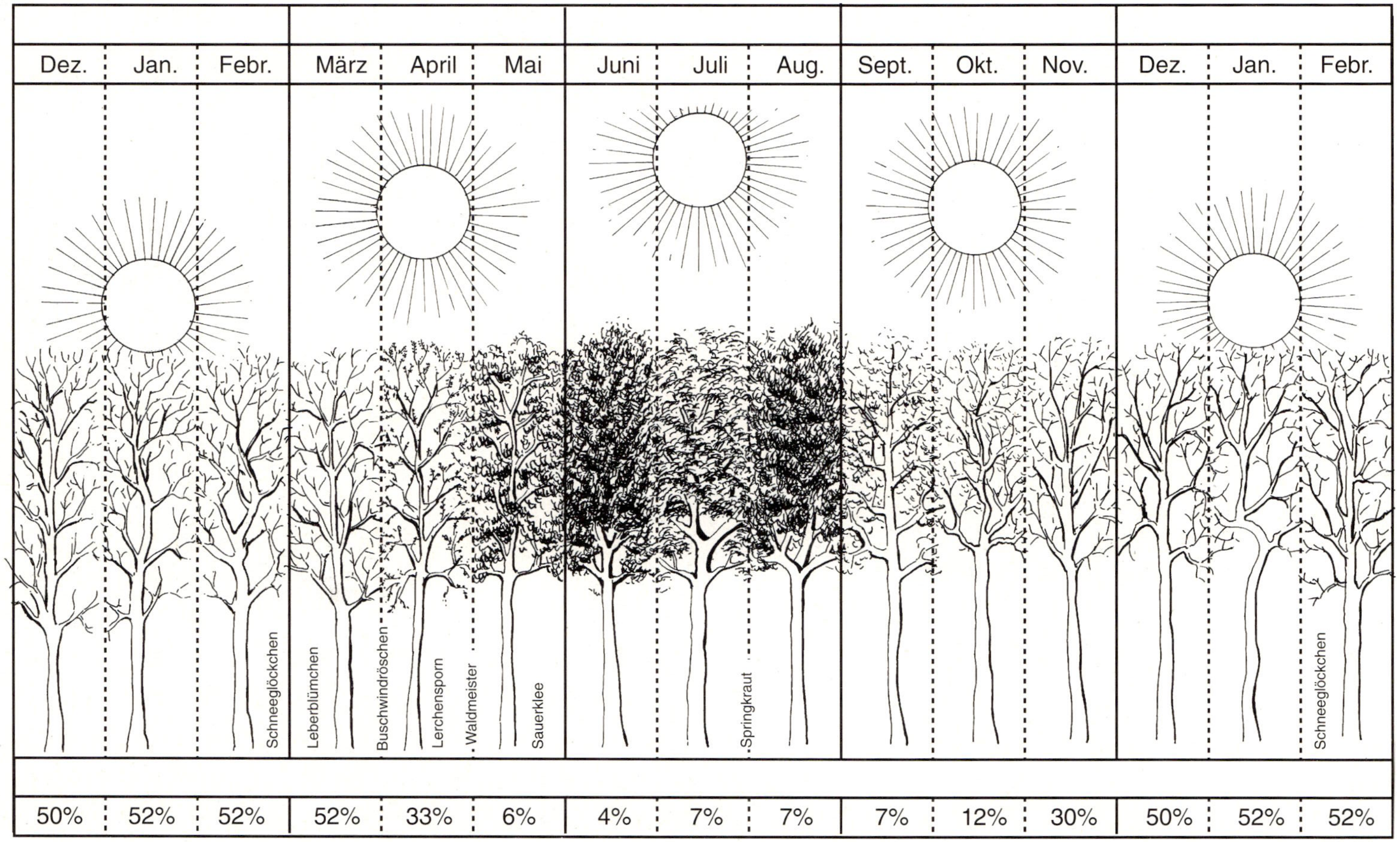

1. Zeichne eine Kurve in die Abbildung, indem du die Mittelpunkte der Sonnenscheiben verbindest.

2. Die Buche verändert ihre Belaubung im Jahreslauf. Vergleiche dies mit der Kurve des Sonnenstandes.

3. Zeichne in die Abbildung eine zweite Kurve: Verwende dazu die u.g. Prozentzahlen (10 % seien 5 mm). Damit erhälst du ein Bild der jeweils verfügbaren Lichtmenge in der Krautschicht des Buchenwaldes.

4. Die Pflanzen in der Krautschicht sind in ihrem „Konzept des Lebens“ an die Lichtbedingungen angepaßt. Erkläre, warum man die früh blühenden Arten 1-6 zu einer Gruppe zusammenfaßt. Wie unterscheidet sich das Springkraut von diesen?

Der Wald – Lebensraum für viele Tiere

(Schülerbuch S. 98/99)

Aufgaben und Lösungen

① In der Abb. 98.1 sind zwei nicht im Text erwähnte Vogelarten dargestellt. Erläutere an ihnen das Prinzip der Konkurrenzvermeidung.

– *Es sind Sperber und Mönchsgrasmücke. Sie stehen zueinander nicht im Konkurrenz- sondern im Räuber-Beute-Verhältnis. Der Sperber ist mit seinen abgerundeten Flügeln zum wendigen Flug zwischen den Bäumen und Sträuchern befähigt. Dabei erbeutet er auch Mönchsgrasmücken, die auf den Zweigen nach Insekten und Spinnentieren suchen.*

② Im Text sind für verschiedene Vogelarten Schnabelformen und Ernährungsweisen genauer beschrieben. Auf welchen Zusammenhang zwischen Schnabelform und Ernährungsweise kann man schließen? Begründe!

– *Der Sperber besitzt einen Hakenschnabel, der sich zum Aufreißen der Beute und wie eine Schere zum Zerschneiden von Fleisch eignet. Der kräftige Finkenschnabel des Buchfinks ähnelt dem Kopf einer Zange und eignet sich zum Aufbrechen und Schälen von Körnern. Rotkehlchen und Mönchsgrasmücke können mit ihrem spitzen Schnabel wie mit einer Pinzette kleine Insekten, Spinnen, Würmer und Schnecken aus ihren Verstecken holen. Beim Baumläufer ist der spitze Schnabel zusätzlich gebogen und reicht noch wirksamer in die Verstecke und Gänge hinein. Der Specht hackt mit seinem Meißelschnabel die Rinde auf oder sprengt sie ab, um an tiefer sitzende Insektenlarven, Käfer oder Holzameisen zu gelangen. Der Eichelhäher gräbt mit seinem starken Schnabel Verstecke, um darin Vorräte (z. B. Eicheln) zu speichern.*

③ Bei Schadinsekten kommen manchmal Massenvermehrungen vor. Welche Bedingungen könnten solche Massenvermehrungen begünstigen?

– *Die Insekten profitieren ganz allgemein vom ausgeglichenen Kleinklima im Innern des Waldes. Kommen Wärme und Trockenheit dazu, erleiden die Bäume Schäden durch verminderten Saft- und Harzfluß. Die Schadinsekten hingegen profitieren durch rasche Entwicklung der Larven und ungestörte Zeiten der Paarung und Eiablage.*

❛❛ Zusatzinformation

Konkurrenzvermeidung und ökologische Nische

Bei den Vögeln sind die Prinzipien der Konkurrenzvermeidung und der bestmöglichen Anpassung an die verfügbare Nahrung besonders weit entwickelt (vgl. FWU: Nahrungserwerb bei Singvögeln).
Nur während der Brutzeit sind die Körnerfresser in größerem Maße auf tierische Nahrung angewiesen. Bei der Auswertung der Sämereien und Früchte unterscheidet man einerseits *Generalisten* wie den Buchfink, der seine sehr vielfältige Kost auf dem Boden findet. Sie besteht vor allem aus verschiedenen Sämereien.
Andere Arten sind *Nahrungsspezialisten* wie der Kernbeißer, der z. B. von der Kirschfrucht nur den Kirschkern auswertet. Fruchtfleisch, die verholzte Umhüllung des Kirschensteins sowie die Schale des Kerns werden entfernt, bevor dieser verzehrt wird. In ähnlicher Weise wertet der Kernbeißer die Samen von Rotbuche, Hainbuche, Esche, Erle, Eibe aus. Der Fichtenkreuzschnabel ist so stark an die Mastzeit der Nadelbäume angepaßt, daß er als Invasionsvogel nur bei starker Samenbildung erscheint und sogar noch im Winter mit der Brut beginnt. ❜❜

Lösungen zum Arbeitsblatt :

1. **Gliederfüßer:** Netzspinne, Assel, Maikäfer, Waldameise.
   Vögel: Grünspecht, Buchfink, Amsel
   Säugetiere: Reh, Waldmaus, Fuchs, Eichhörnchen, Edelmarder
2. Assel, Maikäfer, Waldameise.
   Grünspecht, Buchfink, Waldmaus, Fuchs, Eichhörnchen, Edelmarder.

Medien zu S. 96–99

Filme
- Der Baum, mehr als ein Stück Natur. FWU
- Nationalpark Bayerischer Wald. FWU
- Nahrungserwerb bei Singvögeln. FWU
- Der Wald lebt. Eine Einführung in die Ökologie des Laubwaldes. WBF
- Tiere in unserem Wald. WBF
- Sperber und Habicht. WBF
- Biozönotisches Gleichgewicht. CVK
- Das Leben einer Fichte. CVK

Dias
- Wald 1–5. FWU
- Eiche und Buche im Eichenmischwald. FWU
- Die wichtigsten Baumarten. FWU
- Bäume und Sträucher. FWU
- Wuchsformen der Laubbäume. FWU
- Wuchsformen einheimischer Nadelhölzer. FWU
- Einheimische Sträucher: ökologische Bedeutung. FWU
- Waldrand: Ökologisch wertvolle Pflanzenvielfalt. FWU
- Geschützte Pflanzen unserer Wälder. FWU
- Tiere des Waldes 1–2. FWU
- Eßbare und giftige Wildfrüchte. FWU
- Laubwald 1–2. Jünger
- Nadelwald. Jünger
- Frühlingsblumen. Jünger
- Laubwald 1–2. V-Dia Verlag Heidelberg
- Nadelwald 1–2. V-Dia Verlag Heidelberg
- Die manipulierte Pflanzendecke 1: Urlandschaft und natürliche Pflanzengesellschaften. V-Dia Verlag Heidelberg
- Die manipulierte Pflanzendecke 2: Wandlungen der Pflanzendecke infolge der Nutzung. V-Dia Verlag Heidelberg
- Die manipulierte Pflanzendecke 3: Die Folgen der Eingriffe. V-Dia Verlag Heidelberg

Arbeitstransparente
- Aspektfolge im Buchenwald. CVK
- Das ökologische Gleichgewicht im Wald. CVK
- Einheimische Waldbäume. Siemers
- Frühblüher. Siemers

Tiere im Mischwald

Buchfink, Waldmaus, Reh, Fuchs, Eichhörnchen, Assel, Waldameise, Grünspecht, Edelmarder, Maikäfer, Amsel und Netzspinne sind Tiere, die im Mischwald leben. Im Laufe ihrer Entwicklung oder auf der Suche nach Nahrung kann man sie in verschiedenen Stockwerken antreffen.

1. Ordne die genannten Tiere zunächst den Gruppen der Gliederfüßer, Vögel und Säugetiere zu.

2. Trage dann die fehlenden Namen in die noch offenen Kästchen der Abbildung ein

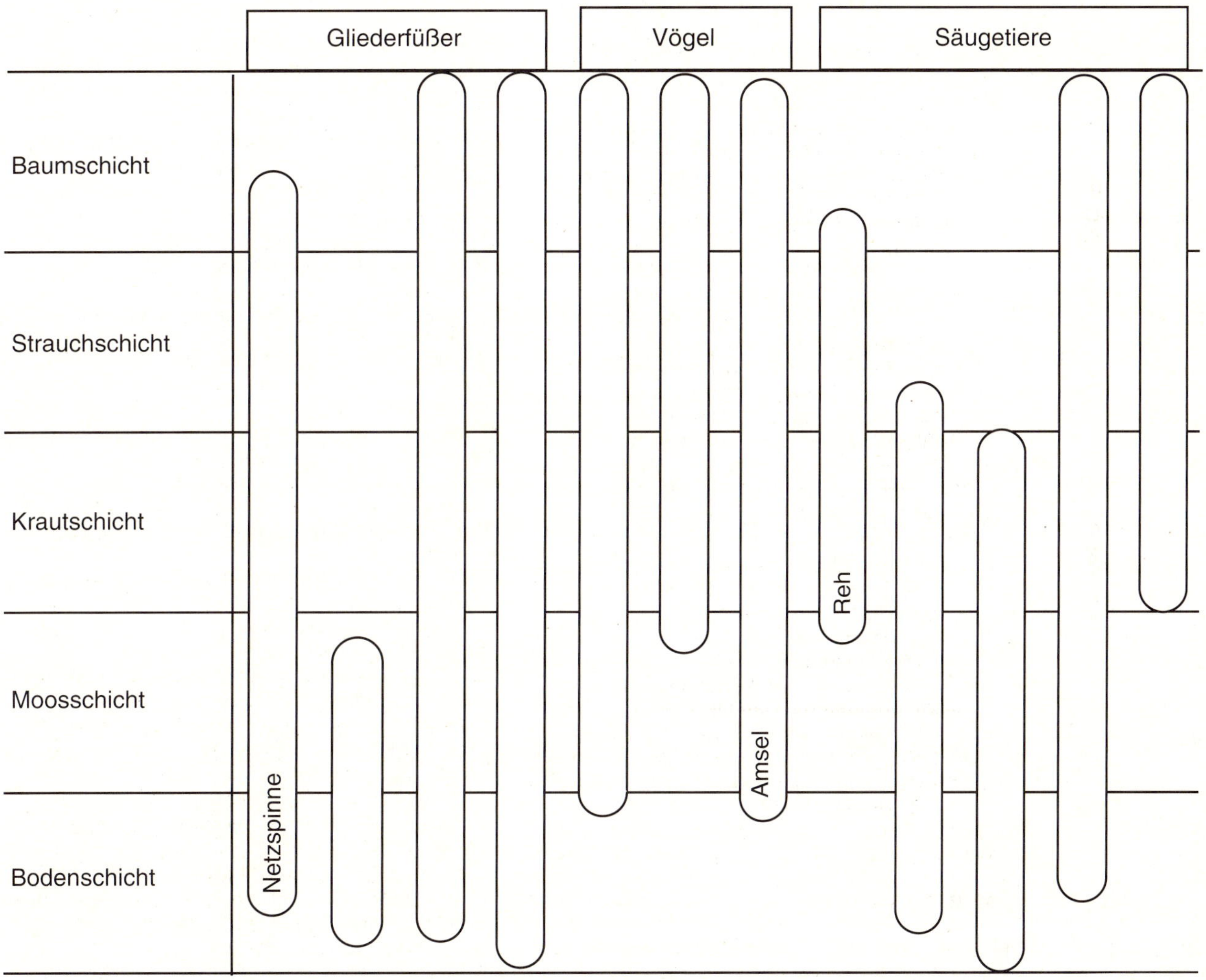

Warum schützt der Förster die Kleine Rote Waldameise?

(Schülerbuch S. 100/101)

Aufgaben und Lösungen

① Vergleiche die Organisation des Ameisenstaates mit der der Honigbiene. Nenne Gemeinsamkeiten und Unterschiede.

– *Gemeinsamkeiten:*
Männchen gehen aus unbefruchteten Eiern hervor, Weibchen aus befruchteten. Es gibt zahlreiche Weibchen mit unvollständig entwickelten Geschlechtsorganen (Arbeiterinnen) und wenige voll ausgebildete Königinnen. Männchen werden nur zu bestimmten Zeiten nachgezogen. Die Nester haben einen spezifischen Geruch, so daß staatsfremde und eigene Individuen unterschieden werden können.

– *Unterschiede:*
Im Bienenstaat gibt es nur eine Königin, im Staat der Kleinen Roten Waldameise sind es mehrere. Die Völker sind bei den Bienen nicht so reich an Individuen. Sie sind immer geflügelt, während bei den Ameisen nur die Geschlechtstiere während der Paarungszeit Flügel tragen. Im Bienenstaat herrscht eine ausgeprägte Arbeitsteilung, wobei die Tanzsprache in Verbindung mit Futterproben eine Sonderentwicklung darstellt. Ameisen haben nur die Fühlersprache, die auch bei den Bienen existiert.

② Für die Neugründung von Nestern durch Koloniebildung sind bei der Kleinen Roten Waldameise keine Männchen erforderlich. Erläutere die Gründe dafür.

– *Für die Koloniebildung werden begattete Jungköniginnen benötigt. Sie besitzen in ihren Spermataschen einen Vorrat an Sperma zur Befruchtung der Eier.*

③ Wie könnte man dem Argument begegnen, daß Ameisen gar nicht so nützlich seien, weil zu ihren Beutetieren auch Nutzinsekten gehören?

– *Im Beutespektrum der Ameisen ist der Anteil von Schadinsekten vor allem dann sehr groß, wenn sie sich in Massenvermehrung befinden. Dann kommt die Nützlichkeit den Ameisen voll zur Wirkung.*

④ Fasse zusammen, welche Aufgaben Ameisen im Wald übernehmen.

– *Sie begrenzen die Vermehrung von Schadinsekten und schützen die Vegetation. Sie verbreiten Samen und sorgen auf diese Weise für die Ausbreitung von Pflanzen. Durch ihre Bautätigkeit lockern sie den Boden. Er wird besser durchlüftet und bietet für die übrigen Bodenorganismen bessere Lebensbedingungen.*

Zusatzinformation

Waldameisenhege und ihre Wirkungen.

- Bis in 50 m Umkreis von einem Nest der Kleinen Roten Waldameise nehmen die Schadinsekten nicht überhand. D. h. zwei große Völker genügen für den Schutz von 1 ha Wald.
- Da die Kleine Rote Waldameise leicht Kolonien bildet, kann durch das schützende Abdecken von Ameisenbauten mit Drahthauben eine Ausbreitung der Völker gefördert werden. Fachleute können durch Ablegerbildung eine flächendeckende Versorgung des Waldes mit Ameisenvölkern erreichen. (Anfragen zur Ameisenhege richtet man an das jeweilige Forstamt.)
- Weniger Schadinsekten bedeutet weniger Verlust an Nadel- bzw. Blattmasse. Dies führt zu ergiebiger Samen- und Fruchtbildung bei den Bäumen, was z. B. Vögeln, Eichhörnchen, Siebenschläfern, Rotwild oder Wildschweinen direkt nützt.
- Mehr Samen und Früchte lassen im nächsten Jahr auf dem Waldboden entsprechend zahlreich Sämlinge auskeimen. Das Äsungsangebot für Wild verbessert sich.
- Anwesenheit von Ameisen im Wald führt nachweislich zu höheren Honigerträgen.
- Ameisen tragen durch das Verschleppen von Samen zu größerer Artenvielfalt in der Krautschicht des Waldes bei.

Experimentelles

Freilandbeobachtungen von Ameisen

Die Nester der Kleinen Roten Waldameisen kommen nie im offenen Gelände oder in Siedlungen vor und sind deshalb meist weit von der Schule entfernt. Nahezu auf jedem Schulgelände gibt es jedoch verschiedene Ameisenarten, die sich zum Beobachten eignen, z. B. die Schwarze Wegameise (*Lasius niger*) oder die Gelbe Wiesenameise (*Lasius flavus*). Sie erregen durch Transportleistungen auf ihren „Ameisenstraßen“ die Aufmerksamkeit der Schüler und bewohnen meist verborgene Nester in der Erde, die jedoch in vielen Fällen auch zu einem Hügel ausgebaut werden. Die Schwarze Wegameise hat 3–4 mm Körperlänge, sie kommt eher an trockenen Stellen vor (unter Steinen, in morschen Baumstümpfen sowie in Fundamenten und Mauern von Häusern). Die Gelbe Wiesenameise ist mit 2–4 mm Körperlänge etwas kleiner, kommt an ähnlichen Orten vor, bevorzugt jedoch eher frische bis feuchte Stellen. Da diese Ameisenarten nicht unter Naturschutz stehen, können die Tiere auch gefangen und im Formicarium gehalten werden. Die Schwarze Wegameise eignet sich dafür etwas besser als die Gelbe Wiesenameise.
An den Straßen der Schwarzen Wegameise kann man – besonders gut auf hartem Untergrund – den Verkehrsfluß unterbrechen, indem man die Straße mit dem Finger oder einem Deo-Stift durchkreuzt. Die Schüler vermuten, daß nun die Duftspur der Ameisen zerstört ist. Die Beobachtungen zeigen dann, wie durch einzelne „mutige“ Tiere die Duftspur wieder ausgebessert und die Störung behoben wird.
Befindet sich ein Nest unter einem Stein, kann man auf besonders schonende Weise Einblick in die Kolonie erhalten. Meist sind die Nestkammern nur wenig eingetieft; die Ameisen nutzen die Wärmespeicherung im Stein. Man erkennt Puppen und Larven, manchmal auch Eier, die wie kleine Grieskörnchen aussehen. Im Frühsommer leben auch geflügelte Weibchen und Männchen im Nest, die ausgeprägte negative Phototaxis zeigen.
Die Anwesenheit verschieden großer Tiere im Nest ist (wie bei den Bienen) durch verschiedene Ernährung im Larvenstadium bedingt (Unterschiede der Weibchen untereinander). Männchen entstehen im Staat nur zur Fortpflanzungszeit. Ameisen werden im Gegensatz zu Bienen sehr alt: 2 bis 4 Jahre.

Praktikum: Ameisen im Formicarium

Sammlung der Ameisen

Will man Ameisen für das Formicarium sammeln, kann man unterschiedliche Strategien anwenden.

1. Im Frühsommer, wenn die Ameisen vor dem Schwärmen sind, kann man z. B. einfach mit dem Spaten einen kleinen Teil des Erdhügels abheben und in eine Plastikdose geben. Die Öffnung wird sofort mit einem Stück ausgedienter Strumpfhose und einem starken Gummi dicht verschlossen. Man läßt das gewonnene Erdnest ziemlich austrocknen und gibt es dann in die Arena des Formicariums.
   Die Ameisen ziehen innerhalb weniger Stunden in das feuchtere Formicarium um und richten sich in den Nestkammern neu ein. Dabei erkunden zuerst einige größere Ameisen das Kunstnest. Mit den Kieferzangen werden die Larven und Puppen hineingetragen und auch zögernde Nestgenossen hineingezerrt. (Danach entfernt man einen großen Teil der Erde in der Arena, um eine bessere Übersicht zu gewinnen.)
   Nach dieser Fangmethode bekommt man keine befruchtete Königin, jedoch werden fast alle Entwicklungsstadien erfaßt. Die künstliche Kolonie überlebt auch so lange Zeit. Das ursprüngliche Volk verkraftet die Schwächung, während man es mit weiterem Graben und Suchen nach der Königin ausrottet. Im Herbst ist in trockenen Jahren das Abgraben eines Erdbaus ebenfalls erfolgreich, da es zu einer neuen Brut kommen kann.
2. Im Juli/August findet an schwül-warmen Tagen der Hochzeitsflug statt. Die befruchteten Weibchen kommen schnell wieder zur Erde zurück, werfen ihre Flügel ab und suchen nach Unterschlupf. Auf asphaltierten Plätzen (Schulhöfe!) finden sie diesen nicht so leicht; deshalb kann man die Tiere gut entdecken, mit einem Exhaustor einfangen und die Individuen getrennt in Glasröhrchen zur Schule transportieren.
   Den Habitus der Jungköniginnen prägt man sich am besten ein, indem man vor dem Schwärmen den Deckstein einer Kolonie der Schwarzen Wegameise oder der Gelben Wiesenameise abhebt.

Haltung im Formicarium

Die Königin wird ins Formicarium gesetzt und braucht zunächst kein oder kaum Futter, da sie vom Abbau körpereigener Vorräte lebt (Flugmuskulatur, Fett). Innerhalb von 2 bis 4 Jahren wächst ein ganzes Volk heran. Man kann die Entwicklung wesentlich beschleunigen, wenn aus einem Nest im Freien mit dem Exhaustor oder der Federstahlpinzette 10–20 Arbeiterinnenpuppen entnommen werden. Die Königin im Formicarium pflegt sie, bis die Tiere schlüpfen. Nun können weitere Puppen hinzugegeben werden. Es gelingt auch, frisch geschlüpfte Arbeiterinnen aus dem Freiland (sie fallen bei der Schwarzen Wegameise durch ihre hellbraune Färbung auf) in das Formicarium zu integrieren. Dabei läßt sich besonders ausgiebig die Fühlersprache der Ameisen beobachten.
Die Fütterung der Tiere im Formicarium erfolgt am einfachsten mit etwas verdünntem Honig und zerteilten Mehlwürmern, die in der Arena angeboten werden. Die Fütterungsabstände betragen 4–8 Tage; dabei werden Futterreste entfernt, ebenso die toten Ameisen. Im Winter (und während längerer Ferien) wird das Formicarium kühl gestellt, die Fütterung entfällt ganz. Die Ameisen brauchen relativ viel Wasser. Man kann den Wasserbedarf an der Belegung der Nestkammern ablesen. Werden die Puppen in der Nähe des Wassertrogs abgelegt, ist Wässern nötig. Will man das Volk in ein anderes Formicarium umquartieren, verbindet man die beiden Gipsnester mit einem Schlauch. Das alte Nest läßt man austrocknen, das andere wird feucht gehalten.

Das künstliche Ameisennest – Formicarium
Übersichtsbild

1. Überlege dir, welche Funktionen die Teilbereiche des künstlichen Ameisennests haben. Vergleiche den Aufbau des Formicarium mit dem eines natürlichen Ameisennests (Schülerbuch S. 100)
2. Lies die Anweisungen zur Herstellung des Formicariums (S. 103) genau durch. Mache dir klar, welcher Bereich des Formicariums jeweils hergestellt wird.

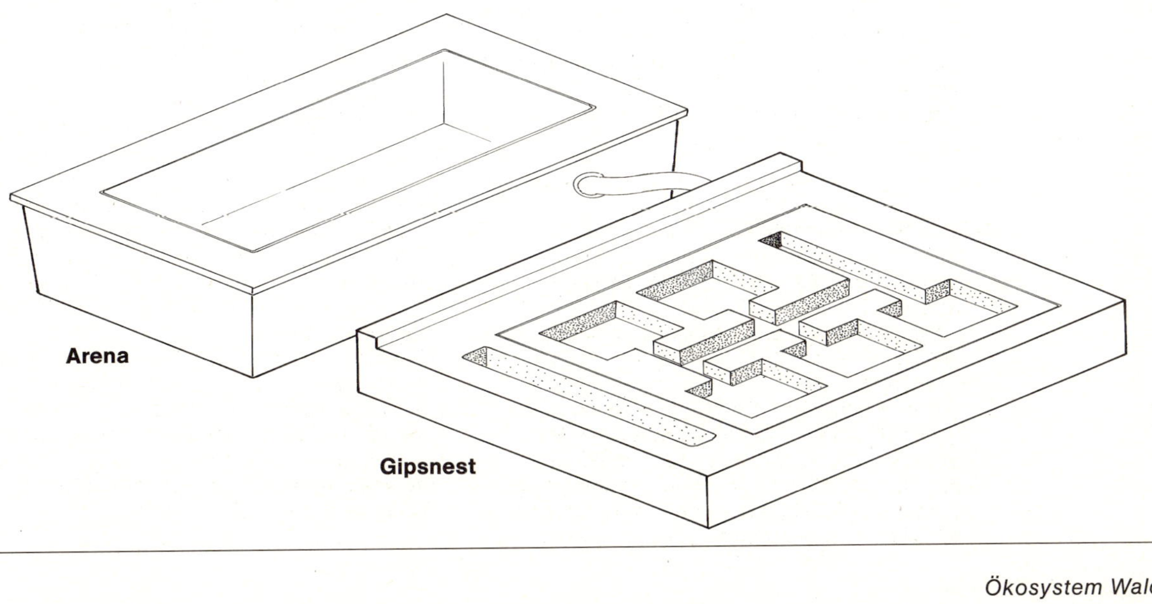

Material- und Geräteliste für ein Fomicarium

Als Bauteile werden käufliche Materialien und Normteile verwendet, wie sie in der Schule vorhanden oder im Baumarkt erhältlich sind. Zugeschnittene Span-, Sperrholz- und Glasplatten werden dort oder bei Handwerkern beschafft.

1. Kopie des Grundrisses vom Gipsblock, davon Papierschablonen.
2. Styroporplatte 17 mm stark
3. Glasplatte 16 x 13 cm, 3 mm stark
4. Klebstoff (Uhu für Styropor, Ponal für Holz)
5. Gips (1,6 l) und Wasser (0,8 l)
6. Sperrholzplatte 16,5 x 22 cm, 4 mm stark (als Dekkel zur Verdunklung des Nests)
7. Holzleiste (12 x 15 mm Querschnitt), 5 cm lang (als Griff für den Deckel)
8. selbstklebende Plastikfolie für den Deckel
9. ca. 8 cm Gummischlauch (Ø außen 10 mm) (als Verbindung zwischen Arena und Nest)
10. Plastikdose mit dicht schließendem Deckel (z. B. Tiefkühlbox 21,5 x 11,5 x 6,5 cm)
11. Deckel eines Kartons für A-4-Kopierpapier (31,5 x 22,5 x 8 cm)
12. Transparentfolie für OH-Projektor (liefert das Fenster für die Arena)
13. doppelt klebendes Tesaband
14. Gußform: Spanplatte 10 mm stark für die Bodenplatte (30 x 27 cm); Spanplatte 19 mm stark zur Herstellung der Seitenwände (2 mal 22 x 4 cm und 2 mal 21,5 x 4 cm)
15. 6 Schrauben 60 x 4,5 mm, mit Flügelmuttern; 2 Holzschrauben 35 x 3,5 mm
16. 1 Kabeldurchführung, (Ø 10 mm, passend zum Gummmischlauch)
17. Zeitungen zum Abdecken des Tisches
18. Paraffinöl (Paraffinum liquidum)
19. Stecknadeln zum Fixieren von Papierschablonen
20. scharfes Messer bzw. Thermosäge für Styropor
21. PVC-Platte (60 x 60 cm) als Arbeitsunterlage
22. Meßbecher
23. Plastikschüssel und Schneebesen (für Gipsbrei)
24. Spachtel oder Ziehleiste (zum Glätten von Gips)
25. Feile zum Versäubern von Kanten
26. Bohrmaschine und Holzbohrer
27. Lochzange und Teppichmesser (zum Zuschneiden der Plastikdose)
28. Lineal aus Metall

Herstellung eines Formicariums – Übersicht

Im Prinzip gliedert sich das künstliche Ameisennest wie in der Natur in einen unterirdischen und einen oberirdischen Teil. Ein gegossener Gipsblock (s. Abb. S. 101) enthält das (unterirdische) Nest. Es wird zur Beobachtung mit einem Glasdeckel versehen und mit einem abnehmbaren Holzdeckel verdunkelt. Ein Wasserreservoir hält es feucht. Eine Plastikdose, die für die Tiere über einen Schlauch erreichbar ist, entspricht dem Revier des Ameisenvolks mit den Ameisenstraßen und wird Arena genannt. Man benötigt mehrere Formicarien für Parallelversuche.
Gut gehaltene Ameisenvölker können für die Schüler über Monate Beobachtungsmöglichkeiten bieten (Lupe!).
Zur Herstellung benötigt man eine Gußform (s. Abb. S. 103), die aus kunststoffbeschichteten Spanplatten besteht. Ihre Seitenteile können nach dem Erstarren des Gipses leicht abgeschraubt werden. Styroporstücke dienen zum Aussparen der Nestkammern und des Wasserresevoirs. Vor dem Gießen des Nestes werden Glasplatte, Holzdeckel und der Verbindungsschlauch zur Plastikdose in die Gußform integriert. Nach dem Gießen werden die zusammengebackenen Teile des Gipsnestes zunächst mit dem Messer getrennt, das Styropor herausgelöst, danach wieder paßgenau zusammengefügt und mit der „Arena" in einen Karton (Format DIN A 4, z. B. Deckel von Kopierpapierverpakkungen) eingebaut. Dies ermöglicht eine leichte, platzsparende Handhabung des Formicariums.

Bearbeitung der Einzelteile vor dem Zusammenfügen

Herstellung der Papierschablonen, Zuschneiden der Styroporstücke zum Aussparen der Nestkammern und des Wasserreservoirs.
Aus dem Plan des Formicariums (s. Schablone S. 105) wird die Form des Ameisenwohnraums und des Wasserreservoirs auf ein Stück Papier übertragen und ausgeschnitten. Diese Schablonen steckt man mit Stecknadeln auf die Styroporplatte und schneidet die Formen aus. Die Schnittführung muß leicht konisch erfolgen (s. Abb. 1 S. 104). Hierzu ist ein scharfes Messer erforderlich, teilweise kann man auch mit der Styropor-Thermosäge arbeiten.
Glasplatte und Sperrholzplatte als Deckel.
Alle Kanten am Deckel (Sperrholzplatte) mit der Feile versäubern. Der kopierte Grundriß des Formicariums wird auf die Oberseite des Dekkels geklebt. So ist später beim Zusammenfügen der Einzelteile in der Gußform klar, in welcher Position man die Glasplatte und die ausgeschnittenen Styroporstücke vor dem Eingießen des Gipses festkleben muß.
Vorbereitung der Arena.
In den Deckel der Plastikdose (Arena) zeichnet man ein Fenster (einen Rand von 2 cm stehen lassen). Mit der Lochzange stanzt man die Ecken aus, mit Teppichmesser und Lineal schneidet man das Fenster vollends zurecht.
Die Transparentfolie wird für die Oberseite des Deckels passend zugeschnitten und mit doppelt klebendem Tesaband befestigt. Am oberen Rand der Plastikdose wird ein ca. 3 cm breiter Streifen Paraffinöl an den Wänden aufgetragen, der diese für Ameisen unpassierbar macht.

Herstellung und Vorbereiten der Gußform (s. Abb. 2 S. 104 und S. 103)

Durch Zusammenfügen der 4 Wandplatten entsteht ein Rahmen mit den Außenmaßen 21,5 x 26 cm. Dessen Umrißlinien werden auf der Bodenplatte aufgezeichnet. Die Innenfläche der Gußform entspricht der Schablone (S. 105). Für die Montage (s. Abb. 2) durchbohrt man die Seitenwände 2, 3, 4 des Rahmens sowie die Bodenplatte paßgenau mit je zwei Bohrlöchern zur Aufnahme der Schrauben (60 x 4,5 mm), Die Teile werden mit den Schrauben zusammengesteckt, die Flügelmuttern werden fixiert. Die Wand 1 des Rahmens erhält eine Bohrung (Durchmesser 10 mm), und zwar 4 cm von der an die Wand 2 stoßenden Vorderkante, und 0,5 cm von der Oberkante entfernt zur Aufnahme des Verbindungsschlauchs zur Plastikdose (Abb. 3,4). Die so vorbereitete Wand 1 wird mit zwei Holzschrauben von unten her befestigt. Der mit dem Grundrißplan beklebte Deckel (Sperrholzplatte) wird in die Gußform gelegt (s. Abb. 3). Sie paßt bündig in die Form, jedoch bleibt an der Wand 1 (mit Bohrung) ein ca. 1 cm breiter Streifen frei. Die Glasplatte wird an zwei Punkten mit Uhu betupft und entlang den im

Grundriß ersichtlichen Linien auf die Sperrholzplatte geklebt. Das Schlauchstück wird durch die Bohrung in der Seitenwand der Gußform geschoben (Schlauchkrümmung beachten, s. Abb.4) und muß mit einer Kerbe in der Styroporschablone fixiert werden (scharfes Messer benutzen!).

Gießen und Bearbeiten des Gipsnestes.

Die vorbereitete Gußform mit Zeitungspapier unterlegen und bereitstellen. 1,6 l Gips und 0,8 l Wasser abmessen und unter ständigem Rühren mit dem Schneebesen in eine Plastikschüssel geben (Partnerarbeit: ein Schüler gießt ein, einer rührt). Alle Hohlräume der Gußform ausgießen und schließlich den vorhandenen Gips überall gleichmäßig anfüllen. Die Oberfläche des Gipses mittels Spachtel oder einer Ziehleiste gut glätten, denn die jetzige Oberseite wird später der Boden des Gipsnestes und sollte möglichst wenig Unebenheiten aufweisen. Das Erstarren des Gipses dauert etwa 30 Minuten. Danach die Form aufschrauben und den Gußblock umgedreht bereitlegen (Abb. 5). Den Deckel (Sperrholzplatte) abnehmen. Hierzu wird von oben der entlang den Kanten anliegende Gips herausgekratzt (ca. 2 mm tief), dann läßt sich der Deckel mit dem Messer herunterstemmen (Abb. 5). Die Glasplatte wird mit großer Vorsicht nach derselben Methode herausgelöst. Dabei nicht zu viel Gips entfernen! Das Styropor wird aus dem Gipsblock gekratzt. Jetzt liegt der Nestraum frei. Anschließend wird alles wieder zusammengesetzt: Die gereinigte Glasplatte muß nach wie vor dicht mit dem Gips abschließen, damit später keine Ameisen entkommen. Die Unterseite des Deckels erhält eine Hülle mit selbstklebender Plastikfolie (an den Seiten etwa 1,5 cm überstehen lassen, auf die Oberseite umschlagen und festkleben). Oben wird eine Griffleiste auf den Deckel geklebt.

Zusammenfügen von Gipsnest und Arena.

Den Gipsblock und die Plastikdose so in den Deckel des Kartons setzen (bündig an die Schmalwand), daß der Ausführgang des Nests zur Arena zeigt (s. Abb. 6). Die endgültige Position der Plastikdose wird durch Verkeilen mit Styroporstückchen fixiert (s. Abb. 7). Damit läßt sich an der Arena die erforderliche Bohrung für die Aufnahmen des Verbindungsschlauchs festlegen. Die Plastikdose wird herausgenommen, die Öffnung vorgebohrt. Danach wird mit dem Messer weitergearbeitet, die Passung mehrmals kontrolliert, bis die erforderliche Weite zur Aufnahme der Kabeldurchführung erreicht ist. Für die Verbindung von Nest und Arena genügt ein kurzes Schlauchstück.

Medien

Filme
- Ameisen: Das Jahr der Kleinen Roten Waldameise. FWU
- Ameisen: Die Brutbiologie der Kleinen Roten Waldameise. FWU

Dias
- Ameisen. FWU
- Biologie der Nonne. FWU
- Biologie tierischer Forstschädlinge. FWU
- Der Kiefernspinner. FWU

Literatur

DUMPERT, K.: Das Sozialleben der Ameisen. Parey, Berlin u. Hamburg, 1978

HAGEMANN; H.: Ameisen im Unterricht. Unterricht Biologie 3, Heft 36/37 (1979)

KNOTH, K.: Soziale Vehaltensweisen bei Tieren unter besonderer Berücksichtigung des Sozialverhaltens der Ameisen. Der Biologieunterricht 19 (1983)

Gußform für das Formicarium

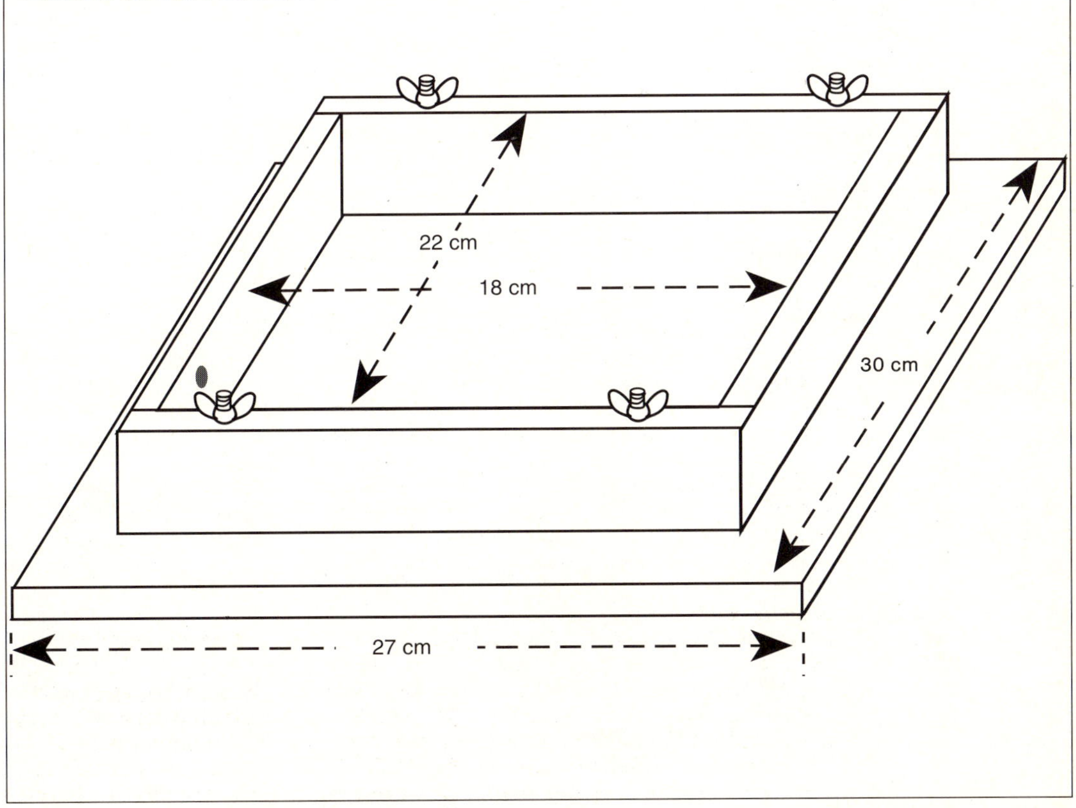

Herstellung des Formicariums (A)

Zuschnitt der Styroporblöcke

Abb. 1

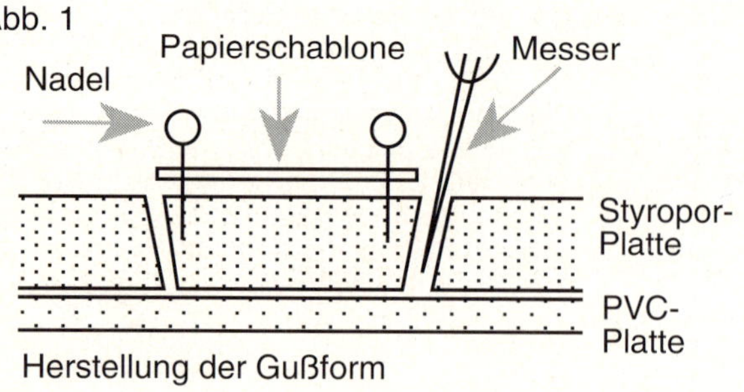

Herstellung der Gußform

Abb. 2

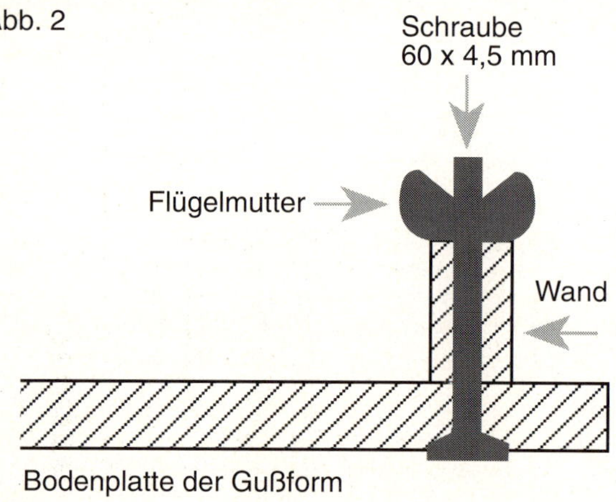

Abb. 3

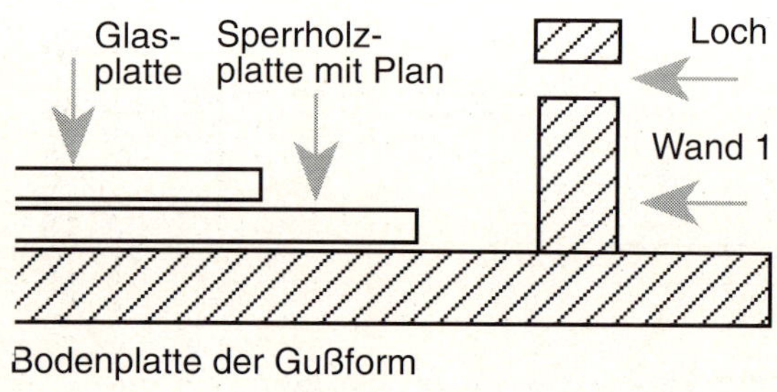

Abb. 4

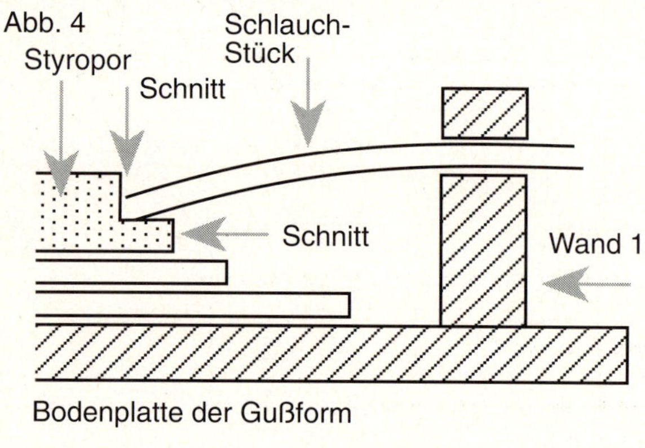

Bearbeitung des Gipsnestes

Abb. 5

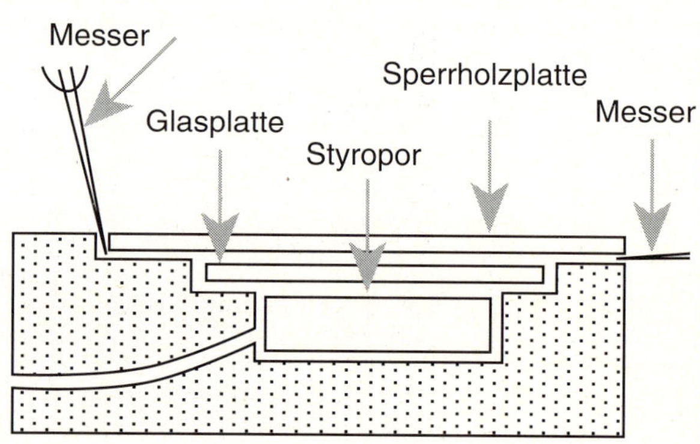

Zusammenfügen von Gipsnest und Arena

Abb. 6

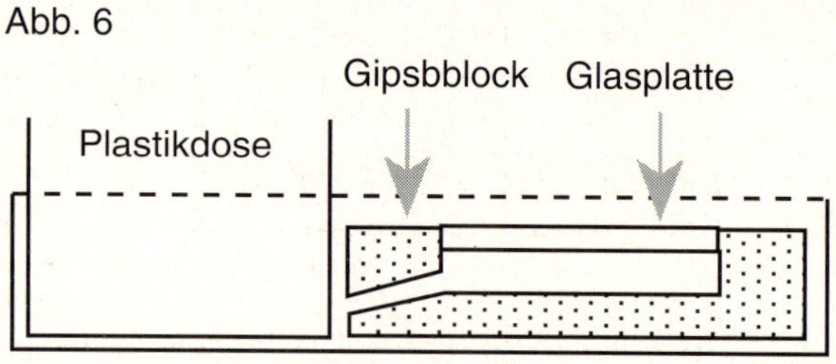

Abb. 7

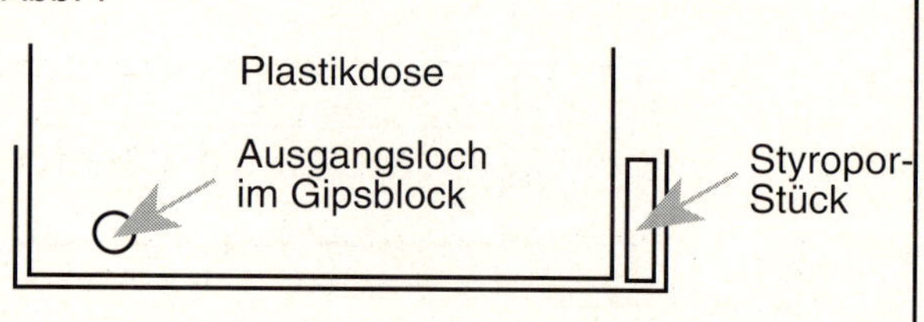

Der Grundriß des Gipsnestes hilft Dir beim Zusammenbau

1. Kopiere diesen Plan und klebe ihn auf die Sperrholzplatte, bevor du sie in die Gußform legst.
2. Der überstehende Papierstreifen ist ein Abstandshalter. Lege die Sperrholzplatte in die Gießform. Zeigt der Ausgang nun zum vorgeborten Loch in der Wand? Andernfalls umdrehen!
3. Klebe die Glasplatte mit zwei Tropfen Uhu auf den Plan (Umrißlinie beachten!).
4. Klebe die vorgeschnittenen Styroporschablonen (Ameisenwohnraum, Wasserreservoir) nach Plan mit einigen Tropfen Uhu auf die Glasplatte.

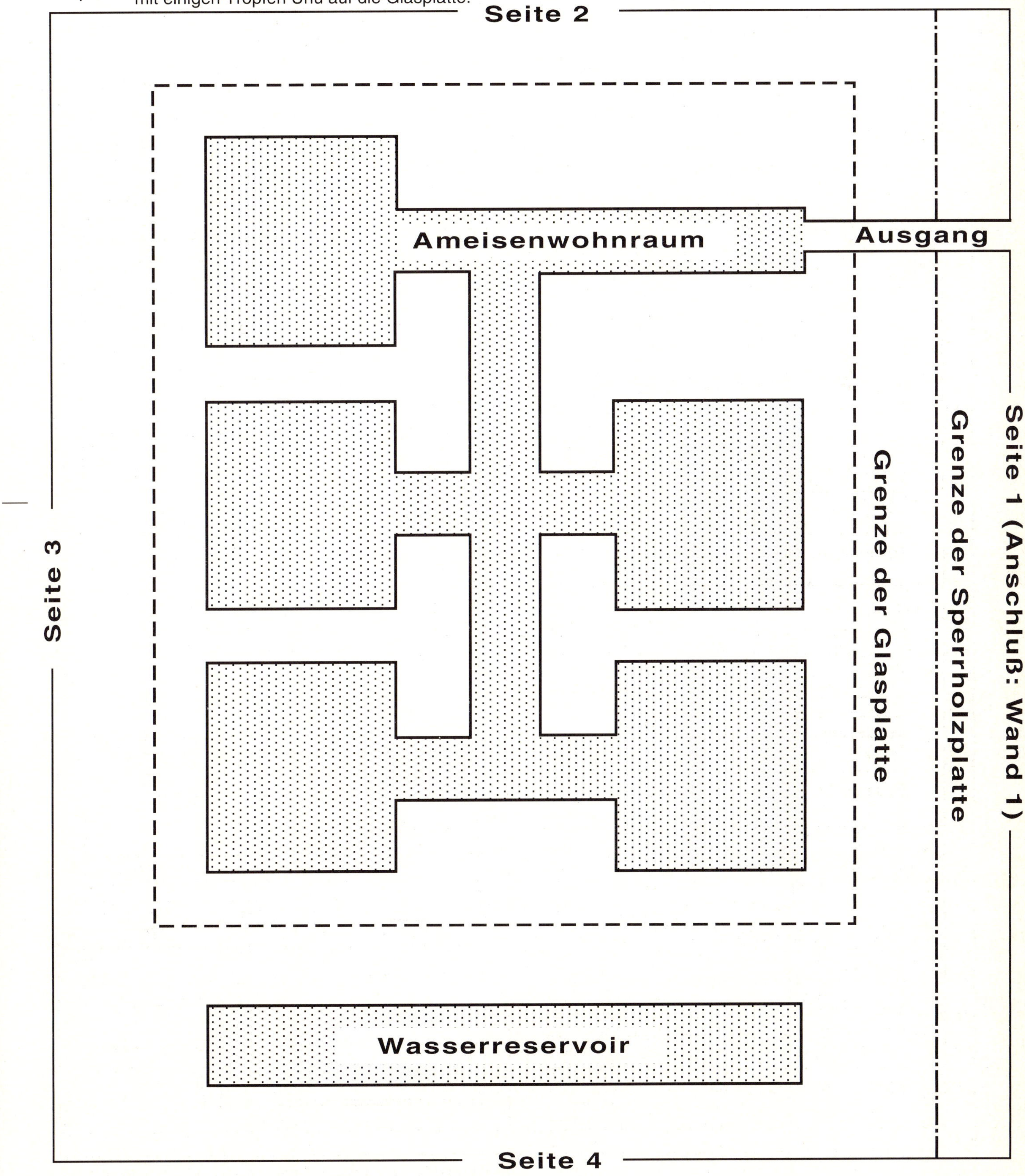

Pflanzen und Tiere des Waldes sind voneinander abhängig

(Schülerbuch S. 102/103)

Aufgaben und Lösungen

① Erläutere, weshalb jede Nahrungskette mit einem Produzenten beginnt.

– *Die Produzenten sind autotroph (z. B. die chlorophyllbesitzenden Pflanzen). Außer den Produzenten, die aus anorganischen Stoffen mit Hilfe von Energie organische Stoffe aufbauen, können alle folgenden Glieder von Nahrungsketten nicht von anorganischen Stoffen leben. Diese Organismen sind heterotroph, d. h. sie brauchen zum Leben organische Stoffe.*

② Schreibe anhand der Abbildung 102.1 weitere, nicht im Text besprochene Nahrungsketten auf, und ordne den einzelnen Gliedern die entsprechenden Begriffe zu.

– *Fichtensamen – Waldmaus – Schlange*
Gräser – Reh – Fuchs
Haselnuß – Eichhörnchen – Sperber

③ Nenne mögliche Gründe dafür, daß Borkenkäfer sich besonders gut in trockenen Jahren in Monokulturen vermehren können.

– *Der Saft und Harzfluß der Bäume ist vermindert. In Monokulturen ist die Zahl der vorgeschädigten Bäume besonders groß und ermöglicht den Borkenkäfern eine erfolgreiche Eiablage. Die Larven entwickeln sich bei Wärme und Trockenheit sehr rasch (vgl. Randspalte).*

④ Der Einsatz von Borkenkäferfallen hat Vorteile gegenüber der Verwendung von Insektiziden. Erkläre.

– *Die Borkenkäferfallen enthalten einen Lockstoff, der in den Natur von Käfern abgesondert wird, die erfolgreich einen bruttauglichen Baum angebohrt haben. Dadurch werden weitere Artgenossen angelockt. Borkenkäferfallen mit Lockstoff unterstützen in ihrer Wirkung die natürlichen Feinde des Käfers und ermöglichen eine Kontrolle der Populationsdichte, indem man die Fänge auswertet. Insektizide haben eine Breitenwirkung und schädigen auch andere Insekten außer dem Borkenkäfer. Dadurch wird das eingespielte Gleichgewicht zerstört.*

Entwicklungszeiten beim Borkenkäfer

Trockenes Wetter (ca. 55% relative Feuchte) (A) und feuchtes Wetter (ca. 96% relative Feuchte) (B) beeinflussen wie die Lufttemperatur die Entwicklungszeit (in Tagen angegeben).

Temperatur	(A)	(B)
24 °C	26	32
20 °C	41	48
17 °C	65.5	72.5
14 °C	100	113

Zusatzaufgabe und Lösung

① Erkundige dich beim Förster, wie er durch Schlagen von Fangbäumen zur Dezimierung der Borkenkäfer beiträgt.

– *Vom Borkenkäfer befallene Bäume werden gefällt und gleich entrindet. Die abgelöste Borke (enthält Larven und Jungkäfer) wird mit einer Plane aufgefangen und sofort verbrannt.*

Zusatzinformation

Borkenkäfer

Das Thema „Borkenkäfer" eignet sich sehr gut, um den Aufbau des Baumstamms (vgl. S. 83 im Schülerbuch), die Lebensbedingungen des Baumes und die Ursachen seiner Schädigung besser zu verstehen. Auch die unterschiedlichen Schadenswirkungen bei feuchter bzw. trockener Witterung lassen sich leicht ableiten.

Die Borkenkäfer verbringen die meiste Zeit ihres Lebens im Baumstamm. Die meisten Arten parasitieren in Nadelbäumen im Rindenbereich. Dort legen sie ihre Gänge an. Käfer und Larven leben von losgeschabtem Holz und Bastfasern, deren Saft sie verwerten. Sie bauen ihre Gänge im Bereich des Kambiums, d. h. sie schädigen die Bildungszone für das Dickenwachstum des Stamms, das wasserführende Splintholz und den Bast mit den Gefäßen, welche die Fotosyntheseprodukte weiterleiten. In feuchten Jahren „wehren" sich Nadelbäume durch Harzfluß, der die Gänge der Borkenkäfer verstopft und die Käfer festklebt.
Neben den Rindenbewohnern gibt es Splintholzkäfer, in deren frisch gegrabenen Gängen Pilze wachsen, die von den Borkenkäfern übertragen werden (z. B. überträgt der Ulmensplintkäfer einen Pilz, der die Ulme zum Absterben bringen kann). Für die Behandlung in der Schule eignen sich jedoch die rindenbewohnenden Arten besser, da an der abgelösten Borke das Leben und die Fortpflanzung der Käfer samt Nachkommen gut erkennbar sind (vgl. Arbeitsblatt). Weißes Bohrmehl an Baumstämmen zeigt den Befall durch holzbewohnende Käfer an, graues Bohrmehl den Befall durch rindenbewohnende Käfer. Nach den Bautypen der Brutgänge (vgl. Randspalte) unterscheidet man mehrere Artengruppen.
Gut verständlich ist die Lebensweise des Buchdruckers (*Ips typographus*), der an geschwächten Fichten parasitiert.

Lösungen zum Arbeitsblatt

1. Das Einflugloch mündet in den Muttergang. Die Ausfluglöcher befinden sich am Ende der Larvengänge. Nicht aus allen Larvengängen sind Käfer ausgeflogen.
2. Das Weibchen bohrte den Muttergang und seitliche Nischen. In jede Nische wurde ein Ei gelegt.
3. Die frisch aus dem Ei geschlüpfte Larve war noch klein, der Durchmesser des Larvengangs entsprechend gering. Er muß für die größere Larve erweitert werden. Am Ende befindet sich die Puppenwiege.
4. Borkenkäfer zerstören das Kambium. An dieser Stelle gibt es kein Dickenwachstum des Stammes. Die Schädigung des Basts stört den Transport von Traubenzucker und die Einlagerung von Reservestoffen. Die Schädigung der äußeren Holzschicht (Splintholz) stört die Wasserleitung.

Medien

Filme

- Mit Lockstoffen gegen Insekten. FWU
- Lebensgemeinschaften im Garten: Wechselbeziehung zwischen Nutz- und Schadinsekten. WBF
- Biologische und chemische Schädlingsbekämpfung: Ihre Wirkung auf Schadinsekten und deren natürliche Feinde – angewandte Ökologie. WBF

Dias

- Borkenkäfer am Beispiel des Buchdruckers. FWU
- Schädlingsbekämpfung 1–3. FWU

Spurenlesen beim Borkenkäfer

Aufgaben:

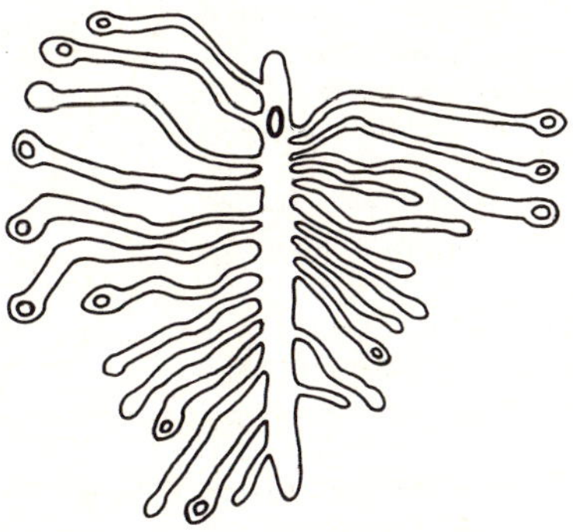

1. Nimm ein abgelöstes Stück Borke von einer stark befallenen Fichte und halte es gegen das Licht. Du siehst zahlreiche Bohrlöcher. Betrachte das Fraßmuster des Borkenkäfers und vergleiche es mit der nebenstehenden Zeichnung. Kannst du nun Einflug- und Ausfluglöcher unterscheiden?

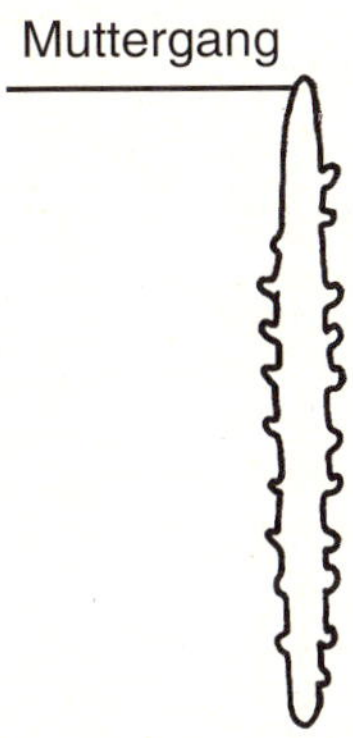

2. Die Zeichnung veranschaulicht, wie es zu der Ausbildung der Larvengänge kam. Erkläre.

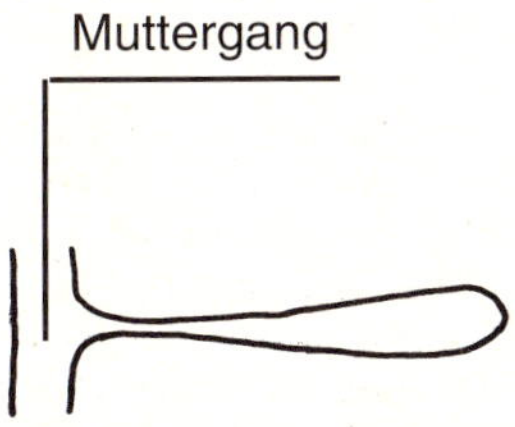

3. Beschreibe den typischen Verlauf eines Larvengangs.

4. Welchen Schaden richten die Borkenkäfer an? Male die einzelnen Teile der Zeichnung mit den angegebenen Farben aus und erkläre.

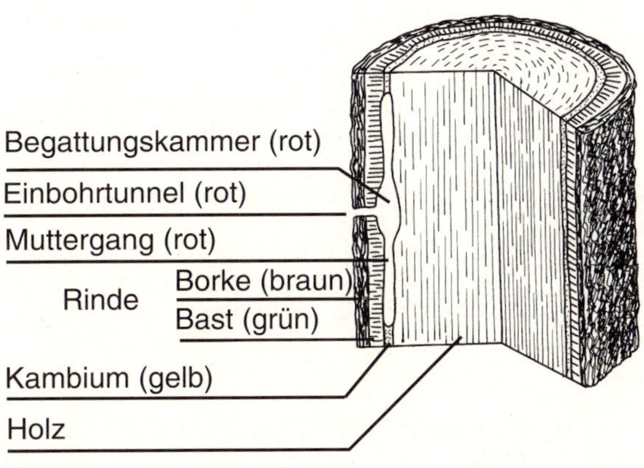

Tote Tiere und Pflanzen werden im Boden zersetzt

(Schülerbuch S. 104)

Aufgaben und Lösungen

① Weshalb wird durch eine gute Durchlüftung die Bodenfruchtbarkeit erhöht?
– *Dem Boden wird mehr Sauerstoff zugeführt. Pflanzenwurzeln und Bodenorganismen können dadurch besser gedeihen.*

② Welche Organismen nutzen die Mineralstoffe, die am Ende des Abbaus stehen?
– *Die Pflanzen brauchen die im Boden befindlichen leicht löslichen Mineralstoffe, die von den Wurzeln aufgenommen werden, zur Synthese von Baustoffen und Wirkstoffen.*

Experimentelles

Laubstreu und Boden

Für die Untersuchung der Laubstreu muß man bei den Schülern oft erst Hemmungen, bei manchen auch Ekelgefühle, überwinden. Die Schüler werden jedoch für das Leben kleiner und kleinster Lebewesen sensibilisiert. Wer denkt schon daran, wieviel vom Fraß der Assel, vom Bohren und Wühlen des Regenwurms oder von der Tätigkeit der unscheinbaren Hornmilben abhängt! Durch eigene Beobachtungen bekommen die Schüler Einblicke in die Kreisläufe eines Ökosystems. Interessant ist es auch, mit der Lupe auf den Blättern die Kotkrümel und die Pilzhyphen zu betrachten. Letztere bekommt man nur selten auf so einfache Weise zu Gesicht.

Laubstreuuntersuchungen lassen sich zu jeder Jahreszeit durchführen, wenn es nicht zu kalt oder sehr trocken ist, denn in der Streu herrscht ein eigenes Mikroklima. Zur Vorbereitung des Themas oder zum abschließenden Überblick eignet sich der erste Teil des Films „Leben im Boden" (FWU).

Die Laubstreuproben werden zunächst mit bloßem Auge auf größere Tiere untersucht. Der *Berleseapparat* eignet sich insbesondere zur Gewinnung kleiner Organismen. Außerdem kann man sich damit eine Sammlung mit konservierten Laubstreubewohnern anlegen, auf die man zurückgreifen kann, wenn einmal die Untersuchung der Laubstreu nicht so ergiebig ausfällt. Beim Selbstbau des Berleseapparats sollte man darauf achten, einen möglichst großen Trichter (Durchmesser ca. 30 cm) zu wählen und die Vorrichtung gut abzudunkeln. Die untersuchte Streuprobe darf nicht zu klein sein.

Auch der unter der Laubstreu liegende Boden ist reich an Leben. Über kalkreichem Untergrund bildet sich ein milder *Humus, Mull* genannt. Der Mull reagiert neutral, ist gut durchlüftet, besitzt gute Wasserhaltefähigkeit und Krümelstruktur. Über Sand und lehmhaltigem Untergrund entsteht *Moder*, eine nach „Kartoffelkeller" riechende Humusform.

Rohhumusböden findet man unter der Streu von Nadelwäldern, Heiden und Hochmooren. Dieser Boden entsteht durch Zersetzung von Nadelstreu oder Heidekraut. Pilze sind hier die Hauptzersetzer. Der Abbau der organischen Substanz verläuft unter Bedingungen der Rohhumusbildung viel langsamer als bei der Entstehung von Mull, wo viele Tiere beteiligt sind.

Praktikum

(Schülerbuch S. 105)

Wie ist die Streuschicht aufgebaut?

① Beschreibe die Bestandteile der Streuschicht (Aussehen, Feuchtigkeitsgrad). Fasse deine Beobachtungen in einer Tabelle (obere, mittlere, untere Schicht, oberste Bodenschicht) zusammen.
– **Obere Schicht:** *Weitgehend unzersetzte Blätter mit trockener Oberfläche.*
Mittlere Schicht: *Blätter mit Lochfraß, deren Oberfläche schmierigfeucht ist (mit Kotkrümeln und Pilzhyphen).*
Untere Schicht: *Blätter skelettiert, meist schon zerbrochen, dunkel gefärbt*
Oberste Bodenschicht: *locker, hebt sich durch dunkle Humusanteile deutlich vom mineralischen Boden ab.*

② Suche unterschiedlich zersetzte Blätter. Ordne sie auf einem Blatt Papier nach Zersetzungsgrad und klebe sie auf.
– *(vgl. Abb. 104.1).*

Wer lebt in der Streuschicht?

Hinweise zu den Aufgaben:
Man braucht Federstahlpinzetten zum Ablesen der Tiere und kleine Gläser, um sie (nach Arten getrennt) vorübergehend aufzubewahren. Nicht bestimmbare Tiere gibt man, nachdem die Merkmale niedergeschrieben wurden, zur späteren Bestimmung in Konservierungsflüssigkeit. Die anderen werden nach der Untersuchung wieder mit der Streu zum Sammelort transportiert.
Als Ergänzung zum eigenen Mikroskopieren kann das Kennenlernen der Organismen durch Projektion mit Diatec-Küvetten mittels Diaprojektor wirksam unterstützt werden. Die ökologischen Zusammenhänge lassen sich mit dem MAM-System erarbeiten (s. Medienliste).

Medien

Filme
- Leben im Boden. FWU
- Asseln und Saftkugler. FWU
- Steinläufer und Erdläufer. FWU
- Der Regenwurm – Nahrungsaufnahme. FWU
- Der Wald lebt. Eine Einführung in die Ökologie des Laubwaldes. WBF

Dias
- Pilze auf Holz. FWU

Arbeitstransparente
- Das ökologische Gleichgewicht im Wald. CVK
- Lebensbeziehungen und Kreislauf der Stoffe im Wald. CVK
- Ökologie. Diesterweg
- Ökologie 1–3. Siemers
- Parasitische Pilze. Siemers

Sonstige Medien
- MAM-Box I: Ökologie. Klett
- Diatec-Küvetten. Schlüter

Bestimmungsschlüssel für die Tiere der Laubstreu

I Tiere ohne Beine mit Kriechsohle - Schnecken

- mit Gehäuse – Gehäuseschnecken
  - Gehäuse 16 - 20 mm hoch, 4 mm breit, spindelförmig, 12 - 14 Windungen, letzte Windung 1/3 der Gesamthöhe
    a) Gemeine Schließmundschnecke

a)

  - andere Gehäuseschnecken
- ohne Gehäuse – Nacktschnecken
  - Körper schwarz, ziegelrot oder braun, Atemloch vor der Mitte der rechten Schildseite, 12 - 15 cm
    b) Wegschnecke

b)

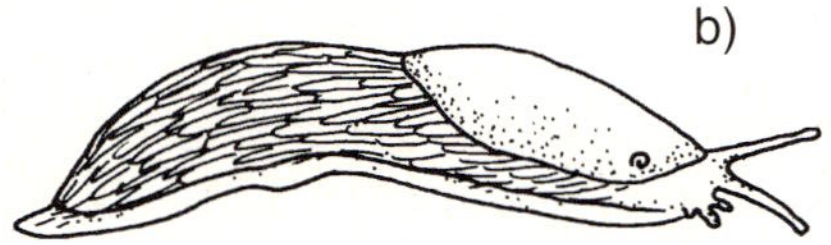

  - Hinterrücken scharf gekielt, 12 - 15 cm, Körper schlank nach hinten spitz ausgezogen, Sohle weiß, Seiten schwärzlich oder grauschwarz
    c) Große Egelschnecke

c)

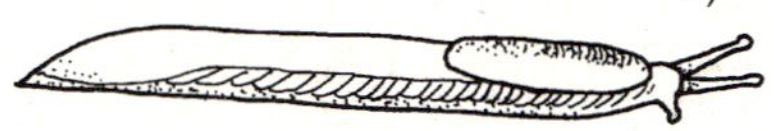

  - 3 - 6,5 cm, Körper durchscheinend gelb, gelegentlich dunkle Längsbänderung
    d) kleine Egelschnecke

d)

  - andere Nacktschnecken

II Tiere mit wurmförmigem Körper, ohne Beine

- mit vielen Ringen – Ringelwürmer
  - rötlich, Hinterende abgeplattet, bis 30 cm
    g) Regenwürmer

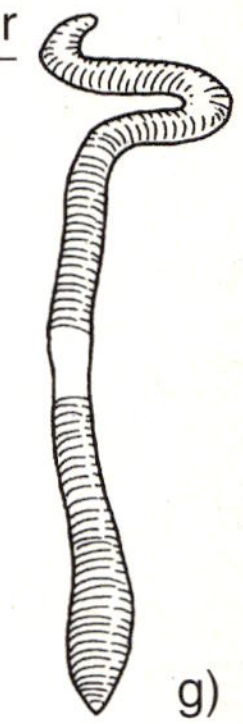

g)

  - weißlich, bis 3,5 cm, richten Vorderende auf, Rückenblutader nur am Vorderende
    h) Enchyträen

h)

- glatt, weißlich, ohne Ringelung
  e) Fadenwürmer

e)

0,05 mm

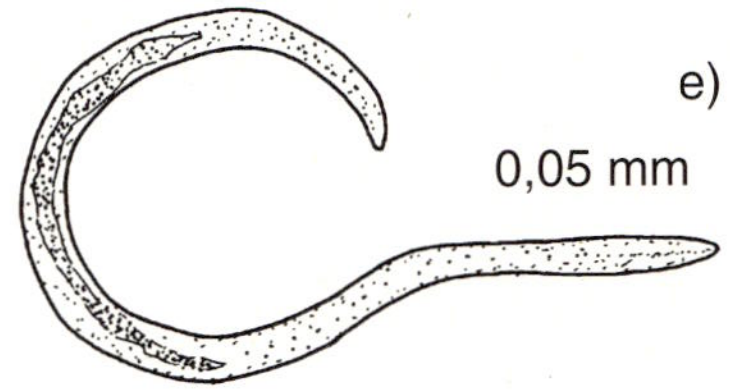

- deutliche Segmentierung (Gliederung in Abschnitte) evtl. Kriechwülste
  f) Insektenlarven (Maden)

7 mm

f)

Bestimmungsschlüssel für die Tiere der Laubstreu

III Tiere mit 3 Beinpaaren – Insekten (mit Ausnahme der Milbenlarven)

- Körper wurmförmig, Beine am Vorderende, manchmal Stummelbeine am Hinterteil
  – Insektenlarven
  - mit nur drei Beinpaaren
    a) Käferlarven

    a) 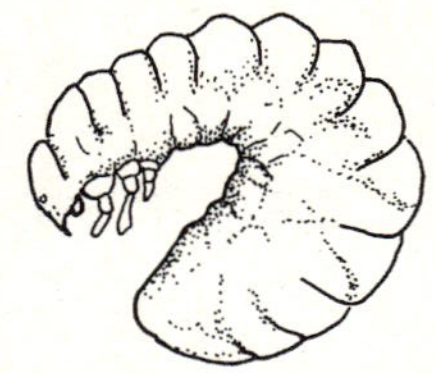
  - mit Stummelbeinen am Hinterleib
    b) Schmetterlingslarven

    b) 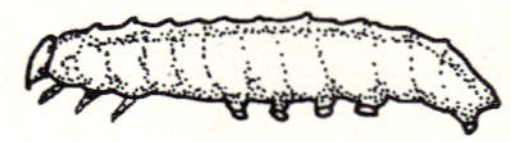

- Tiere ohne Flügel, Mundwerkzeuge von außen nicht erkennbar
  – Urinsekten (sehr klein und kugelig
  – evtl. Milbenlarven)
  - Hinterleib ohne Schwanzfäden, hinter dem 3. Beinpaar max. 6 Segmente, auf Bauchseite meist Sprunggabel
    c) Springschwänze

    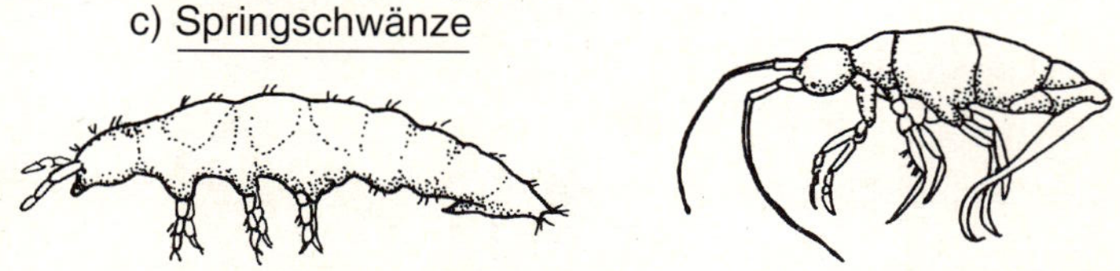
  - hinter dem 3. Beinpaar mehr als 6 Segmente
    - mit zwei Schwanzfäden
      e) Doppelschwänze

      e) 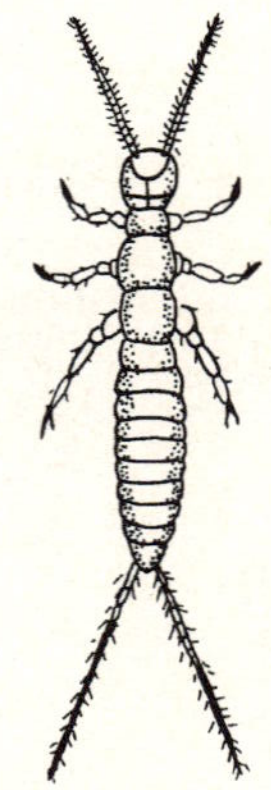
    - mit drei Schwanzfäden
      f) Borstenschwänze

      f) 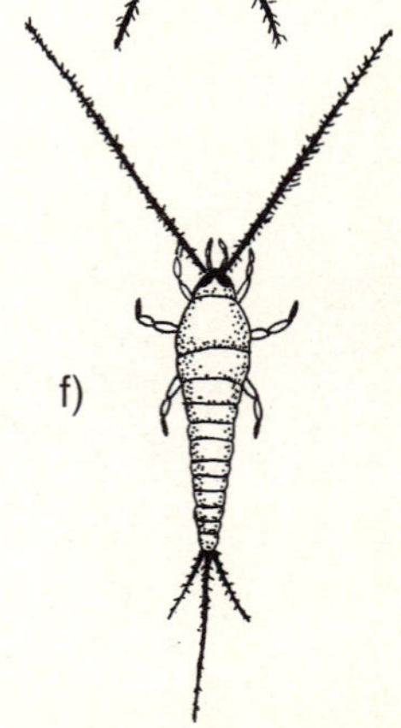

- Tiere mit oder ohne Flügel, Hinterleib stielförmig mit Brust verbunden
  – Ameisen
  - Rückenrot, Kopf und Hinterleib schwarz, 5 – 11 mm
    d) Rote Waldameise

    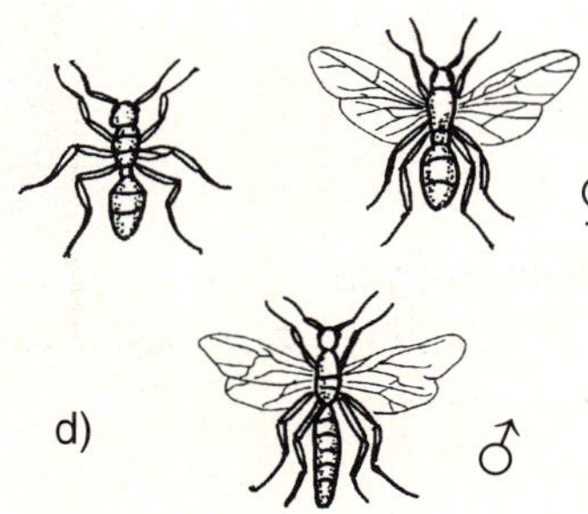

    d)

(Fortsetzung S. 111)

Bestimmungsschlüssel für die Tiere der Laubstreu

III (Fortsetzung Insekten)

- Tiere mit Flügeln (3 Beinpaare)
  - Deckflügel kurz, größter Teil des Hinterleibs nicht bedeckt
    - 2 zangenförmige Anhänge
      a) Ohrwürmer
    - ohne zangenf. Anh. mit Sprungbeinen
      b) Waldgrille
    - ohne zangenf. Anh. ohne Sprungbeine
      c) Kurzflügelkäfer
  - Deckflügel lang, Hinterleib mind. zu 2/3 bedeckt
    - Vorderflügel als Deckflügel
      d) Käfer
    - Kopfunterseite mit Saugrüssel
      e) Wanzen und Pflanzensauger
    - Vorderflügel lederartig
      f) Heuschrecken
    - 2 Flügel
      g) Zweiflügler

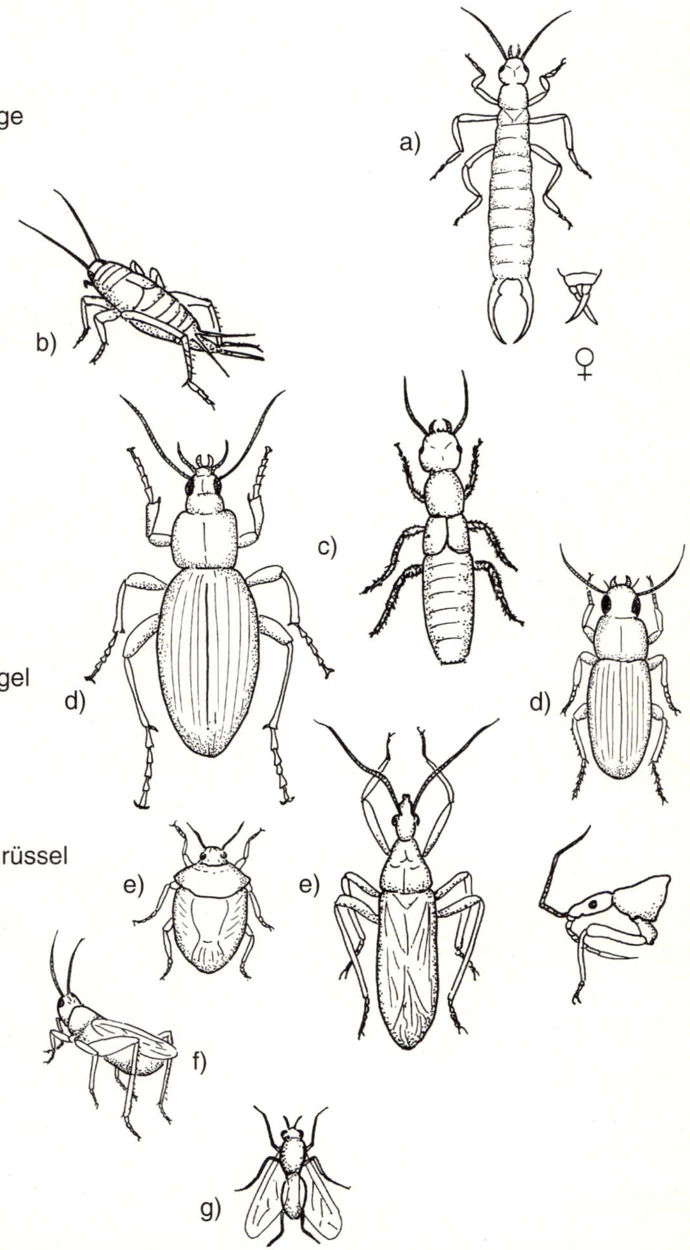

Bestimmungsschlüssel für die Tiere der Laubstreu

IV Tiere mit 4 Beinpaaren (Spinnentiere)

- Vorder- und Hinterleib durch dünnen Stiel verbunden
  a) Webspinnen

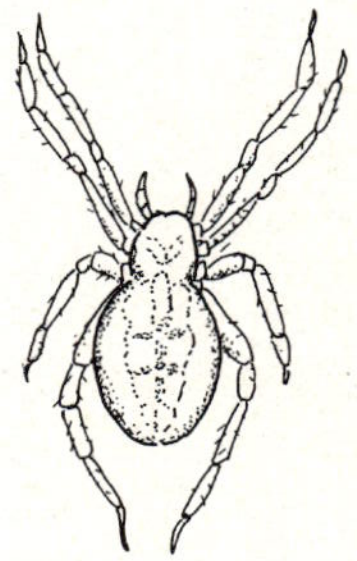

a)

- Vorder- und Hinterleib stoßen in ganzen Breiten aneinander
  - klein, bis 2 mm, Gesamtkörper ungegliedert
    b) Milben

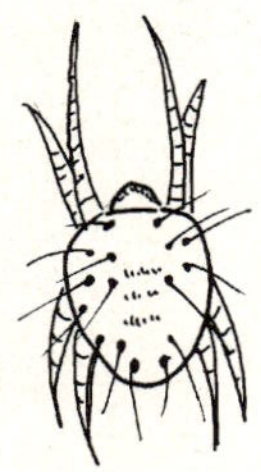

b)

  - Körper eiförmig, sehr lange, dünne Beine
    c) Weberknechte

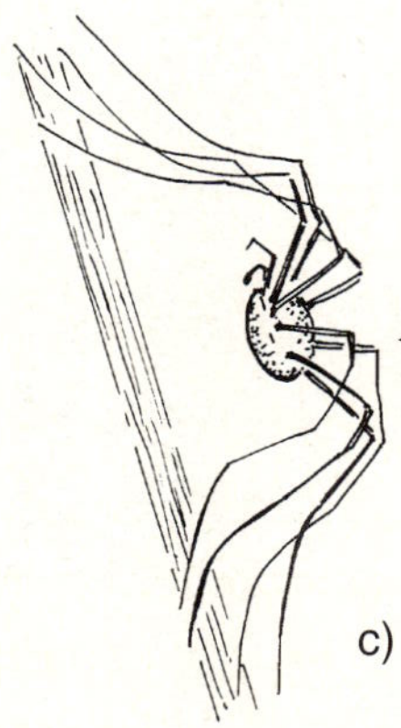

c)

  - Hinterleib gegliedert, Taster mit Scheren, bis 4,5 mm
    d) Afterskorpione

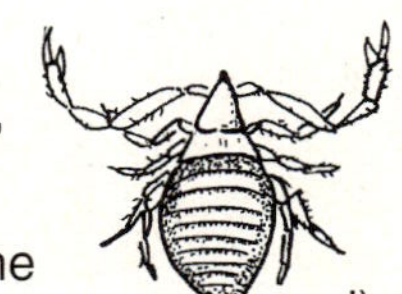

d)

V Tiere mit vielen Beinpaaren

- 2. Paar Fühler oder Assel-ähnlich und nur 1 Paar Beine pro Segment, Körper abgeplattet
  – Asseln
  - Oberseite hellbgraubaun mit zwei Längsreihen heller Flecken, etwas glänzend
    e) Mauerassel

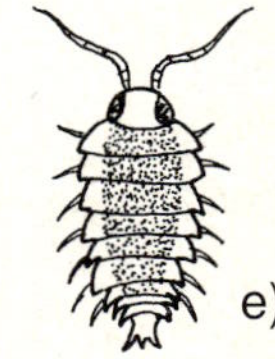

e)

  - grau oder schwärzlichgrau mit großen, gelben Flecken
    f) Kellerassel

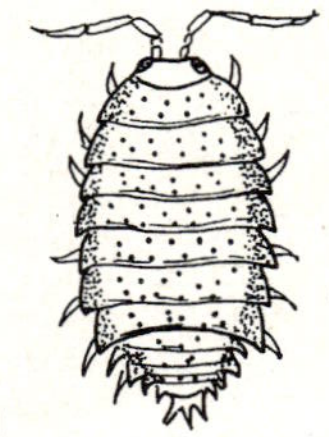

f)

  - hoch gewölbter Körper, kann sich vollkommen zusammenrollen, dunkelschiefergrau, einfarbig oder hell gefleckt (nicht verwechseln mit Saftkugler)
    g) Rollassel

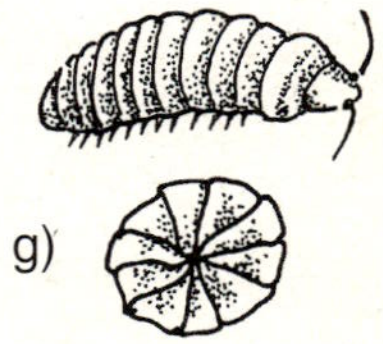

g)

- 1 Paar Fühler, wenn Assel-ähnlich, dann 2 Paar Beine pro Segment
  – Tausendfüßler
  - Körper rundlich, Fühler bis 10 Glieder, 2 Beinpaare pro Segment
    – Doppelfüßler
    - mind. 30 Segmente spiralig einrollend
      h) Schnurfüßler

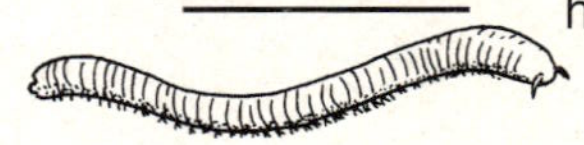

h)

    - kugelig einrollend, schwarz, ein Fühlerpaar
      i) Saftkugler

i)

  - Körper abgeflacht, über 10 Fühlerglieder
    – Hundertfüßler
    - bis 3 cm, 15 Beinpaare
      k) Steinläufer

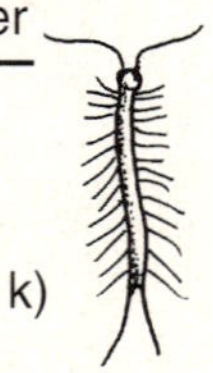

k)

    - bis 4 cm über 30 Beinpaare
      l) Erdläufer

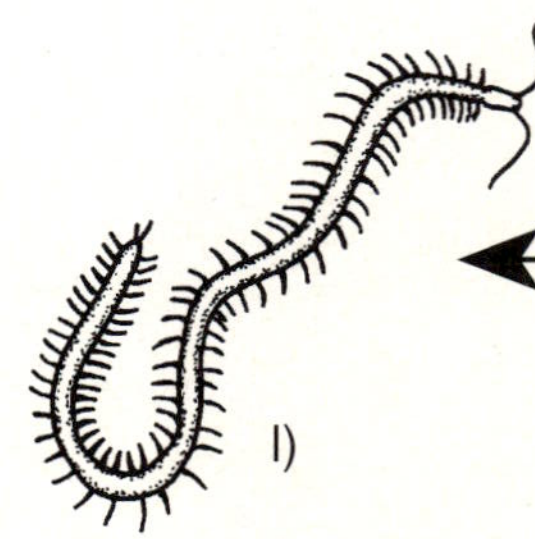

l)

Der Kreislauf der Stoffe

(Schülerbuch S. 106/107)

Aufgabe und Lösung (Schülerbuch S. 106)

① Es gab in der Geschichte der Erde Phasen, in denen ein Teil des organischen Materials dem Stoffkreislauf entzogen wurde. Damals entstanden die Kohle- und Erdölvorkommen, die man heute zur Energiegewinnung wieder verbrennt.

a) Wie muß sich damals der Kohlenstoffdioxidgehalt der Atmosphäre verändert haben?

b) Welche Auswirkungen hat heute die Verbrennung von Kohle und Erdöl auf die Atmosphäre? Begründe.

– a) *Kohle, Erdöl und Erdgas enthalten Kohlenstoff, der aus dem Abbau von pflanzlichen oder tierischen Organismen stammt, letztlich also auf die Fotosyntheseleistung grüner Pflanzen zurückzuführen ist. Durch die Bildung fossiler Energielager wurde der CO_2-Gehalt der Atmosphäre verringert.*

– b) *Durch die Verbrennung fossiler Energieträger nimmt der CO_2-Gehalt der Atmosphäre heute wieder zu. Diese Zunahme ist in den vergangenen 100 Jahren bereits nachweisbar. Sie wird sich mit großer Wahrscheinlichkeit auf das Klima auswirken: CO_2 ist zu 50 % an den Auswirkungen des Treibhauseffekts beteiligt. Dafür spricht: In den letzten 100 Jahren hat sich die Weltdurchschnittstemperatur bereits um 0,5 °C erhöht. Da sich dies jedoch im Bereich normaler Schwankungen befindet, ist der Zusammenhang noch nicht beweiskräftig.*

Aufgabe und Lösung (Schülerbuch S. 107)

① Erläutere anhand von Abb. 1, weshalb Nahrungsketten nicht beliebig lang sind.

– *Die verfügbare Energie nimmt in der Nahrungskette sehr schnell ab. Setzt man den Energiegehalt der Biomasse von grünen Pflanzen gleich 100 %, speichern die Pflanzenfresser (Erstverbraucher) davon nur 10 %. Auf jeder weiteren Trophiestufe (Zweit- und Drittverbraucher) werden wiederum jeweils nur 10 % der Energie gespeichert. Deshalb hat eine Nahrungskette selten mehr als vier Glieder bzw. Trophiestufen, weil die Menge der verfügbaren Energie schließlich zu gering ist.*

Zusatzinformation

Pflanzen als Energiewandler

Die Sonne liefert die Energie für die Fotosynthese und damit auch für die auf der gebildeten Biomasse aufbauenden Nahrungsketten. Es ist wichtig, den Schülern die Energieumwandlungen anschaulich zu machen, z. B. mit dem Brennglas, wie es in der Randspalte des Schülerbuchs auf S. 70 dargestellt ist.
Die Strahlung der Sonne stellt die *Primärenergie* dar. Sie wird letztlich in Wärme umgewandelt. Pflanzen wandeln *Strahlungsenergie* in *chemische Energie* um, zunächst gespeichert in den Stoffen Traubenzucker oder Stärke.
Im Stoffwechsel entstehen mit Hilfe chemischer Elemente wie Stickstoff, Phosphor und Schwefel sowie Spurenelementen auch andere lebenswichtige Stoffe wie z. B. Eiweiße, essentielle Fettsäuren, Vitamine, Nukleinsäuren usw., die als Bau- und Betriebsstoffe bedeutsam sind, weniger als Energiespeicher. Jedoch sind alle Stoffe abbaubar. In der Natur gibt es keine „Abfallstoffe". Man spricht von Kreisläufen oder Recycling. Dies läßt sich vor allem für die wichtigsten Elemente wie Kohlenstoff, Stickstoff und Schwefel darstellen.
Weltweit werden jährlich fast 200 Milliarden Tonnen Biomasse erzeugt. Der erforderliche Kohlenstoff wird dem Kohlenstoffdioxid der Luft entnommen. Dabei werden 100 Milliarden Tonnen Sauerstoff freigesetzt. Die grünen Pflanzen sorgen so für das Gasgleichgewicht in der Atmosphäre.

Wirkungsgrad

Jeder Stoffwechsel und alle Umwandlungen der Energie von einer Nutzungsform in die andere erfolgen jedoch mit einem geringen Wirkungsgrad.
Die Fotosynthese arbeitet mit einem Wirkungsgrad von 30–50 %. Nachteilig ist dagegen die geringe Energieumsetzung, die sich in den Trophiestufen der Nahrungsketten ergibt: nur ca. 10 % der vorherigen Trophiestufe kann jeweils erhalten werden und steht weiteren Verbrauchern zur Verfügung.
Die Zukunft der Menschheit liegt nicht bei den fossilen Energieträgern, zumal diese nach der Ausbeutung der Lagerstätten künftig fehlen werden. Die technische Entwicklung muß die direkte Nutzung der Sonnenenergie anstreben, nicht nur der gespeicherten Sonnenenergie. Es sollte ein technisches Verfahren geben, das ähnlich umweltfreundlich arbeitet wie die Fotosynthese. Sonnenenergie wäre zur Genüge vorhanden. Tagsüber strahlt die Sonne bei klarer Luft auf 1 m^2 Fläche pro Stunde ca. 1000 Watt ein. Rein rechnerisch ergibt sich, daß eine Fläche von 7000 km^2 – entsprechend günstig auf der Erde verteilt – den ganzen Energiebedarf der Menschheit decken könnte. Die zur Energieerzeugung notwendigen Flächen ließen sich auf jeden Fall sicherstellen. Leider sind die Probleme der Speicherung dieser Energie und der Verteilung an die Orte des Verbrauchs noch keineswegs gelöst. Selbst bei bester Nutzung der Solarzellentechnik ergibt sich heute nur ein Wirkungsgrad von ca. 20 %, d. h. die Fotosynthese arbeitet konkurrenzlos günstig.

Medien

Dias
- Stickstoffkreislauf. FWU

Arbeitstransparente
- Das ökologische Gleichgewicht im Wald. CVK
- Lebensbeziehungen und Kreislauf der Stoffe im Wald. CVK

Sonstige Medien
- MAM-Box 1: Ökologie (Energiefluß und Stoffkreislauf, Stickstoffkreislauf). Klett

Zur Geschichte des Waldes

(Schülerbuch S. 108/109)

Aufgaben und Lösungen

① Informiere dich anhand eines Atlanten darüber, wie die Waldflächen innerhalb Deutschlands verteilt sind

– *Zur Orientierung: Rheinland-Pfalz 40,1 %; Hessen 39,7 %; Baden-Württemberg 37,1 %; Brandenburg 35 %; Bayern 33,8 %; Saarland 33,1 %; Thüringen 31 %; Sachsen 26 %; Nordrhein-Westfalen 24,7 %; Sachsen-Anhalt 23 %; Niedersachsen 20,7 %; Westberlin 16,1 %; Mecklenburg-Vorpommern 16 %; Schleswig-Holstein 9 %; Hamburg 4,4 %; Bremen 1,8 %.*

② Man spricht heute oft von standortgerechter Bepflanzung. Erläutere, was damit gemeint ist

– *Die ausgewählten Bäume sollen mit ihren Ansprüchen an die Böden angepaßt sein. Aufforstungen sollen das Klima des Standorts, die Meereshöhe, die Landschaftsgestalt und die Erosionsgefährdung ihrer Berge berücksichtigen.*

③ Was könnten Folgen nicht standortgerechter Bepflanzung sein? Begründe

– *Wenn der Boden nicht den Ansprüchen der Bäume genügt, wachsen sie schlecht, erkranken leicht bzw. fallen Schädlingen zum Opfer.*

④ In welcher Form wird Holz im Haushalt genutzt? Zähle einige Beispiele dafür auf.

– *Als Brennholz; zum Bauen und Basteln im Haus und im Garten; zum schöneren Wohnen.*

⑤ Wozu wird das in der Randspalte abgebildete Holz jeweils verwendet?

Rundholz *(abgesägte Stücke vom Stamm): für Masten, Pfosten, Einfriedungen, Blockhütten.*
Balken *(rechtwinklig zugesägte, gerade Stämme): für den Hausbau, Brückenbau, Schiffsbau.*
Bretter *(Längsschnitte durch den Stamm): für den Innenausbau wie Böden, Wandverschalungen, Regale und Möbel, für Kisten, zum Boots- und Fahrzeugbau*
Profilleisten *für Bilderrahmen, Abschlüsse an Möbeln, Böden, Decken*
Preßspanplatten: *hergestellt aus zerkleinerten Holzabfällen, die mit Kunstharz vermengt und zu Platten ausgewalzt werden. Die Oberfläche wird meist mit Kunststoff beschichtet. Spanplatten werden für Innenausbau wie Türen, Abdeckplatten, und Möbel verwendet.*
Furnier *(sehr dünne Längsschnitte des Stammes): für die Sperrholzherstellung, zum Bekleben und Verschönern der Oberfläche von Brettern, Balken und Spanplatten*
Sperrholz *(hergestellt aus Furnierplatten, die so miteinander verklebt werden, daß die Faserrichtungen sich überkreuzen, sich gegenseitig „sperren". Dadurch entstehen Holztafeln von großer Festigkeit, die sich kaum verziehen): Sperrholztafeln werden zu ähnlichen Zwecken wie Bretter und Spanplatten verwendet.*
Holzwolle: *(1–10 mm breite, 0,5 mm starke Holzspäne von ca. 0,5 m Länge). Man verwendet sie als Verpackungsmaterial für zerbrechliche Gegenstände*
Papier: *Sehr fein zerfasertes Holz wird mit Leim vermischt. Aus der Masse stellt man Schichten verschiedener Dicke her (Papier, Karton, Pappe). Papier wird entweder gebleicht, gefärbt oder als sog. „Umweltschutzpapier" im Naturton belassen. Papier kann man auch aus Altpapier herstellen (Recyclingpapier).*

⑥ Durch welche Maßnahmen könnte der hohe Holzverbrauch der Papierindustrie vermindert werden?

– *Durch Verwendung von Altpapier ist eine wesentliche Einsparung von Rohstoffen, Energie und Wasser in der Papierherstellung möglich. Recycling-Papier genügt für viele Zwecke. Bessere Papierqualität ist nur für Dokumente erforderlich, die über lange Zeit archiviert werden müssen.*

Lösungen zum Arbeitsblatt

1. Statt einer Fichtenmonokultur pflanzt man einen naturnahen Mischbestand aus Fichten, Tannen, Buchen, Eichen und Bergahorn. Um die jungen Bäume zu schützen, wird die Schonung eingezäunt.
2. Mähen ist besser. Spritzen nutzt nur den Nadelbäumen, die Blätter der Laubbäume werden durch Herbizide geschädigt.
   Aus einem Mischwald lassen sich weniger Weihnachtsbäume gewinnen. Jedoch erzielen Tannen höhere Preise als Fichten. Der Mischwald ist artenreich, hier können Frühblüher wachsen, die in der Fichtenmonokultur keine Chance haben.
3. Aus dem Mischwald können die ausgeforsteten Bäume meist nur als Brennholz verkauft werden. Dafür ist ein Mischwald eher sturmfest und gegen Schädlingsbefall resistent. Die Artenvielfalt ist größer.
   Fazit: Fichte (und Kiefer) sind die „Brotbäume" der Waldwirtschaft. Wenn jedoch die Laubbäume (vor allem Eichen, Ahorn, aber auch Buchen) später starke Stämme besitzen, sind sie mehr wert als das Holz von Nadelbäumen. Mischwald ist ökologisch wertvoller, er ist die Heimat vieler Tiere. Sein Wert darf nicht allein nach dem Verkaufserlös des Holzes gemessen werden, denn er ist z. B. auch für die Erholung der Menschen wichtig.

Baumarten	**natürliches Alter** (bis)	**durchschnittliches Alter in der Forstwirtschaft** (Umtriebszeit)	**erreichbare Höhe**
Laubbäume:			
Eiche	700 Jahre	180–300 Jahre	40 Meter
Bergahorn	400 Jahre	120–140 Jahre	30 Meter
Ulme	400 Jahre	120–140 Jahre	30 Meter
Schwarzpappel	300 Jahre	30– 50 Jahre	30 Meter
Rotbuche	250 Jahre	120–140 Jahre	45 Meter
Spitzahorn	150 Jahre	120–140 Jahre	30 Meter
Weißbuche	150 Jahre	60–100 Jahre	25 Meter
Birke	100 Jahre	60– 80 Jahre	30 Meter
Nadelbäume:			
Fichte	600 Jahre	80–120 Jahre	55 Meter
Kiefer	600 Jahre	100–120 Jahre	45 Meter
Lärche	600 Jahre	100–140 Jahre	54 Meter
Tanne	600 Jahre	90–130 Jahre	60 Meter
Douglasie	700 Jahre	60–100 Jahre	60 Meter

Aufforstung und 100 Jahre Pflege – ein Beispiel mit Alternativen

Aufgabe:

Sollen nur Fichten angepflanzt werden? Welche Konsequenzen hat es, wenn man einen Mischwald anlegt? Nenne zu den Punkten 1–3 einige Gedanken, die nicht allein von finanziellen Überlegungen bestimmt sind.

1

2

3

1. Im Mittelgebirge wird eine Kahlhiebfläche neu aufgeforstet. Pro Hektar pflanzt man 3 000 – 4 000 Jungfichten. Zum Schutz vor Wildverbiß werden die jungen Triebe gespritzt.
2. Mindestens drei Jahre lang muß man die jungen Bäume gegen Überwucherung durch Kräuter und Sträucher schützen, die sich von selbst ansiedeln. Man spritzt mit Herbiziden.
   Nach 10 Jahren wachsen die Jungfichten so dicht, daß Unkräuter keine Chance mehr haben. Man kann Weihnachtsbäume verkaufen.
3. Nach 25 Jahren wird stark durchgeforstet.
   Viele Bäume werden jetzt als Stangen geschlagen oder als Papierholz verkauft. Man legt Schneisen für den Transport der Stämme an. Bei den verbleibenden Bäumen werden die unteren Äste entfernt, damit sich lange Stämme ohne Verzweigungen bilden. Nach 50 Jahren wird erneut durchgeforstet. Nur etwa 10 % der ursprünglich gepflanzten Bäume wachsen zu Starkholz heran und werden nach ca. 100 Jahren geerntet.

Fazit: ______________________________

____

____

____

Unsere Wälder sind gefährdet

(Schülerbuch S. 111)

Aufgaben und Lösungen

MAK (1988)

SO_2 2 ppm = 5 mg/m³

NO_2 5 ppm = 9 mg/m³

IW 2 (1987)

SO_2 0,16 ppm = 0,4 mg/m³

NO_2 0,1 ppm = 0,2 mg/m³

IW 1 (1987)

SO_2 0,056 ppm = 0.14 mg/m³

NO_2 0,04 ppm = 0,08 mg/m³

① Weshalb sind vorgeschädigte Bäume anfälliger gegen Schädlinge und Krankheiten?

– *Der Stoffwechsel ist eingeschränkt. Borkenkäfer profitieren z. B. von einer verringerten Harzproduktion, mit der sich Nadelbäume gegen eindringende Käfer wehren. Dem Baum fehlen allgemein die Reserven, um höhere Belastungen durch Schädlinge oder Krankheiten zu verkraften.*

② Begründe, warum die Lebensfähigkeit eines Baumes von gesunden Blättern in hinreichender Anzahl abhängt.

– *Das Blatt ist der Ort der Fotosynthese. Die dadurch aufgebaute organische Substanzmenge muß größer sein als über die Atmung des Baumes verbraucht wird. Dies ist nur möglich, wenn genügend gesunde Blätter zur Verfügung stehen.*

③ Nenne die Faktoren im Boden, die sich durch sauren Regen verändern, und erläutere jeweils, welche Folgen sich für den Baum ergeben.

– *Die Senkung des pH-Werts im Boden ist eine Folge der Anwesenheit von Schwefeldioxid und Stickstoffoxiden in der Luft und führt über mehrere Wege (indirekt) zu Schädigungen. Nährstoffe werden ausgewaschen. Damit sind sie für die Wurzeln nicht mehr in ausreichender Menge verfügbar. Die Mykorrhizapilze werden geschädigt. Dadurch ist die Aufnahme der vorhandenen Nährstoffe eingeschränkt. Giftige Schwermetallionen, die vorher fest an Bodenteilchen gebunden waren, können in Lösung gehen und über die Wurzeln aufgenommen werden. Dadurch wird der Baum geschädigt. Dies wird im Vertrocknen der Wipfel und Triebspitzen sichtbar, die nicht mehr ausreichend versorgt werden, sowie im Austreiben von Kospen an den unteren Zweigen bzw. am Stamm (Bildung von „Angsttrieben“).*

Zusatzinformation

Waldsterben

Unter Waldsterben versteht man eine schleichend einsetzende Schädigung der Bäume, die von Laien erst in einem sehr späten Stadium erkannt wird. Wie sich an den Jahresringen gefällter Bäume zeigen läßt, kann man die Beeinträchtigung des Holzzuwachses jedoch weit zurückverfolgen (vgl. Stammquerschnitte, z. B. Präparate von Schlüter, vgl. Medienliste). Der Lehrer muß die Schüler zuerst mit den Schadbildern vertraut machen (vgl. Text und Abbildungen im Schülerbuch sowie Arbeitsblatt S. 118).
Die Darstellung der Ursachen des Waldsterbens darf jedoch nicht nur verbal erfolgen, sondern muß durch Schülerversuche erfahrbar gemacht werden (vgl. Praktikum, Arbeitsblatt S. 119). Der Lehrer soll allerdings mit den Schülern erörtern, was in dieser Versuchsanordnung nicht mit der Wirklichkeit übereinstimmt (z. B. fehlender Luftaustausch, der eine Verdünnung der Konzentration bei den Schadgasen bewirkt). Um in kurzer Zeit eine Wirkung zu erzielen, ist die hier im Versuch verwendete Konzentration von Schadgasen etwa um das 100fache erhöht.
Zur Beurteilung der schädigenden Konzentrationen muß allerdings gesagt werden, daß diese nur beim Menschen genauer untersucht sind, nicht für einzelne Baumarten.

MAK-Werte

Für die Belastung am Arbeitsplatz unterscheidet man verschiedene Grenzwerte (s. Rand).

MAK = Maximale Arbeitsplatzkonzentration bei 8 Stunden Aufenthalt täglich.
IW 2 = Erlaubte Belastungsspitze innerhalb eines Jahres
IW 1 = Grenzwert der langzeitigen Belastung.

Lösungen zu Arbeitsblatt (S. 118)

Erscheinungsbilder des Waldsterbens

	gesunde Fichte	kranke Fichte
1.	Wipfel grün	Wipfel dürr
2.	Äste dicht benadelt	Äste kaum benadelt (hängende Äste = Lametta-Syndrom)
3.	–	zahlreiche „Angsttriebe“
4.	gleichmäßiges Wachstum der Jahresringe	sehr geringer Zuwachs bei den äußeren Jahresringen
5.	–	Befall mit Borkenkäfern (Sekundärschädling)
6.	–	Befall mit Pilzen (Hallimasch = Sekundärschädling)
7.	Mykorrhizapilze vorhanden	keine Mykorrhizapilze vorhanden
8.	Viel Tau und Nebel. Schadgase bilden saure Niederschläge	

Lösungen zum Arbeitsblatt (S. 119)

Praktikum zur Wirkung der Schadgase Schwefeldioxid und Stickstoffoxid auf Fichtenzweige.
Ergebnisse:

- In der geschlossenen Plastikschale kann der Fichtenzweig weiterleben. Die Nadeln bleiben schön grün, wenn sich keine Schadgase in der Luft befinden (vgl. Versuch Nr. 4)
- In allen Plastikschalen, in denen Schadgase produziert wurden, haben sich die Nadeln der Zweige braun verfärbt, am stärksten im Versuch Nr. 3 (zwei Schadgase addieren sich in ihrer Wirkung)
- Den feuchten Niederschlag an den Wänden des Plastikgefäßes und das Wasser, das die Zweige frisch halten soll, kann man mit Universalindikatorpapier auf Säure untersuchen (pH-Wert deutlich unter 7). Die Schadgase reagieren mit Wasser (Hinweis auf die Bildung des sauren Regens und der Versauerung des Bodenwassers):
  $SO_2 + H_2O \longrightarrow H_2SO_3$ (Schweflige Säure)
  $NO_2 + H_2O \longrightarrow HNO_3$ (Salpetersäure)
  Diese Säuren haben sich auch im Innern der Blätter (Nadeln) gebildet, wenn die schadstoffangereicherte Luft durch die Spaltöffnungen in das Blatt kam. Das Blattgrün wurde zerstört und braun verfärbt (Vergleiche Nadelquerschnitte von gesunden und geschädigten Fichtennadeln unter dem Mikroskop!).

Warum ist der Wald so wichtig?

(Schülerbuch S. 112/113)

Wasserabfluß bei starkem Regen:

von einer Skipiste	63%
von einer Weide	53%
von einer Wiese	26%
im Wald	11%

Aufgaben und Lösungen

① Fasse die Rolle des Waldes für den Wasserhaushalt zusammen und nenne mögliche Folgen der Waldzerstörung.

– *Ein großer Laubbaum kann mehrere hundert Liter Wasser pro Tag verdunsten. Ein großer Wald beeinflußt damit durch Entstehung von Verdunstungskälte das Klima einer Landschaft. Das verdunstende Wasser stammt aus Niederschlägen, und kann in den Pflanzen (besonders stark z. B. in den Moosen) und im lockeren Waldboden gespeichert werden. Diese Speicherwirkung entfällt nach der Abholzung des Waldes; das Wasser fließt vermehrt oberflächlich ab und schwemmt fruchtbaren Boden mit sich. Die dadurch bedingte Erosion kann so stark sein, daß der felsige Untergrund freigelegt wird, auf dem für lange Zeit keine höheren Pflanzen mehr Fuß fassen können. Am Unterlauf der Flüsse entstehen Überschwemmungen.*

② Nenne und erläutere weitere Maßnahmen, die die Gefährdung des Waldes vermindern könnten.

– *Am wichtigsten ist die Verringerung der Luftverschmutzung mit ihrer direkten und indirekten Schadwirkung auf Bäume. Die Einschränkung des Papierverbrauchs schont die Holzreserven, ebenso die Verwendung langlebiger Möbel anstatt von „Wegwerfware". Verheerende Waldbrände entstehen oft durch Unachtsamkeit.*

③ Stelle eine Liste mit Verhaltensregeln auf, an die sich ein Waldbesucher halten sollte.

- *Wir bleiben auf den Wegen, gehen zu Fuß und verzichten auf Fahrzeuge wie z. B. das Mountain-Bike .*
- *Wir rauchen nicht und machen kein Feuer, es sei denn an den dafür ausgewiesenen Feuerstellen.*
- *Wir nehmen keine Lärmquellen mit.*
- *Wir halten unseren Rastplatz sauber und nehmen unseren Abfall wieder mit nach Hause.*
- *Wir besteigen keine Hochsitze.*
- *Wir reißen nichts mutwillig ab, schnitzen nicht mit dem Messer in Baumrinde und töten keine Tiere, auch wenn sie klein und unscheinbar sind.*
- *Wir streicheln und füttern keine Tiere (Tollwutgefahr!).*
- *Wir lassen Vogelnester, Jungtiere und geschützte Pflanzen unangetastet.*

Zusatzinformation

Nutzung des Waldes

Der Wald nützt dem Menschen auf mehrfache Weise. Er ist Rohstoffquelle, denn er liefert uns Holz, aber auch Kräuter, Beeren, Nüsse, Pollen, Honig. Er ist ein Wasserspeicher, da er große Regenmengen speichern kann, ein Luftfilter, weil er verschmutzte Luft reinigt, ein Schalldämpfer, denn er mildert Lärm, eine Klimaanlage, weil er Temperaturen ausgleicht. Er ist ein Lebensraum für das Wild, das vom Menschen gehegt und gejagt wird. Ebenso wichtig wie der Nutzen des Waldes ist der emotionale Aspekt: Seine Bedeutung als Erholungsraum.

Waldformen

Der *Buchenhochwald* ist unsere schönste Waldform. Wie schlanke Säulen ragen die glattrindigen Bäume empor, ihre Wipfel bilden hellgrüne Kuppeln mit dichtem Blätterdach. Im noch kahlen Wald blühen zahlreiche Frühblüher, die vielen Schülern bereits bekannt sind. Vor allem im Frühsommer hört man viele Vogelstimmen. Im Herbst bildet die Laubfärbung einen weiteren Höhepunkt. Ganz anders der *Nadelwald*: tiefgrün und dunkel wirkt das Kronendach. Es ist sommers wie winters gleich. Eine auffallende Stille herrscht, denn der Nadelwald ist nicht so dicht besiedelt wie der Laubwald. Auch bei Sturm hört man nur ein majestätisches Rauschen und Brausen. Ruhig wogen die Bäume in gleicher Richtung, ganz anders als im Buchenwald, der vom Sturm kräftig zerzaust wird. Besonders eindrucksvoll ist es, wenn man aus dem Dunkel des Nadelwaldes auf eine sonnenbeschienene Lichtung hinaustritt. Zahlreiche Blüten leuchten in verschiedenen Farben. Man hört das Summen der Insekten. Die warme Sonne bildet einen kräftigen Gegensatz zur Kühle des Waldes.

Medien

Filme
- Waldgeschichte: Wälder und Steppen im Eiszeitalter. FWU
- Waldgeschichte: Vom Ende der letzten Eiszeit bis zur Gegenwart. FWU
- Nationalpark Bayerischer Wald. FWU
- Wie die Luft zum Problem wurde. FWU
- Waldsterben. FWU
- Wasserhaushalt der Pflanzen. FWU

Dias
- Hochmoore als Zeugen der Vergangenheit. FWU
- Wald 1: Geschichtliche Entwicklung. FWU
- Wald 2: Baumarten, Waldaufbau. FWU
- Baumsterben in der Stadt. FWU
- Waldsterben 1 + 2: Schadbilder bei Fichte, Tanne, Kiefer, Buche. FWU
- Waldsterben 3: Mögliche Ursachen des Waldsterbens. FWU
- Waldsterben 4: Ökologische und wirtschaftliche Folgen. FWU
- Waldsterben 5: Mögliche Maßnahmen gegen das Waldsterben. FWU
- Waldsterben. Klett
- Unsere Wälder sterben. Schlüter

Arbeitstransparente
- Eingriffe des Menschen in Ökosysteme: Saurer Regen, Waldsterben, Luftverschmutzung. Siemers
- Waldsterben 1 + 2. Siemers

Sonstige Medien
- Schlüter Objektkästen: Gefährdung der Wälder: Baumsterben (Weißtanne,Kiefer, Ulme).
- Schlüter Naturpräparat 1505: 1 Paar große Stammscheiben zum Vergleich, je von einem gesunden und einem kranken Nadelbaum. Die Schüler vergleichen das Dickenwachstum beider Scheiben in den letzten 20 Jahren.
- MAM-Box 5: Biotop- und Artenschutz, Schädlingsbekämpfung, Luftverschmutzung. Klett

Erscheinungsbilder des Waldsterbens

Wir fassen die Ergebnisse am Beispiel der Fichte zusammen.

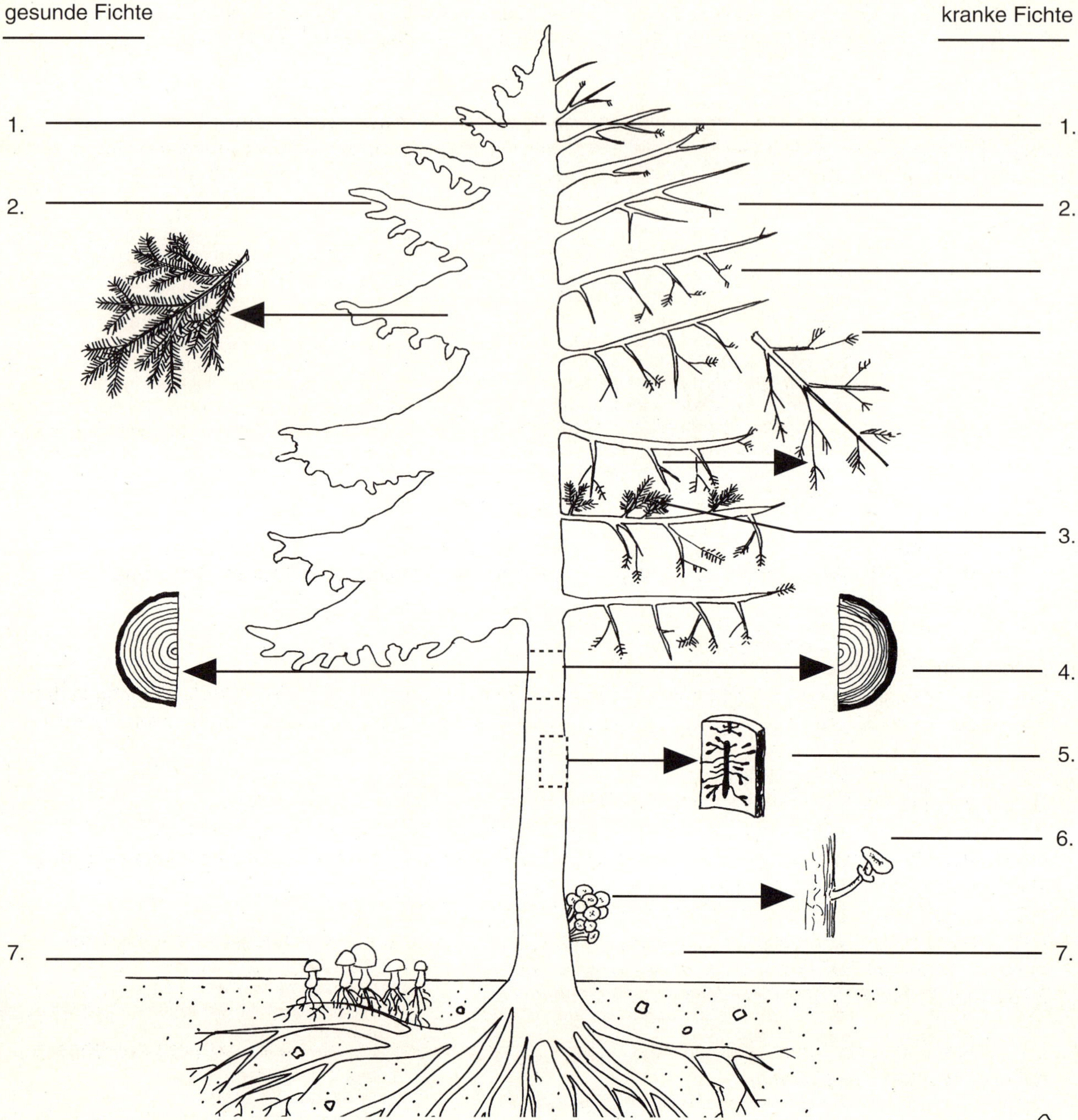

8. Warum ist das Waldsterben in den Kammlagen der Gebirge besonders stark?

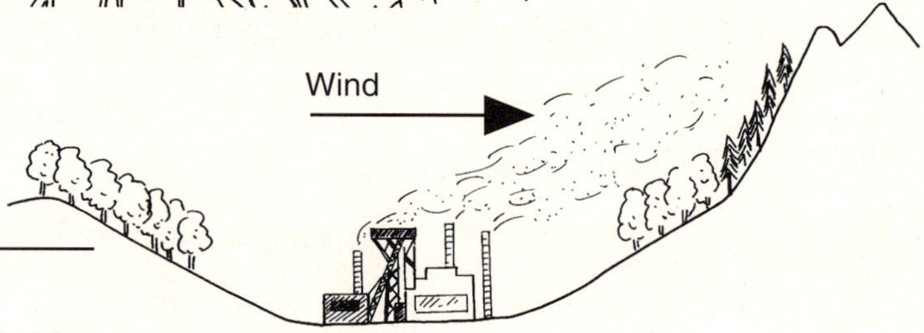

Praktikum zur Wirkung der Schadgase Schwefeldioxid und Stickstoffoxide auf Fichtenzweige

Vorbereitungen: In Plastikschalen (ca. 22 x 10 x 7 cm; mit Deckel dicht verschließbar) werden passende Fichtenzweige gelegt, die mit dem Stiel in wassergefüllte Gefäße, z.B. Petrischalen, reichen und so einige Wochen überleben können. Wir legen unter Anleitung des Lehrers vier Parallelversuche an.

Ziel: Mittels einer Flüssigkeit in einer zweiten Petrischale wird in jeder Dose das für unser Experiment wichtige Schadgas erzeugt. Der Deckel der Plastikdose wird sofort geschlossen. Wir beobachten die Veränderungen an den Fichtenzweigen über 2 bis 3 Wochen.

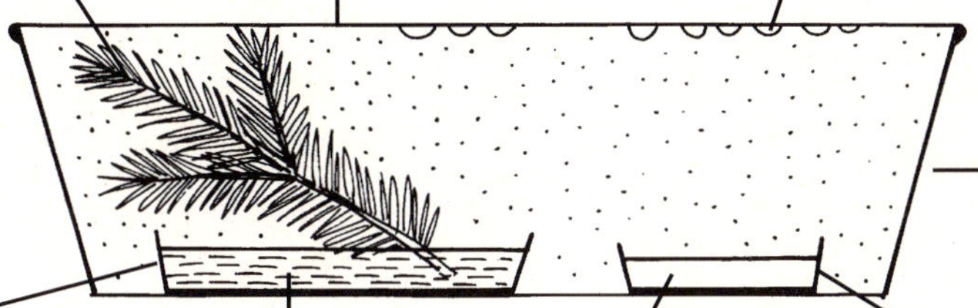

1. Untersuchung der Wirkungen von Schwefeldioxid
   Um eine Schwefeldioxid-Atmosphäre von ca. 100-500 ppm (Millionstel Teile) zu erzeugen, gibt man in den Boden der Petrischale eine 1%ige Natriumhydrogensulfitlösung: Über Dissoziation wird Schwefeldioxid frei.
   $Na^+ + HSO_3^- + H^+ + OH^- \rightarrow SO_2\nearrow + Na^+ + OH^- + H_2O$

2. Untersuchung der Wirkungen von Stickstoffoxiden
   Um eine Stickstoffoxid-Atmosphäre von etwa 100-500 ppm (Millionstel Teile) zu erzeugen, gibt man in die Petrischale 10 ml 20%ige Salpetersäure und etwa 1 g Kupfer. Da die Stickstoffoxide sehr giftig sind, muß der Deckel der Plastikschale sofort geschlossen werden.
   $3\,Cu + 8\,HNO_3 \rightarrow 3\,Cu(NO_3)_2 + 2\,NO\nearrow + 4\,H_2O$
   Das Stickstoffmonoxid verbindet sich mit dem im abgeschlossenen Gefäß vorhandenen Sauerstoff zu braunem Stickstoffdioxid:
   $2\,NO + O_2 \rightarrow 2\,NO_2$

3. Zur Untersuchung der Kombinationswirkung läßt man beide Schadgase nach dem o.g. Muster gleichzeitg auf einen Fichtenzweig einwirken.

4. Als Kontrollversuch wird ein Fichtenzweig ohne Einwirkung von Schadgasen über 2 bis 3 Wochen beobachtet.

Aufgabe: Vergleiche die vier Ergebnisse.

Tropische Regenwälder sind gefährdete Großlebensräume.

(Schülerbuch S. 114/115)

Zusatzaufgaben und Lösungen

① Welche Farben überwiegen bei den Vögeln des tropischen Regenwaldes? Erkläre.

– *Rot, blau, grün, gelb. Im Halbdunkel des immergrünen Waldes leben sehr verschiedene Tierarten. Durch die bunten „Plakatfarben" können sie einander leichter finden.*

② Das Faultier ist eines der langsamsten Säugetiere der Welt. Das langhaarige Fell weist eine Besonderheit auf: Der „Strich" der Haare geht nicht wie üblich vom Rücken zum Bauch, sondern umgekehrt. Erkläre.

– *Das Fell schützt das Faultier vor Durchnässung bei tropischen Regengüssen. Für die „hängende Position" ist der o. g. „Strich der Haare" günstiger.*

③ Ist die Bromelie ein Parasit (vergleichbar unserer Mistel) weil sie in den Baumkronen wächst? Erkläre.

– *Sie ist kein Parasit, sondern lebt als „Aufsitzer" (Epiphyt) auf einem Ast oder in einer Astgabel. So erhält sie mehr Licht als Pflanzen, die auf dem Boden des Regenwaldes wachsen. Von den reichlichen Regengüssen sammelt sie Wasservorräte in den Blattachseln, die kleine Zisternen darstellen und auch von Tieren aufgesucht werden (z. B. Insekten; Baumsteiger-Frösche, deren Kaulquappen hier aufwachsen). Über das Wasser erhält die Bromelie auch die nötigen Mineralstoffe.*

④ Ordne die verschiedenen Tiere auf Abb. 114.1 den Stockwerken im tropischen Regenwald zu.

– *Riesenbäume: Harpyie (Affenadler), Arakanga (Papagei); obere Kronenregion: Tukan, Morphofalter, Boa-Riesenschlange (zu ergänzen wären noch: verschiedene Affen); untere Kronenregion: Jaguar, Faultier; unteres Stockwerk: Blattschneiderameisen; Bodenschicht: Zwergbeutelratte, Tapir, Gürteltier.*

⑤ Regenwald wächst nur in niederschlagsreichen Gebieten der Erde, nicht überall in den Tropen. Ermittle auf einer Vegetationskarte, in welchen Gebieten der Erdteile Regenwald vorkommt.

– *Mittelamerika: Bergwälder der Kordilleren; Südamerika: Amazonas- und Orinokobecken, Westküste von Ecuador und Kolumbien, Südostküste von Brasilien; Afrika: Kongobecken, Westafrika und an hohen Bergen Ostafrikas, Ostküste Madagaskars; Asien: Westküste Vorderindiens, Küstengebirge Ceylons, Hinterindiens und der Inseln Indonesiens; Australien: Küstengebirge Nordost-Australiens.*

⑥ Was unterscheidet den tropischen Regenwald von den Wäldern Mitteleuropas?

– *Es gibt keine Nadelbäume, nur immergrüne Laubbäume. Es gibt keine Jahreszeiten: Die Blätter werden nach einem individuellen Rhythmus gewechselt, ebenso blühen das ganze Jahr über Pflanzen. Das Holz hat keine Jahresringe. Im tropischen Regenwald gibt es zahlreiche Lianen und Aufsitzerpflanzen, die einen eigenen Lebensraum für Tiere bilden. Auch wenn nur ca. 1 % des Lichtes den Waldboden erreicht, ist die Krautschicht gut entwickelt.*

⑦ Zahlreiche Zimmerpflanzen stammen aus dem tropischen Regenwald. Beispiele: Geweihfarn, Vogelnestfarn, Streifenfarn, Bromelien, Orchideen, Philodendron, Passionsblume, Begonien, Gloxinien, Anthurien (Flamingoblumen). Lasse dir zu Hause, in der Schule oder in einem Blumenladen solche Pflanzen zeigen. Achte dabei auf die Ausbildung der Wurzeln, des Stengels bzw. Stammes, der Blätter und auf das Substrat, in dem die Pflanzen wachsen. Ordne dann die Pflanzen den verschiedenen Stockwerken im tropischen Regenwald zu.

– *Geweihfarn, Vogelnestfarn, Streifenfarn, Bromelien, und Orchideen sind Aufsitzerpflanzen (Epiphyten) in der Kronenregion. Sie besitzen Einrichtungen zum Sammeln von Wasser und organischem Material für die Humusbildung. Luftwurzeln dienen z. B. bei Orchideen zur Wassergewinnung aus Tau. Das Bodensubstrat ist sehr einfach (keine gedüngte Blumenerde!). Philodendron und Passionsblume besitzen keinen tragfähigen Stamm, jedoch Einrichtungen zum Klettern und erreichen so vom Boden aus die untere Kronenregion. Begonien, Gloxinien und Anthurien (Flamingoblumen) wachsen in der Bodenschicht und müssen mit wenig Licht auskommen. Sie besitzen großflächige Blätter, meist von schiefer, unsymmetrischer Form. Sie sind oft mit einer Träufelspitze ausgestattet.*

Zusatzinformation

Lebensbedingungen im Regenwald

In den *tropischen Regenwäldern* Lateinamerikas werden 300 000 bis 1 000 000 verschiedene Pflanzenarten vermutet. Sie sind nicht leicht zu unterscheiden, da infolge der Anpassung an die gleiche Umwelt *Konvergenz* auftritt, z. B. Heterophyllie bei den Bäumen: Träufelspitzen an den großen Blättern der unteren Stockwerke, dagegen kleine, ledrige bis xeromorphe Blätter in den oberen Etagen. Die *Blütezeiten* richten sich nach dem autonomen Rhythmus des Individuums und erschweren die eindeutige Bestimmung einer Art.
Wegen der vielen *Kletterpflanzen* ist der Regenwald schwer begehbar (90 % aller Lianenarten wachsen in den Tropen). Der Waldboden – bei uns ein Symbol von Fruchtbarkeit – ist in den Tropen unfruchtbar und für den Regenwald nur das Substrat für die Wurzeln. Die *Mineralstoffversorgung* der Pflanzen erfolgt einmal über den Regen, der über die Passatwinde mit Stäuben aus den Trockengebieten angereichert ist, zum anderen über die rasche Zersetzung von organischem Material. Hierbei spielt die enge Symbiose mit Mykorrhizapilzen eine wichtige Rolle. Das eigene *Mikroklima*, das Wald allgemein kennzeichnet, ist bei den tropischen Regenwäldernbesonders ausgeprägt. Durch das Blätterdach der Bäume wird die Sonneneinstrahlung stark abgeschwächt, die täglichen *Temperaturschwankungen* betragen nur noch 1–3 °C. Die Luftfeuchtigkeit beträgt auch an regenlosen Tagen ca. 90 %, auf gerodeten Flächen dagegen nur 40–50 %. Durch die hohe Taubildung sind die unteren Stockwerke des Waldes immer triefend naß (vgl. die Ausbildung von Träufelspitzen an den Blättern). Somit wird sehr viel Regenwasser zurückgehalten, nur 25 % fließen oberflächlich ab.

Bodenerosion in den immerfeuchten Tropen in Tonnen pro Hektar und Jahr

dichte Weide	6
Getreide	32
spärliche Weide	60
Baumwolle	80
Forsten ohne Unterholz	90
Forsten mit Unterholz	6
Ackerbau mit Brandrodung	600–1200
Naturwald am Steilhang	25
Naturwald auf der Ebene	4

Folgen der Zerstörung des Regenwaldes

Durch die *Abholzung* der Regenwälder entstehen folgende Gefahren:
- Mehr Regenwasser fließt ab, dadurch verstärkt sich die Erosion. Überschwemmungen am Unterlauf der Flüsse sind die Folge. Durch mitgeführten Sand und Schlamm werden dort landwirtschaftliche Siedlungen überdeckt.
- In den ariden Gebieten der Tropen regnet es weniger, die Trockenzeiten werden länger, die Wüsten breiten sich aus. Über den waldlosen Gebieten sind die Temperaturschwankungen größer. Dadurch steigt die Gefahr der Bildung von Unwettern (Taifunen). Dies hat weltweit Auswirkungen auf das Klima.
- Die Brandrodung in tropischen Regenwäldern trägt wesentlich zum weltweiten Anstieg des CO_2-Gehalts der Luft bei. Dadurch wird der Treibhauseffekt vergrößert, es kommt zu einer rascheren Erwärmung der Erdatmosphäre.
- Die Vernichtung der Regenwälder führt zu einem Verlust von 500 000–600 000 Arten (vor allem Pflanzen und Insekten). Die meisten Arten sind unerforscht, d. h. auch ihr möglicher Nutzen für den Menschen ist unbekannt.
- Aufforstungsprogramme führen vor allem zu Monokulturen. Das tropische Klima fördert die Gefahr von Schädlingskalamitäten, die mit einem großen Aufwand an chemischen Mitteln bekämpft werden müssen.

Lösungen zum Arbeitsblatt

1. Riesenbäume sind höher als alle anderen und bilden einen „Wald über dem Wald". So erreichen sie eine höhere Lichtausbeute. Auf ihren Ästen und in den Astgabeln wachsen oft Aufsitzerpflanzen (Epiphyten, z. B. Moose, Farne Bromelien, Orchideen).
   Der Stamm der Riesenbäume ist mit weit auslaufenden Brettwurzeln ausgestattet, die nicht tief, sondern nur flach im Boden verankert sind.
2. Teak, Mahagoni, Palisander, Ebenholz. Sie stammen von Riesenbäumen des tropischen Regenwaldes.
3. Baumfarne waren bei der Bildung von Kohleflözen wesentlich beteiligt (vgl. Schülerbuch S. 79).

Medien

Filme
- Pflanzen und Tiere am Amazonas. FWU
- Holzgewinnung im afrikanischen Urwald. FWU
- Brandrodungsfeldbau. Klett
- Holz aus dem tropischen Regenwald 1 + 2. Klett

Dias
- Amazonasgebiet 2–3. FWU
- Straßenbau im brasilianischen Urwald. FWU
- Der Mensch erschließt den tropischen Regenwald, Kolumbien. FWU
- Exportwirtschaft im Bereich des tropischen Regenwaldes in Afrika. FWU
- Das Projekt Jari im tropischen Regenwald des Amazonas. Klett
- Vegetation der Erde 1: Der immergrüne tropische Regenwald. Vegetation der Erde 4: Die tropisch-immergrünen Wälder, Dorngebüsche und Savannen. V-Dia

Arbeitstransparente
- Klima- und Landschaftszonen der Erde. Klett

Sonstige Medien
- Klett Lesehefte:
  Landschaftszonen und Ökosysteme.
  Tropische Regenwälder
- Terra Lesehefte Geographie:
  Naturkatastrophen 2: Wetter

Tropenhölzer und ihre Verwendung in Europa

Aus West- und Zentralafrika stammen:
Abachi = Oboche = Wawa = Samba (1, 2, 3, 8), bis 50 m hoch
Abura (1, 2, 3), auch für Drechslerarbeiten
Afrormosia = Kokrodua (1, 2, 4, 7), Ø bis 1,6 m, im Kongo angebaut
Afzelia = Doussie (1, 3, 4, 5, 6,7, 8), sehr haltbares, schweres Holz
Agba = Tola Branca (5), bis 60 m hoch
Avodire (1, 2, 3), auch für Drechslerarbeiten
Bongossi = Azobe = „Eisenholz" (1, 4, 6, 7), sehr haltbar und schwer, für Zäune und Brücken
Bossé (1, 8), u. a. für Zigarrenkisten
Bubinga (1, 2), u. a. für Luxusgegenstände
Dibetou (1, 2, 3), gern für Intarsien verwandt
Ilomba (3, 8), auch als Kistenholz
Kamabla = Iroko (3, 4, 5, 7), dauerhaft; Schleifstäube giftig
Khaia = Afr. Mahagoni (1, 2, 3, 4, 9), auch Musikinstrumente und Luxus
Kosipo (1), bis 50 m hoch
Limba (1, 2, 3), früher Massenholz, u. a. Sperrholz als „Futter" für Türen, geringe Haltbarkeit, Anbau in Ghana
Makoré = Afr. Birnbaum (1, 2, 3, 4, 7, 9), sehr dauerhaft
Mansonia (1, 2), für Luxusgegenstände
Niangon (4, 5, 7), als Ausstattungsholz
Okumé = Gabunholz (3, 5, 7), leicht, schnellwüchsig, bis 60 m hoch
Padouk (1, 2, 4, 6, 7), auch für Musikinstrumente, haltbares Holz, gleicher Name für verwandte Arten in Asien
Sapeli (1, 2, 3, 4, 5, 7, 9), als „Mahagoni" bezeichnet, in Nigeria in Kultur
Sipo = Utile (1, 2, 3, 4, 5, 7, 9), als „Mahagoni" bezeichnet, auch Intarsien
Tiama (1, 3, 9)
Wengé (1, 2, 3, 4, 9), Ersatz für „Ebenholz", haltbar und schwer
Zebrano = Zebraholz (1), streifige Zeichnung, Ausstattungsholz

Aus Südostasien stammen:
Merbau (1, 5, 7)
Ramin (1, 2, 3, 9), geringe Haltbarkeit
Red Lauran = Red Meranti (3, 5, 6, 7)
Teak (1, 2, 3, 4, 5, 9), sehr haltbar, verschiedene Arten mit ähnlichen Eigenschaften, Plantagen in den tropen der Alten und Neuen Welt

Aus Südamerika stammen:
Brasilkiefer (1, 3, 4), auch für Papier und Zellstoff, wenig haltbar
Coigue (1)
Greenheart (2, 4, 5, 6, 7), schweres, witterungsbeständiges Holz
Mahagoni = Swietenia = Amerik. Mahagoni (1, 3, 5), dunkler Kern, meist Furnierholz
Pockholz (u. a. 9), sehr haltbar und schwer, speziell für Kugeln und Lager

Nutzungshinweise
(1) Möbel
(2) Möbelfurniere
(3) Innenausbau (mit Wänden, Decken, Treppen, Türen)
(4) Fußböden/Parkett
(5) Außenbau (mit Türen und Fenstern)
(6) Gartenbau (mit Zäunen und Brücken)
(7) Wasserbau/Schiffsbau (u. a. auch Saunen)
(8) Verpackungsmaterial/Behälter
(9) Schnitzerei

Der tropische Regenwald

Aufgaben:

1. Was sind die Merkmale von Riesenbäumen im tropischen Regenwald? Kennzeichne einen Riesenbaum mit Farbstiften. Verwende in deiner Beschreibung folgende Begriffe: Höhere Lichtausbeute; Aufsitzer-Pflanzen (Epiphyten); Brettwurzeln, Schlingpflanzen (Lianen).

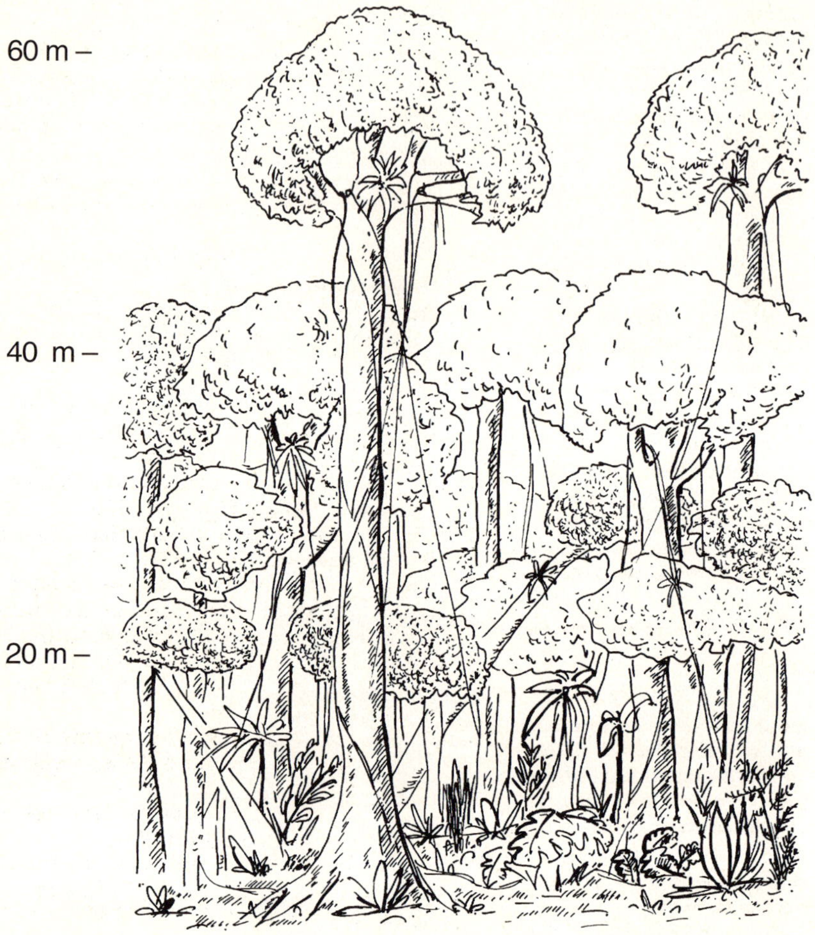

2. Nenne die Namen einiger tropischer Holzarten.
   Denke dabei an wertvolle Möbel oder Musikinstrumte.

3. Im tropischen Regenwald gibt es Baumfarne, kennzeichne sie mit Farbstiften. Wo spielten Baumfarne in der Erdgeschichte eine größere Rolle? Schlage im Register des Schülerbuches nach.

Literatur

Themenhefte

DER BIOLOGIEUNTERRICHT: Heft 3 (1967) „Der Wald im Unterricht" und Heft 4 „Der Wald im Unterricht – Vorschläge für die Freilandarbeit", Ernst Klett Verlag, Stuttgart

UNTERRICHT BIOLOGIE (UB): Heft 13 (1977) „Der Wald", Heft 15 (1981) „Vegetationskunde", Heft 67 (1982) „Exkursionen", Heft 99 (1984) „Waldsterben", Heft 103 (1985) „Regenwald", Heft 120 (1986) „Energie", Heft 126 (1987) „Bäume", Heft 147 (1989) „Farne und Moose", Heft 159 (1990) „Naturmaterialien aus fremden Ländern". Friedrich Verlag, Velber

NATURWISSENSCHAFTEN IM UNTERRICHT – BIOLOGIE: Heft 9 (1908) „Wald und Forst", Heft (1984) „Der Wald – Waldschäden". Aulis, Köln

Zeitschriftenartikel

BAISCH, S., GÜNZLER, E.: Zur Behandlung des Themas Waldsterben im Biologieunterricht. Unterricht Biologie, Heft 85, 1983

BRAUER, K.: Kupferstecher, die in Baumrinde arbeiten. Unterricht Biologie, Heft 133, 1988.

EWE, THORWALD: Das Ozon-Drama. Bild der Wissenschaft 23, H. 6, (1986)

FLICK, M.: Die Mykorrhiza und ihre Entwicklung unter dem Einfluß verschiedener Umweltfaktoren. Mitteilungsblatt der Arbeitgemeinschaft Pilzkunde Niederrhein 3, Heft 1, (1985)

LANGE, M.: Wann kippt das Klima? Natur, Nr. 8, (1987)

LAUSCH, E.: Das unheimliche Spiel mit dem Feuer. Geo, Klima – Wetter – Mensch, H. 12, (1987)

LAUSCH, E.: Treibhaus Erde, Geo, H. 9, (1989)

RODI, D.: Beobachtungen, Untersuchungen und Modellversuche zum Waldsterben im Biologieunterricht der Sekundarstufe. MNU 37, H. 7, (1984)

SCHAEFER, C.: Das Ozonloch wird immer größer. Bild der Wissenschaft, H. 2, (1988)

SCHAEFER, C.: Fluor-Chlor-Kohlenwasserstoffe. Bild der Wissenschaft, Heft 2, 1988

Bücher

AICHELE, D., SCHWEGLER, H.W.: Unsere Moos- und Farnpflanzen. Franckhsche Verlagshandlung, Stuttgart 1984

AMANN, G.: Bäume und Sträucher des Waldes. Neumann-Neudamm Verlag, Melsungen 1984

BAERTELS, A.: Farbatlas der Tropenpflanzen. Ulmer, Stuttgart 1989

BERTSCH, K.: Der Wald als Lebensgemeinschaft. Otto Maier Verlag, Ravensburg 1947

BRUCKNER, G., KALUSCHE, D.: Bodenbiologisches Praktikum. Biologische Arbeitsbücher 9. Quelle und Maier Verlag, Heidelberg 1976

DYLLA, K., KRÄTZNER, G.: Das biologische Gleichgewicht in der Lebensgemeinschaft Wald. Biologische Arbeitsbücher 9. Quelle & Meyer Verlag, Heidelberg 1984

GÖSSWALD, K.: Organisation und Leben der Ameisen. Wiss. Verlagsgesellschaft, Stuttgart 1985

HARTMANN, G. U. A.: Farbatlas Waldschäden. Ulmer, Stuttgart 1988

HOFMEISTER, H.: Lebensraum Wald – Ein Weg zum Kennenlernen von Pflanzengesellschaften und ihrer Ökologie. Parey Verlag, Hamburg 1982

JAHNS, H. M.: Farne – Moose – Flechten Mittel-, Nord- und Westeuropas. Bayerischer Landwirtschaftsverlag, München 1982

JÜNGLING, H.: Bestimmungsbuch für Pflanzen. Ernst Klett Verlag, Stuttgart 1970

MITCHELL, A.: Die Wald- und Parkbäume Europas. Parey Verlag, Hamburg 1979

REICHOLF, J. G.: Der unersetzbare Dschungel. Leben, Gefährdung und Rettung des Tropischen Regenwaldes. BLV, München 1990

RUHLAND, H. (Hrsg.): Schadensbilder an Waldbäumen. Deutsche Umwelthilfe, Informationsheft 1985

SCHILKE, K.: Herbstfärbung und Laubfall. IPN Einheitenbank Biologie. Aulis Verlag Deubner, Köln 1977

SCHÖNWIESE, CH.-D., DIECKMANN, B.: Der Treibhauseffekt. DVA, Stuttgart 1988

STERN, H., BIBELRIETHER, H., BURSCHEL, P., PLOCHMANN, R., SCHRÖDER, W., SULZ, H.: Rettet den Wald. Kindler Verlag, Zürich 1984

STRASS, V.: Spielregeln der Natur. Taktik, Tricks und Raffinesse. BLV, München 1990

TÜXEN, R.: Unser Buchenwald im Jahreslauf. Beiheft zur Veröffentlichung Naturschutz – Landschaftspflege Baden-Württemberg Nr. 47, Karlsruhe 1986

Gewässerökosysteme

In Kapitel 1 werden die Pflanzen und Tiere eines Sees vorgestellt. Die notwendige Artenkenntnis, die heute bei Schülern weitgehend fehlt, kann durch Exkursionen, mitgebrachte Materialien und mikroskopische Wasseruntersuchungen erarbeitet werden. Dabei leisten die Lexikonseiten Hilfestellung. Kapitel 2 zeigt die gegenseitigen Abhängigkeiten im Ökosystem See. Die Eingriffe des Menschen in die Gewässer (Kapitel 3) werden überwiegend am Fließgewässer verdeutlicht, wobei unsere Abhängigkeit von sauberem Trinkwasser die Gesamtverantwortung eines jeden einzelnen für die Gewässer sichtbar werden läßt. Das Beispiel Nordsee soll die großräumige Vernetzung der Umweltprobleme verdeutlichen.

Den **Lebensraum Wasser** brauchen in Deutschland folgende Tierarten
- eine riesige Artenzahl der Wirbellosen
- alle 150 Fischarten
- alle 15 Lurcharten
- 3 von 13 Kriechtierarten
- 144 von 300 Vogelarten
- 9 von 70 Säugetierarten

Feuchtgebiete (engl. wetlands)
Sammelbegriff für Gewässer und Feuchtländereien aller Art (Feuchtwiesen, Moor- und Sumpfgebiete, einschließlich solcher Meeresgebiete, deren Tiefen bei Niedrigwasser 6 m nicht übersteigen.

Feuchtbiotope
Sie werden in der Absicht angelegt, vielen Arten Lebensraum zu geben. Ziel ist eine natur- und landschaftsgerechte Gestaltung von neu angelegten Gewässern oder vernäßten Stellen.

1 Pflanzen und Tiere im See

Die Pflanzengesellschaften des Ufers

(Schülerbuch S. 118/119)

Aufgaben und Lösungen

① Stelle in einer Tabelle die Umweltbedingungen des Ufers und die entsprechenden Anpassungen von Pflanzen zusammen.
- **Uferpflanzen und Röhrichtgürtel:** *Lebensbedingungen/Anpassungen*
- *schlammiger Untergrund, kein fester Halt; O_2-Aufnahme ist behindert/Binsen, Seggen und Röhrichtpflanzen sind Flachwurzler; die Stengel sind hohl oder haben mit Luft gefüllte Hohlräume.*
- *heftiger Wind und Wellenschlag, knickt die Stengel, reißt die Blätter ab/elastische Halme, bandförmige Blätter, die sich nach dem Wind ausrichten; rillenförmige Versteifungen (oft aus Kieselsäure).*
- **Pflanzen des Schwimmblattgürtels** *Lebensbedingungen/Anpassungen*
- *heftiger Wind, verweht bestäubende Insekten/große Blüten zur Anlockung der Insekten.*
- *Schwimmblätter können überflutet werden oder austrocknen, der Gasaustausch über die Spaltöffnungen ist gestört/elastische Stengel sorgen für die richtige Position der Blätter; die Spaltöffnungen befinden sich auf der Oberseite der Blätter; die Wachsschicht läßt Wasser abperlen.*
- **Pflanzen des Tauchblattgürtels** *Lebensbedingungen/Anpassungen*
- *Kein Kontakt der Pflanzen zur Luft/submerse Pflanzen nehmen O_2 und Nährstoffe direkt aus dem Wasser über die Blätter auf; die Wurzeln dienen vor allem der Verankerung im Untergrund.*

② Begründe, warum ein Festigungsgewebe im Blatt des Rohrkolbens nötig ist, im Stengel des Tausendblatts dagegen fehlen kann.
- *Die Stengel und Blätter des Rohrkolbens ragen über die Wasseroberfläche hinaus und sind dort dem Wind ausgesetzt. Da die Blätter des Rohrkolbens auch große Hohlräume zur Luftleitung besitzen (Aerenchym), sind Verteifungsleisten erforderlich. Das Tausendblatt wächst in größerer Tiefe (untergetaucht) hat fein gespaltene Blätter mit geringem Strömungswiderstand und ist somit der Wasserbewegung weniger ausgesetzt.*

③ Überlege, wie Wassersportler Pflanzen des Ufers gefährden. Welche Konsequenzen ergeben sich daraus für den Schutz der Pflanzen?
- *Vom Ufer aus startende Boote bilden Schneisen im Röhricht und in der Schwimmblattzone.*
  Beim Segeln und Surfen können die Sportler in diese Zonen hineingetrieben werden, dabei entstehen Schäden. Fahrende Motorboote erzeugen Wellenschlag und schädigen dadurch das Röhricht. Durch Schutz ganzer Seebereiche werden die Pflanzengesellschaften insgesamt geschont. In den belasteten Zonen können Pfahlwände, Reisigdämme, Rauhpackwerk u. ä. vorgebaut werden, um das Röhricht zu schützen.

Zusatzinformation

Röhricht

Der Flachwasserbereich wird von zwei Typen von Röhrichtpflanzen besiedelt: *Schilf* erreicht mit den horizontal abgespreizten Blättern, die nicht überflutet werden dürfen, eine optimale Lichtausbeute. *Rohr-* und *Igelkolben* sowie *Seggen* und *Binsen* stellen ihre Blätter vertikal; diese sind dorsiventral oder radial gebaut und können auch noch Fotosynthese treiben, wenn sie unter Wasser stehen. Schilf leidet besonders unter Vertritt und Verbiß im Wurzelbereich, weil die Rhizome dadurch von der Luftversorgung abgeschnitten werden. Bewuchs mit Schilf ist ein Indikator für ungestörte Flachufer. Die Pflanzen des anderen Typs knicken zwar bei Wellenschlag leichter als Schilf, können jedoch Verbiß und Vertritt besser vertragen.

Lösungen zum Arbeitsblatt

1. Stengel und Blätter sind mit Rillen verstärkt, die sich rauh anfühlen (eingelagerte Kieselsäure).
2. Die Blattscheide dreht sich um den Stengel wie ein Scharnier. Dadurch richtet sich die Blattspreite bei Wind immer nach der windabgewandten Seite aus.
3. Ein Haarkranz umgibt ihn. Wasser kann nicht in die Blattscheide eindringen.
4. Der Wellenschlag findet so weniger Angriffsfläche. Die Blätter dürfen nicht überflutet werden, sonst kann keine Photosynthese stattfinden.
5. Die Schilfpflanzen sind durch verzweigte Erdstengel im Schlamm verankert. Immer wieder entstehen neue Seitensprosse und bilden ein zusammenhängendes Netz.
6. Der Stengel ist hohl und durch Knoten (mit Wachstumszone) untergliedert. Der untere Teil des Blattes (Blattscheide) ist um den Stengel gehüllt, während der obere (Blattspreite) flach abgespreizt wird.

Das Schilf ist an Wind, Wellenschlag und Schlammgrund angepaßt.

Aufgabe: Besorge dir aus dem Schulteich oder aus dem Röhricht eine Schilfpflanze (mit Erdstengel) und untersuche sie.

1. Betrachte und befühle die Oberfläche von Stengel und Blättern.

2. Die Blätter lassen sich am Stengel leicht drehen.

3. Betrachte den Eingang zur Blattscheide genauer.

4. Warum finden wir an der Wasserlinie keine Blätter? Formuliere Vermutungen.

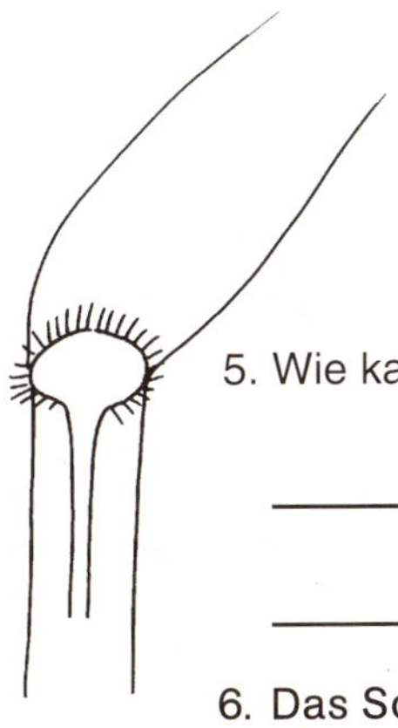

5. Wie kann das Schilf ein dichtes Röhricht bilden?

6. Das Schilf ist ein Riesengras, welches bis 3,5 m hoch werden kann. Welche Merkmale beweisen, daß das Schilf zu den Gräsern gehört?

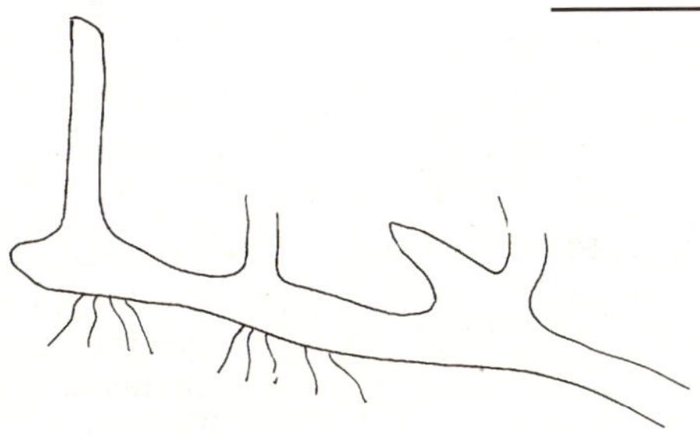

Zusatzinformation

Vegetationszonierung

Heute werden vielfach Teiche künstlich angelegt. Dabei müssen verschiedene Faktoren berücksichtigt werden, wenn stabile Pflanzengesellschaften entstehen sollen.
Da natürliche Anschauungsobjekte mit optimalen Vegetationszonen durch die Eingriffe des Menschen in die Natur immer seltener ausgebildet sind, lassen sich diese Faktoren am Beispiel eines künstlich angelegten Teichs analysieren (siehe Abb.).
Die Vegetationszonen werden bestimmt durch das Zusammenwirken folgender Einflüsse: die Empfindlichkeit der Uferpflanzen gegen Staunässe und O_2-Mangel; die unterschiedliche Lichtbedürftigkeit verschiedener Pflanzen; die Empfindlichkeit gegen mechanische Beanspruchung (Wind, Wellenschlag, Vertritt); mikroklimatische Faktoren des Standorts (Sonneneinstrahlung bzw. Schattenwurf, vorherrschende Windrichtung); Relief des Ufers (Steil- oder Flachufer, Körnung des Untergrunds).

Der Faktor „Staunässe" kann an Zimmerpflanzen experimentell erarbeitet werden.
Je zwei Usambaraveilchen und Zyperngrastöpfe (möglichst auch noch eingetopfte Flatterbinsen) werden auf der Fensterbank des Klassenzimmers einem Gießversuch unterzogen. In der einen Versuchsreihe werden die Pflanzen stark gegossen, so daß immer Wasser im Untersetzer steht, in der anderen nur sparsam mit Wasser versorgt. Nach zwei Wochen zeigt die Auswertung: Die stark gegossenen Usambaraveilchen haben gelitten, während beim Zyperngras das sparsame Gießen geschadet hat. Die Flatterbinse hat beides gut überstanden. Das Zyperngras ist eine gut an das Wasser angepaßte Pflanze, die Flatterbinse eine Sumpfpflanze und das Usambaraveilchen eine Trockenheit ertragende Landpflanze.

Durch O_2-Bestimmung im Gießwasser läßt sich in einem Vergleichstest der O_2-Verbrauch prüfen. Ein Topf mit Zyperngras und ein Topf mit grobem Kies werden mit gleichen Mengen Wasser gegossen. Das heraussickernde Wasser wird auf seinen Sauerstoffgehalt überprüft. Das Wasser aus dem Kieseltopf enthält Sauerstoff, während das Wasser aus dem Zyperngrastopf praktisch sauerstofffrei ist, der Sauerstoff also aufgenommen wurde.

Sumpf- und Wasserpflanzen haben für den Mangelfaktor O_2 zusätzliche Anpassungen entwickelt: Der in der Fotosynthese als Abfallprodukt entstehende Sauerstoff wird in Hohlräumen (Aerenchym) zu den unterirdischen Organen geleitet. Diese Sonderbildungen lassen sich durch einfache Blatt-, Sproß- und Wurzelquerschnitte z. B. beim Zyperngras, der Flatterbinse oder dem Rohrkolben oft schon bei Lupenvergrößerung nachweisen (vgl. Praktikum., Schülerbuch S. 120, Aufgabe 3 b)).

Die unterschiedliche Lichtempfindlichkeit läßt sich in Gelände bei Röhrichtpflanzen zeigen. Nur Schwertlilien ertragen Lichtmangel und können auch im Bruchwald wachsen. Schilf gewinnt gegenüber dem Rohrkolben bei Konkurrenz um Licht die Oberhand; andererseits kann Rohrkolben auch noch einige Beschattung ertragen und das Schilf dort verdrängen.

Die Wirkungen von mechanischer Belastung wurde bereits diskutiert. Das Zusammenwirken verschiedener Faktoren bei der Ausbildung des Röhrichts kann mit dem Arbeitsblatt veranschaulicht werden.

Lösungen zum Arbeitsblatt

1. Die Staunässe nimmt am Steilufer rasch ab, deshalb gedeiht hier Hochwald in Ufernähe. Das steile Ufer läßt Weiden überhängen und manchmal ins Wasser stürzen. Durch den Schattenwurf bildet hier Rohrkolben das Röhricht, nicht das Schilf. Der Röhrichtgürtel ist jedoch wegen des rasch abfallenden Ufers nur schmal ausgebildet. Es folgen Schwimmblattpflanzen, wobei die Teichrose, die sich bis in 4 m Tiefe ansiedeln kann, Vorteile hat.
2. Erlen und Weiden gestalten die Bruchwaldzone, wo Staunässe herrscht (vgl. auch Sumpfpflanzen). Die niederen Weiden werfen wenig Schatten. Das lichthungrige Schilf bildet im Flachufer einen großen Röhrichtgürtel, denn es wird durch Wellenschlag kaum beansprucht. Darauf folgen Schwimm- und Tauchblattpflanzen (wie in Abb. 118.1).
3. Die Bruchwaldzone ist gleich strukturiert wie in 2. Hier ist jedoch das Schilfröhricht durch Wellenschlag stark ausgedünnt. Zwischen dem lückig stehenden Schilf wachsen kleine Tauchblattpflanzen. Seerosen und andere Schwimmblattpflanzen fehlen, da sie durch den Wellenschlag beeinträchtigt werden.

1) Feuchtwiese, Weg
2) Hochstaudenflur
3) lichte Feinblattpflanzen (Seekanne)
4) Kleinröhricht (Igelkolben)
5) Tauchblattpflanzen
6) Wasserrosen (wie Teichrose im Kübel)
7) Großröhricht aus Reinbeständen von Schilf, Rohrkolben, Schoenoplectus
8) lichtes, gestaffeltes Auengehölz (Weiden, Erle, Esche; Faulbaum, Himbeere u.a.

Schema für die Vegetationsgestaltung am Teich

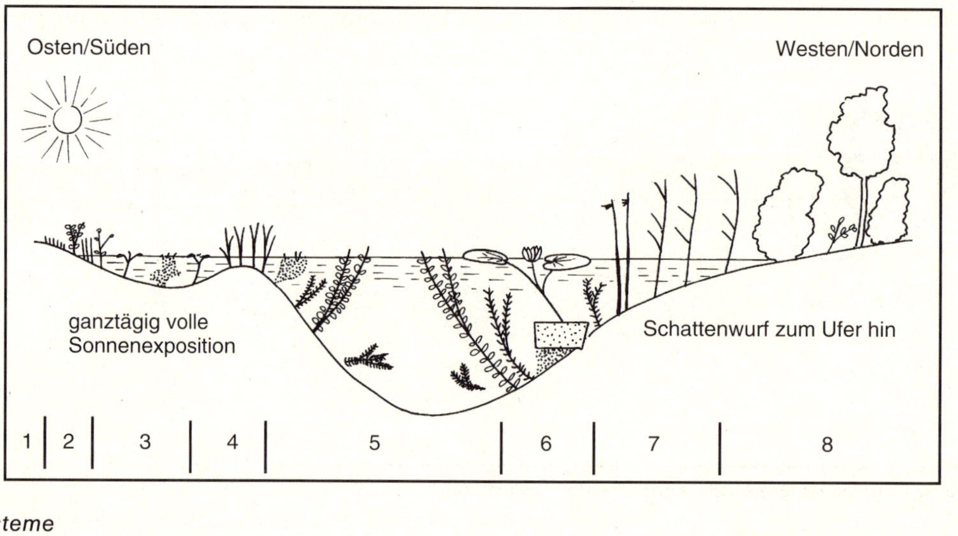

Welche Faktoren gestalten das Röhricht am See?

Aufgabe: Vergleiche die drei Schemazeichnungen mit Abb.118.1 im Schülerbuch.
Erkläre im einzelnen, wie sich die vorherrschende Windrichtung und das Relief (Steil- oder Flachufer) auf die Besiedlung mit Pflanzen auswirken.

Legende: E = Erlen, F = Hochwald, R = Röhrichtzone, S = Schwimmblattzone, T = Tauchblattzone
W= Bruchwaldgürtel

1. Steilufer, ablandiger Wind herrscht vor.

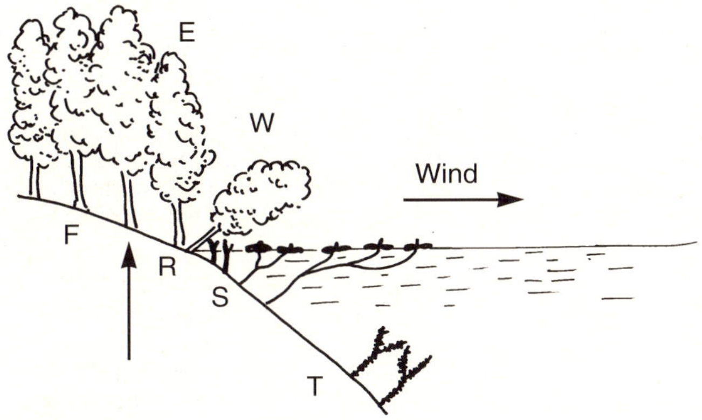

2. Flachufer, ablandiger Wind herrscht vor.

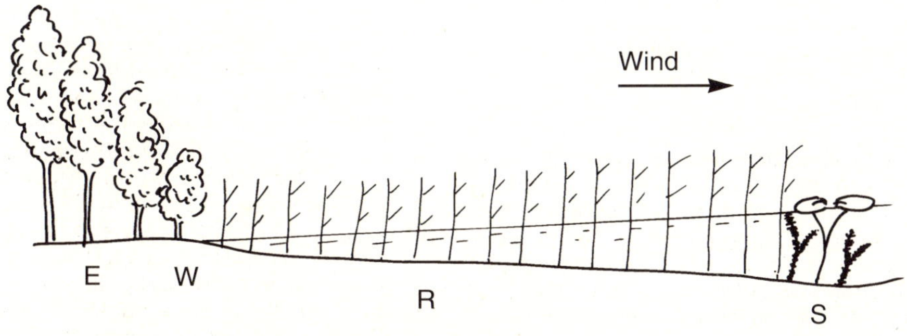

3. Flachufer, anlandiger Wind herrscht vor.

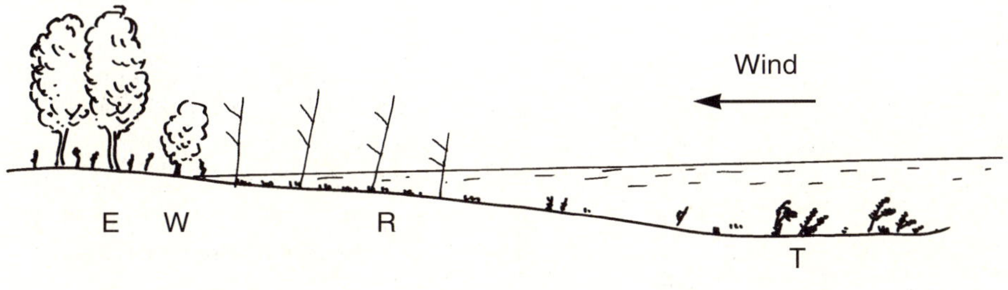

Praktikum
Kartierung und Untersuchung von Uferpflanzen

(Schülerbuch S. 120)

Versuche zum Wasser- und Gashaushalt der Seerose

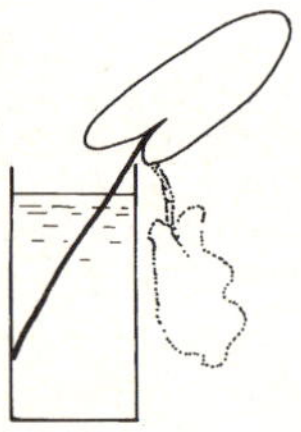

a

b

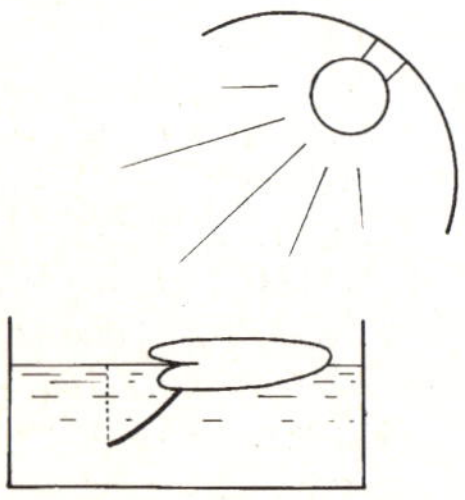

c

Aufgaben und Lösungen

③ **Untersuchungen von Uferpflanzen**

a) **Binse und Schilf**

- Schneide am Schul- oder Gartenteich einen Binsen und einen Schilfhalm ab. Schneide beide quer durch. Betrachte den Querschnitt mit einer Lupe und beschreibe den Aufbau des Stengels.
- Versuche mit dem Halm der Binse und einem Schilfrohr in ein Glas mit Wasser zu blasen. Beschreibe und erkläre das Ergebnis.
- *Binsen sind mit einem schwammigen, lufthaltigen Mark gefüllt, während der hohle Schilfstengel durch Querwände (Knoten) unterteilt ist. Beim Durchblasen von Luft sind Binsen durchgängig, der Schilfstengel nicht, sobald ein Knoten vorhanden ist.*

b) **Wasserpest und Seerose**

- Entnimm dem Schulteich einen Wasserpestsproß sowie Stengel und Blatt einer Seerose. Befühle und beschreibe die beiden Pflanzen.
- Schneide den Wasserpestsproß mit einer Rasierklinge quer durch. Gib den Sproß mit dem angeschnittenen Ende nach oben in ein Glasgefäß mit Wasser und belichte es mit einer Lampe. Berichte über deine Beobachtungen und erkläre.
- Reinige die Anschnittstelle des Seerosenstengels. Puste durch den Stengel. Halte dabei das Blatt mit einem abgeschnittenen Rand in ein wassergefülltes Aquarienbecken. Berichte und erkläre die Beobachtung.
- Taucht man den Stengel einer Seerose in einen wassergefüllten Becher und beläßt das Blatt in der Luft, so welkt es bald. Läßt man es dagegen auf der Wasseroberfläche schwimmen, so bleibt es frisch. Wie muß die Blattunterseite beschaffen sein? Erkläre das Ergebnis der beschriebenen Versuche. Verwende dazu die Zeichnung eines unter dem Mikroskop betrachteten Blattquerschnitts.
- *Die Wasserpest hat einen weichen, zerbrechlich wirkenden Sproß, an dem viele lanzettliche Blätter in Quirlen stehen. Die Seerose hat einen festen, elastischen Stiel; das Blatt ist lederartig fest und besitzt einen Wachsüberzug. Durch Aufwuchs (Algen, Bakterien, Infusorien) kann sich die Oberfläche glitschig anfühlen.*
- *Aus der Anschnittstelle des Seerosenblatts treten Luftbläschen ins Wasser aus. Daran erkennt man die Existenz von Luftkanälen (Aerenchymen). Sie transportieren im Normalfall Sauerstoff aus dem Blatt zu den Wurzeln.*
- *Auf der Blattunterseite befinden sich Hydropoten (Saugorgane), über die Wasser aufgenommen wird. Die Wurzeln dienen vor allem der Verankerung im Substrat und zur Aufnahme von Mineralstoffen.*

Experimentelles

Einfache Versuche zum Wasser- und Gashaushalt der Seerose

a) Wird ein Blatt wie eine Blume in eine Vase gestellt, vertrocknet es in einer halben Stunde irreversibel.

b) Ein Blatt, das auf der Wasseroberfläche schwimmt, bleibt dagegen frisch.

c) Wird dieses Blatt mit einem Infrarotheizer bestrahlt, entsteht durch Wärme und Ausdehnung der Luft in den Hohlräumen ein Gasstrom an der Schnittstelle des Stiels.

Baueigentümlichkeiten bei Schwimm- und Tauchblattpflanzen

In den langen, elastischen Blattstielen der *See-und Teichrose* sind die Holzelemente in den Leitbündeln stark reduziert. Daher gibt es keinen Transpirationssog. Die Blätter versorgen sich über Saugorgane (Hydropoten) direkt mit Wasser. Geringe Wasserstandsschwankungen gleichen die Blattstiele aus, dagegen sind See- und Teichrosen gegen starke Wasserschwankungen empfindlich (vgl. Austrocknungsversuch). Die Anpassung kann in diesem Fall nur über die Bildung neuer Blätter erfolgen. Die Verankerung im Schlamm ermöglicht eine sehr gute Versorgung mit Mineralstoffen, daher bilden die See- und Teichrosen viel Biomasse. Schwimmpflanzen wie z. B. *Wasserlinsen* sind zwar unabhängig von der Wassertiefe, ihre Mineralstoffversorgung ist jedoch nur in eutrophen Gewässern gut. Außerdem sind sie durch Winddrift gefährdet. Tauchblattpfanzen wie *Tausendblatt* und *Wasserpest* versorgen sich über die Blätter mit Mineralstoffen. Das Luftkanalsystem im Sproß begrenzt jedoch die Besiedlung größerer Tiefen auf maximal 8 m Wassersäule. Tiefer existieren nur noch Algen.

Lösungen zum Arbeitsblatt

1 obere Epidermis mit Wachsschicht und den Spaltöffnungen
2 Atemhöhle
3 Palisadenzellen (mit Chloroplasten)
4 Schwammgewebe (mit Chloroplasten); große, luftgefüllte Hohlräume (verbessern die Schwimmfähigkeit)
5 untere Epidermis mit Wachsschicht
6 Hydropote = Saugorgan für Wasser

2. **Teichrose / Christrose:**
   - Spaltöffnungen in der oberen Epidermis / in der unteren Epidermis (sie haben so immer freien Zugang zur Luft)
   - Hohlräume im Schwammgewebe / Wasserleitung über die Hydropoten ins Blatt / besonders große Hohlräume im Schwammgewebe
   - im Stengel Platz für Luftleitungen (Aerenchyme) zu den Wurzeln / über Leitbündel aus den Wurzeln, über den Stengel ins Blatt

Medien

Magnetische Arbeitsmittel

- MAM-Box 1: Ökologie, Lernset 2: Ökosystem See. Klett

Querschnitt durch das Schwimmblatt einer Teichrose

Aufgaben:
1. Beschrifte die Zeichnung des Blattquerschnitts der Teichrose.
2. Vergleiche den Blattquerschnitt der Teichrose mit dem der Christrose (Schülerbuch S. 64) und erkläre die Bedeutung dieser Baueigentümlichkeiten für das Schwimmblatt.

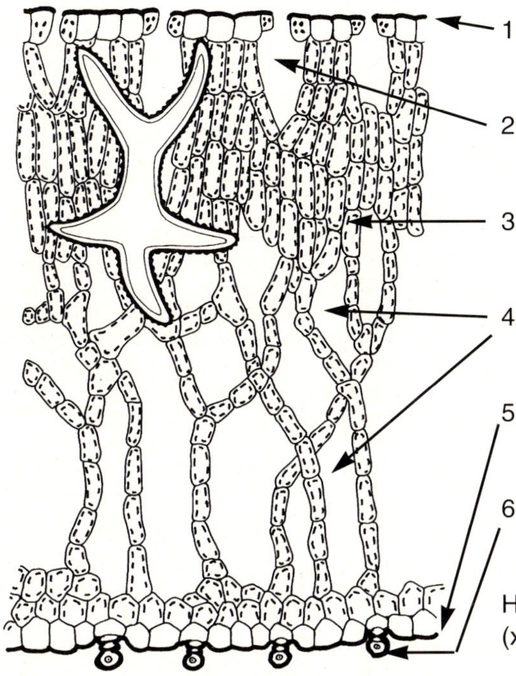

1 ______________________________

2 ______________________________

3 ______________________________

4 ______________________________

5 ______________________________

6 ______________________________

Hydropote = Saugorgan zur Wasseraufnahme
(x) = Idioblast (inneres Haar)

2. Unterschiede im Blattbau und deren Funktion:

	Teichrose	**Christrose**
Spaltöffnungen		
Hohlräume		
Wasserleitung		

Schweben im freien Wasser

(Schülerbuch S. 122)

Aufgaben und Lösungen

① Ziehe ein Planktonnetz an einem langen Stock mehrmals langsam durch das Wasser eines Teiches. Fülle die Probe in ein Glas. Übertrage mit einer Pipette einen Wassertropfen auf einen Objektträger. Mikroskopiere ohne Deckglas.

– *Die Abbildungen auf S. 122/123 und das Arbeitsblatt liefern Bestimmungshilfen.*

② Nimm zwei gleich große Plastilinmengen. Forme die eine zu einer kreisförmigen Scheibe, die zweite zu einer Kugel. Fülle zwei Standzylinder gleich hoch mit Wasser und lasse die Plastilinformen gleichzeitig auf die Wasseroberfläche fallen. Bestimme die Zeit, die sie benötigen, um den Boden des Standzylinders zu erreichen. Vergleiche das Versuchsergebnis mit dem Schwebeverhalten der Planktonorganismen.

– *Die Kugel sinkt schneller zu Boden als die Scheibe; diese trudelt auf ihrer Bahn. Die Kugel ist annähernd stromlinienförmig gebaut, die Wasserteilchen gleiten gleichmäßig an ihr vorbei. Die Oberfläche der Scheibe ist im Verhältnis zum Volumen größer als bei der Kugel, dadurch erfährt die Scheibe mehr Auftrieb. Hinzu kommt, daß an den Kanten Strömungswiderstände auftreten, die das Trudeln verursachen.*
Anmerkung: Die Firma Schlüter bietet ein Funktionsmodell an, das vergleichende Versuche mit verschieden geformten, gleich schweren Körpern erlaubt. Dabei werden auch aufgerauhte und mit Fortsätzen versehene Oberflächen, wie sie bei vielen Planktonorganismen zu finden sind, simuliert.

Verteilung des Phytoplanktons im Bodensee in unterschiedlicher Tiefe

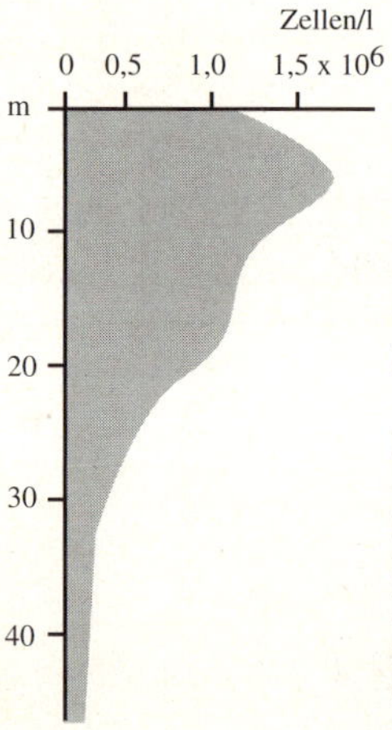

Vertikale Wanderung des Zooplanktons:
a) Cyclops
b) Eudiaptomus
c) Daphnia

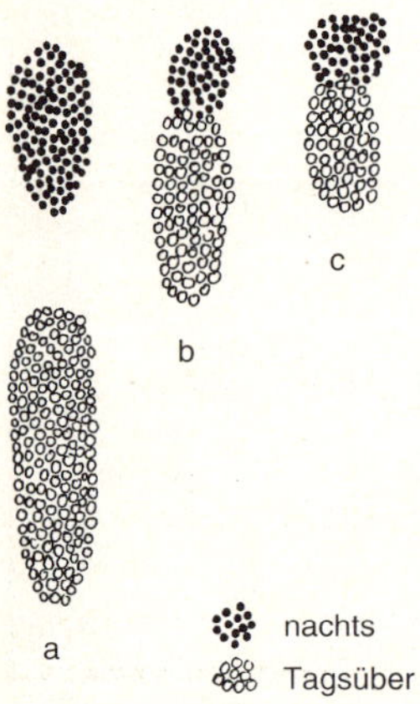

Zusatzinformation

Planktonlift

Das pflanzliche Plankton lebt in den oberen 10 Metern eines Sees, denn dort reicht die Lichtmenge für die Fotosynthese noch aus. Zwischen 0 und 5 Metern liegt die Zone der Zellvermehrung. Pflanzliches Plankton, das man unterhalb 10 Meter Tiefe antrifft, besteht hauptsächlich aus inaktiven Organismen, die – vor allem während der Sommerstagnation – langsam zum Seegrund absinken.
Das tierische Plankton und darunter vor allem die Krebse zeigen tagesperiodisch vertikale Wanderungen. Diese werden durch Licht, Temperatur und Sauerstoffgehalt in einem komplizierten Wechselspiel gesteuert.

Zusatzinformation

Oberflächenvergrößerung

Die Ausbildung einer rauhen Oberfläche durch Fortsätze und Stacheln bedeutet einerseits Oberflächenvergrößerung und Verbesserung des Auftriebs, anderseits erweisen sich diese Einrichtungen auch als *Fraßschutz.* Dies läßt die Kieselsäurepanzer von Kieselagen und Großformen verschiedener Algengruppen (z. B. beim Zackenrädchen oder die Gallerthülle von Volvox) in einem neuen Licht erscheinen. Diese Organismen können nur von Rädertierchen, Wasserflöhen oder Ruderfußkrebsen abfiltriert und mit ihren Kaueinrichtungen zerkleinert werden.

Lösungen zum Arbeitsblatt

1. Schwebefortsätze besitzen: a, b, c, d, e, h, j
2. Geißeln zur Fortbewegung: j, h
   Ruderfüße zur Fortbewegung: a, b, c, d
   Aktive Fortbewegung mit Antennen: a, b, c, d
   Wimpern zur Fortbewegung: f
3. Öltropfen besitzen: a, b, d, m, l, k
   Gasblasen besitzen: e, o, p

Hinweise zur systematischen Einordnung:
Blaualgen: *Gewöhnliche Ringelalge (Anabaena flos-aquae).*
Kieselalgen: *Kamm-Kieselalge (Fragilaria crotonensis); Fensterkieselalge (Tabellaria fenestrata); Schwebesternchen (Asterionella formosa).*
Augenflagellaten: *Schlankes Augentier (Euglena gracilis).*
Feueralgen: *Hornalge (Ceratium hirundinella)*
Grünalgen: *Durchbrochenes Zackenrädchen (Pediastrum duplex); Gezackte Gürtelalge (Scenedesmus quadricauda).*
Jochalgen (Zieralgen): *Schraubenalge (Spirogyra spec.)*
Rädertierchen: *Sack-Rädertier (Asplanchna spec.).*
Blattfußkrebse: *Langdorn-Wasserfloh (Daphnia longispina).*
Ruderfußkrebse: *Farbloser Schwebekrebs (Diaptomus gracilis); Teich-Hüpferling (Mesocyclops leuckarti).*
Zweiflügler: *Larve der Büschelmücke bzw. Glasmücke (Corethra plumicornis)*

Medien

Filme
– Einzeller: Zieralgen, Kieselalgen, Augentierchen, Amöbe. FWU

Dias
– Blau- und Grünalgen. FWU
– Kieselalgen. FWU
– Leben im Wassertropfen. FWU
– Diasammlung Planktonorganismen. CVK

Modelle
– Körperformen im Wasser (Bedeutung für Schwimm- und Schwebefähigkeit). Schlüter, 7195 Winnenden

Schweben im freien Wasser

1. Unterstreiche alle Lebewesen, welche Schwebefortsätze besitzen.

2. Markiere die Namen der Planktonorganismen mit Farbstiften, die sich mit Geißeln (rot) Ruderfüßen (blau), Antennen (grün) und Wimpern (gelb) fortbewegen können.

3. Welche Plantonorganismen besitzen Öltröpfchen oder Gasblasen?

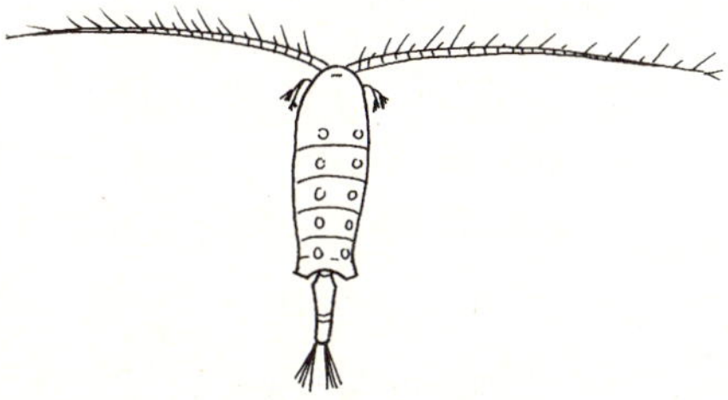

a) Farbloser Schwebekrebs (bis 1,5 mm lang)

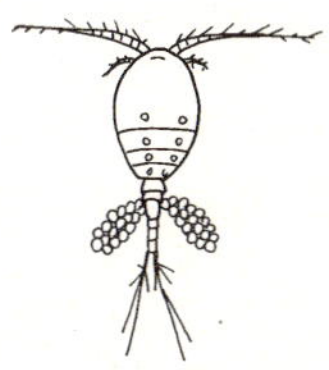

b) Teichhüpferling (1,3 mm lang)

c) Langdorn-Wasserfloh (bis 2,5 mm)

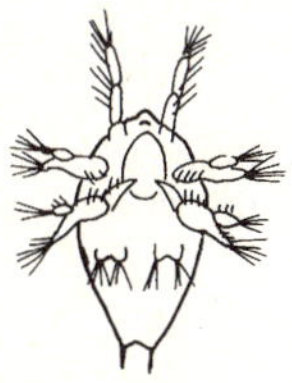

d) Nauplius-Larve (kleiner als 0,1 mm)

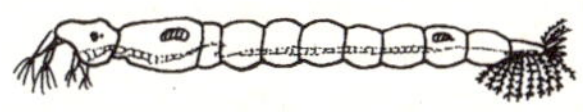

e) Larve der Büschelmücke (10-12 mm lang)

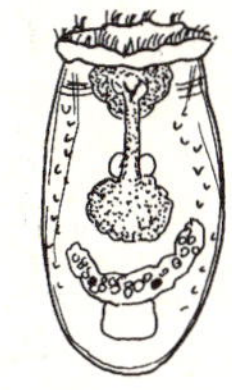

f) Sack-Rädertier (bis 1,5 mm)

g) Durchbrochenes Zacken - rädchen bis 0,3 mm)

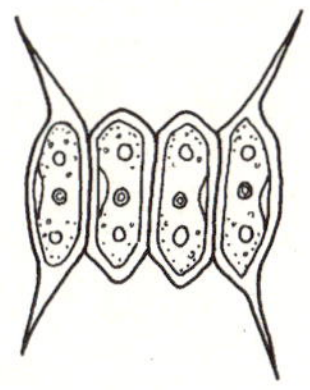

h) Geschwänzte Gürtelalge (bis 0,05 mm)

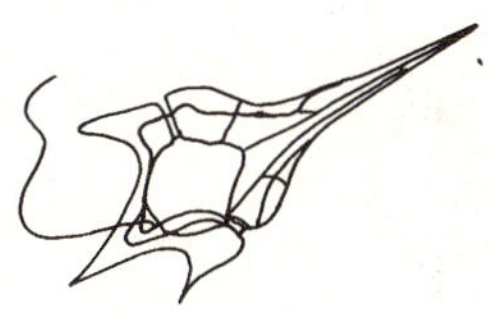

j) Hornalge (0,3 mm lang)

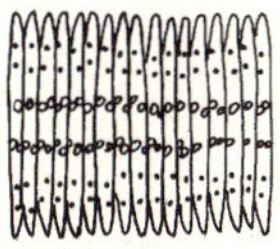

k) Kamm-Kieselalge (bis 0,15 mm lang)

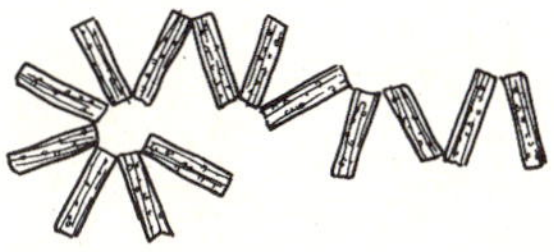

l) Fenster-Kieselalge (bis 0,14 mm lang)

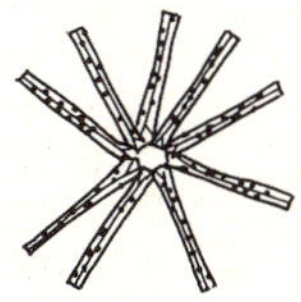

m) Schwebesternchen (bis 0,13 mm)

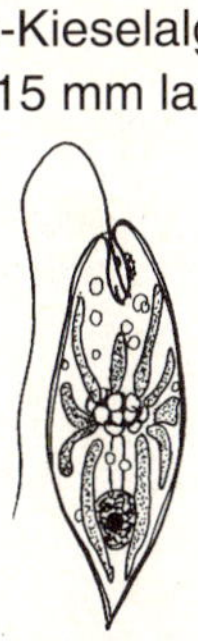

h) Streifen-Spindelalge (bis 0,5 mm lang)

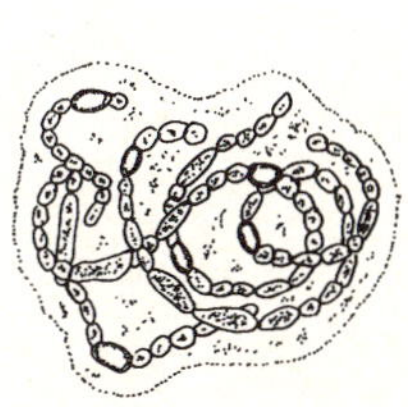

o) Gewähnliche Ringelalge (Zellen 0,06 mm breit)

p) Schraubenalge (Zellen bis 0,1 mm breit und 0,5 mm lang)

Die Königslibelle

(Schülerbuch S. 124)

Zusatzinformation

Stationen beim Schlüpfen einer Großlibelle

1. Die schlüpfreife Libellenlarve (Nymphe) steigt an einer Pflanze aus dem Wasser und klammert sich fest. Durch Luftschlucken vergrößert das Tier den Druck im Innern, bis die Rückenhaut an einer vorgebildeten Schwachstelle des Chitinpanzers aufplatzt. Danach zwängt sich die Libelle mit Kopf und Brust aus der Hülle. Die vorgebildeten Flügel sind noch sehr klein.
2. Ca. 20 Minuten bleibt das Insekt in dieser Stellung hängen. Die Flügel vergrößern sich.
3. Der Chitinpanzer muß aushärten, erst dann zieht die Libelle den Hinterleib aus der Hülle.
4. Nun nimmt der Hinterleib der Libelle durch weiteres Luftschlucken und Einpumpen von Blut in die Lakunen an Länge zu. Ebenso werden die Flügel in ca. 20 Minuten bis auf ihre volle Größe aufgepumpt. Wenn man die leere Hülle mit dem sich vergrößernden Insekt vergleicht, erscheint es unwahrscheinlich, daß es einmal hier hineingepaßt hat.
5. Auch wenn die Libelle die Flügel bereits in Flugstellung bringt, kann sie noch nicht fliegen. Die Aushärtung des Chitins erfordert noch zwei bis drei Stunden.

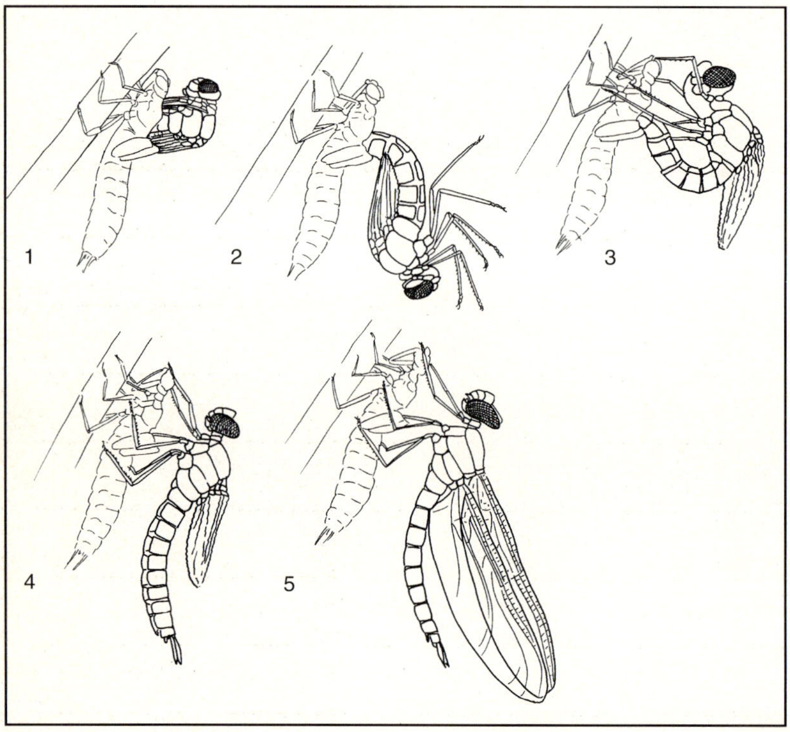

Die Paarung der Libellen

1. Das Männchen biegt seinen Hinterleib nach unten vorn durch. Dann überträgt es Sperma von der Geschlechtsöffnung im 9. Hinterleibsring auf das Begattungsorgan an der Unterseite des 2. Hinterleibsrings. Der Vorgang dauert höchstens 15 Sekunden.
2. Das Männchen greift seine Partnerin mit den Beinen an der Brust oder am Kopf und verankert seine Hinterleibszange am Weibchen. Das kann geschehen, wenn beide Partner im Flug sind, aber auch wenn ein Männchen das sitzende Weibchen überfliegt.
3. Beide Partner bilden erst eine Kette und dann das „Paarungsrad". Das Weibchen nimmt das Sperma aus der Spermatasche des Männchens mit seiner Geschlechtsöffnung auf. Dieser Vorgang kann mehrere Sekunden oder auch Minuten dauern. Danach bleiben bei manchen Arten Männchen und Weibchen noch bis nach der Eiablage vereint.

Lösung zum Arbeitsblatt S. 133

1. Bei der Paarung bilden Männchen und Weibchen ein Paarungsrad.
2. Das Weibchen legt mit seiner Legeröhre die Eier in die Wasserpflanzen.
3. Die Larven entwickeln sich im Wasser.
4. Die Nymphe klettert an einer Wasserpflanze aus dem Wasser. Die erwachsene Libelle schlüpft aus der Nymphenhaut.
5. Die Fangmaske der Larve wird blitzartig nach vorne geschnellt und die Beute ergriffen.

Medien

Filme

- Schlüpfen einer Libelle. FWU

Fortpflanzung und Entwicklung der Libellen

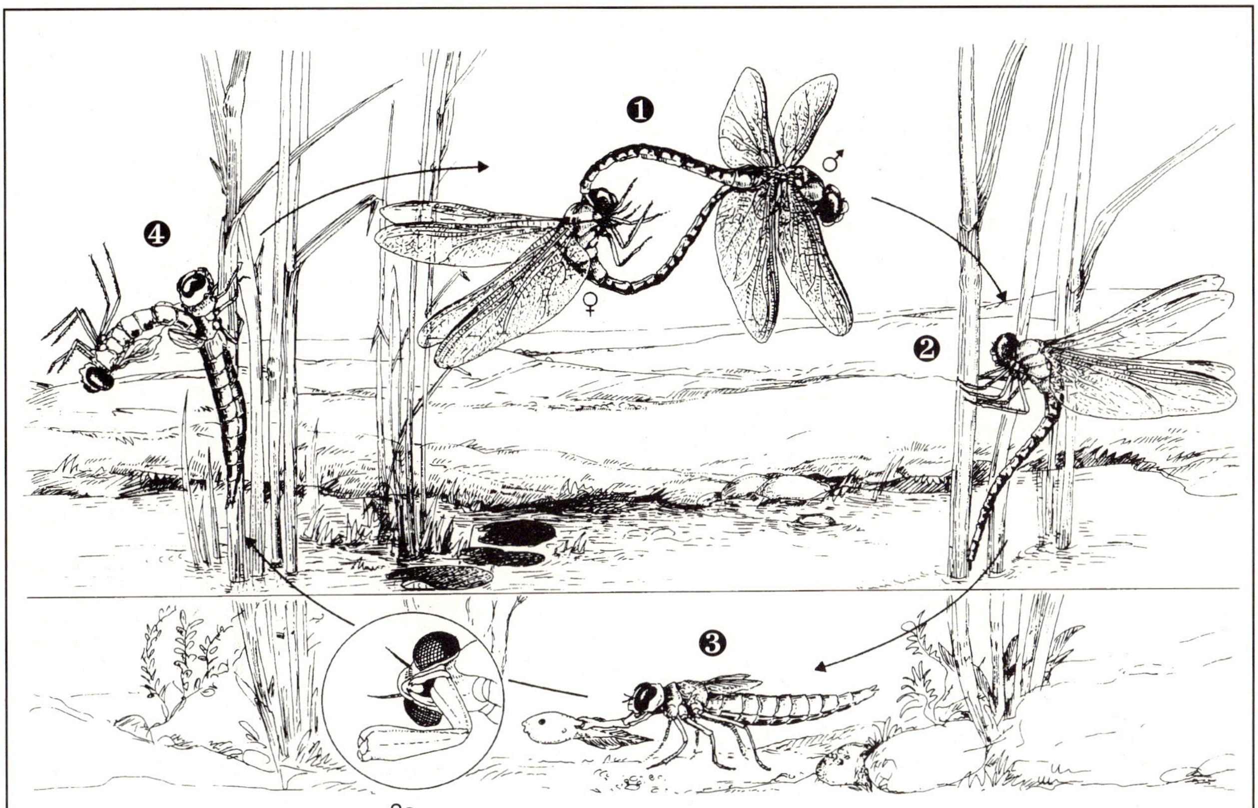

3a

1. Beschreibe die Bilder 1 bis 4.

1. Bild: ______________________________

____

2. Bild: ______________________________

____

3. Bild: ______________________________

____

4. Bild: ______________________________

____

____

5. Beschreibe, wie die Libellenlarve mit der Fangmaske (s. 3a) die Beute ergreifen kann.

____

____

Atmen im Wasser

(Schülerbuch S. 125)

Zusatzinformation

Oberflächenspannung und Benetzbarkeit

Die Oberflächenspannung des Wassers in Verbindung mit der Unbenetzbarkeit von Körperoberflächen (z. B. bei Chitin) hat eine wichtige ökologische Bedeutung. Von unbenetzbaren Stoffen perlt das Wasser leicht ab, es kann schwerer eindringen (z. B. Wasserläufer laufen auf der Wasseroberfläche, ohne einzusinken). Ein Luftfilm kann unter Wasser mitgenommen werden (z. B. von der Wasserspinne); er wird, mit passenden Haarpolstern zu Luftblasen verstärkt, zur physikalischen Kieme (d. h. an der Grenzfläche Wasser-Luft findet entsprechend dem unterschiedlichen Partialdruck der Atemgase Gasaustausch statt). Mit einem unbenetzbaren Haarkranz können sich Tiere an der Wasseroberfläche aufhängen (z. B. die Stechmückenlarve).
Andererseits können Feuchtlufttiere (z. B. Frösche, Schnecken) einen Wasserfilm an ihrer benetzbaren Haut mit in den Luftraum nehmen, wenn sie das Wasser verlassen. Schnecken heften sich mit ihrem Fuß von unten an das Oberflächenhäutchen des Wassers und weiden dort Algen ab.
Bewegungen im Wasser verursachen stärkere Wellen als in der Luft. Solche Vibrationsmuster haben für viele Wassertiere Signalwirkung, z. B. werden Rückenschwimmer durch ins Wasser gefallene Insekten oder an der Oberfläche schlüpfende Stechmücken angelockt. Die Larve des Gelbrandkäfers erkennt an den Druckwellen die Bewegungsmuster ihrer Beute.

Bedeutung der Oberflächenspannung
1 Wasserläufer, 2 Stechmückenlarve, 3 Rattenschwanzlarve der Schwebfliege Eristalis, 4 Haarbüschel an der Atemöffnung der Fliegenlarve, 5 Rückenschwimmer, 6 Gelbrandkäferlarve, 7 Schlammschnecke

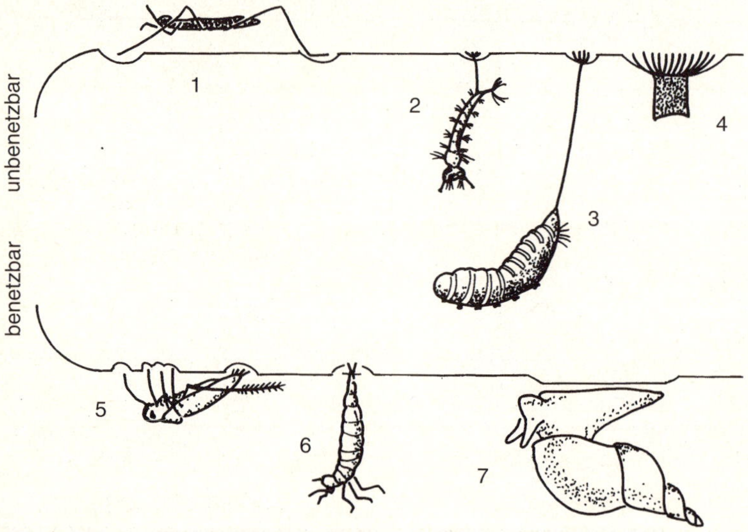

Aufgabe und Lösung

① Fasse in einer Tabelle die Formen der Atmung im Wasser zusammen. Ordne ihnen Tierarten zu, die sie verwenden.

Atmungstyp	**Beispiele**
Hautatmung	*Schlammröhrenwürmer, Frösche*
Außenkiemen	*Molchlarve, junge Kaulquappe*
Innenkiemen	*ältere Kaulquappe, Fisch, Teichmuschel, Sumpfdeckelschnecke, Flußkrebs*
Tracheenkiemen	*Königslibellenlarve, Kleinlibellenlarve, Eintagsfliegenlarve*
Tracheenatmung	*Gelbrandkäfer und seine Larve, Stabwanze, Stechmückenlarve, Rattenschwanzlarve, Wasserspinne*

Lösungen zum Arbeitsblatt

1. Schlammröhrenwurm, 2. Zuckmückenlarve, 3. Rotauge, 4. ältere Froschlarve (= Kaulquappe), 5. Kleinlibellenlarve, 6. Eintagsfliegenlarve, 7. Stechmückenlarve, 8. Gelbrandkäfer, 9. Wasserfrosch, 10. Bisamratte.

Lexikon
Tiere im und am Teich

(Schülerbuch S. 126/127)

Haltung von Wassertieren im Klassenzimmer

Bei der Arbeit mit Wassertieren ist das Beachten der Artenschutzbestimmungen und der vorsichtige Umgang mit der Natur an der Entnahmenstelle erstes Gebot. Libellen sind geschützt. Beim Fangen von Schwimmkäfern muß man sehr vorsichtig zu Werke gehen. Dagegen sind Rückenschwimmer, Ruderwanzen sowie Wasserläufer am Schulteich häufig und problemlos zu fangen. Stechmückenlarven siedeln sich oft in Regentonnen an.
Für die Haltung benötigt man mit Drahtgaze abgedeckte Kleinaquarien, um die Tiere, die sich untereinander nicht vertragen, getrennt unterbringen zu können, außerdem Bechergläser und Küvetten und Hohlschliff-Objektträger als Beobachtungsgefäße. Statt des Mikroskops verwendet man besser eine Lupe oder ein Binokular(Stereolupe).

Medien

Filme
- Anpassung: Insekten im Wasser. CVK
- Gelbrandkäfer: Fortbewegung, Nahrungsaufnahme, Atmung. FWU
- Wasserläufer: Anpassung an den Lebensraum Wasseroberfläche. FWU
- Wasserwanzen: Anpassung an den Lebensraum Wasser. FWU

Dias
- Wasserinsekten: Käfer und Wanzen in stehenden Gewässern. FWU

Atmen im Wasser

Aufgaben:

1. Ordne den Bildern der Tiere folgende Namen zu: Bisamratte, Eintagsfliegenlarve, Gelbrandkäfer, Kaulquappe (3 Wochen alt), Larve einer Kleinlibelle, Schlammröhrenwurm (Tubifex), Stechmückenlarve, Stichling, Wasserfrosch, Zuckmückenlarve.

2. Die Schemazeichnungen zu Hautatmung, Kiemenatmung, Tracheenkiemenatmung, Luftatmung mit Tracheen und Lungenatmung enthalten Pfeile. Kennzeichne den Weg des sauerstoffreichen Wassers (bzw. der Luft) mit roter Farbe, den Weg des mit Kohlenstoffdioxid angereicherten Wassers (bzw. der Luft) mit blauer Farbe.

3. Kennzeichne entsprechend mit roten und blauen Pfeilen den Weg des Wassers (bzw.- der Luft) bei den einzelnen Tierbildern.

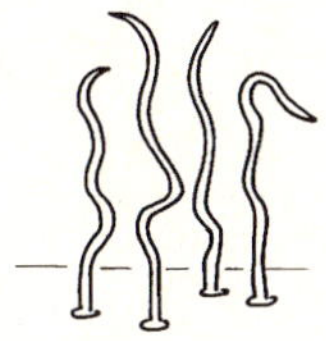

1.

2.

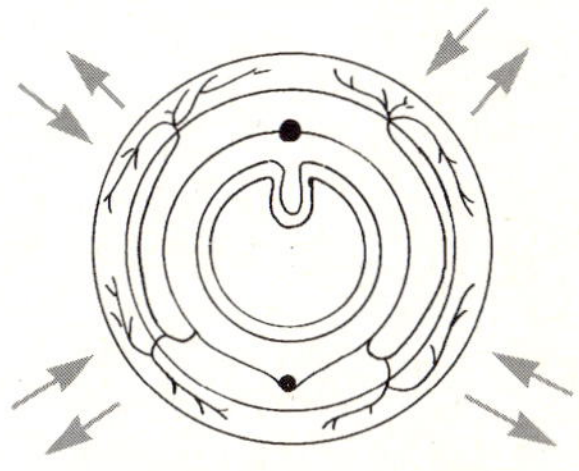

Schema vom Regenwurm (quer)

Hautatmung

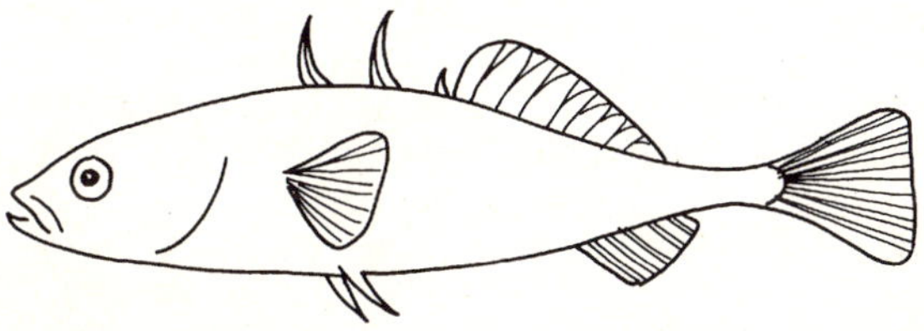

3.

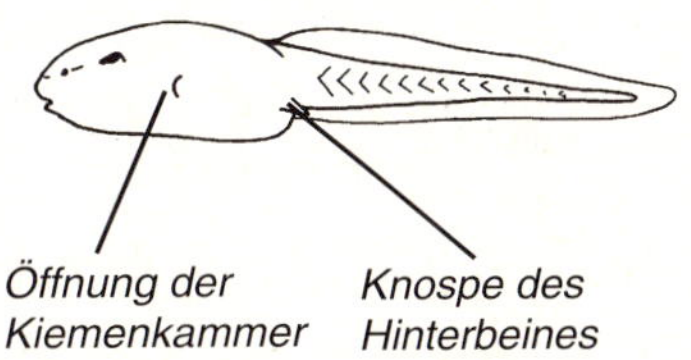

4.

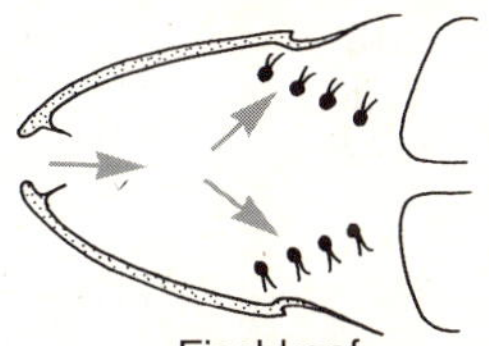

Fischkopf (Schnitt von oben)

Kiemenatmung

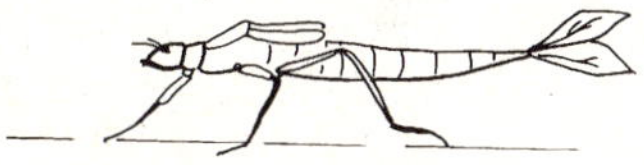

3 Kiemenblätter am Schwanz

5.

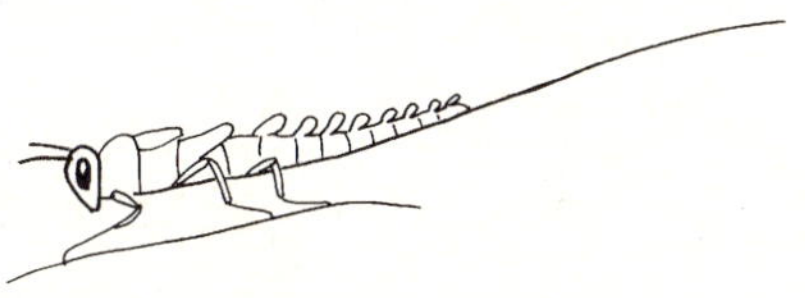

Kiemenblätter am Hinterende

6.

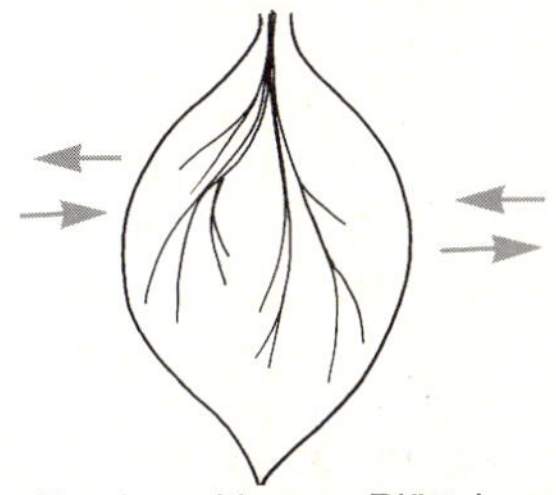

Tracheenkiemen-Blättchen

Tracheen-kiemenatmung

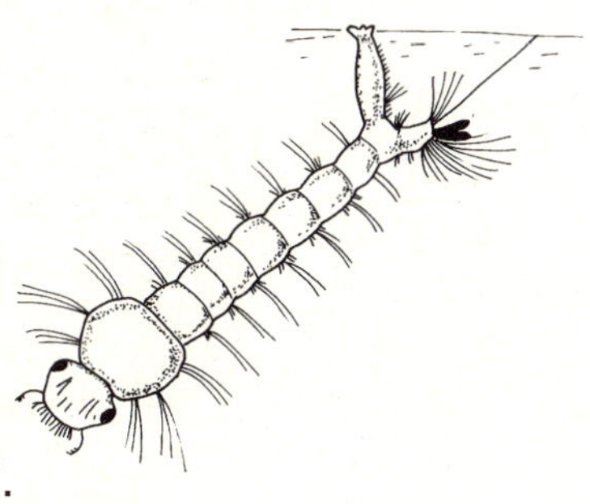

7.

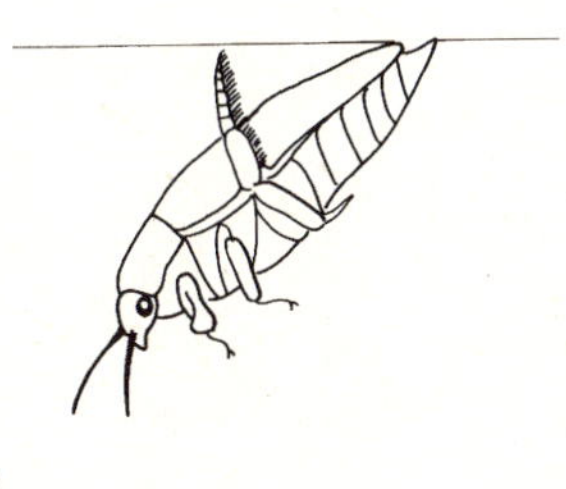

8.

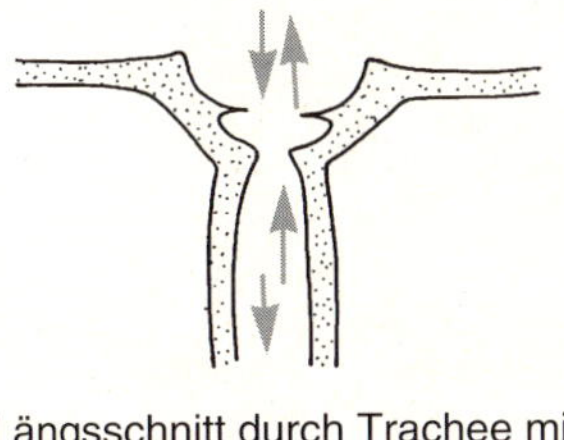

Längsschnitt durch Trachee mit Atemöffnung (Stigma)

Luftatmung mit Tracheen

9.

10.

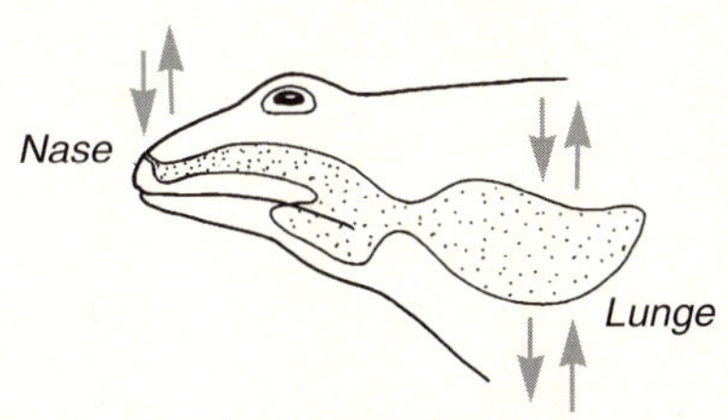

Lungenatmung

Wasser ist der Lebensraum für 140 der ca. 300 heimischen Vogelarten. Jede Art stellt an das Wasser besondere Ansprüche, die nach Nahrung stoßtauchende *Flußseeschwalbe* andere als die gründelnde *Stockente*, die im Schlamm stochernde *Bekassine* wieder andere als die unter Wasser nach Insekten jagende *Wasseramsel*.

Ökologische Nischen von Wasservögeln

(Schülerbuch S. 128/129)

Aufgaben und Lösungen

① Beschreibe die ökologischen Nischen der Wasservogelarten, die auf diesen beiden Seiten dargestellt werden.

- *Die ökologische Nische läßt sich als eine günstige Kombination von Faktoren kennzeichnen, die einerseits arttypisch, andererseits durch die Umwelt bedingt sind:*
  a) Körperbau, Verhalten und Leistungen
  b) Merkmale des Lebensraumes
  c) Nahrungsspektrum
- **Graureiher:** *Stelzbeine, langer Hals und spitzer Schnabel eignen sich sowohl zum Fischen im flachen Wasser wie zum Fangen von Mäusen, Lurchen und Kriechtieren in hoher Vegetation. Die Graureiher suchen ihre Nahrungsgebiete (Flachwasserzonen, Feuchtwiesen) oft über große Entfernungen auf.*
- **Stockente:** *Als ein Allesfresser sucht sie ihre Nahrung bevorzugt in der Ufervegetation bis 40 cm Tiefe (soweit der Hals zum Gründeln reicht). Zarte Pflanzenteile und Kleintiere werden mit dem Seihapparat des Schnabels ausgesiebt, wobei Geschmacksknospen an der Schnabelspitze bei der Auswahl helfen. Als gute Flieger suchen Stockenten auch entfernte Nahrungsplätze auf.*
- **Reiherente:** *Die Beine setzen weiter hinten am Körper an, der Körper liegt beim Schwimmen tiefer im Wasser als bei der Stockente. Vor dem Tauchen preßt die Reiherente die Luft aus dem Gefieder. Sie nimmt fast nur tierische Nahrung auf, vor allem kleine Muscheln vom Boden des Flusses oder der Uferhalde des Sees. Reiherenten fliegen oft weite Strecken zu guten Nahrungsplätzen.*
- **Teichhuhn (Teichralle):** *Mit seinem schmalen Körper schlüpft es leicht durch das Röhricht, mit den langen Zehen balanciert es sicher auf den Schwimmblättern.*
  Dabei liest das Teichhuhn mit seinem Schnabel Kleintiere und Gelege von der Vegetation und vom Wasserspiegel ab. Es ist sehr ortstreu.
- **Große Rohrdommel:** *Die Rohrdommel gehört zu den Reihern und hat ein ähnliches Nahrungsspektrum. Sie kann gut waten und führt ein verstecktes Leben in großen Röhrichtflächen. Sie ist ortstreu.*
- **Haubentaucher:** *Er hält sich fast immer auf dem freien Wasser auf, geht selten an Land und ist ortstreu. Für den Fischfang beim Tauchen eignen sich der spitze Schnabel und der stromlinienförmige Körper mit weit hinten angesetzten Beinen.*
- **Teichrohrsänger:** *Standorttreuer Singvogel im Röhricht. Er flicht sein Nest an vier Schilfhalmen fest und ernährt sich und seine Jungen von Spinnen und Insekten sowie deren Larven.*

② Wasservögel sind in den letzten Jahren seltener geworden. Nenne Ursachen. Schlage mögliche Naturschutzmaßnahmen vor.

- *Die Röhrichtflächen sind überall zurückgegangen; deshalb ist z. B. die Große Rohrdommel äußerst selten geworden. Menschen bei der Erholungssuche und beim Wassersport stören die Vögel vor allem in der warmen Jahreszeit, wenn sie ihre Jungen großziehen.*

Die Gemeine Wandermuschel (*Dreissena polymorpha*) ermöglichte eine Vermehrung der Reiherente.

Ursprünglich ist die *Wandermuschel* ein Bewohner des Kaspischen Meeres. Sie kann auch im Süßwasser leben und besiedelte so auch die Flüsse. Durch ihre Fähigkeit, sich mit Byssusfäden festzuheften, konnte die Wandermuschel mit den Schiffen verfrachtet werden. So fand man die Wandermuscheln bereits 1824 in London und in der Rheinmündung. Heute ist die Wandermuschel in Europa, Asien und Nordamerika verbreitet und besiedelt die Steine an gut durchströmten Stellen im Fluß.
Der *Schiffahrt* entstehen Nachteile, weil sich die Muscheln auch in den Kühlwasserrohren der Schiffe festsetzen und sie verstopfen.
Die gut tauchende Reiherente profitierte dagegen von den neuen Nahrungstieren.
Mit der Ausbreitung der Wandermuschel wurde die Reiherente auch dort zum Brutvogel in Deutschland, wo sie zuvor nur als Zugvogel aufgetaucht war, z. B. an den Flüssen und Seen im Voralpenland. Am Ausfluß des Bodensees erreicht die Wandermuschel eine enorme Besiedlungsdichte. Auf 1 m^2 können 20–30 000 Exemplare gezählt werden, oft in ganzen Klumpen zusammenhängend. Sie bieten eine gute Nahrungsgrundlage.

Lösungen zum Arbeitsblatt

1. An Land: größere Insekten (Heuschrecken, Käfer) Mäuse, Lurche und Kriechtiere.
   In der Uferzone und im Flachwasser: Fische, Lurche und Kaulquappen.
2. An Land: Sämereien und frischgrüne Pflanzenteile, Schnecken, Würmer.
   In der Uferzone: zarte Pflanzenteile, Froschlaich, Kaulquappen, größere Planktontiere, Bachflohkrebse, Würmer, Insekten und ihre Larven.
3. In der Uferzone: Reiherenten tauchen bis 5 m tief und holen Muscheln, Schnecken und Würmer.
4. Fast nie an Land, selten in der Uferzone, fast immer im freien Wasser, wo er nach Fischen taucht.

Medien zu den Seiten 128–145 im Schülerbuch siehe auch Seite 143 im Lehrerband

Zonierung des Sees und Nahrungserwerb bei Wasservögeln

Aufgabe:

1. Wasservögel können sich in folgenden Zonen des Sees zum Nahrungserwerb aufhalten: an Land – im Uferbereich – in der Freiwasserzone. Vergleiche hierzu Graureiher, Stockente, Reiherente und Haubentaucher. Wo halten sie sich beim Fressen am meisten auf? Was nehmen sie dabei auf?

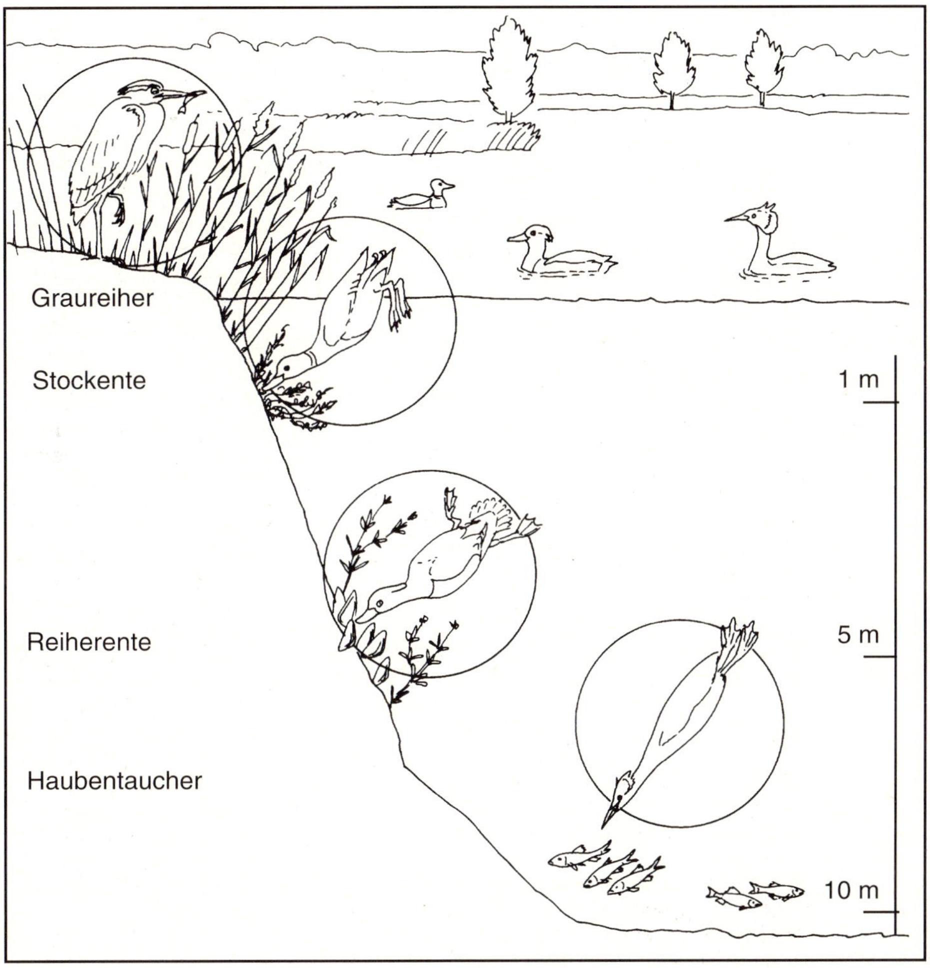

1. Graureiher:

____

2. Stockente:

____

3. Reiherente:

____

4. Haubentaucher:

____

Zonierung im See

(Schülerbuch S. 130/131)

❝ Zusatzinformation

Tiere im See

Bisher wurde im Schülerbuch die Vegetationszonierung am See als Leitfaden für die Einteilung von Lebensräumen und deren Besiedlung mit Tieren genommen. Die untere Abbildung zeigt, wie eine solche Zonierung des Tiervorkommens für Schüler mit dem MAM-System von Klett veranschaulicht werden kann.

Algen als Produzenten

Im Ökosystem See überwiegen anscheinend die Tiere, jedenfalls sieht man nur wenige Pflanzen (vgl. Abb. 130.1). Im Ökosystem Wald hat dagegen das Blätterdach, das für die Fotosynthese verantwortlich ist, eine große Ausdehnung. Die Tiere werden darunter häufig verdeckt und fallen kaum auf. Es kann aber doch nicht sein, daß die im See existierenden Tiere letztendlich allein von der Produktionskraft des Schilfs und der Unterwasserpflanzen abhängen sollen! Es gibt doch auch Seen ohne Röhrichtgürtel, die durchaus gut belebt sind und gute Fischerträge bringen! Wie erklärt sich dieser Widerspruch? Im Ökosystem See sind die grünen Pflanzen, die für die Photosynthese sorgen, mikroskopisch klein. Es sind *Algen,* oft mit Schwebefortsätzen versehen (vgl. Schülerbuch S. 122/123). Sie bilden die Nährschicht, die das Plankton enthält. Arbeiten die Schüler selbst mit dem Planktonnetz, so sehen sie, daß das klare Wasser durch die Verdichtung der Organismen in den Planktonproben eine andere Färbung bekommt. Stark mit Lebewesen angereichertes Wasser ist nicht mehr klar.

Planktonvermehrung

Seen haben im Idealfall ein klares Wasser mit großer *Sichttiefe.* D. h. die Planktonalgen wachsen während der Sommerstagnation in einer „Mangelkultur". Denn wenn die Temperatur des Wassers für das Planktonwachstum optimal ist, werden keine Nährstoffe aus größeren Wassertiefen nachgeliefert, weil sich eine stabile Schichtung des Wasser einstellt (vgl. Abb. 130.2 im Schülerbuch). Die geringen Phosphat- und Nitratmengen begrenzen das Wachstum der Algen im Plankton und damit auch die Menge der planktonfressenden Tiere. Die Herbst- und Frühjahrszirkulation sorgen wieder für eine neue Durchmischung des Wasserkörpers und eine gleichmäßige Verteilung der im Wasser gelösten Mineralstoffe.

❞

Lösungen zum Arbeitsblatt

1. Das Wachstum der Pflanzen erfordert Licht und Wärme. Beides nimmt in tieferen Wasserschichten ab. Man unterscheidet im Sommer im See eine Nährschicht und eine Zehrschicht. Pflanzliches Leben ist nur in den oberen, lichtdurchfluteten Wasserschichten möglich (vgl. Blätterdach des Waldes). In den tieferen Wasserschichten leben Tiere, Einzeller und Bakterien, die sich vom Abbau jener Lebewesen ernähren, die tot oder sterbend in die tieferen Wasserschichten absinken (vgl. Laubstreu und Waldboden).
2. Schwebefortsätze bremsen das Absinken; Einschlüsse von Öltröpfchen oder Luftblasen sorgen für Auftrieb.
3. Die Frühjahrs- und Herbstzirkulation führt zu einer neuen Durchmischung des Wasserkörpers.

Tafelbild: Darstellung verschiedener Lebensräume im Ökosystem See mit Elementen aus dem MAM-System

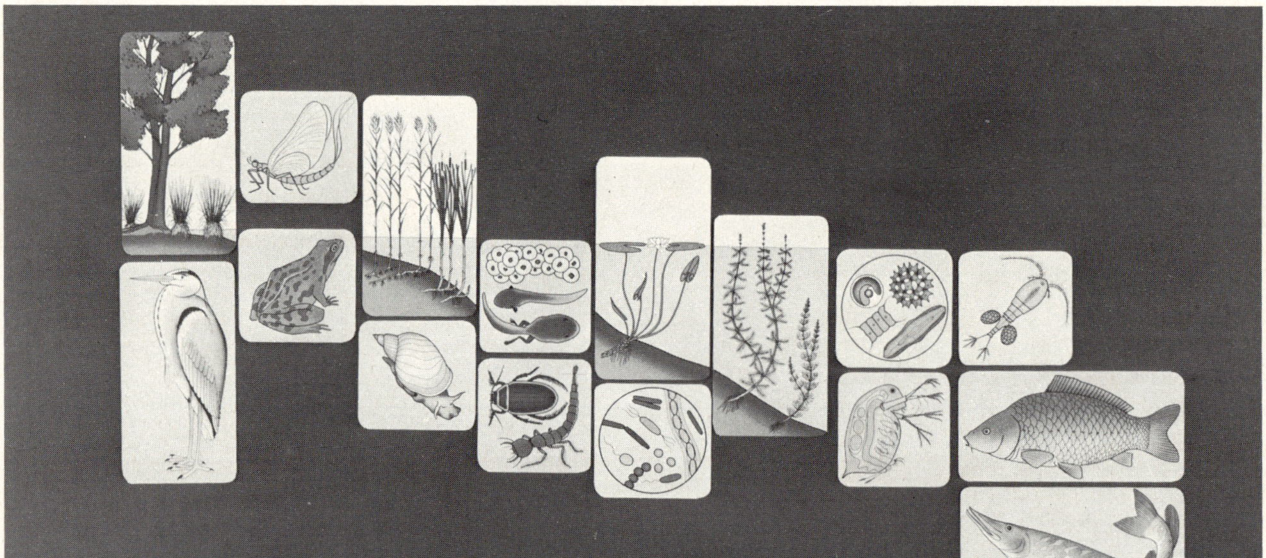

Vergleich Ökosystem Wald – Ökosystem See

Im Ökosystem Wald fängt das Blätterdach das Sonnenlicht auf und liefert Zucker und Stärke für die Pflanzen und für alle Tiere, die davon direkt und indirekt leben. In der Laubstreu und im Waldboden werden die im Ökosystem gebildeten organischen Stoffe mit Hilfe der Bodentiere, der Pilze und der Bakterien wieder aufgebaut.

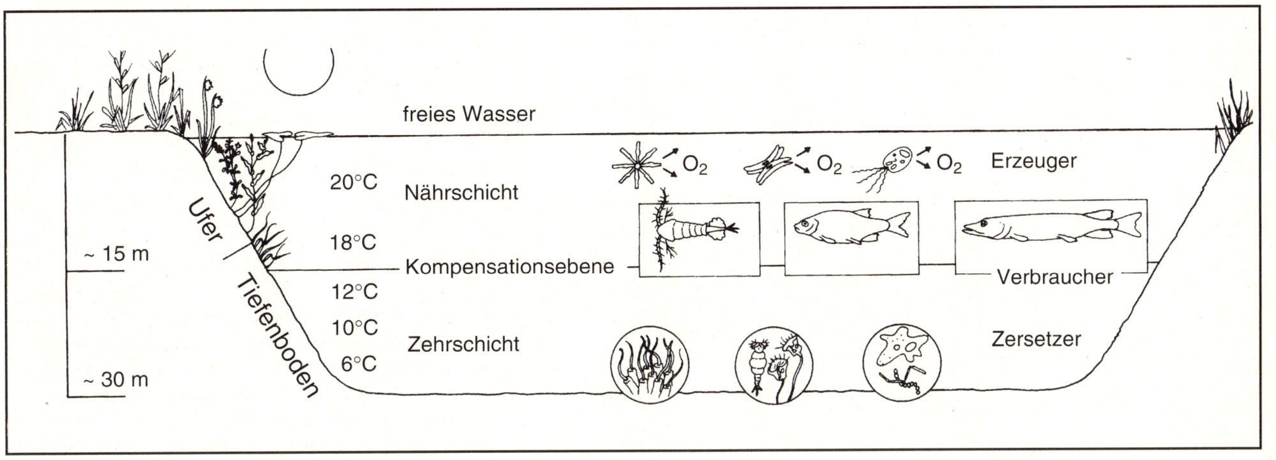

Aufgaben:

1. Wie funktioniert dieser Kreislauf im Ökosystem See? Erkläre!

2. **Auf den Seiten 122/123 findest du als Beispiel: Kieselalgen (Schwebsternchen, Kammalge, Moorkieselalge), Grünalgen (Zackenrädchen, Geschwänzte Gürtelalge), Hornalge, Netzblaualge und Schraubenalge. Sie können im See vorkommen. Wie verhindern sie, daß sie von der Nährschicht in die Zehrschicht absinken?**

3. **Wenn die Temperaturschichtung erhalten bliebe, würde die Nährschicht immer ärmer an Mineralstoffen für das Wachstum der Algen und die Zehrschicht immer reicher an Mineralstoffen. Erkläre anhand der Skizzen, wie es zum Austausch kommt.**

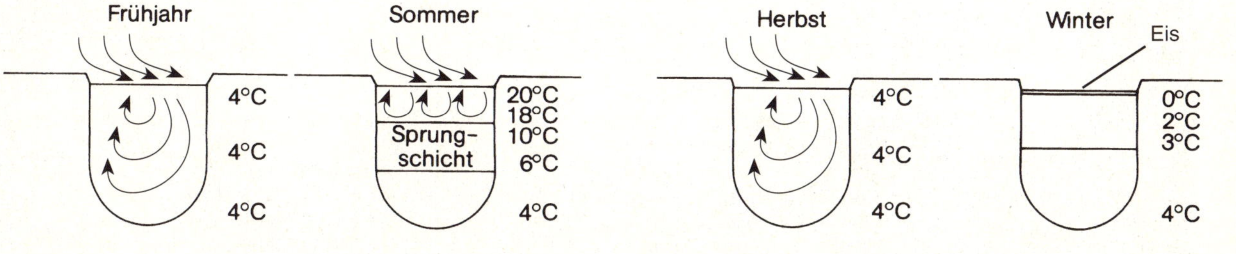

Nahrungsbeziehungen und Stoffkreislauf im See

(Schülerbuch S. 132/133)

Aufgaben und Lösungen

① Beschreibe Nahrungsketten aus Abb. 3 auf Seite 132.
- *Algen → Wasserfloh → Großlibellenlarve → Hecht*
- *Algen und Aufwuchs → Kaulquappe → Rükkenschwimmer → Teichralle (= Teichhuhn)*
- *Algen und Aufwuchs → Wasserfloh → Großlibellenlarve → Teichralle (= Teichhuhn)*
- *Wasserpflanzen und Aufwuchs → Wasserschnecken → Hecht*
- *Planktonalgen und Aufwuchs → Wasserfloh → Rotfeder → Hecht*
- *Zuckmücke oder Köcherfliege → Wasserfrosch → Hecht*
- *Zuckmücke oder Köcherfliege → Wasserfrosch → Ringelnatter → Rohrweihe*
- *Zuckmücke oder Köcherfliege → Schwalbe (→ bedeutet: wird gefressen von)*

② Beschreibe den Gaswechsel des Sauerstoffs nach Abb. 133.1
- **Kurzfassung:** *Die Tiere und die Bakterien im Wasser leben von dem durch Planzen gebildeten Sauerstoff und stellen das ausgeatmete CO_2 wieder den Pflanzen für die Fotosynthese zur Verfügung.*
- **Ausführliche Fassung:** *Sauerstoff wird von den Planktonalgen und den Tauchblattpflanzen gebildet und an das umgebende Wasser abgegeben. Alle Tiere im See, die nicht Luftsauerstoff von der Wasseroberfläche holen (z. B. Rückenschwimmer), sondern über Kiemen, Tracheenkiemen oder die Haut atmen (z. B. Fische, Kleinkrebse) benötigen den im Wasser gelösten Sauerstoff. Auch viele Bakterienstämme (aerobe Bakterien) sind auf den im Wasser gelösten Sauerstoff angewiesen, oder sie gewinnen diesen durch die Spaltung organischer Moleküle (anaerobe Bakterien), die beim Abbau von toten Tieren und Planzen anfallen (Fäulnis, Zersetzung). Das ausgeatmete CO_2 löst sich im Wasser und wird in dieser Form von den Planktonalgen und den Tauchblattpflanzen aufgenommen und in der Fotosynthese verwendet. Dabei entsteht wieder Sauerstoff.*
  Anmerkung: *Sauerstoffeintrag erfolgt auch über die Wasseroberfläche, insbesondere, wenn das Wasser fließt oder durch den Wind bewegt wird. Nur wenn das Wasser von einer Eisschicht bedeckt ist, gilt der oben genannte Kreislauf im vollen Sinne. Dabei kann es auch zu einer Verknappung des im Wasser gelösten Sauerstoffes kommen. Kritische Situationen treten ebenfalls auf, wenn das Wasser sehr warm ist und sich von Natur aus nur wenig Sauerstoff im Wasser löst (vgl. Tabelle im Schülerbuch S. 131).*

③ Wie sollen wir Menschen uns ernähren, um bei der Erzeugung unserer Nahrungsmittel mit der Energie sparsam umzugehen?
- *Die eingestrahlte Sonnenenergie wird von den Planzen am besten ausgewertet und in den Aufbau organischer Stoffe umgesetzt. In der Nahrungskette wird diese in organischen Stoffen gespeicherte Sonnenenergie von den Erstverbrauchern nur zu ca. 10 % von den Zweitverbrauchern nur noch zu ca. 1 % in vom Menschen verwertbare Stoffe (Eiweiß, Fett, Kohlenstoffhydrate) umgesetzt. Am meisten Nahrung stünde dem Menschen zur Verfügung, wenn er Algen und Wasserpflanzen verwertete. Dies wird jedoch kaum praktiziert. Der Mensch ißt Fisch, d. h. er nutzt die Zweit-, Dritt- oder Endverbraucher in der Nahrungskette.*

④ Welche Konsequenzen sind aus der Abbildung im Kasten erforderlich, damit sich Gifte über die Nahrung nicht anreichern.
- *Speisefische müssen auf gesundheitsgefährdende Stoffe überprüft werden, bevor sie in den Handel kommen. Der Verbraucher kann sich aber auch zusätzlich schützen, indem er Fische aus gefährdeten Regionen meidet oder nur selten verzehrt. Außerdem spielt die Stellung der Fische in der Nahrungspyramide eine Rolle: Raubfische (z. B. im Meer: Kabeljau, Rotbarsch, Schellfisch, Seelachs, Thunfisch; im Süßwasser: Hecht, Zander, Flußbarsch, Forelle) haben im ihren Körper mehr Rückstände angereichert als planktonfressende Fische (z. B. im Meer: Hering, Sardine, Makrele; im Süßwasser: Karpfen, Schleie, Rotfeder und andere Weißfische). Es muß alles getan werden, um Schadstoffeinleitungen in die Gewässer zu vermeiden.*

Stehende Gewässer

Bei *Kleingewässern* unterscheidet man *Teich* und *Tümpel.*
Der *Teich* ist meist künstlich angelegt, sein Wasser kann in der Regel abgelassen werden. Der *Tümpel* ist durch witterungsabhängig wechselnden Wasserstand gekennzeichnet: er kann im Winter ausfrieren und im Spätsommer austrocknen. Der Tümpel enthält angepaßte Arten (z. B. Wasserflöhe, Larve der Plattbauchlibelle), die die Trokkenperioden als Dauerstadien bzw. eingegraben im Schlamm überleben.
Ein *Weiher* ist relativ flachgründig, reicher Pflanzenwuchs kennzeichnet ihn. Meist ist er künstlich angelegt worden.
Baggerseen haben ein steiles Ufer, deshalb fehlt der Pflanzenbewuchs sowohl am Ufer als auch in der lichtarmen Tiefe weitgehend. Dasselbe gilt für *Stauseen*, die der Trinkwasser- und Energiegewinnung dienen.
Ein natürlich entstandener *See* (z. B. Bodensee) ist in der Regel so tief, daß sich im Sommer und Herbst eine deutliche Schichtung (Nähr-, Sprung- und Zehrschicht) einstellt, die durch die Frühjahrs- und Herbstzirkulation wieder aufgehoben wird.

Lösungen zum Arbeitsblatt

1. **See:** Algen und Wasserpflanzen sind Erzeuger; Wasserflöhe sind Erstverbraucher, Karpfen und Rotfeder Zweitverbraucher, der Hecht Drittverbraucher.
3. **Tümpel:** Hier entsprechen die Erzeuger und die Erstverbraucher denen im See; als Zweitverbraucher gilt der Stichling und als Drittverbraucher die Larve des Gelbrandkäfers.

Stoffkreislauf und Nahrungsbeziehungen im See und im Tümpel

Das Zusammenspiel von Erzeugern, Verbrauchern und Zersetzern ist im Tümpel und im See etwa gleich. Die Nahrungsbeziehungen sind jedoch unterschiedlich, da Fische nur in großen Gewässern ausreichend Lebensraum finden. In einem Tümpel können nur genügsame Kleinfische wie z.B. Stichlinge existieren, im See können Karpfen, Rotfeder und Hecht nebeneinander leben.

Aufgabe: Setze die Namen der Lebewesen ein und ordne ihnen ihre Funktion zu.

Verwende die Begriffe: Algen, Drittverbraucher, Erstverbraucher, Erzeuger, Hecht, Karpfen, Rotfeder, Stichling, Wasserflöhe, Wasspflanzen, Zweitverbraucher.

1. See

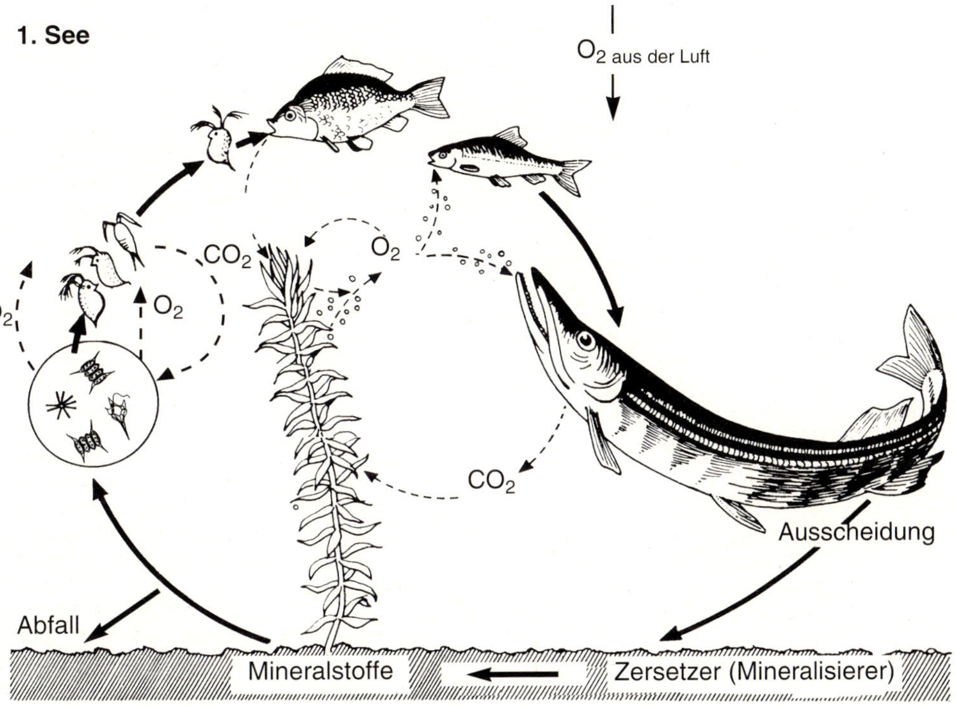

2. Tümpel

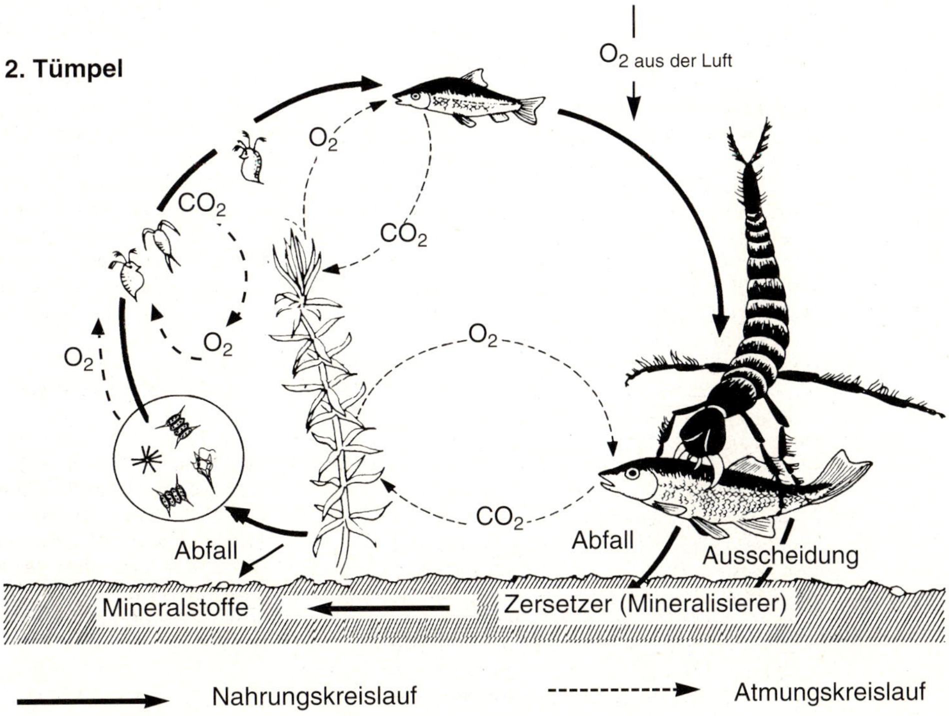

Eutrophierung eines Sees

(Schülerbuch S. 134)

Aufgabe und Lösung

① Welche Maßnahmen kann man gegen die Eutrophierung von stehenden Gewässern ergreifen?

– *Auf den umgebenden Wiesen und Feldern muß die Düngung stark eingeschränkt werden, damit nicht durch Abschwemmung eine Eutrophierung des Sees gefördert wird. Aus den Siedlungen sammelt man die Abwässer in einer Abwasser-Ringleitung und baut die Kläranlage am Ausfluß des Sees, wo das geklärte Wasser in den Fluß eingeleitet werden kann, denn auch dieses hat noch düngende Wirkung im See. Ist eine solche Lösung nicht möglich, muß in der Kläranlage in einer dritten Klärstufe eine Denitrifizierung und eine Phosphatfällung erfolgen, bevor das Wasser die Kläranlage verläßt.*

Schulversuch
Gib in jedes Becken täglich eine Prise Fischtrockenfutter und eine Prise Hefe. Werte nach einer Woche aus.

Ergebnisse:

- Hefetrübung
- viel Sauerstoff
- Fischfutter als Bodensatz

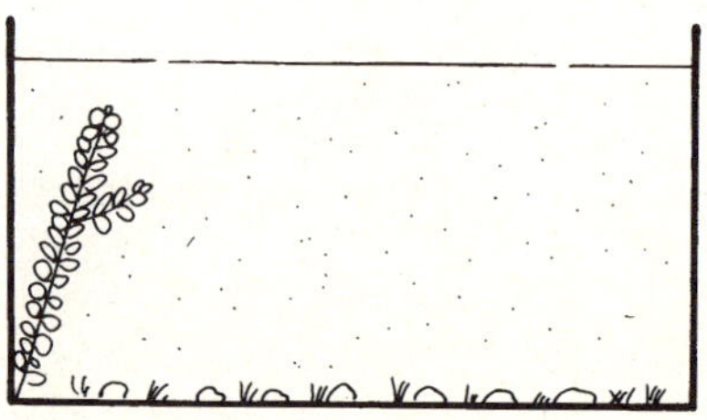

Becken 1: 10 l Wasser und ein Büschel Wasserpest

- kaum Hefetrübung
- ausreichend Sauerstoff
- Fischfutter und tote Wasserflöhe am Boden

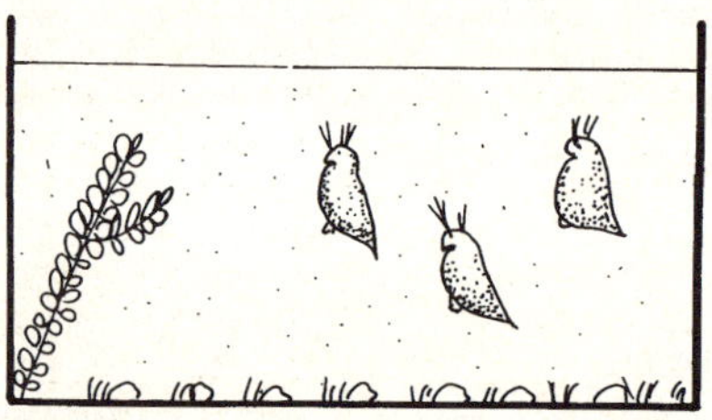

Becken 2: zusätzlich einige Wasserflöhe

- keine Hefetrübung
- kaum Sauerstoff
- Schneckenkot und Wasserflohreste am Boden

Becken 3: zusätzlich 2 – 3 Posthornschnecken

- leichte Hefetrübung
- kaum Sauerstoff
- Kot von Schnecken und Fischen

Becken 4: zusätzlich ein kleiner Goldfisch

Zusatzinformation

Eutrophierung in Kleingewässern

Die Eutrophierung erfolgt in Kleingewässern (Tümpel, Teich, Weiher) im Prinzip auf die gleiche Weise wie in einem großen See (siehe FWU-Film: Der Teich im Park). Ursachen sind auch hier die Überdüngung des Gewässers durch Einleitung von Abwässern oder ein zu dichter Besatz mit Tieren. Wer einen Teich auf seinem Grundstück anlegt, besetzt ihn gewöhnlich mit Fischen. Nach kurzer Zeit färbt sich das Wasser im Sommer grün. Als Abhilfe wird der Einbau einer Pumpe empfohlen, vergleichbar der Fontäne im Park. Das Entfernen der Fische oder ihre radikale Dezimierung wäre jedoch die einfachere Lösung (s. Arbeitsblatt).
Der Verzicht auf zu viele Fische fällt leicht, wenn sich die Schaugewohnheiten der Menschen ändern. Entwickelt der Mensch Interesse am Leben der Wasserinsekten, oder untersucht er das belebte Wasser mikroskopisch, so erlebt er vielfältige Veränderungen, wenn die Fische fehlen. Das Plankton wird interessanter, das Wasser wieder klar. Hierfür sind vor allem die Großfiltrierer, z. B. der Langdorn-Wasserfloh verantwortlich (vgl. den skizzierten Schulversuch).

Lösungen zum Arbeitsblatt S. 144

1. Die Fütterung der Tiere und ihre Ausscheidungen führen zur Überdüngung des Wassers. Blau- und Grünalgen kommen zur Massenvermehrung (Algenwatten an der Oberfläche).
2. Dadurch wird das Wasser belüftet, so daß der Sauerstoffgehalt in der Tiefe nicht unter einen kritischen Wert sinkt und die Gefahr von Fischsterben entsteht.
3. Kleine Geißelalgen und kleine, wenig bewegliche Algen werden von Kleinfiltrierern (Rädertierchen und Wimpertierchen wie z. B. Trompetentierchen und Weiher-Rüsselkrebs) erbeutet. Die Großfiltrierer (Langdorn-Wasserfloh, Farbloser Schwebekrebs) leben zwar auch von der Nahrung der Kleinfiltrierer, werden aber erst richtig satt und vermehren sich gut, wenn sie auch große Algen (z. B. Kolonien der Netzblaualge) zu sich nehmen. Die Algenwatten der Schraubenalge sind jedoch zu groß, diese können noch am ehesten von den Enten als Beikost verzehrt werden.
4. Weniger planktonfressende Fische → weniger Algen: Die Massenvermehrung von Blaualgen wird durch die Großfiltrierer (Langdorn-Wasserfloh, Farbloser Schwebekrebs) eingedämmt. Diese Kleinkrebse werden jedoch durch die Fische stark dezimiert, wodurch die Blaualgen und Schraubenalgen im Wachstum begünstigt sind. (Eine Eindämmung der planktonfressenden Fische wäre auch durch Raubfische (Barsch, Hecht) möglich.)

Anmerkung zu den Arbeitsblättern S. 144/145

Die Rolle des *Teichhüpferlings* wurde vernachlässigt, da er seine Nahrung durch Ergreifen von Einzelobjekten erwirbt. (Näheres vgl. Schmid in Eschenhagen/Kattmann/Rodi S. 211).
Fast alle angesprochenen Planktonorganismen sind im Schülerbuch beschrieben: S. 19/20: Augentierchen, Chlamydomonas; S. 35 und S. 132: Langdorn-Wasserfloh; S. 122: Schwebesternchen, Teichhüpferling; S. 123: Geschwänzte Gürtelalge, Netzblaualge, Schraubenalge.

Zusatzinformation

Die Sanierung eines Sees

Gerät ein Teich aus dem Gleichgewicht, kann man über die Belüftung des Wassers und eine Reduzierung des Fischbestandes rasch eine Veränderung herbeiführen.

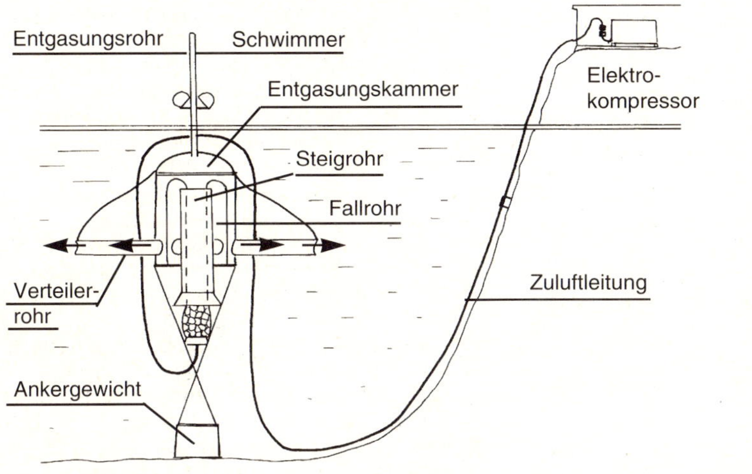

Im Limnogerät strömt das mit Luft angereicherte Wasser gleich an Ort und Stelle wieder zurück. Die überschüssige Luft wird in einem Druckbehälter gesammelt und über ein Entgasungsrohr an die Atmosphäre abgegeben.

Ein Teich kann zudem meist abgelassen werden. Über den Winter fault der Schlamm aus, und man erreicht dadurch in kurzer Zeit eine Verbesserung der Gewässergüte im nächsten Jahr. Diese Möglichkeiten sind bei den großen Seen und Talsperren, die zudem oft als Trinkwasserspeicher dienen, nur in eingeschränkter Weise möglich. Ist die Eutrophierung einmal soweit fortgeschritten, daß in der Tiefe kein gelöster Sauerstoff mehr vorhanden ist, bildet sich Schwefelwasserstoff. Das Wasser stinkt. Eisen- und Manganionen gehen aus dem Sediment in Lösung und bereiten Probleme bei der Trinkwasseraufbereitung.

Die ältesten Methoden der Sanierung von Seen sind das *Düngeverbot* im Wassereinzugsgebiet und die *Ring-Abwasserleitung.* Viele Seen des Voralpengebietes besitzen inzwischen einen solchen Abwassersammler rings um den See, der zu einer Kläranlage am Ausfluß des Sees führt und so den Eintrag von düngend wirkenden Substanzen minimiert (vgl. Abb. S. 146).

Techniker haben inzwischen auch *Limnogeräte* entwickelt, die in stark belasteten Seen die Sauerstoffversorgung in der Tiefe gewährleisten und so für relativ klares Wasser sorgen. Allerdings brauchen solche Anlagen ständig Energie und müssen sorgfältig gewartet werden. Als Beispiel wird ein Gerät gezeigt, das im Weßlinger See bei München installiert wurde und das Tiefenwasser ganzjährig belüftet.

Medien zu den Seiten 128–145 im Schülerbuch

- Der See als Nahrungsraum für Vögel: Teichhuhn. FWU
- Der See als Nahrungsraum für Vögel: Höckerschwan. FWU
- Der See als Nahrungsraum für Vögel: Uferschnepfe und Graureiher. FWU
- Der Teich im Park – ein labiles Ökosystem. FWU
- Ein sauberer See für den Barsch. FWU
- Das große Gleichgewicht 1: Das Beste aber ist das Wasser. FWU
- Belastetes Wasser. FWU
- Fließgewässer. Natürlicher Zustand – Verschmutzung -Selbstreinigung. FWU
- Wasserversorgung in der Bundesrepublik Deutschland. FWU
- Regenwasser – Grundwasser – Trinkwasser. FWU
- Der Weg des Abwassers. FWU
- Klärwerk. FWU
- Fangmethoden in Fließgewässern. FWU
- Lebewesen in Fließgewässern. FWU
- Quellen. FWU
- Ökoland – Abschied vom Wasserklo? FWU
- Vom Quellwasser zum Abwasser. FWU
- Der biologisch gesunde Fluß. Klett
- Der biologisch kranke Fluß. Klett

Dias
- Diathek Ökologie exemplarisch: Der Bodensee. CVK
- Nahrungsketten im See. CVK
- Stoffkreislauf im See. CVK
- Das Leben in Binnengewässern. Jünger
- Probleme der Wasserverschmutzung: Leitorganismen in Fließgewässern. FWU
- Wasser 1: Wasserverbrauch/Abwasser. FWU
- Wasser 2: Trinkwasserversorgung. FWU
- Wasser 3: Kläranlage. FWU
- Probleme der Gewässerverschmutzung. FWU
- Belastetes Wasser. FWU
- Wasser 4: Gewässergüte. FWU
- Kleingewässer: Lebensgemeinschaft, ökologische Bedeutung. FWU
- Kleingewässer: Gefährdungen und Erhaltungsmaßnahmen. FWU
- Natürliche und künstliche Bäche. FWU
- Gewässer im Landschaftshaushalt. V-DIA
- Abwässerreinigung. V-DIA

Arbeitstransparente
- Ökosystem See: Lebensbeziehungen und Stoffkreislauf. FWU
- Wassergüte in Fließgewässern. V-DIA
- Kläranlage. V-DIA
- Hagenstein, K. Die Nitrat-Story. Sparkassen-Schulservice: Kostbares Wasser

Magnetische Arbeitsmittel
- MAM-Box 1: Ökologie. Klett
- Lernset 2: Ökosystem See. Klett
- MAM-Box V: Umweltfragen. Klett
- Lernset 1: Biotop- und Artenschutz. Klett
- Lernset 3: Biologische Selbstreinigung. Klett

Computersimulationsprogramm
- Der See – ein Computersimulationsprogramm zum Ökosystem See (demnächst lieferbar. Klett).

Video
- Ökologie. Klett

Probleme im Stadtparkteich (A)

Auf dem Stadtparkteich tummeln sich Stockenten und ein Höckerschwanpaar. Im Wasser schwimmen große Goldfische, Schleien und Moderlieschen, keine Hechte oder Barsche. Nur an einer Stelle ist das Ufer zugänglich, hier hat sich ein Verlandungsgürtel gebildet. Die Besucher füttern die Tiere und freuen sich an der großen Fontäne.

Aufgaben:

1. Leider wird das Wasser des Teichs im Sommer oft zur grünen, undurchsichtigen Brühe. Erkläre!

2. Welche Bedeutung hat die Fontäne für den Teich?

3. Studiere die Zeichnungen der Planktonorgansimen (Arbeitsblatt B S. 145). Beachte die Größenangaben und mache dir Gedanken, wie sich die Nahrungskette im Teich aufbaut (ohne Einbeziehen der Fische). Vgl. hierzu im Schülerbuch: S. 19/20: Augentierchen, Chlamydomonas; S. 35 und S. 132: Langdorn-Wasserfloh; S. 122: Schwebesternchen; S. 123: Geschwänzte Gürtelalge, Netzblaualge, Schraubenalge.

4. Warum könnte man durch Abfischen die Wasserqualität des Teichs verbessern?

Probleme im Stadtparkteich (B)

Großfiltrierer

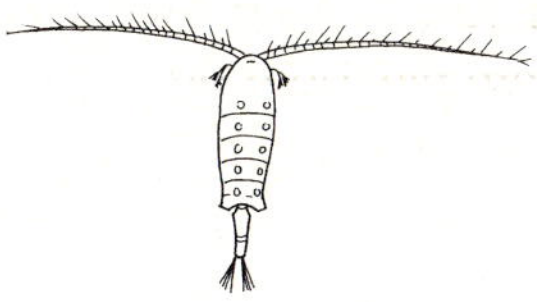

farbloser Schwebekrebs
bis 1,5 mm lang

Langdorn-Wasserfloh
bis 2,5 mm

Kleinfiltrierer

Weiher-Rüsselkrebs
0,5 mm

Trompetentierchen
0,5 mm

große sperrige Alge

Schraubenalge
Zellen bis 0,1 mm breit
und 0,5 mm lang

kleine Geißelalge

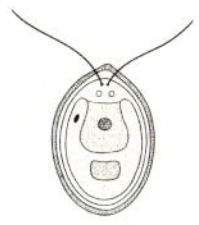

Chlamydomonas
0,05 mm

kleine, wenig bewegliche Algen

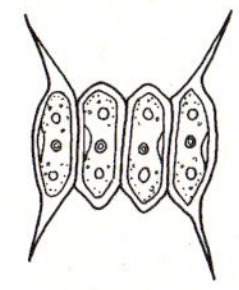

geschwänzte Gürtelalge
0,05 mm

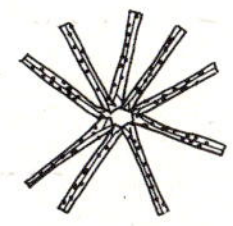

Schwebesternchen
0,1 mm

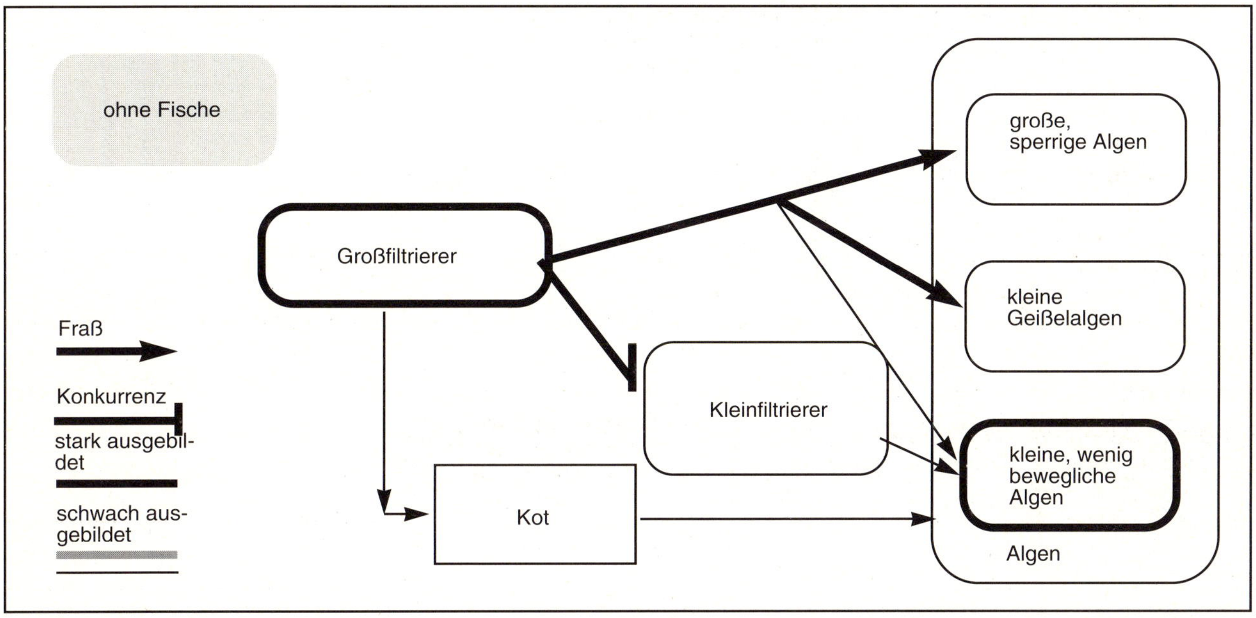

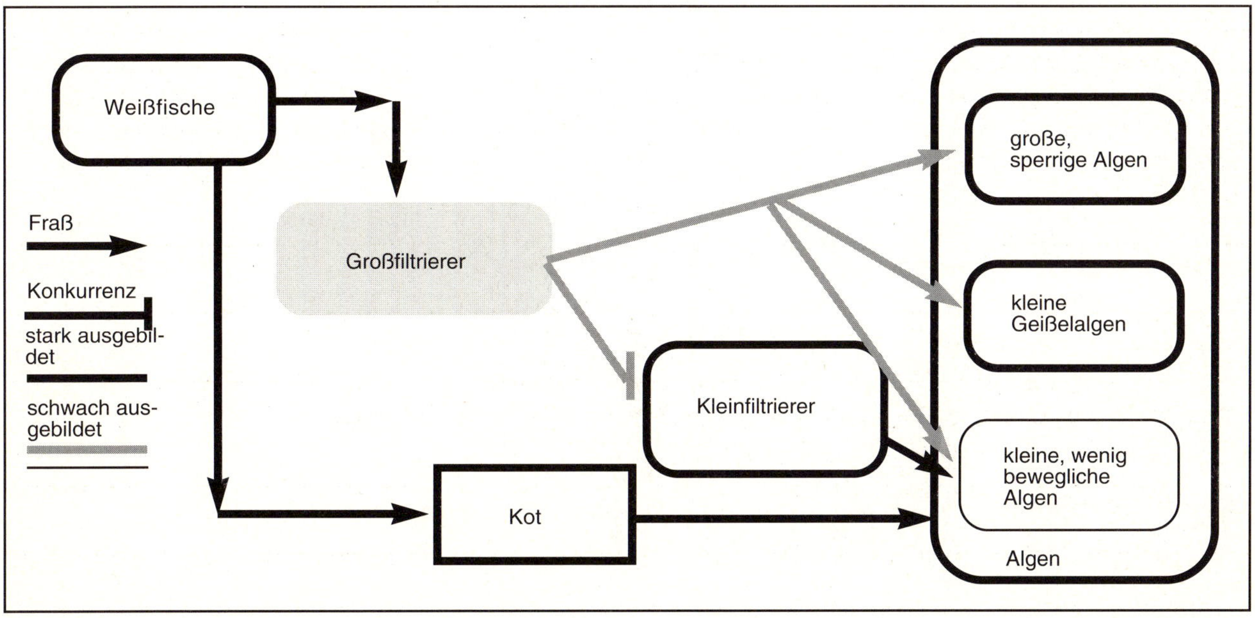

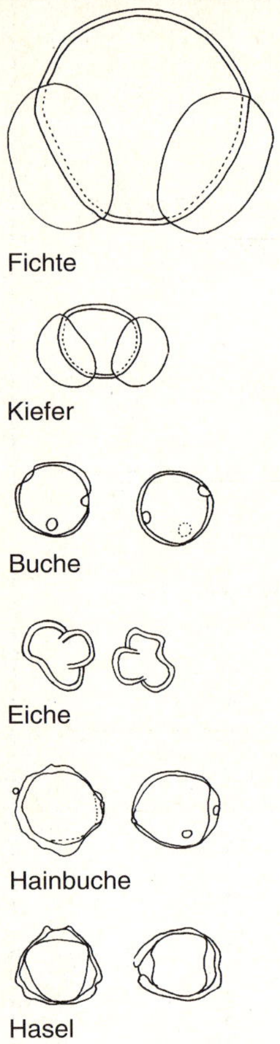

Ein Moor entsteht

(Schülerbuch S. 135)

Experimentelles

Pollenanalyse

Die *Pollenanalyse* ist eine leicht durchschaubare Methode der Geschichtsforschung. Man kann die Materialgewinnung mit Schülern durchführen.
Material: Torf, 10%ige Kalilauge, feinmaschiges Sieb, Glycerin, Objektträger, Deckgläser, Pipetten, Bechergläser.
Ist eine Zentrifuge vorhanden, so läßt sich der Pollen schneller in der Probe anreichern.
Durchführung: Torfproben aus verschiedenen Schichten des Moores werden jeweils 10 Minuten lang in 10%iger Kalilauge gekocht. Danach gibt man die Aufschwemmung auf ein Sieb und fängt die ablaufende Flüssigkeit in einem Becherglas auf.
Sie muß einen Tag ruhig stehen, danach entnimmt man aus dem Bodensatz Proben und untersucht sie in Glycerin unter dem Mikroskop.
Beobachtungen: Im Moor haben sich die Strukturen der Pollenkörner sehr gut erhalten. Oft erkennt man deutliche Unterschiede zwischen den einzelnen Proben, wenn man die jeweils in der Probe vorherrschenden Pollenarten betrachtet. Da vor allem die Pollen der windblütigen, aber auch mancher insektenblütigen Bäume und Sträucher jährlich in großer Menge verweht werden, finden wir sie auch in den Torfablagerungen geschichtet wieder.

Zusatzinformation

Der Federsee – 20 000 Jahre Geschichte.

Die größte Ausdehnung des Federsees in Oberschwaben betrug am Ende der letzten Eiszeit ca. 30 km², heute bedeckt seine Wasserfläche gerade noch 1,4 km². Die ehemalige Uferlinie ist durch Moränenzüge und die Grenze von mineralischem, braunem Boden zu dem schwarzen Moorboden im Gelände deutlich zu erkennen. Die Verlandung vollzog sich die meiste Zeit auf natürliche Weise. Seit der Jungsteinzeit sind Siedlungen am Ufer des Sees nachweisbar. Mit zunehmender Verlandung des Sees wurden die Siedlungen im Moor angelegt. In den Jahren 1789 und 1808 erfolgten Eingriffe des Menschen. Durch Begradigen bzw. Vertiefen der Kanzach wurde der Seespiegel zweimal um insgesamt 1,15 m gesenkt, um durch Verlandung zusätzliche Nutzflächen zu gewinnen. Bereits um 1820 hatte der See seine charakteristische rhombische Form ausgebildet, die Verlandungsgeschwindigkeit blieb jedoch anfangs sehr hoch (0,8 ha/Jahr). Für die Zeit von 1926 bis 1953 wurde eine Verringerung der Seefläche um jährlich 0,3 ha ermittelt. Heute ist die Verlandung praktisch zum Stillstand gekommen.
Das heutige Naturschutzgebiet umfaßt etwa die Fläche des Federsees vor den Seefällungen.
Auf der Karte (vgl. die untere Abb.) erkennt man, daß die Siedlungsplätze ringförmig zum ehemaligen Ufer angeordnet sind.

Lösungen zum Arbeitsblatt

1. Für Häuser und Straßen braucht man einen festen Baugrund. Im Torf können Bauwerke einsinken. Buchau lag ursprünglich auf einer Insel im Federsee.
2. Der mineralische Boden des Ufers ist braun, Moorboden ist schwarz.

Die frühgeschichtlichen Siedlungsplätze im Verhältnis zu den Verlandungsstadien des Federsees

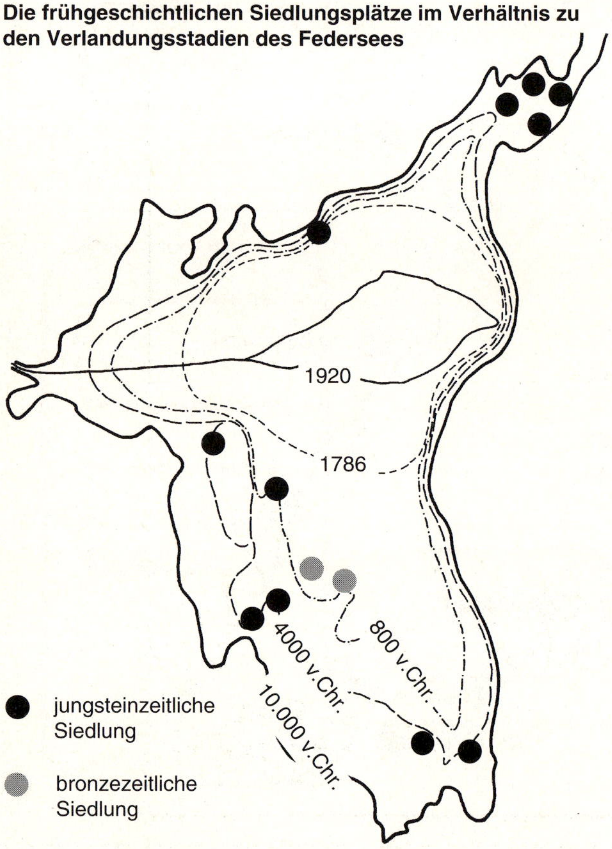

Abwasserringleitung im Gebiet des Federsees (seit 1981)

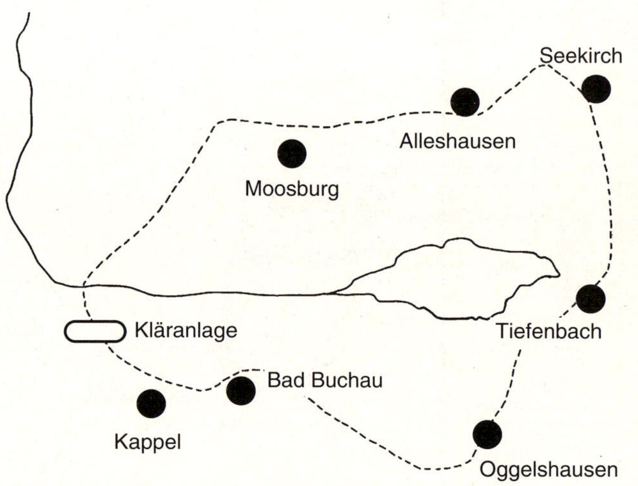

Federsee und Federseemoor

Aufgaben:

1. Die Karte zeigt, daß das Federseemoor sehr groß ist. Der heutige Rest-Federsee hat nur noch ca. 5 % der ursprünglichen Fläche. Alle heute noch vorhandenen Siedlungen sind am ursprünglichen Ufer des Sees orientiert. Erkläre. Buchau hatte eine besonders vorteilhafte Lage.

____

____

____

2. An der Farbe von manchen frisch gepflügten Äckern kann der Wanderer im Gelände erkennen, wo sich einst das Ufer des ursprünglichen Federsees befand. Erkläre.

____

____

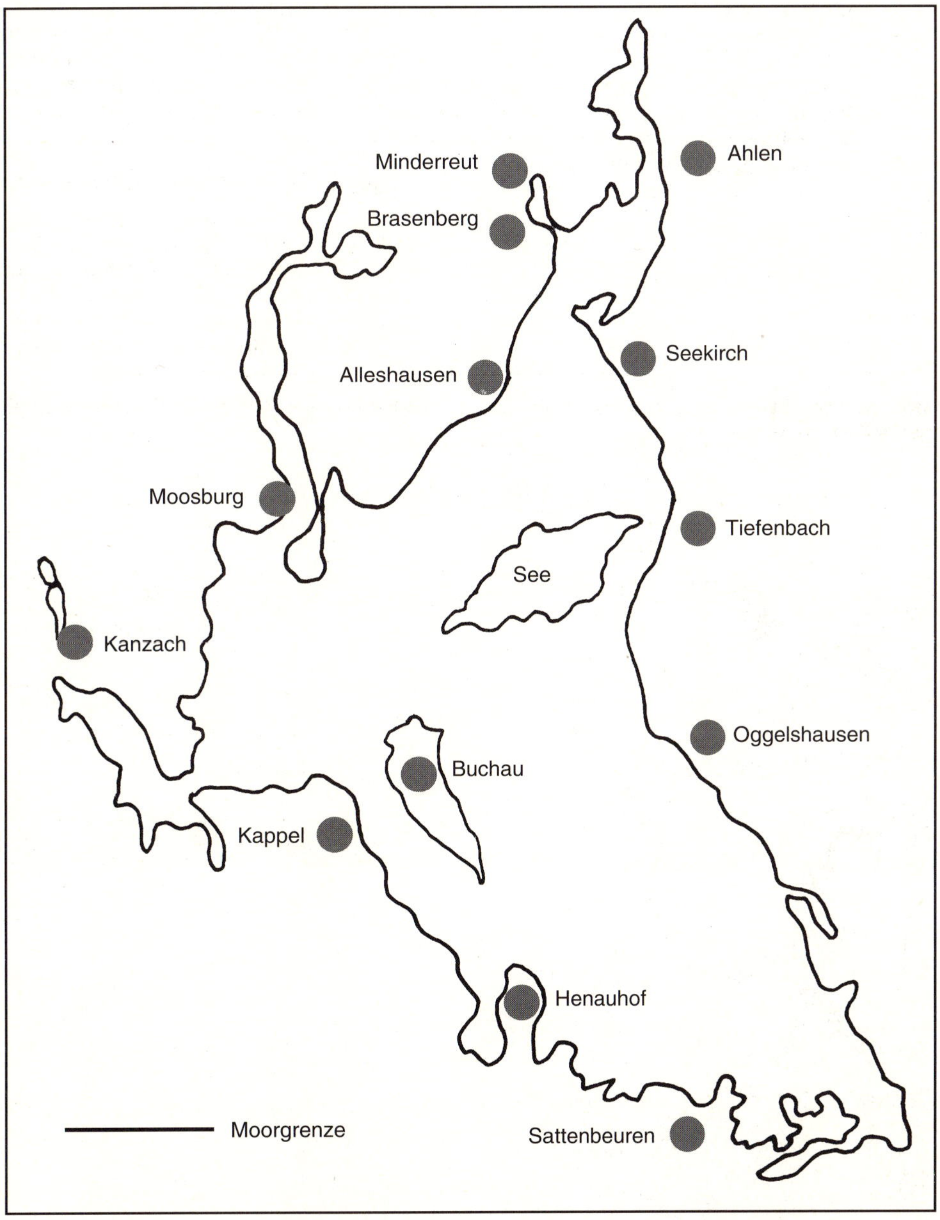

Trinkwasser ist kostbar

(Schülerbuch S. 136/137)

Aufgaben und Lösungen

① In Ballungsgebieten reicht das Grundwasser für die Trinkwassergewinnung nicht mehr aus. Wasser wird in großem Maße aus entfernten, naturnahen Landschaften herantransportiert. Welche Folgen hat das starke Abpumpen von Grundwasservorräten für die betroffenen Landschaften?

- *Der Grundwasserspiegel wird gesenkt. Die Wurzeln der Pflanzen reichen nicht mehr tief genug hinunter, um genügend Wasser zu erreichen. Kulturen müssen bewässert werden.*
  Bäume sterben ab. Vegetation und Tierwelt ändern sich. In ungünstigen Fällen kommt es zur Versteppung. Durch Wasserentzug setzt sich der Boden. Häuser und Verkehrswege können Schäden erleiden.

② Welche Folgebelastungen entstehen bei der Reinigung von Fluß- zu Trinkwasser?

- *Die Aufbereitungsanlagen müssen sorgfältig gewartet und infolge der steigenden Belastung des Flußwassers ständig modernisiert und leistungsfähiger gemacht werden. Die ausgeflockten Sedimente gelten als Sondermüll, der entweder chemisch weiter aufgearbeitet oder auf Sondermülldeponien entsorgt werden muß.*

③ Erkläre, wie in der Industrie durch Kreislaufführung des Nutzwassers mit Wasser sparsamer umgegangen werden kann.

- *Wenn die im Wasser gelösten Stoffe wieder in der betriebseigenen Wasseraufbereitung herausgenommen werden, kann das Wasser erneut als Lösungsmittel Verwendung finden. Dadurch wird Wasser gespart, außerdem spart der Betrieb Wasser- und Abwassergebühren.*

④ Gibt es Gefährdungen des Grundwassers in deiner Gemeinde? Berichte.

- *Die Gefährdungen sind nach Entstehung zu ordnen, z. B. durch Landwirtschaft, Privathaushalte, Industrie oder durch alte Deponien verursacht.*

Lösungen zum Arbeitsblatt

Die *Fassung einer Quelle* und das *Anbohren der Grundwasserschicht* sind einfache, sichere Methoden. Sofern das Wasser die geforderte Qualität hat, braucht es nicht chemisch aufbereitet zu werden bis auf eine Sicherheitschlorung oder Ozonierung, die auf dem Weg zum Verbraucher in den Leitungen wieder abgebaut wird.
Die Entnahme von Wasser aus dem *Uferfiltrat* erfordert vor der Versickerung des Flußwassers eine mehr oder weniger umfangreiche Vorklärung. Dann kann die Wassergewinnung aus den Horizontalbrunnen ebenso unproblematisch sein wie die Entnahme von Grundwasser.
Oberflächenwasser aus dem Fluß ist belebt, enthält Algen und Kleintiere. Diese werden zuerst mit Chlor abgetötet. Die Eisen- und Manganverbindungen muß man ausfällen, weil sie zu unerwünschten Ablagerungen in den Leitungen führen. Organische Verbindungen werden ausgeflockt. Der sich dabei bildende Schlamm wird abgezogen. Danach folgt die Sicherheitsozonierung und nochmalige Zugabe von Eisensulfat. Abschließend wird das aufbereitete Wasser nochmals über Kies- und Aktivkohlefilter geleitet.

Experimentelles

Coliforme Keime

Dem Trinkwasser droht die größte Gefahr von der unmittelbaren Verunreinigung mit Abwasser oder menschlichen und tierischen Exkrementen. Fäkal-Indikatoren sind Darmbakterien (Escherichia coli) und Keime der Coliformengruppe. Diese Darmbakterien sind keine Krankheitserreger; können sie jedoch im Wasser nachgewiesen werden, ist die Anwesenheit von Krankheitserregern nicht mehr auszuschließen. Die tägliche Ausscheidung des Menschen beträgt ca. 50 Trillionen Darmbakterien, davon ca. 1 Trillion E. coli. Coliforme Keime dürfen nicht im Trinkwasser sein, gleichgültig ob das Wasser sicherheitshalber desinfiziert wird oder nicht. (Eine Zulassung als Trinkwasser wäre gefährlich, falls die Desinfektionswirkung unvollkommen ist).

Keimzahlbestimmung von Bakterien auf Agarplatten

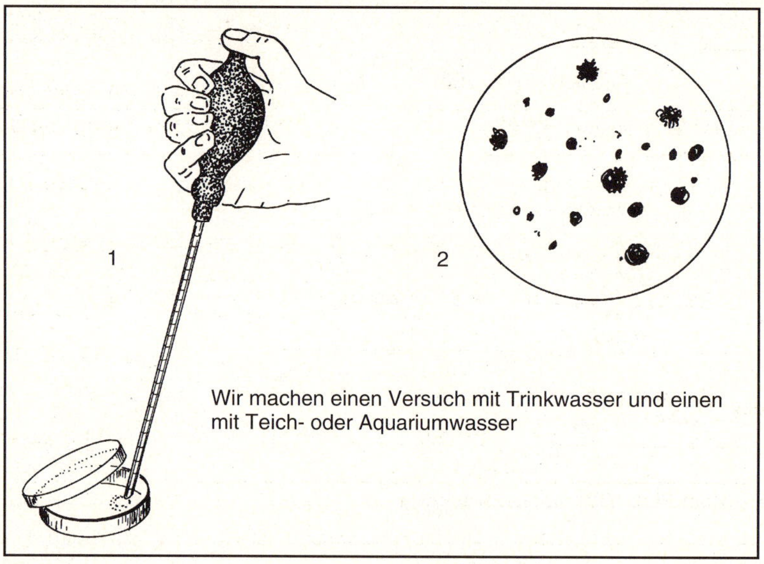

Wir machen einen Versuch mit Trinkwasser und einen mit Teich- oder Aquariumwasser

Vier Möglichkeiten der Trinkwassergewinnung

Trinkwasser kann durch direkte Fassung aus einer Quelle, durch Grundwasserentnahme(1), aus Uferfiltrat (2) und durch Aufbereitung von Oberflächenwasser (3) gewonnen werden. Beschreibe in eigenen Worten den technischen Aufwand, um auf sichere Weise zu gutem Trinkwasser zu gelangen.

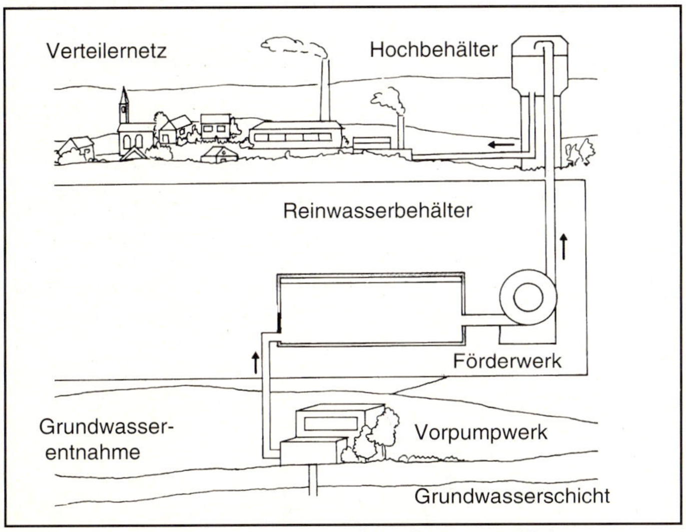

1. Trinkwassergewinnung aus der Grundwasserschicht

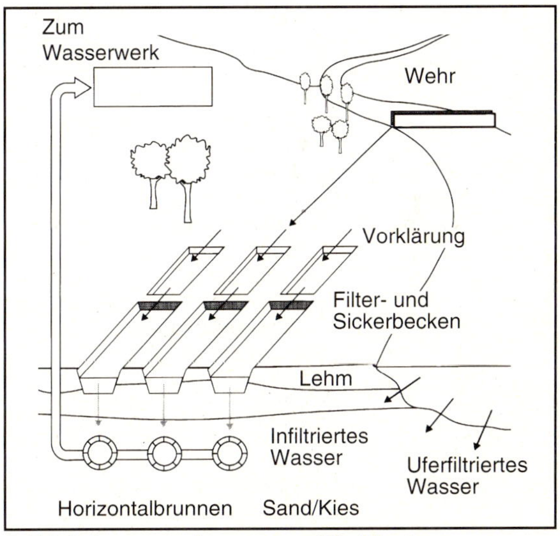

2. Trinkwassergewinnung aus Uferfiltrat

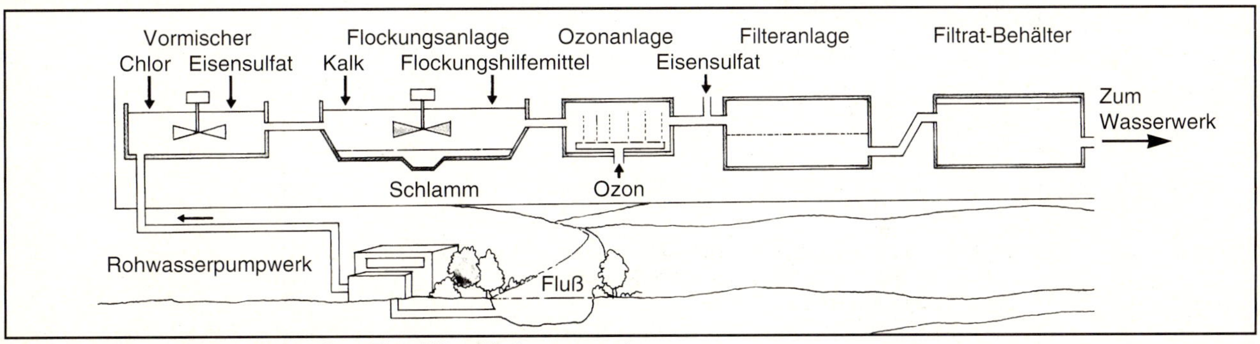

3. Trinkwassergewinnung aus dem Fluß (Oberflächenwasser)

zwei Puppen und Larve der Kriebelmücke

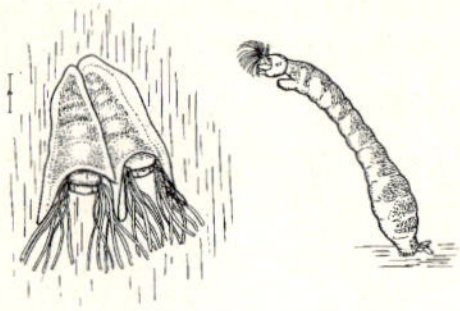

Wasserinsekten in der Strömung

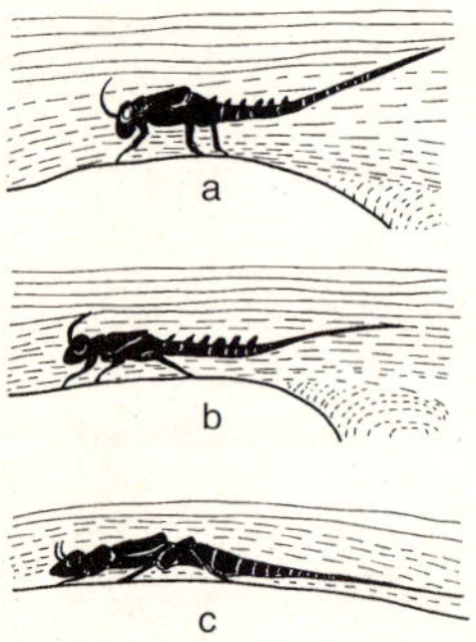

Heptagenia – eine Eintagsfliegenlarve benutzt ihre Schwanzanhänge wie den Spoiler beim Rennauto

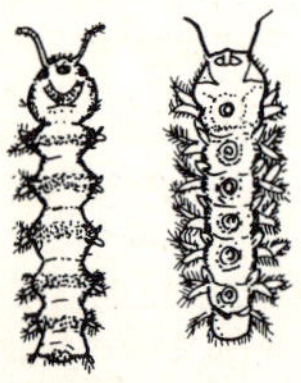

Die Larven der Lidmücken besitzen an ihrer Unterseite Saugnäpfe zum Festhalten.

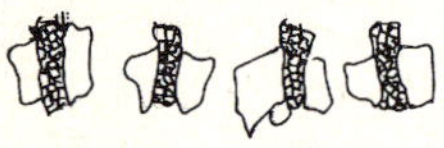

Silo – eine Köcherfliege mit Gehäuse aus schweren Steinen

Ephemera – eine Eintagsfliegenlarve gräbt sich in der Uferzone eine U-förmige Wohnröhre.

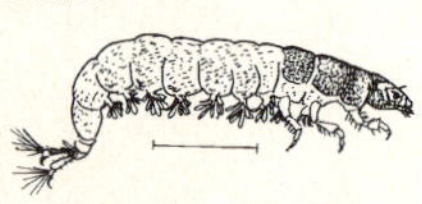

Hydropsyche – eine Köcherfliegenlarve ohne Gehäuse. Sie baut ein Fangnetz.

Bestimmung der Gewässergüte

(Schülerbuch S. 138/139)

Aufgaben und Lösungen

① Vergleiche die Gewässergütekarten von 1975 und 1990. Gib Unterschiede für einzelne Flüsse an und erläre sie.

– *Von S nach N betrachtet: Der Zustand der großen Flüsse Donau, Rhein, Ems und Weser hat sich gebessert, die Gewässergüte der Elbe ist schlechter geworden. Die Verbesserungen wurden durch Bau und Ausbau von Kläranlagen und Regenüberlaufbecken erreicht. Die Elbe hat ihr Haupteinzugsgebiet in der ehemaligen DDR und der Tschechoslowakei, wo die Abwasserreinigung auf niedrigem Stand ist.*

② Untersucht die Gewässergüte eines kleinen Fließgewässers. Verwendet die Hilfsmittel, die euch bekannt sind. Zieht Gummihandschuhe an. Nehmt an jeder Probestelle 5 Züge mit einem Haushaltssieb durch die Wasserpflanzen oder 10 handgroße Steine oder siebt 5 Proben des Bodengrundes aus. Bestimmt die Anzahl und Arten der Zeigerlebewesen. Fertigt ein Protokoll an.

– *Die Untersuchungsstelle soll gut zugänglich und ungefährlich sein. Die Geräte werden griffbereit ausgelegt. Zuerst wird im Protokollblatt die Datierung vorgenommen (Ort, Zeit, Wetterparameter, Wasserführung). Zur Erfassung der Organismen müssen sich die Gruppen flußaufwärts bewegen. Die Proben werden in weiße Plastikwannen gegeben, die Organismen löst man mit Pinsel oder Federstahlpinzette ab. Danach werden die Steine wieder in ihre alte Position gebracht. Nach der Bestimmung gibt man alle Organismen wieder in das Gewässer zurück.*

❝ Zusatzinformation

Vorbereitung der Gewässeruntersuchung

Vor der Erkundung im Gelände müssen die Lebensbedingungen für die Organismen erarbeitet werden. Nur dann können die Schüler später gezielt nach ihnen suchen. Die Teilbiotope (frei fließende Welle, Stromsohle mit Substrat, Kies- und Sandlückensystem unter der Stromsohle, strömungsarmer Raum zwischen dem Geröll) können anhand des Informationsblattes (Arbeitsblatt S. 151) erschlossen werden. Es zeigt in idealtypischer Darstellung weit mehr Organismen, als wir bei der Untersuchung im Gewässer finden können. Forelle, Groppe und Wasseramsel flüchten, viele der Kleintiere entgehen unserer Aufmerksamkeit. Das Bild ermöglicht jedoch in Ergänzung zu Arbeitsblatt S. 152 eine räumliche Einordnung der Funde. Die auffälligen Anpassungsformen verschiedener Arten ergeben sich aus der Randspalte. Die Filme „Fangmethoden in Fließgewässern" und „Lebewesen in Fließgewässern" (FWU) ermöglichen ebenfalls eine gute Einführung in das Arbeiten im Gelände.
Der Lehrer sollte aus hygienischen Gründen kein stark verschmutztes Fließgewässer (ab Güteklasse III) genauer untersuchen lassen. Hier genügen ein Überblick und einzelne Demonstrationen im Vergleich zu einem intakten Gewässer.

Die Unterschiede lassen sich auch gut durch chemische Untersuchungen vergleichend erarbeiten. Die Schüler müssen vor allem lernen, wie unbelastete oder wenig belastete Gewässer aussehen, um sich für ihren Schutz einzusetzen und in der Öffentlichkeit darauf zu dringen, daß die stark belasteten Fließgewässer wieder in einen besseren Zustand gebracht werden. Das Arbeitsblatt S. 152 ist auf die oben genannten Beispiele eingerichtet, die Berechnungstabelle für die Gewässergüte ist nur im Bereich von Klasse I bis III hinreichend genau.
Die biologische Untersuchung sollte durch chemische Wasseruntersuchungen ergänzt werden (siehe S. 153). Dadurch wird den Schülern klar, daß sich erst über verschiedene Methoden und Mehrfachuntersuchungen ein Trend in den Ergebnissen herausbilden kann, der die Erstellung von Gewässergütekarten ermöglicht. ❞

Lösungen zu Arbeitsblatt S. 152

Untersuchung am Mittelbach vom 13.09.1989:
An 10 großen Steinen wurden 8 Arten (Nr. 1, 2, 6, 8, 9, 13, 16, 18) gefunden. Sie haben laut Tabelle jeweils einen Gewässergütefaktor (Gf). Ihre Häufigkeit wurde in eine 3-stufige Skala (Hf) eingeordnet:

1 = vereinzelt, man muß danach suchen
2 = vorhanden, nicht zu übersehen
3 = häufig.

Multipliziert man den Häufigkeitsfaktor (Hf) mit dem Gewässergütefaktor (Gf), ergeben sich für die Berechnung der Gewässergüteklasse folgende Werte:

Name/Typus	Gf	Hf		Gf x Hf
Steinfliegenlarve: Nemoura-Typ	1.3	2	=	2.6
Eintagsfliegenlarve: Heptagenia-Typ	1.3	3	=	3.9
Eintagsfliegenlarve: Ephemerella-Typ	1.7	2	=	3.4
Köcherfliegenlarve o. K. Rhyacophila	1.5	2	=	3.0
Köcherfliegenlarve o. K. Hydropsyche	2.0	2	=	4.0
Kriebelmückenlarve	2.3	1	=	2.3
Bachflohkrebs	1.8	2	=	3.6
Flußnapfschnecke	2.0	1	=	2.0
Summen		15		24.8

Berechnung der Gewässergüteklasse: 24.8 : 15 = 1.7

Ergebnis der chemischen Untersuchung am Mittelbach vom 13.09.1989

Wassertemperatur	15 °C
Sauerstoff Tabelle: 9.76, gemessen:	5.5, Defizit 45 %
pH-Wert	7
Ammonium	0
Nitrit	0.01 mg/l
Nitrat	10 mg/l
Phosphat	0.25 mg/l
Chlorid	25 mg/l
Gesamthärte	15–20 dH
Leitfähigkeit	500 μ Siemens/cm

(Solche Werte bestätigen die gute Wasserqualität.)

Medien

– Aquamerck Kompaktlabor (Best. Nr. 11151) oder ein anderer Gewässeruntersuchungskoffer mit ausführlicher Gebrauchsanleitung.

Informationsblatt: Welche Tiere gibt es im Bergbach? Wo können sie leben?

In der fließenden Welle: 1 Bachforelle, 2 Wasseramsel

Auf der Stromsohle: 3 Groppe, 4 Bachflohkrebs

Im strömungsarmen Raum auf und an Steinen: 5 Kriebelmückenpuppen, 6 Kriebelmückenlarven, 7 Flußnapfschnecke, 8 Bachstrudelwurm (Planaria), 9 Köcherfliegenlarve mit Köcher (Silo), Zuckmückenlarve mit kelchartigem Gehäuse (Rheotanytarsus), 11 freilebende Köcherfliegenlarve ohne Köcher (Rhyacophila), 12 Eintagsfliegenlarve, 13 Steinfliegenlarve, 14 Köcherfliegenlarve mit Köcher (Sericostoma), 15 Hakenkäferlarve, 16 Hakenkäfer, 17 strömungsbedingte Verteilung von Aufwuchsmoos auf Steinen

Im Kies- und Sandlückensystem: 18 Muschelkrebs, 19 Ruderfußkrebs, 20 Wassermilbe

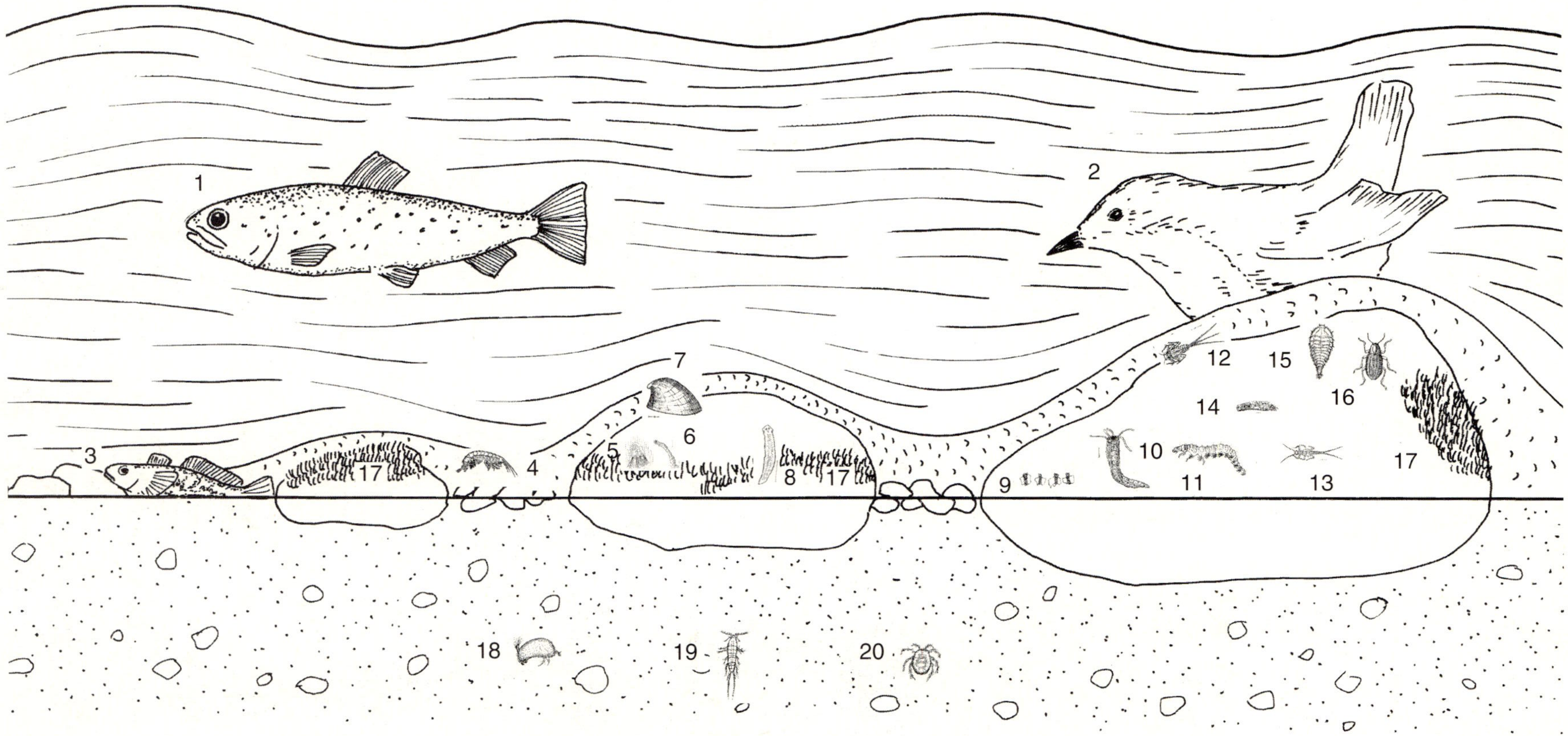

Wir untersuchen einen Bach

Namen: ______________ , den ______________

Name und Ort des Bachs:
Kurzbeschreibung: Ufer, Bachbett, Wasserführung und -temperatur

____

____

Untersuchungsgeräte: Weiße Schalen, Pinsel, Federstahlpinzetten
Probeentnahme:

1. Nehmt 10 Steine aus dem Bach, schätzt die Häufigkeit der Organismen (1 = vereinzelt, man muß suchen; 2 = vorhanden, nicht zu übersehen, 3 = häufig).
2. Nehmt die Tiere mit einem Pinsel von der Oberfläche der Steine und gebt sie zum Bestimmen in die Schale. Die Steine werden wieder an Ort und Stelle zurückgelegt, die Tiere nach der Bestimmung ebenfalls.
3. Nehmt ein Haushaltssieb und streift damit 5 mal durch Algen oder Wasserpflanzen.
4. Grabt am Ufer 5 Proben aus, spült sie durch ein Sieb.

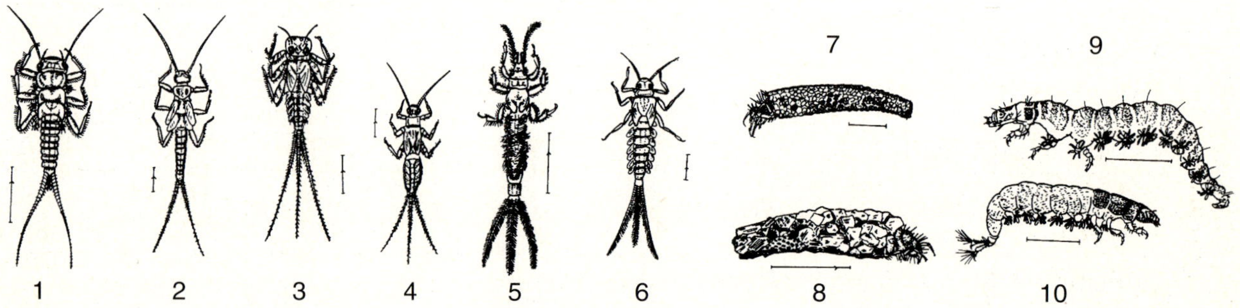

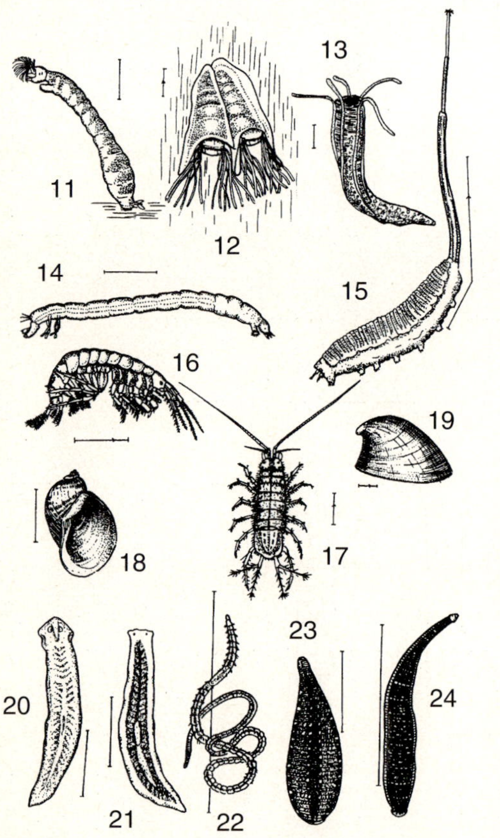

Auswertung:
Tragt die Arten und die geschätzte Häufigkeit (Hf) ein.
Bildet das Produkt aus Faktor Gf und Hf.

Nr. Name/Formtypus	Faktor (Gf)	häufig (Hf)	Hf x Gf
1 Steinfliegenlarve: Perla-Typ	1.0		
2 Steinfliegenlarve: Nemoura-Typ	1.3		
3 Eintagsfliegenlarve: Heptagenia-Typ	1.3		
4 Eintagsfliegenlarve: Ephemerella-Typ	1.7		
5 Eintagsfliegenlarve: Ephemera-Typ	1.7		
6 Eintagsfliegenlarve: Baëtis-Typ	2.0		
7 Köcherfliegenlarve mit Köcher < 1,5 cm	1.5		
8 Köcherfliegenlarve mit Köcher > 1,5 cm	2.0		
9 Köcherfliegenlarve ohne Köcher: Rhitrogena	1.5		
10 Köcherfliegenlarve ohne Köcher: Hydropsyche	2.0		
11 Kriebelmückenlarve	2.3		
12 Kriebelmückenpuppe	2.3		
13 Zuckmückenlarve m.kelchartigem Gehäuse	2.1		
14 Rote Zuckmückenlarve (Chironimus)	3.8		
15 Rattenschwanzlarve der Schwebefliege	4.0		
16 Bachflohkrebs	1.8		
17 Wasserassel	2.7		
18 Flußnapfschnecke	2.0		
19 Eiförmige Schlammschnecke	2.5		
20 Bachstrudelwurm	1.3		
21 Milchweißer Strudelwurm	2.3		
22 Schlammröhrenwurm (Tubifex)	3.8		
23 Großer Schneckenegel	2.5		
24 Rollegel	3.0		
Summen:			

Berechnung der Gewässergüte aus den Summen (Gf x Hf) : Hf

Arbeitsblatt zur chemischen Wasseruntersuchung

Wasseranalyse ____________________

Name ____________________

Datum ____________

erste Beurteilung		Entnahmestelle:	Entnahmestelle:
Aussehen/Farbe			
Geruch			
quantitative Untersuchung			
Temperatur °C			
Sauerstoff	Sättigungswert (Tabelle) mg/l		
	gemessener Wert mg/l		
	Sauerstoff-Defizit mg/l		
ph-Wert			
Ammonium mg/l			
Nitrit mg/l			
Nitrat mg/l			
Phosphat mg/l			
Chlorid mg/l			
Gesamthärte °dH			
Leitfähigkeit µs/cm			
Gesamtbeurteilung			

Die Selbstreinigung in einem Fließgewässer
Abwasserreinigung in einer Kläranlage

(Schülerbuch S. 142/143)

Aufgabe und Lösung

① Erkläre die Vorgänge bei der biologischen Selbstreinigung und die daraus resultierende Abfolge der Lebewesen in einem Bach. Vergleiche diese mit den Stationen einer Kläranlage.

– *Die Reinigung eines Fließgewässers benötigt eine viele Kilometer lange Strecke, um eine ähnliche Klärwirkung zu erzielen wie eine kompakt gebaute mechanisch-biologische Kläranlage.*
Ein Fluß kämmt mit seinen Ufer- und Unterwasserpflanzen das Treibgut aus dem Wasser heraus, er lagert Kies- und Sandbänke ab (vgl. Grobrechen und Sandfang der Kläranlage).
In ruhigen Flußabschnitten wird Schlamm abgesetzt, an der Wasseroberfläche werden kleine Wasserverunreinigungen zusammengetrieben (vgl. Vorklärbecken mit Schlamm- und Ölabscheider).

– *In der Kläranlage werden diese Vorgänge in der „mechanischen Reinigung" technisch gelöst.*
Auf und zwischen den Steinen im flachen Wasser des Flusses siedelt sich ein biologischer Rasen aus Einzellern, Bakterien und Pilzen an, der von Würmern, Krebsen und Insektenlarven abgeweidet wird (vgl. Tropfkörper- und Belebtschlammverfahren in der Kläranlage).

– *Technisch werden diese Vorgänge in der „biologischen Reinigung" gelöst. Die Einrichtungen dienen dazu, das zu klärende Abwasser intensiv mit Luft in Kontakt zu bringen: Es wird umgerührt, Luft wird eingeblasen. So erhalten Bakterien optimale Wachstumsbedingungen. Sie bilden Schlammflocken (Belebtschlamm) bzw. einen biologischen Rasen auf den Steinen des Tropfkörpers.*
Beim Vergleich Bach – Kläranlage ist der Hinweis ganz wichtig, daß hier der anfallende Schlamm im Nachklärbecken aus dem Wasser entfernt wird. Ein in Selbstreinigung begriffener, stark verschmutzter Bach bildet auch Schlamm, schwemmt ihn jedoch nur weiter und lagert ihn irgendwo ab.
Im Laufe der Zeit beeinträchtigt der angesammelte Schlamm die Selbstreinigungskraft des Baches erheblich, weil das wassergefüllte Lückensystem im Bodengrund allmählich verstopft wird. Gerade dort sitzen die Organismen, die die Selbstreinigung ermöglichen.
Die üppig wachsenden Pflanzen am Ufer eines Flusses und die dichten Algenrasen auf den überrieselten Steinen zeugen davon, daß sein Wasser nährstoffreich ist. Bei der Selbstreinigung entstehen durch Abbau von organischen Stoffen Nitrate und Phosphate, die wie Dünger auf die Pflanzen wirken.

– *Auch bei der Abwasserreinigung in der Kläranlage kommt es zur Anreicherung von Nitraten und Phosphaten im auslaufenden Wasser. Die Vorfluter (Fließgewässer, die das gereinigte Wasser aufnehmen) werden durch das geklärte Wasser gedüngt, wenn diese Mineralstoffe nicht in einer dritten Stufe (chemische Reinigung) entfernt werden.*
Oberhalb und unterhalb des Auslaufs einer Kläranlage läßt sich durch chemische Wasseruntersuchungen der Wirkungsgrad veranschaulichen (100%ige Wirkung wird nicht erreicht). Tritt ein gravierender Sauerstoffmangel auf, so spricht das für eine ungenügende Belüftung in der Kläranlage. Die Werte für Ammonium und Nitrit dürfen nicht wesentlich erhöht sein, da sie für Organismen im Vorfluter giftig wirken können.
Gewässerverschmutzung ist in gewissen Grenzen reversibel, wenn voll abbaubare Stoffe eingeleitet werden. Sie führt zu einem Artenrückgang bei den Reinwassertieren (z. B. Wasserinsekten wie Hakenkäfer, Steinfliegen-, Eintagsfliegen- und Köcherfliegenlarven) und zu einem explosionsartigen Bakterienwachstum. Damit steigt jedoch die Gefahr, daß sich im Wasser auch Krankheitserreger befinden und von ihm eine Gefahr für die Öffentlichkeit ausgeht. Deshalb dürfen Abwässer, auch wenn sie voll abbaufähig sind, nicht ohne vorherige Klärung in Fließgewässer eingeleitet werden. Im Laufe der Selbstreinigung stellen sich zuerst unempfindlichere Tierarten (z. B. Rollegel, Wasserassel), dann aber auch wieder einige der Reinwasserorganismen ein.

Lösungen zu Arbeitsblatt S. 155

1. Steinfliegen-, Eintagsfliegen- und Köcherfliegenlarven, Hakenkäfer, Bachflohkrebs, Flußnapfschnecke, Schwarzer Strudelwurm.
2. Sie nehmen hauptsächlich abgestorbene organische Substanzen (Detritus) und Kleintiere, die sie zwischen den Wasserpflanzen, Algen und im Schlamm finden.
3. Es kommt zu einem Wachstumsschub bei den Bakterien und Wimpertieren. Der Sauerstoff wird aufgezehrt, der Gehalt an Ammoniak nimmt infolge unvollständigen Abbaus von Eiweiß zu.
   Die Reinwasserorganismen sterben dadurch ab. Auch der Algenbewuchs geht zurück.
4. Wasserasseln profitieren vom reichen Nahrungsangebot, sie sind gegen geringen Sauerstoffgehalt und hohe Ammoniakwerte unempfindlich. Die Algen nehmen zu, sobald Ammoniak zu Nitrat oxidiert wird. Parallel mit der Zunahme der Algen steigt das Angebot an Sauerstoff, Reinwasserorganismen können sich wieder ansiedeln.

Lösung zu Arbeitsblatt S.156

Zuordnung der Ziffern und Erläuterungen wie im Schülerbuch S. 143. Die folgenden Daten geben ein konkretes Zahlenbeispiel:

Kläranlage Hornberg/Kinzig am 31.08.89

	oberhalb Auslauf / unterhalb
Temperatur	18 / 19 °C
O_2: Sättigungswert lt. Tabelle	9.18 / 9.01 mg/l
O_2: gemessener Wert	7 / 3 mg/l
Sauerstoffdefizit:	2.18 = 24 % / 5.01 = 67 %
pH-Wert:	7 / 7
Ammonium:	0 / 3
Nitrit:	0.05 / 0.7 mg/l
Nitrat:	10 / 50–100 mg/l
Phosphat:	1 / 12.5 mg/l
Chlorid:	25 / 75 mg/l
Gesamthärte:	5 / 10 dH
Leitfähigkeit:	140 / 500 μ Siemens/cm

Gesamtbeurteilung: Gut funktionierende Kläranlage.

Selbstreinigung in einem Fließgewässer

Aufgaben:

1. Stelle anhand der Informationen im Schülerbuch S. 138-142 zusammen, welche Bewohner des Fließgewässers als Reinwasserorganismen gelten.

2. Wovon leben Wasserassel, Rollegel, Zuckmückenlarven und Schlammröhrenwürmer (Tubifex)?

3. Was geschieht unmittelbar nach Einleitung von Abwasser, das abbaubare organische Substanz enthält?

4. Wann können sich höhere Organismen wieder ansiedeln?

Veränderung im Bach nach einer Abwassereinleitung

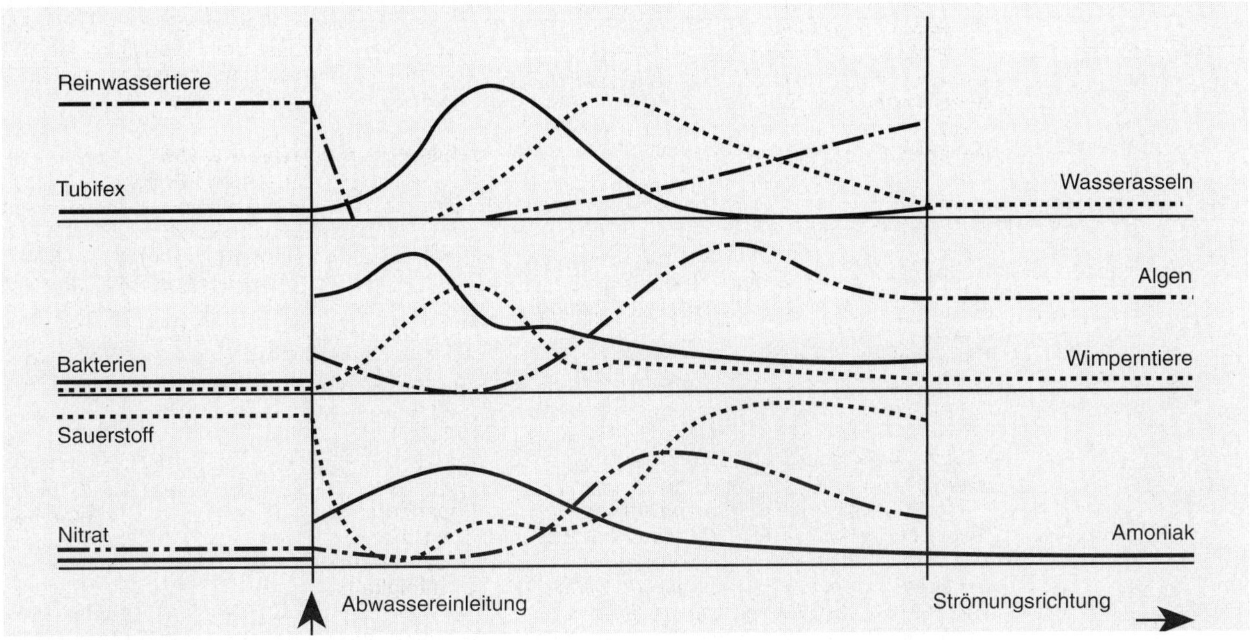

Schema einer dreistufigen Kläranlage

Aufgaben:

1. Ordne dem Bild anhand der römischen und arabischen Ziffern die richtigen Bezeichnungen zu; Absetz- und Vorklärbecken (mit Schlammräumung) ( ); Abtransport des ausgefaulten Schlamms ( ); Kanalisation ( ); Belüftungsbecken/Belebungsverfahren ( ); Biologische Reinigung ( ); Chemische Reinigung ( ); Fällungsmittelzugabe ( ); Faulturm ( ); Gasometer ( ); Mechanische Reinigung ( ); Mischbecken ( ); Nachklärbecken ( ); Rechen und Siebe ( ); Rückhaltebecken (Sandfang, Öl- und Fettabscheider) ( ); Vorfluter – Einleitung des geklärten Wassers ( ); Schlammbehandlung ( )

2. Erkläre die Vorgänge in der Kläranlage.

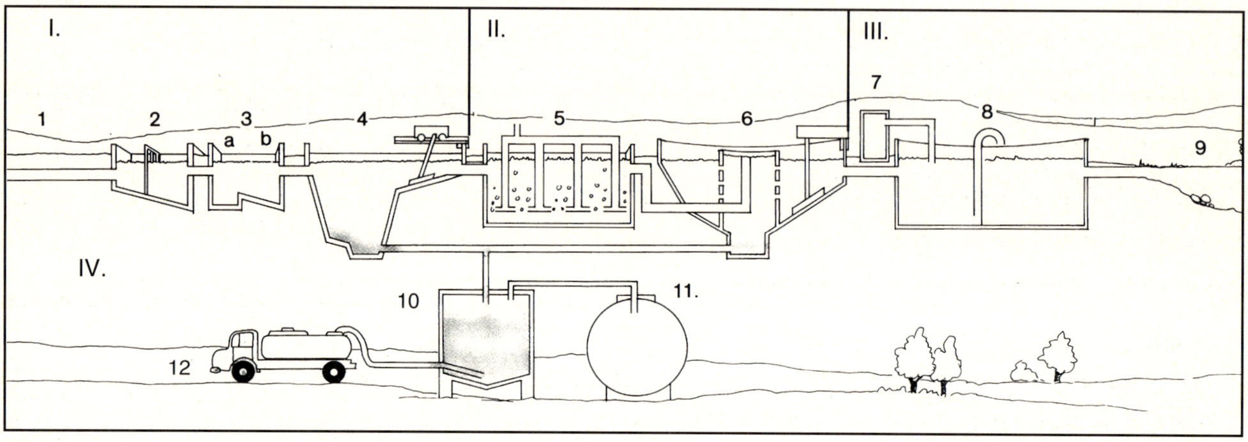

Prüfliste Wasserverbrauch und Wasserbelastung

Aufgaben:
A. Beantworte die einzelnen Fragen

Stand der Wasseruhr zu Beginn: ______

Stand der Wasseruhr nach 14 Tagen: ______

Wasserverbrauch in einer Woche: ______

Anzahl der Personen im Haushalt: ______

Verbrauch pro Person und Tag: ______

1. Welche Toilettenspülung findet sich in eurem Haushalt?
   - Spülkasten ☐
   - mit wassersparender Einrichtung (Einsparung bis 30 %) ☐
   - Druckspüler ☐
2. Ermittle bei euch die installierten Armaturen!
   - Getrennte Heiß- und Kaltwasserhähne ☐
   - Einhebelmischer ☐
   - Thermostatbatterie ☐
   - Wasserspartaste ☐
   - Durchflußbegrenzer ☐
   - Sparduschkopf (Einsparung bis 30 %) ☐
3. Gibt es einen tropfenden Wasserhahn?
4. Wasserverbrauchende Haushaltsgroßgeräte

	Wann angeschafft?	Energieverbrauch?	Wasserverbrauch?	Nutzungshäufigkeit
Waschmaschine	______	______	______	______
Geschirrspüler	______	______	______	______

Wird das Gerät nur vollkommen gefüllt benützt? ______

Hat es eine Spartaste? ______

An welchen Tagen wird bei Euch gewaschen? ______

5. Duschen und Baden
   Notiere über 14 Tage die Anzahl der Vollbäder (x 140 l) und/oder des Duschens (x 40 l) pro Person.

Tag (Datum):	Person:	Dauer:
______	______	______
______	______	______
______	______	______

6. Wo wird Regenwasser genutzt? ______
7. Gib den Härtegrad eures Wassers an! ______
8. Wohin entsorgst du die folgenden Reste oder Produkte?

	Mülltonne	Kompost	Sondermüll	Abfluß/WC
Speisereste	______	______	______	______
Medikamentenreste	______	______	______	______
Haare	______	______	______	______
Zigarettenkippen	______	______	______	______
Altöl	______	______	______	______
Fritierfett, u. a. Fette	______	______	______	______
Farbreste, Verdünnungen	______	______	______	______
Binden, Tampons	______	______	______	______
Putzwasser	______	______	______	______

Mache Vorschläge für eine umweltgerechtere Entsorgung in eurem Haushalt.

9. Welche Putz-, Reinigungs- und Desinfektionsmittel werden in eurem Haushalt benutzt?
   Allzweckreiniger ☐, Backofenreiniger ☐, Badreiniger ☐, Fensterreiniger ☐, Fußbodenreiniger ☐, Herdputzmittel ☐, Desinfektionsmittel ☐, Rohrreiniger ☐, WC-Reiniger ☐, Scheuerpulver ☐, Schmierseife ☐, mildes Spülmittel ☐, Essig ☐, Alkohol ☐.
10. Verwendest du Recycling-Toilettenpapier und anderes Recycling-Papier?

B. Betrachte die Tabelle zum Trinkwasserverbrauch. Vergleiche den Verbrauch in eurer Familie. Schätze, wieviel Wasser durch Sparmaßnahmen nicht verbraucht würde.

Verwendung von Trinkwasser pro Einwohner und Tag

Wäsche	18 l
Körperpflege	9 l
Geschirrspüler	9 l
Garten	6 l
Trinken, Kochen	2 l
Autowäsche	3 l
Toilettenspülung	46 l
Baden, Duschen	50 l

Auch das Meer ist ein gefährdeter Lebensraum

(Schülerbuch S. 144)

Zusatzinformation

Meeresverschmutzung

Die Fläche des Meeres vermittelt dem Betrachter den Eindruck von Unendlichkeit. Überschlägt man die hier vorliegenden Wassermengen, müßte die *Abwasserfracht* der einmündenden Flüsse (vgl. Schülerbuch S. 139) auf minimale, unschädliche Werte verdünnt werden. Dieser Gedanke bringt bei den Planern und Behörden eine gewisse Sorglosigkeit mit sich, es werde schon nichts passieren. Genauere Untersuchungen haben jedoch gezeigt, daß z. B. die Abwasserfahnen von Elbe und Rhein, Ems und Weser über viele Kilometer relativ unverdünnt nachweisbar sind. Sie münden in das nord- und ostfriesische Wattenmeer, welches als besonders empfindliches Ökosystem gilt.
Im flachen *Wattenmeer*, wo sich das Wasser bei intensiver Sonneneinstrahlung rasch erwärmt, führen die von den Flüssen ins Meer getragenen Phosphate und Nitrate zu üppigem Algenwachstum.
Die *Badestrände* überziehen sich in wenigen Tagen mit einer grünlichen, klebrigen Schicht, die von den Feriengästen als lästig empfunden wird; viele reisen wieder ab. Es kann zum Fischsterben kommen, wenn sich giftig wirkende Algenarten (*Gymnodinium venificum* und *G. brevis = red tide)* stark vermehren.
Die *Überdüngung* des Meerwassers kommt über die Flüsse aus den Kläranlagen, die meist noch keine gut funktionierende Denitrifikation und Phosphateliminierung besitzen.

Bei der Verklappung von Industrieabfällen oder ihrer Verbrennung auf dem offenen Meer setzt man auf die starke Verdünnung von Problemstoffen im Wasser. Es kommt jedoch über die Nahrungskette wieder zur Anreicherung der Schadstoffe in den Fischen oder im Körper der Seehunde. Über den Verzehr von Fischen kann auch der Mensch geschädigt werden. Das bekannteste Beispiel ist das Auftreten der Minimata-Krankheit in Japan, wo Quecksilbervergiftungen auftraten. Obwohl die Verantwortlichkeit für diese Umweltverschmutzung seit langem geklärt ist, dauerte es 36 Jahre, bis die ersten Entschädigungsansprüche anerkannt wurden (vgl. Text).

aus: Frankfurter Allgemeine Zeitung

Seite 8 / Samstag, 8. Februar 1992, Nr. 33

Chemiekonzern muß Entschädigungen zahlen

In Japan Urteil zugunsten von 42 Opfern der „Minamata-Krankheit"

TOKIO, 7. Februar (dpa). Ein Gericht in Tokio hat am Freitag ein Chemieunternehmen zur Zahlung von Entschädigungen an 42 Opfer von Quecksilbervergiftungen verurteilt. Vor 36 Jahren hatten insgesamt mehrere tausend Menschen in Japan Quecksilbervergiftungen erlitten. Der Konzern Chisso muß nach dem Urteil an 42 Opfer der sogenannten Minamata-Krankheit, die das Unternehmen gemeinsam verklagt hatten, jeweils umgerechnet 50000 Mark zahlen. Gleichzeitig lehnten die Richter eine Mitverantwortung des Staates oder der regionalen Behörden ab. Die Klagen von 22 anderen Personen wurden abgewiesen. Das Urteil wird als Signal für zahlreiche ähnliche Fälle gewertet, die zur Zeit bei fünf regionalen Gerichten anhängig sind. Mitte der fünfziger Jahre war in der Minamata-Bucht in der südjapanischen Provinz Kagoshima eine große Zahl von schweren Quecksilbervergiftungen bekannt geworden, an denen bislang 1286 Menschen gestorben sind. Die Vergifteten erlitten schwere Organschäden und Erkrankungen des Nervensystems. Wie sich herausstellte, hatte das Chemieunternehmen Chisso große Mengen giftigen Sondermülls in der Bucht abgelagert. Rund 11400 Überlebende beantragten in den vergangenen Jahrzehnten die Anerkennung als Minamata-Opfer. Die Regierung lehnte allerdings die Ansprüche von 7600 Personen ab.

Die Betroffenen, die insgesamt mehr als fünfzehn Milliarden Mark gefordert hatten, äußerten sich enttäuscht über das Urteil und kritisierten den Freispruch für die Behörden. Dagegen sagte Umweltminister Shozaburo Nakamura, das Gericht habe die Position der Regierung bestätigt.

Gewässerschutz geht alle an

(Schülerbuch S. 145)

Aufgaben und Lösungen

① Ermittle den Wasserverbrauch pro Monat in eurem Haushalt (vergleiche z. B. die Wasserrechnung). Berichte und mache Vorschläge, wie ihr zu Hause Wasser sparen könnt.
– *(s. Arbeitsblatt)*

② Überlegt, wo ihr in eurer Gemeinde für den Gewässerschutz aktiv werden könnt.
– *Die Gemeinden veranstalten regelmäßig Müllaktionen zur Säuberung der Landschaft. Die Ufer von Fließgewässern sind erfahrungsgemäß immer stark mit Müll belastet. Die Schulklasse oder eine Jugendgruppe kann mit der Gemeinde in einem Protokoll die Bachpatenschaft für ein Fließgewässer vereinbaren. Man wird dann über die Bewirtschaftung dieses Bachs informiert, kann eigene Vorschläge unterbreiten und erhält bei der Durchführung die Unterstützung von Fachleuten.*

Lösungen zum Arbeitsblatt S. 157

A: Entsorgung von Resten oder Produkten:
Speisereste: Kompost
Medikamentenreste: Sondermüll
Haare: Kompost
Zigarettenkippen: Mülltonne
Altöl: Sondermüll oder Tankstelle
Fritierfett und andere Fette: Müll
Farbreste, Verdünnung: Sondermüll
Binden, Tampons: Mülltonne
Putzwasser: Abfluß/WC

B: Zwischen technischen Maßnahmen und Verhaltensänderungen soll differenziert werden. Beispiel: Eine freiwillige Umstellung vom Wannenbad zum Duschen bringt bereits jedesmal eine Einsparung von 100 Litern. Der Sparduschknopf kann den Verbrauch nochmals um 30% senken. Entscheidend ist jedoch auch hier wieder das Verhalten: Für eine „Reinigungsdusche" braucht man erheblich weniger Wasser als für die beliebte „Lustdusche".

Literatur

AID (Hrsg.): Nitrat in Grundwasser und Nahrungspflanzen. Bonn 1988

AID (Hrsg.): Kleingewässer schützen. Bonn 1987

AKTIONSKONFERENZ NORDSEE (Hrsg.): Wattenmeer und Nordsee. AOL-Verlag und Verlag Die Werkstatt, Lichtenau und Göttingen 1989

AURAND, K. et al.: Die Trinkwasserverordnung. Erich Schmidt Verlag, Berlin 1987

BARNDT, G., BOHN, B.: Biologische und chemische Gütebestimmung von Fließgewässern, Pädagogisches Zentrum Berlin 1985

BARNDT, G., ROLOFF, W.: Hilfen zur biologischen und chemischen Gütebestimmung von Fließgewässern. Pädagogisches Zentrum Berlin 1985

BAUR, W.: Gewässergüte bestimmen und beurteilen. Verlag Paul Parey, Berlin und Hamburg 1987

BERNHARDT, H., SCHMIDT, W-D.: Zielkriterien und Bewertung des Gewässerzustands und der zustandsverändernden Eingriffe für den Bereich der Wasserversorgung. Verlag W. Kohlhammer, Karlsruhe 1985

BÖHME, H. (Hrsg.): Kulturgeschichte des Wassers. Suhrkamp Verlag, Frankfurt 1988

BOTH, S., DRUTJONS, P.: Kein Trinkwasser verschwenden. Unterricht Biologie, Heft 134, Friedrich, Sellze 1988

BREHM, H. (Hrsg.): Fließgewässerkunde. Quelle und Meyer, Heidelberg 1982

BUND (Hrsg.): Informationsmappe Wasser im Haushalt. Stuttgart 1985

DALHOFF, B.: Trinkwasserversorgung auf dem Lande – Probleme mit Nitrat. Unterricht Biologie 155, Juni 1990

DANNEL, I., JAEGER, R.: Von der Baggergrube zum See. Arbeitshefte zum Projektunterricht, bsv München 1983

DITFUHRT, J., GLASER, R. (Hrsg.): Die tägliche legale Verseuchung unserer Flüsse und wie wir uns dagegen wehren können – Ein Handbuch mit Aktionsteil. Verlag Rasch und Röhring, Hamburg 1987

EHLERS, H., KUHLMANN, W., NOLL, E., NOLL, M.: Experimentelle Erarbeitung der Ökologie eines Gewässers. Schrödel, Hannover 1973

ESCHENHAGEN, D., KATTMAN, U., RODI, D.: Handbuch des Biologieunterrichts Sekundarbereich Bd. 8 Umwelt. Aulis Verlag, Köln 1991

EULEFELD, G., BOLSCHO, D., BÜRGER, W., HORN; K.-H.: Probleme der Wasserverschmutzung. Aulis Verlag, Köln 1979

FRIEBERG, A., STOLTE-KRUMM: Deutsche Umweltaktion – Beispiele für handlungsorientierte Aktionen in der Schule, Thema: Wasser – Grundlage des Lebens, Probleme der Wasserverschmutzung. Düsseldorf 1986

GAIDA, R., RADTKE, U.: Schwermetalle im Wasser. Unterricht Biologie 155, Juni 1990

GREENPEACE: Wasser ist Leben – Trübe Aussichten fürs kostbare Nass. Heft 9, 1989

GREISENEGGER, I.,FRASIN, K., PITTER, K.: Umweltspürnasen. Orac Verlag, Wien 1988

HAGENSTEIN, K.: Die Nitrat-Story. Merck Jünger Verlag, Darmstadt 1989

HÄFNER, M.: Wasser ist kein Naturprodukt mehr. Natur 10, 1989

JUNGE, F.: Der Dorfteich als Lebensgemeinschaft. Verlag H. Lühr u. Dircks, St. Peter-Ording, Nachdruck 1985

KATALYSE e.V. (Hrsg.): Das Wasser-Buch – Trinkwasser und Gesundheit. Verlag Kiepenheuer u. Witsch, Köln 1990

KREMER, B. P.: Wir tun was ... Für naturnahe Gewässer, Franckh-Kosmos, Stuttgart 1990

KULTUSMINISTERIUM DES LANDES NRW (Hrsg.): Beobachtungen und Versuche am Schulteich, Düsseldorf 1990

LOZAN, J. L. et al. (Hrsg.): Warnsignale aus der Nordsee. Verlag Paul Parey, Berlin und Hamburg 1990

MARTENS, A.: Vom Wasser in die Luft. Unterricht Biologie, 145, Friedrich, Seelze 1989

MEYER, D.: Makroskopisch – biologische Feldmethoden zur Wasserbeurteilung von Fließgewässern. ALG Hannover 1987

MIEGEL, H. : Praktische Limnologie. Diesterweg Salle Sauerländer, Frankfurt 1981

NIEMEYER-LÜLLWITZ A., ZUCCHI H.:Fließgewässerkunde. Diesterweg Salle Sauerländer, Frankfurt 1985

NOLL, M.: Bestimmung von Süßwasserplankton, Unterricht Biologie, 34, Friedrich, Seelze 1979

REICHELT, G.: Der Bodensee. CVK, Berlin 1974

REICHELT, G.: Der Rhein. CVK, Berlin 1974

SCHMIDT, E.: See. Unterricht Biologie, 34, Friedrich, Seelze 1979

SCHMIDT, E.: Ökosystem See. Quelle und Meyer Verlag, Heidelberg 1983

SCHWOERBEL, J.: Methoden der Hydrobiologie. Gustav Fischer Verlag, Stuttgart 1987

SCHWOERBEL, J.: Einführung in die Limnologie. Gustav Fischer Verlag. Stuttgart 1987

STASCHEIT, W., KNEIP, W.: Wasser – Klassen 5–7 erkunden und erfahren. Verlag an der Ruhr, Mühlheim-Ruhr 1990

STASCHEIT, W., KNEIP, W.: Wasser – Klassen 8–11 erkunden und erfahren. Verlag an der Ruhr, Mülheim-Ruhr 1991

STORK, M: Der Langsamsandfilter. Unterricht Biologie, 155, 1990

UMWELTBUNDESAMT (Hrsg.): Daten zur Umwelt 1988/1989. Erich Schmidt Verlag, Berlin 1989

VESTER, E.: Wasser = Leben. Otto Maier Verlag, Ravensburg 1987

WENDELBERGER, E.: Planzen der Feuchtgebiete. BLV München 1986

WEIZÄCKER, E. U. VON (Hrsg.): Waschen und Gewässerschutz. Verlag C. F. Müller, Karlsruhe 1986

WEIZÄCKER, E. U. VON (Hrsg.): Gutes Trinkwasser – wie schützen? Verlag C. F. Müller, Karlsruhe 1989

WILDERMUTH, H.: Lebensraum Wasser. Schweizerischer Bund für Naturschutz, Basel 1985

Die Stadt und ihr Umland

Heute wohnen in Deutschland fast 60 % der Bevölkerung in Städten mit über 20 000 Einwohnern. Die Menschen erleben kaum noch eine naturnahe Umgebung: Die Feldflur ist bei der heutigen Bewirtschaftung artenarm, die Verstädterung führt zu einer Verdrängung von Tieren und Pflanzen. Es gibt jedoch Arten, die sich in der ländlichen und städtischen Kulturlandschaft behaupten können. Voraussetzung ist eine naturnahe Bewirtschaftung der Agrarflächen bzw. eine ökologisch verträgliche Bauweise.

1 Von der Natur- zur Kulturlandschaft

Landwirtschaft verändert die Landschaft

(Schülerbuch S. 148/149)

Düngemittel gestern und heute

Folgende Gegenüberstellung eignet sich, um die von Justus Liebig (1803–1873) revolutionierten Düngemethoden zu veranschaulichen:

Traditonelle Düngemittel (vor 1800):

- Schlamm aus Flüssen und Teichen
- Streu und Bodenmaterial aus Wald und Heide
- Gründüngung durch Unterpflügen von Pflanzen
- Stallmist, Kompost, menschliche Fäkalien
- pflanzliche und tierische Abfälle (Stroh, Blut)
- Algen (Tange) von der Meeresküste
- abgelagerter Vogelkot (Guano)
- mineralstoffhaltige Erde, Mergel, Kalk, Gips, Asche aus Holz, Stroh, Streu u. a.

Verwendung „neuer" Düngemittel (nach 1800)

- 1830 Salpeterdünger aus Chile
- 1843 „Superphosphat" als erster „Kunstdünger", gewonnen durch Verarbeitung von natürlichen Rohphosphaten zu leichter verfügbaren Phosphaten für die Pflanzen (deshalb „Super").
- 1860 Kalidünger aus Abraum der Salzbergwerke
- 1879 Thomasphosphat als Abfallprodukt bei der Verhüttung phosphorhaltiger Eisenerze.
- 1890 Ammoniumsulfat als Abfallprodukt in den Kokereien.
- 1905 Kalkstickstoff: Industriell aus Luftstickstoff erzeugt
- 1913 synthetisches Ammoniak aus Luftstickstoff nach dem Haber-Bosch-Verfahren wird zum Grundstoff für viele Stickstoffdünger.
- Heute werden oft Volldünger verwendet, z. B. Nitrophoska (enthält 12 % N, 12 % P_2O_5, 17 % K_2O, 2 % MgO sowie Spurenelemente), weil die gleichzeitige Anwesenheit aller benötigten Mineralstoffe (bzw. der entsprechenden Ionen) im Boden die beste Düngewirkung erzielt.

Beispiele für die Konzentration von Stickstoff in verschiedenen Düngern

Mineraldünger:	
Nitrophoska	11,5 %
Ammonsulfatsalpeter	26 %
Organische Dünger:	
Pferdemist	0,6 %
Kuhmist	0,4 %
Hühnermist	1,6 %
Jauche	1–2 %
Hornmehl	14 %
Guano	7 %
Kompost	0,5 %

Zusatzinformation

Konventionelle Landwirtschaft und ökologischer Landbau

Die *konventionelle Landwirtschaft* verwendet organische Dünger und Mineraldünger.
In Gebieten mit Massentierhaltung wird bereits mehr Gülle produziert als für die Düngung erforderlich ist. Es besteht dann die Gefahr, daß erhebliche Schäden durch Nitratbelastung der Flüsse und des Grundwassers entstehen. Ziel der konventionellen Landwirtschaft ist ein möglichst hoher Hektarertrag.
Der *ökologische Landbau* ist in der Regel mit artgerechter Viehhaltung verbunden, die auf die vorhandene Fläche abgestimmt ist. Der landwirtschaftliche Betrieb wird als ein geschlossenes System verstanden, in dem besonders die Wechselbeziehungen zwischen Boden, Pflanze, Tier und Mensch zu beachten sind. Die Pflanze soll ihren Mineralstoffbedarf nur aus den durch mikrobielle Umsetzungsprozesse und natürliche Verwitterungsprozesse im Boden freigesetzten Mineralstoffen decken, d. h. es kommt auf die Pflege des Bodens und der in ihm lebenden Organismen an. Die Düngung basiert hauptsächlich auf kompostiertem Stallmist. Unterpflügen von Pflanzen (Gründüngung), Fruchtfolgen und intensive Bodenbearbeitung erhöhen die Bodenqualität. Ziele des ökologischen Landbaus sind Landschaftspflege, artgerechte Tierhaltung und qualitativ hochwertige Produkte. Geringere Hektarerträge führen in der Regel zu höheren Verbraucherpreisen.

Lösungen zum Arbeitsblatt

1. CO_2 wird über die Spaltöffnungen aufgenommen, das Wasser über die Wurzeln. Die Elemente Kohlenstoff, Wasserstoff und Sauerstoff sind in fast allen organischen Verbindungen, die die Pflanze bildet, enthalten (Beispiel: $C_6H_{12}O_6$ = Traubenzucker).
2. Kalium, Kalzium, Magnesium, Eisen, Stickstoff, Phosphor, Schwefel sind unverzichtbar, während z. B. Bor, Mangan, Kupfer, Zink, Molybdän und Chlor nur in Spuren benötigt werden. Meist reichen hier die natürlichen Vorräte im Boden aus.
3. Es kommt auf den Boden an. Kalkboden enthält z. B. große Vorräte an CaO und MgO, ein Boden auf Granit, Buntsandstein oder im Moor braucht hier Nachschub. Die leicht löslichen Mineralstoffe wie Kali-, Phosphor- und Stickstoffverbindungen nachgeliefert werden.

Die Ernährung der Pflanze und Fragen der Düngung

Aufgaben:

1. Wasser und CO_2 sind die Grundlagen des Pflanzenwachstums und werden in großen Mengen benötigt. Wie werden sie aufgenommen (vgl. Abb.1)? Erkläre, was daraus entsteht.

2. Mineralstoffe werden teils in größeren Mengen benötigt, teils nur als Spurenelemente. 7 Elemente, die als Ionen mit den Wurzeln aufgenommen werden, sind für das Pflanzenwachstum unverzichtbar. Benenne sie und stelle sie den Spurenelementen gegenüber (vgl. Abb. 1).

3. Bestimmte Kulturen zehren die Mineralien (bzw. die entsprechenden Ionen) im Boden stärker auf als andere. Erläutere, welche Düngeranteile (Mineralstoffe) gemäß Abb. 2 nach der Kultur von Mais, Kartoffeln oder Zuckerrüben besonders sorgfältig ersetzt werden müssen, damit die Folgekultur vollständig ernährt werden kann. Gibt es Unterschiede in den verschiedenen Böden? Woran kann sich der Landwirt orientieren?

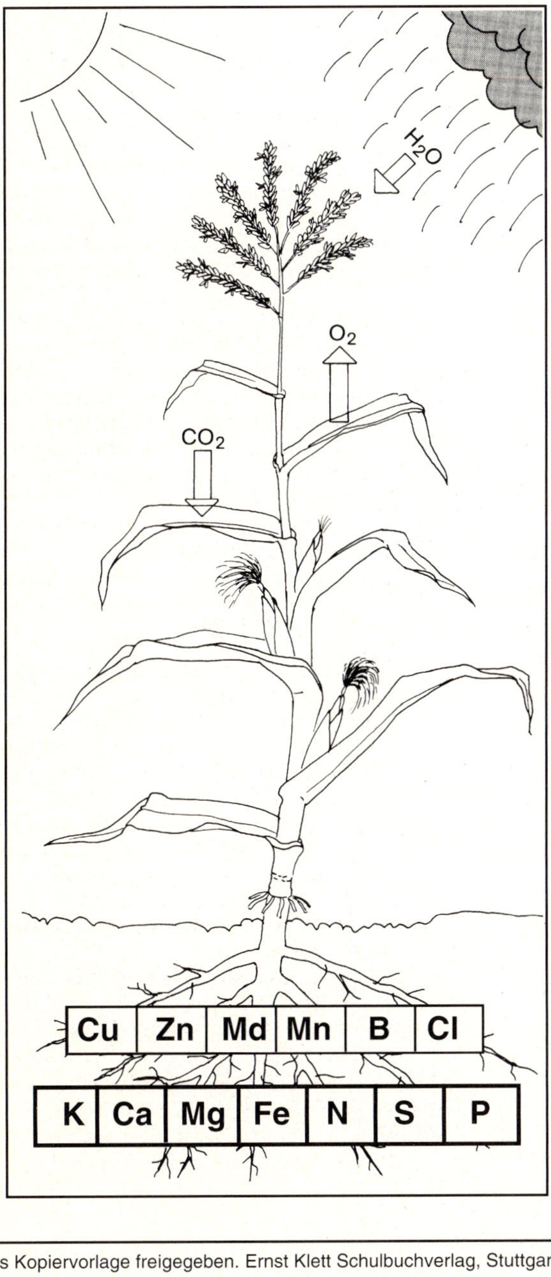

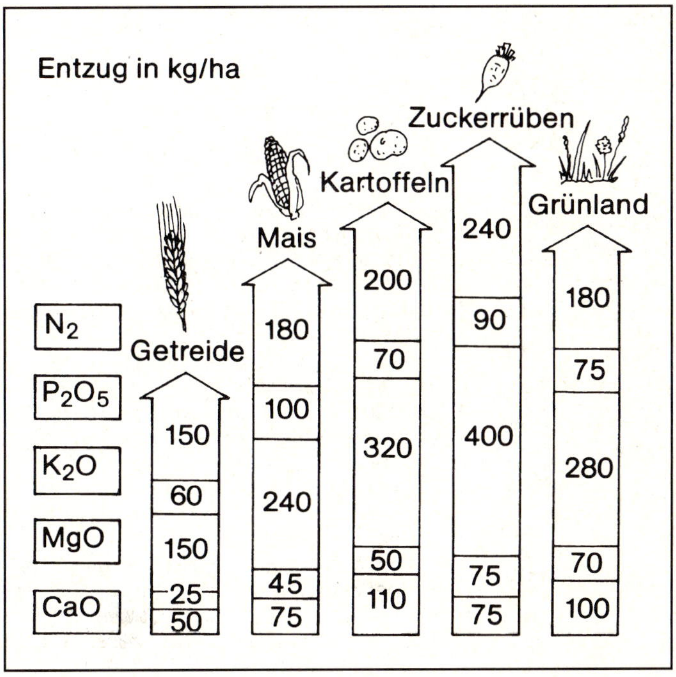

Mineralstoffentzug

Biotop
Der Begriff Biotop wird hier – wie in der Naturschutzarbeit üblich – als Bezeichnung für ein „schützenswertes kleines Ökosystem" verwendet.

Rote Listen
Jeder wird aufmerksam, wenn im Straßenverkehr die roten Bremslichter aufleuchten. Die „Roten Listen" sind die Warnlichter im Naturhaushalt eines Gebietes. Immer häufigeres Aufleuchten zeigt uns, daß der Naturhaushalt gestört ist und durch gezielte Maßnahmen verbessert werden muß. Kommt es zur Erholung der Arten, können einige rote Warnleuchten auch wieder erlöschen.

Die Feldflur ist artenarm

(Schülerbuch S. 150/151)

Aufgaben und Lösungen

① Beschreibe die erkennbaren Veränderungen in den nebenstehenden Abbildungen.
– *Folgende Landschaftsveränderungen sind zu erkennen: Vergrößerung der Ackerflächen; Beseitigung von Hecken, Feldgehölzen und Einzelbäumen; Verschwinden der Feldraine und der straßenbegleitenden Bäume; Ausbau der Verkehrswege; Flußbegradigung und Nutzung der Flächen in der Flußaue; Intensivierung der Landwirtschaft (neue Gebäude und Silos, Beseitigung alter Bausubstanz); Industrieansiedlung.*

② Versuche bei den einzelnen Arten zu begründen, warum sie jeweils verschwunden sind.
– *Hauptursachen für den Artenschwund sind die Entwässerung (E), Gewässerverschmutzung (G), die Ausräumung der Landschaft (A) und die Intensivierung der Landwirtschaft, insbesondere der Einsatz von Spritzmitteln (I).*

Tierart	*Ursachen fürs Verschwinden*
Flußkrebs	*E, G, außerdem Krebspest*
Gelbrandkäfer	*E, G, keine Tümpel*
Prachtlibelle	*E, G, keine Tümpel*
Ackerhummel	*A, I*
Trauermantel	*A, I*
Maikäfer	*A, I*
Goldlaufkäfer	*A, I*
Bachforelle	*G*
Erdkröte	*E, G, I, Straßenverkehr*
Teichfrosch	*E, G, I, Straßenverkehr*
Zauneidechse	*A, I*
Ringelnatter	*A, E, G, keine Amphibien*
Rebhuhn	*A, I*
Weißstorch	*A, E, G, keine Amphibien*
Ringeltaube	*A, Jagd*
Waldohreule	*A, I*
Feldhamster	*A, I*

Zusatzinformation

Maßnahmen gegen die Verarmung der Feldflur

Die Verarmung der Feldflur kann durch Gegenmaßnahmen korrigiert werden.

1. **Feldflora-Reservate:** Jeder Ackerboden (Sand-, Lehm- oder Moorboden) trägt eine typische Flora. Zu ihrer Erhaltung wurden Äcker aus der üblichen Nutzung herausgenommen und auf herkömmliche Weise bewirtschaftet (nur geringe Düngung, keine Herbizidanwendung, vorgeschriebene Fruchtfolge). Nach kurzer Zeit stellte sich die zu erwartende Flora wieder ein. Den Bauern wird für die Ertragsminderung eine entsprechende Vergütung bezahlt. Die Reservate beweisen, daß die Samen der Wildkräuter viele Jahre im Boden ruhen können und bei günstigen Bedingungen wieder auskeimen. Die Feldflora-Reservate dienen als Rückzugsgebiet für seltene Arten, die an anderer Stelle wieder ausgewildert werden können.
2. **Ackerrandstreifen-Programme:** Gegen eine Entschädigung verzichten Bauern auf die Anwendung von Herbiziden und intensive Düngung auf einem Ackerrandstreifen (2 m). In kurzer Zeit wachsen dort wieder viele Wildkräuter. Diese mit Artenvielfalt angereicherten Streifen bilden ein Netz, das sich über die Feldflur spannt. Dadurch wird die Nahrungsgrundlage für Insekten verbessert, ebenso für Amphibien, Reptilien, Vögel und Säuger.

Biotopschutz ist auch Artenschutz

(Schülerbuch S. 152/153)

Aufgaben und Lösungen

① Für den Artenrückgang gibt es viele Gründe. Nenne einige und erläutere sie.
– **Entwässerung:** *nässezeigende Arten fehlen*
– **Bodenversiegelung:** *Wegrandpflanzen fehlen*
– **tiefes Pflügen:** *Schäden an Tiefwurzlern*
– **Herbizidanwendung:** *Wildkräuter verkümmern*
– **Insektizidanwendung:** *vergiftet Insekten (Schädlinge, ebenso Nützlinge)*
– **Flächenvergrößerung:** *nicht bewirtschaftete Ränder, Raine, Hecken fehlen*
– **Freizeitverhalten:** *Rückzugsgebiete (Gewässer, Wälder, Heiden) werden aufgesucht; es kommt zu Trittbelastung und Störungen der Tierwelt.*

② Zähle Argumente auf, warum die Biotopvernetzung wichtig ist.
– *Wenn die geeigneten Biotope zu weit voneinander entfernt sind, kommt es zur „Verinselung". Der genetische Austausch zwischen den Populationen fehlt, die Gefahr des Aussterbens steigt.*

③ Lies in der „Roten Liste" nach, welche Amphibien bei uns gefährdet sind. Stelle die möglichen Ursachen ihrer Gefährdung zusammen.
– *Von 19 einheimischen Amphibienarten sind 11 mehr oder weniger stark gefährdet. Vielfach werden sie bei der Wanderung vom Überwinterungsgebiet zum Laichgewässer auf den Straßen dezimiert. Viele Laichgewässer wurden durch die Flurbereinigung, die Ausdehnung der Siedlungen und den Straßenbau beseitigt. Das Entfernen von Hecken und das Umbrechen von Feuchtwiesen nimmt weiteren Lebensraum weg.*

Lösungen zum Arbeitsblatt

1. Mögliche Rebhuhnreviere finden wir an den Stellen, wo mehrere Flächen unterschiedlicher Nutzung und Wald aufeinandertreffen. Dort befinden sich noch nicht intensiv bewirtschaftete Restflächen mit reicher Wildkrautflora. Wald, Hecken oder Feldgehölze bieten Deckung. Durch die Flurbereinigung wurden viele Restflächen beseitigt.
2. Ackerrandstreifenprogramme verbessern das Nahrungsangebot, ebenso Streifen von Getreide, die nicht abgeerntet werden. Neu gepflanzte Hecken sorgen für mehr Deckung.

Warum nimmt der Bestand des Rebhuhns ab?

Ursprünglich war das Rebhuhn in Steppen, Heiden und Mooren heimisch, es lebt heute aber auch erfolgreich in der Agrarlandschaft. Rebhühner sind Standvögel, d.h. ihr Revier muß ganzjährig Nahrung und Wohnmöglichkeiten (Deckung) bieten. Greifvögel, Füchse und Marder stellen den Rebhühnern nach; diese entgehen ihnen durch schnelle Flucht ins Versteck. Die frisch geschlüpften Küken sind extreme Nestflüchter, d.h. sie werden nicht von den Eltern gefüttert, sondern nur zu nahrungsreichen Plätzen geführt; fressen und trinken müssen sie selbst. Für das Wachstum brauchen sie in der 1. und 2. Woche fast ausschließlich Kleintiere (Insekten und ihre Larven) sowie kleine Sämereien von Wildkräutern. Die erwachsenen Rebhühner ernähren sich überwiegend von Pflanzen und deren Samen, nehmen aber auch zahlreiche Insekten, u.a. Schadinsekten von den Feldern.

Aufgaben:

1. Vergleiche die Schemazeichnungen einer historisch gewachsenen Agrarlandschaft und einer Feldflur nach der Flurbereinigung.

2. Durch welche Maßnahmen können den Rebhühnern in der Feldflur bessere Überlebensmöglichkeiten geboten werden?

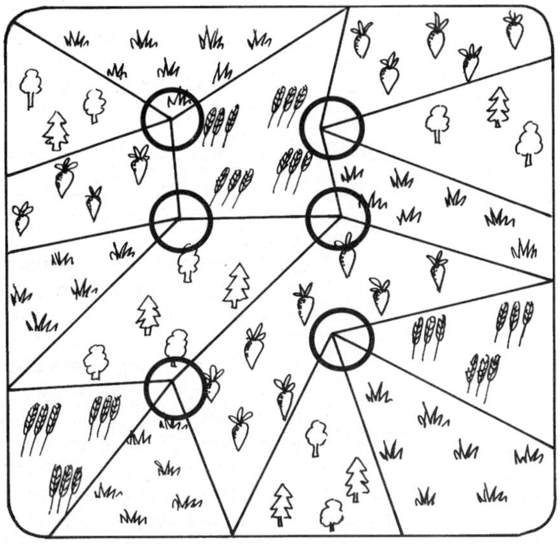

Historisch gewachsene Agrarlandschaft mit vielen Rebhuhnrevieren.

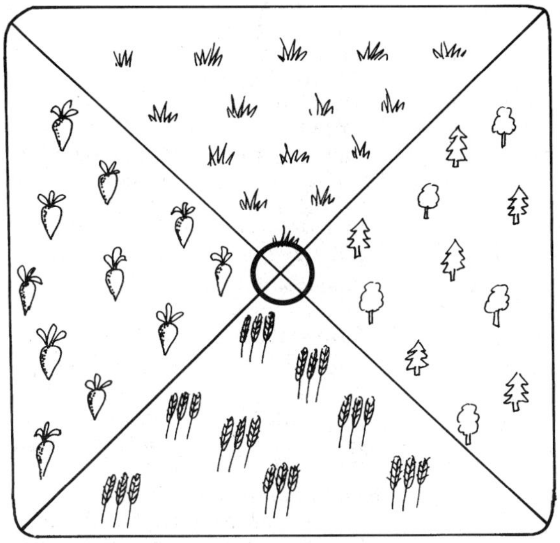

Feldflur nach der Flurbereinigung.

Hochhecke

Baumhecke

Niederhecke

Hecken sind wichtige Randbiotope

(Schülerbuch S. 154/155)

Aufgaben und Lösungen

① Beschreibe für einige Tiere in Abb. 154.4, zu welchem Zweck sie die Hecke aufsuchen. Wann beginnen sie mit der Nahrungssuche in der Feldflur? Welche Nahrung holen sie aus den Kulturflächen?

– *Die Hecke wird als Wohn/Nistplatz (1), als Nahrungsraum (2), als Versteck/Zuflucht (3), als Ansitz (4) oder als Überwinterungsort (5) genutzt. Diese Umweltfaktoren haben jeweils eine unterschiedliche Bedeutung für die einzelne Tierart: + = zutreffend, (+) = teilweise zutreffend.*

Arten	**Umweltfaktoren**				
	1	*2*	*3*	*4*	*5*
Hermelin	+		+		
Feldspitzmaus	+	+	+		+
Goldlaufkäfer	+	+	+		+
Kreuzspinne	+	+			+
Neuntöter	+	(+)	+	+	
Goldammer	+	(+)	+		
Distelfalter	+	+			
Elster	+	(+)		+	
Turmfalke	+		+	+	

– *Die einzelnen Arten holen zu verschiedenen Zeiten Nahrung aus der Feldflur.*

Tag- und nachtaktiv:	
Art	*Nahrung*
Hermelin	*kleine Nagetiere*
Feldspitzmaus	*Insekten*
Goldlaufkäfer	*Nacktschnecken, Regenwürmer, Insekten*
Kreuzspinne	*Fluginsekten*
Hainschnirkelschnecke	*pflanzliche Nahrung*
Nur tagaktiv:	
Art	*Nahrung*
Neuntöter	*Insekten, kleine Wirbeltiere*
Goldammer	*Sämereien, Kleintiere*
Distelfalter	*Nektar aus Blüten*
Elster	*Insekten, kleine Wirbeltiere*
Turmfalke	*Feldmäuse*

② Erkläre anhand der Abbildung 154.3, warum im Bereich der Hecke die Bodenfeuchtigkeit größer ist als in der Umgebung.

– *Das Niederschlagswasser versickert langsamer (Humus!) und verdunstet infolge Beschattung und gebremster Windwirkung auch langsamer. Bei Nacht bildet sich leicht Tau, der dann wieder den Pflanzen im angrenzenden Feld zur Verfügung steht.*

③ Verteile an einem sonnigen Tag Thermometer vor, in und hinter einer Hecke. Lies die Temperaturen morgens, mittags und abends ab und schreibe die Werte auf. Versuche eine Verbindung zwischen den gemessenen Temperaturen und der hohen Artenzahl in einer Hecke herzustellen.

Meßstelle	**Temperatur in °C**		
	9 Uhr	*14 Uhr*	*19 Uhr*
vor der Hecke	*18.0*	*28.2*	*24.0*
in der Hecke	*17.3*	*18.0*	*18.3*
hinter der Hecke	*16.2*	*29.4*	*25.4*

– *Die Ergebnisse zeigen, daß im Innern einer Hecke ausgeglichene Bedingungen wie im Wald herrschen. Die Struktur einer großen Feldhecke entspricht zwei aneinandergrenzenden Waldsäumen.*

Zusatzinformation

Hecken gliedern die Landschaft.

Hecken können Parzellengrenzen markieren. Als lebender Viehzaun bieten sie Schatten und Nahrung. Hecken an Bächen beschatten das Wasser, sie verhindern seine rasche Erwärmung und damit auch übermäßigen Pflanzenwuchs. Entlang von Straßen verringern Hecken die Transmission von Abgasen und Lärm. Hecken bereichern Erholungsgebiete, eine gegliederte Landschaft vermittelt das Gefühl von Geborgenheit (vgl. „behaglich", von Hag = Hecke).
Hecken können ganz unterschiedlich aussehen:

– **Niederhecke:** Sie besteht aus niederen Sträuchern, die jährlich seitlich und in der Höhe zurückgeschnitten werden.
Vorteile: Sie wirft kaum Schatten, braucht wenig Platz, eignet sich beinahe überall als Grenzmarkierung.
Nachteile: Sie bricht den Wind kaum, liefert nur wenig Lebensraum für Tiere und braucht eine aufwendige Pflege.

– **Hochhecke:** Sie wird aus den beiden Schichten der niederen Sträucher und der hohen Büsche (Heister) gebildet und wird etwa 5 m hoch.
Vorteile: Sie hemmt den Wind, liefert Brennholz, gliedert als markante Struktur die Landschaft, bietet viel Lebensraum für Tiere.
Nachteil: Der Schattenwurf kann ungünstig sein (Nord-Süd-Exposition ist vorteilhafter als Ost-West).
Baumhecke: Zu den beiden Schichten der niederen und hohen Büsche kommen einzelne, meist in Reihen angeordnete Bäume hinzu. Die Baumhecke ist nur vollständig, wenn alle drei Gehölzschichten vorhanden sind.
Vorteile: Sie bricht den Wind, produziert Brenn- und Stammholz, gliedert als markante Struktur die Landschaft und bietet optimalen Lebensraum für Tiere.
Nachteile: Sie braucht viel Platz. Der Schattenwurf kann ungünstig sein.

Lösungen zum Arbeitsblatt

1. Haselmaus: Kernzone (alte Bruthöhle zur Überwinterung)
2. Rebhuhn: am Boden in der Mantelzone (Brut)
3. Dorngrasmücke: Mantelzone (Buschbrüter)
4. Ringeltaube: Baum in der Kernzone (Brut)
5. Fasan: Saumzone (Busch als Schlafplatz)
6. Zauneidechse: Saumzone (sonniger Platz)
7. Reh: in der Mantelzone (zur Äsung)
8. Igel: Boden der Kernzone (zur Nahrungssuche, als Ruheplatz und zur Überwinterung)
9. Erdkröte: Kernzone (schattiger Platz)
10. Hase: am Boden in der Kernzone (zur Dekkung)
11. Star: in der Kernzone (Höhlenbrüter im Baum)
12. Waldohreule: Kernzone (Schlafplatz im Baum)
13. Kreuzspinne: in der Mantelzone (zum Fang)
14. Neuntöter: Busch in Saumzone (als Ansitz)

Hecken sind wichtige Randbiotope

Aufgabe:
Wo halten sich die abgebildeten Tiere hauptsächlich auf? Ordne die Ziffern zu.

Zu welchem Zweck suchen die Tiere die Hecke auf?

Saumzone	Mantelzone	Kernzone	Mantelzone

Das Leben zwischen den Häusern
(Schülerbuch S. 156)

Aufgabe und Lösung

① Nenne weitere besondere Anpassungsformen verschiedener Tiere und Pflanzen an den Lebensraum Stadt.

- *Mauersegler und Hausrotschwanz besiedeln in der Innenstadt Gebäude, sofern sie entsprechende Brutnischen aufweisen. Haubenlerchen siedeln sich an, wo Gebäude mit Flachdächern (schon etwas bewachsen) stehen. Amsel, Grünfink, Buchfink, Hänfling, Stieglitz und Girlitz fühlen sich wohl, wo schon längerfristig angelegte Gärten und Rasenflächen existieren, während die Bachstelze in Neubaugebieten bzw. in der Nähe frisch angelegter Rasen und Gärten nistet. Die Modeerscheinung, Koniferen in den Gärten zu pflanzen, kann zur Ansiedlung des Sommergoldhähnchens führen. Haussperlinge sind Koloniebrüter, die sich nur gruppenweise in Stadtteilen ansiedeln, bzw. an anderer Stelle fehlen, wo die Bedingungen ähnlich aussehen. Türkentauben nisten gerne in der Nähe von Futterstellen. Treten Baulükken auf, siedeln sich rasch Pflanzen an, die sich über Flugfrüchte verbreiten können: Löwenzahn, Huflattich, Stachel-Lattich (Kompaßpflanze), Disteln, Weidenröschen, Nachtkerze sowie Baumsämlinge: Birken, Weiden, Esche, Ahornarten. Beerentragende Büsche und Bäume werden über den Vogelkot eingeschleppt: Schwarzer Holunder, Liguster, Eberesche. Der Boden enthält Samen vieler Pflanzenarten, die mehrere Jahre im Boden überdauern und austreiben, wenn die Bedingungen günstig sind: Klatschmohn, Hirtentäschelkraut, verschiedene Gräser- und Wegerich-Arten. Die Pionierpflanzen bilden oft „Einfallstraßen" für die Ansiedlung von Tieren.*

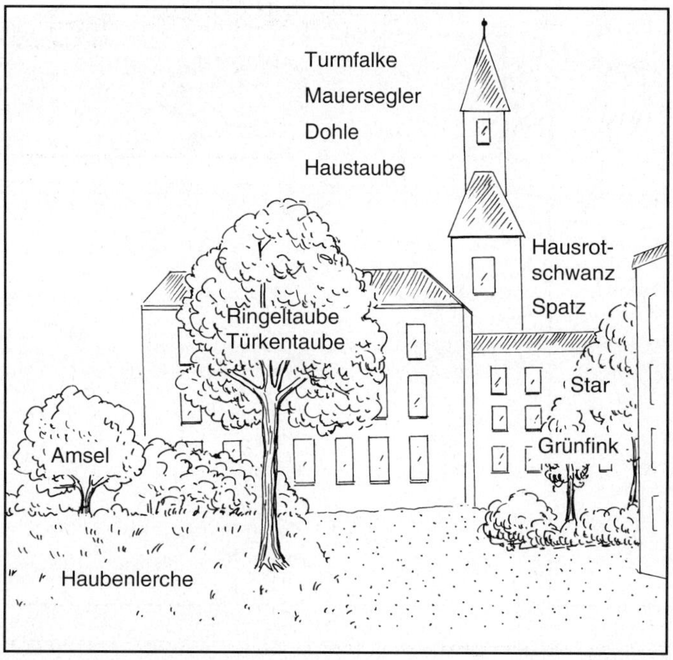

Zusatzinformation

Bäume in der Stadt

Bei Bürgern und Stadtplanern herrscht heute Einigkeit darüber, daß intensive Begrünung die Lebensqualität verbessert. Für Siedlungen müssen spezielle Grünordnungspläne erstellt werden. Bäume sind dabei die größten und wirkungsvollsten Pflanzen, sie haben folgende Funktionen:

- Durch Transpiration erhöhen sie die Luftfeuchtigkeit in der Stadt.
- Bäume sind Schattenspender und verschaffen einen angenehmen Aufenthalt außerhalb der Wohnungen.
- Mit ihren Blättern, auf denen sich Staub niederschlägt, reinigen Bäume die Luft.
- Stehen mehrere Bäume beisammen, ermöglichen sie Lärmschutz.
- Bäume bieten den Menschen einen schönen, abwechslungsreichen Ausblick und dienen andererseits als Sichtschutz.
- Bäume gliedern das Stadtbild und bieten Orientierungsmöglichkeiten.
- Bäume dienen als Lebensraum für viele Tiere.

Experimentelles

Streusalzschäden

Bäume werden durch die Verwendung von Streusalzen in einer Weise geschädigt, die auch durch Schüler nachgewiesen werden kann. Schon einfache Beobachtungen im Gelände zeigen: Bäume im Spritzbereich von Straßen sind stärker geschädigt als Bäume derselben Art und desselben Alters, die weiter entfernt wachsen. Die Blätter treiben später aus, bleiben kleiner und zeigen scharf abgegrenzte Braunfärbungen an den Blatträndern (Nekrosen). Das Laub fällt früher.
Geschädigte Bäume versuchen, das überschüssige Chlor über die Blätter auszuscheiden, die dadurch an den Rändern braun werden. Mit Hilfe von Silbernitrat läßt sich Chlor in den geschädigten Blättern nachweisen (vgl. Praktikumsseite „Salz in Laubblättern" S. 171).

Lösungen zum Arbeitsblatt

1. Aus der Luft braucht der Baum im Sommer tagsüber CO_2 zur Photosynthese, nachts (und im Winter auch tagsüber) O_2 zur Atmung. Aus dem Boden entnimmt der Baum Wasser und die darin gelösten Mineralstoffe.
2. Staub auf den Blättern erschwert die Photosynthese und die Transpiration von Wasser. Aufgrabungen und Überschüttungen des Wurzelraums führen zu Bodenverdichtungen, erschweren den Zugang von Wasser und Luft zu den Wurzeln und beeinträchtigen so das Wachstum der Feinwurzeln und die Wasseraufnahme. Erdgas aus undichten Leitungen tötet Lebewesen ab, schadet also auch den Bäumen. Über Straßen, Parkplätze und Gehwege kommen Streusalz und Öl ins Erdreich und verursachen Schäden im Stoffwechsel der Bäume.

Lebensbedingungen der Bäume in der Stadt

Aufgaben:

1.Erläutere die für Bäume lebensnotwendigen Faktoren (aus der Luft und aus dem Boden).

2. Erkläre, welche Belastungen der Luft und des Bodens dem Baum in der Stadt das Leben erschweren.

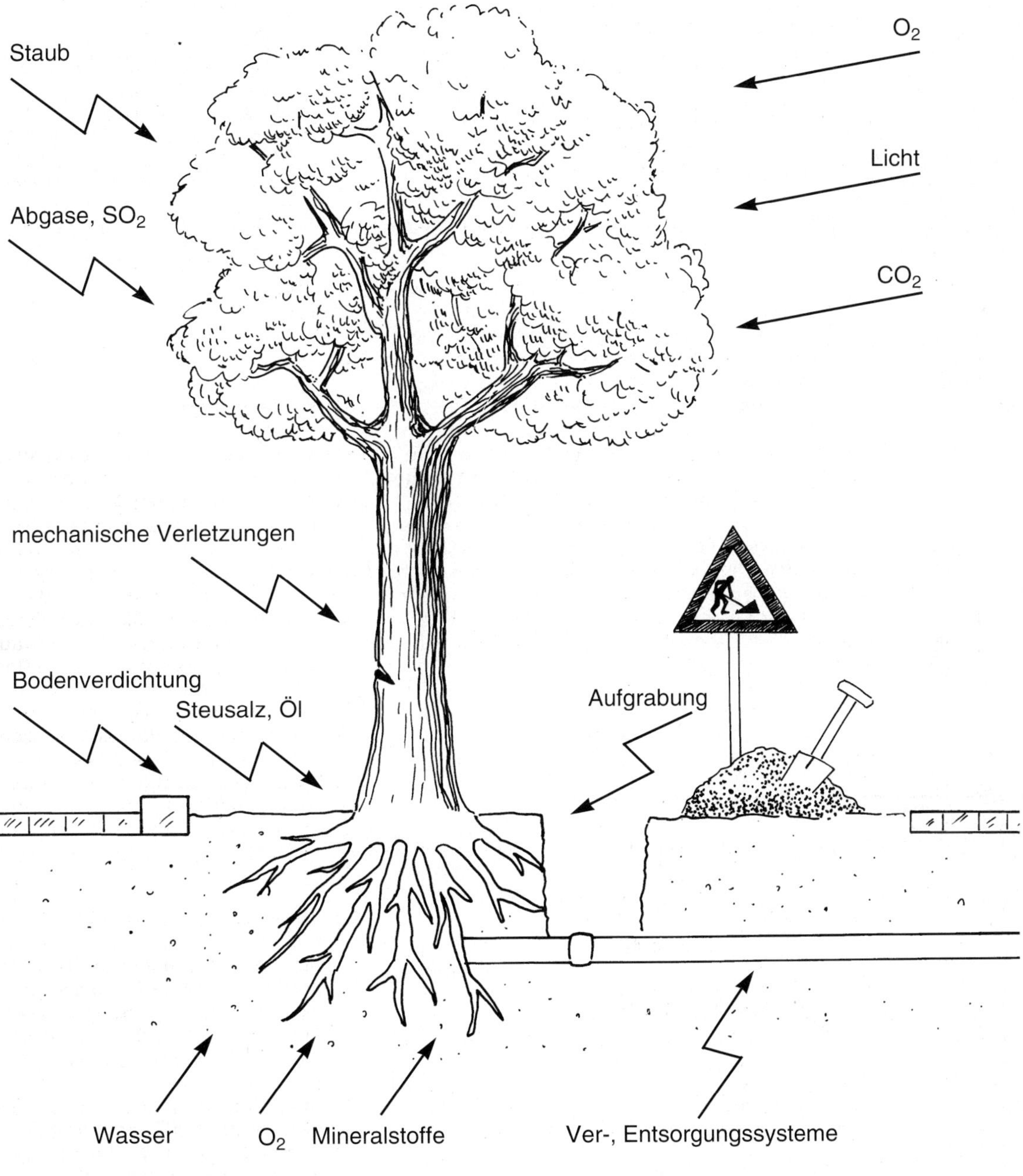

Verschmutzte Luft gefährdet die Gesundheit

(Schülerbuch S. 158)

Maximale Immissionsrichtwerte in Milligramm pro m³ Luft

SO_2	0,14
NO_2	0,08
Ozon	0,18
CO	10

Abgabe, Verbreitung und Wirkungsort von Schadstoffen und Reizgasen

Bei der Diskussion über Luftschadstoffe müssen folgende Begriffe unterschieden werden:
Emissionen sind die Stoffe, die von einer Anlage bzw. Schadstoffquelle abgegeben werden.
Transmissionen nennt man die sich ausbreitenden Stoffe. Diese können während des Transport durch die Luftströmungen verdünnt werden oder auch mit anderen Stoffen reagieren.
Immission bezeichnet das Luft-Stoffgemisch, das zum Beispiel auf die Atmungsorgane des Menschen einwirkt.

Experimentelles

Smog

Bei austauscharmen Wetterlagen, vgl. Abb. 1 S. 158 im Schülerbuch, entsteht Smog. Dies läßt sich mit einem Schulversuch veranschaulichen. *Wintersmog* bildet sich mit feuchtem Schwebestaub gemeinsam mit den Schadstoffen SO_2 und NO_x, es entstehen saure Niederschläge. Im *Sommersmog* wirken trockener Schwebestaub und Ozon, das durch Einwirkung des ultravioletten Lichts entsteht. Zur Vermeidung von Schäden bei Wintersmog gibt es bereits gesetzliche Regelungen (Alarmplan in mehreren Stufen, vgl. Schülerbuch S. 158). Dagegen wurden noch keine Grenzwerte für Ozon festgelegt. Es bleibt hier bei der Empfehlung, die körperliche Tätigkeit bei erhöhten Ozonwerten einzuschränken.

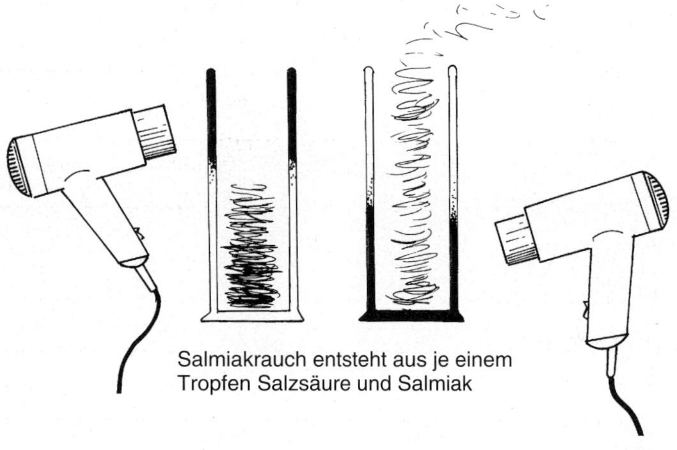

Salmiakrauch entsteht aus je einem Tropfen Salzsäure und Salmiak

Tafelanschrieb: Luftverschmutzung

Verunreinigte Stadtluft enthält:
2– 20 mal mehr Schwefeldioxid
5–200 mal mehr Kohlenstoffmonoxid
1– 50 mal mehr Stickstoffoxide
1– 20 mal mehr Kohlenwasserstoffe
3– 40 mal mehr Staub (enthält Blei, Sulfate und Nitrate, Dieselruß)

Zusatzinformation

Die besondere Situation der Kinder

Bei Säuglingen und Kleinkindern ist die körpereigene Abwehr noch nicht voll ausgebildet. Dies führt zu einer größeren Anfälligkeit gegenüber Infektionen, welche durch Luftschadstoffe noch erhöht werden kann.
Kinder sind körperlich aktiver als Erwachsene, atmen intensiv und nehmen dabei viele Schadstoffe auf. Die Atemwege der Kinder sind enger als beim Erwachsenen. Eine Reizung der Schleimhaut durch Schadgase führt auf Grund der Schwellung und Schleimproduktion rasch zu Problemen beim Atmen.
Die Auswirkungen von Luftschadstoffen auf die Atemwege lassen sich gestaffelt nach Kurz- und Langzeitwirkung darstellen:

- Vorübergehende Geruchsbelästigungen, vorübergehende Augen-, Nasen- und Halsreizungen, welche eine normale Tätigkeit einschränken: tränende Augen, Kitzeln im Hals, Niesen, Schwellung der Nasenschleimhäute, wässriges und später zähes Sekret, das die Nase verstopft wie bei Schnupfen – Selbstbehandlung möglich.
- Häufiges Auftreten von akuten Infektionen der oberen Luftwege. *Rachenkatarrh:* Brennen und Kratzen im Hals, Schluckbeschwerden, Rötung und Schwellung der Rachenschleimhaut, Räusperzwang, etwas Auswurf. *Kehlkopfkatarrh:* Kratzen im Hals, Hustenreiz, Heiserkeit bis zum Verlust der Stimme. *Pseudokrupp* bei Kindern: bellender Husten, pfeifender Atem – medizinische Behandlung ist erforderlich.
- Erkrankung der unteren Luftwege: *Bronchitis,* eine Entzündung der Luftröhre mit trokkenem, quälendem Husten; schleimig eitriger Auswurf führt bei mangelnder Ausheilung zu chronischem Verlauf und zu Bronchialerweiterung. Der Auswurf kann nicht mehr vollständig entfernt werden, er zersetzt sich, ist grau, mit Blut und Eiter vermischt. Absterbendes Lungengewebe führt zur Hohlraumbildung (= Emphysem). Eine klinische Behandlung ist erforderlich. Der Anteil von Menschen, die wegen eingeschränkter Lungenfunktion nur bedingt arbeitsfähig sind, steigt in der Bevölkerung.
- Erhöhte Krebssterblichkeit bzw. Sterblichkeit allgemein

Lösungen zum Arbeitsblatt

1. Nasenhöhle: Die Luft wird geprüft, befeuchtet, angewärmt.
2. Rachenhöhle: Schleim fängt Staub ab, löst sich durch Räuspern und wird verschluckt.
3. Kehlkopf: Durch abwechselndes Schließen und Öffnen ermöglicht er das Husten.
4. Luftröhre: Flimmerhärchen transportieren Fremdkörper und gelösten Schleim zurück zum Mund.
5. Bronchien und Bronchiolen: gelöster Schleim wird durch Husten aufwärts transportiert. Beim Husten lösen sich Stücke der Schleimhaut und können blutende Wunden verursachen.
6. Lungenbläschen: Ihr Inneres ist mit Deckzellen ausgekleidet. Die Deckzellen (2) können Staubpartikel (1) „fressen“ (3). Die „vollgefressenen“ Deckzellen (4) wandern aus (5) und werden mit dem Hustenauswurf ausgeschieden. Langfristig entsteht eine Blählunge. Die Funktion ist beeinträchtigt.

Wie wehrt sich der Körper gegen verschmutzte Luft?

Die Atemwege werden sauber gehalten. Beschreibe, was die einzelnen Bereiche der Atmungsorgane dazu beitragen. Erläutere, wie sich die Lungenbläschen vor Staub schützen.

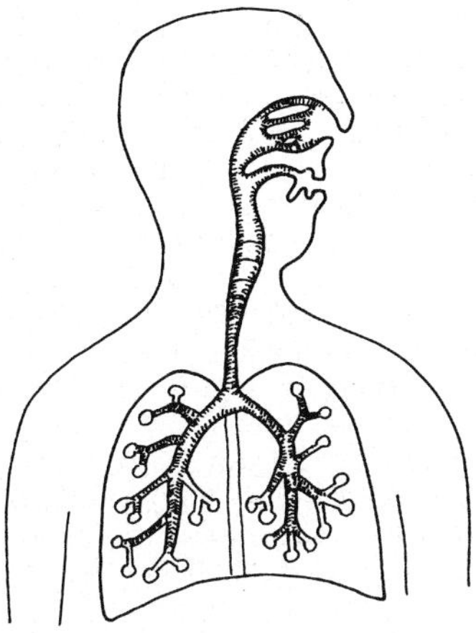

Der Atemweg schematisch im Längsschnitt

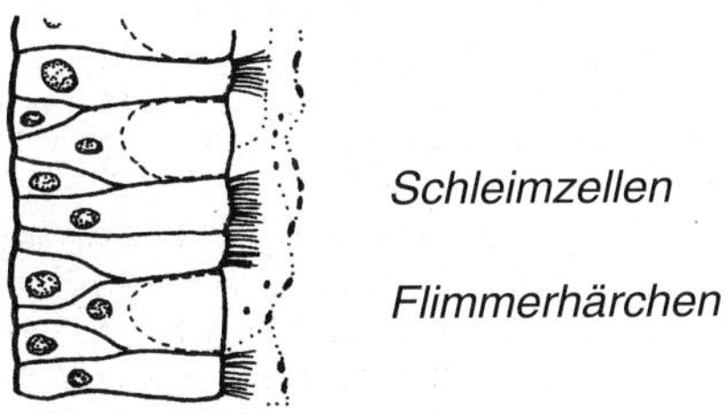

Deckzellen der Luftröhre

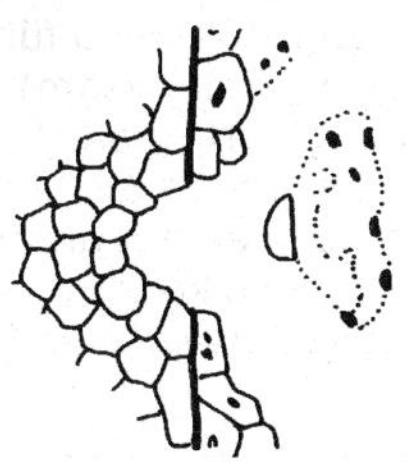

Schleimhaut der Bronchien

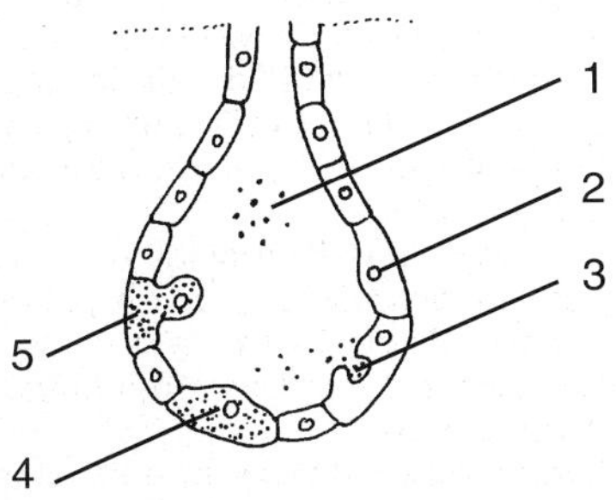

Die Lungenbläschen schematisch im Längsschnitt

1. Nasenhöhle: ______

2. Rachenhöhle: ______

3. Kehlkopf: ______

4. Luftröhre: ______

5. Bronchien und Bronchiolen: ______

6. Lungenbläschen: ______

Praktikum Flechten als Anzeiger für Luftqualität

(Schülerbuch S. 159)

Experimentelles

Arbeitsgemeinschaft „Flechtenkartierung"

Eine Flechtenkartierung kann unabhängig von der Jahreszeit erfolgen, man ist also nicht an eine bestimmte Vegetationsperiode gebunden. Was gas- und staubförmig über die Luft oder über Regen und Nebel herangetragen wird, nimmt die Flechte wie ein Schwamm auf (Aufbau der Flechte vgl. Schülerbuch S. 93). Nähr- und Schadstoffe kann sie nicht selektieren. Sie besitzt keinerlei Schutzeinrichtungen wie z. B. eine Kutikula oder Wachsschicht (vgl. die Blätter von Bäumen). Diese Empfindlichkeit gegenüber Luftverschmutzungen, insbesondere gegen SO_2, macht man sich zu Nutze.

Die Schadstoffe dringen ins Innere der Flechte ein. Es kommt zu Schäden proportional zur einwirkenden Schadstoffmenge, denn die Flechten besitzen keine Möglichkeit, über ein Ausscheidungssystem den Schadstoff in seiner Wirkung zu mindern. Deshalb sind Flechten hier als Bioindikatoren besser geeignet als höhere Pflanzen.

Im folgenden werden Erfahrungen dargelegt, wie sie aus mehrjähriger Erprobung am „Werkgymnasium Heidenheim" vorliegen.

Schüler der 8./9. Klassen bilden eine Arbeitsgemeinschaft „Flechtenkartierung" und werden an ausgewählten Stationen, die über das ganze Stadtgebiet verteilt sind, eingesetzt.

Hierzu ist es erforderlich, daß der Lehrer jeweils 10 Bäume auf eine Fläche von höchstens 100 x 100 m (Park, straßenbegleitende Bäume) kennzeichnet, deren Stämme in der Zone von 1–2 m Höhe auf Flechten untersucht werden können. Nicht jede Baumart eignet sich auf Grund der Borke und ihres Chemismus für eine erfolgreiche Kartierung. So scheiden z. B. aus: Fichten (zu viel Säure), Roßkastanien (zu viel Gerbstoffe), Birken und Rotbuchen (Oberfläche ist für viele Flechten zu glatt für eine Ansiedlung).

Als kartierfähige Bäume haben sich bewährt: Sommer- und Winterlinde, Berg- und Spitzahorn, Eiche, Ulme und Esche. Pappeln, die meist ebenfalls einen guten Flechtenbewuchs zeigen, scheiden aus, da heute fast nur noch „Hybridpappeln" existieren und eine genaue Artbestimmung dieser Bäume nicht möglich ist.

Der zu kartierende Baum soll frei stehen (nicht im Wald), seine Borke soll keine besonderen Auffälligkeiten wie Risse oder Abschälungen aufweisen; Stammumfang mehr als 80 cm, jedoch unter 2 m. Der Stamm darf nicht mehr als 30° aus der Senkrechten geneigt sein, denn dies würde andere, nicht vergleichbare Feuchtigkeitsverhältnisse zur Folge haben. Man sucht für die Auswertung in der Stammzone in 1–2 m Höhe die Stelle mit dem optimalen Flechtenbewuchs. Auf diese optimale Stelle wird eine Folie gelegt, die ein 18 cm x 18 cm großes Quadrat mit einem Gitter von 2 cm Länge trägt (es liefert 100 Kreuzungspunkte von Gitterlinien). Für die Auswertung zählen die Flechtenkörper, die von sich kreuzenden Gitterlinien der Folie „getroffen" werden, andere Flechtenkörper bleiben unberücksichtigt. Aus diesen Zahlen läßt sich leicht der prozentuale Deckungsgrad einer Flechtenart oder die Flechtenbesiedlung pro Baum ermitteln (vgl. Tabellen). Es ist außerdem sinnvoll, die Vitalität jeder gefundenen Flechtenart zu überprüfen und in die Auswertung mit einzubeziehen.

In Heidenheim beschränkte man sich für die Kartierung auf 8 gut unterscheidbare Flechtenarten. Zum Kennenlernen der Flechten verwendeten die Schüler gute Nahaufnahmen und Zeichnungen von mit der Lupe erkennbaren Details.

Es empfiehlt sich, im Unterricht die wissenschaftlichen Namen der Flechten zu verwenden, denn die deutschen Namen haben noch keine allgemeine Anerkennung gefunden. Im Schülerbuch sind 4 der in der Liste genannten Flechtenarten mit guten Abbildungen und Zeichnungen von Details aufgeführt, d. h. es werden die Voraussetzungen geliefert, mit weniger Arten ähnliche Ergebnisse wie in Heidenheim zu erzielen.

Beispiele für Ergebnisse

Kennziffern der Bäume

Station 1: Waldfriedhof
1–4 Bergahorn,
5 Spitzahorn,
6+7 Bergahorn,
8–10 Spitzahorn,

Kennziffern der Bäume

Station 2: Bahnhofsanlagen
1 Winterlinde,
2 Sommerlinde,
3 Winterlinde,
4 Winterlinde,
5+6 Bergahorn,
7 Esche
8–10 Bergahorn

Station 1: Waldfriedhof

Flechten	Deckungsgrad bei Baum Nr. in % 1	2	3	4	5	6	7	8	9	10	Deckung Art %
1. Usnea	+			1	2	+		+			0.3
2. Pseudevernia	18		+	8		+	2	2			3.0
3. Evernia						+			+		
4. Physica		+	3							20	2.3
5. Hypogymnia	33	56	33	45	52	39	29	44	37	7	37.5
6. Xanthoria	+		3							9	1.2
7. Parmelia	14		15	8	37	8	5	2		18	10.7
8. Lecanora		1	+			2	+				0.3
9. Krustenflechten		1	+			2	+				0.3
Deckung/Baum %	65	57	54	62	91	49	36	48	37	54	

Station 2: Bahnhofsanlagen – Marienkirche

Flechten	Deckungsgrad bei Baum Nr. in % 1	2	3	4	5	6	7	8	9	10	Deckung Art %
1. Usnea											
2. Pseudevernia											
3. Evernia											
4. Physica		14	+			+	+	+	55	8	7.7
5. Hypogymnia	+										
6. Xanthoria											
7. Parmelia			28		15	4	48	21		+	11.6
8. Lecanora											
9. Krustenflechten	50		33	50		+	16	33	+	15	19.7
Deckung/Baum %	50	14	61	50	15	4	64	54	55	23	

Praktikum: Wir weisen Salz in Laubblättern nach

Durch Streusalz geschädigte Blätter haben schon im Sommer braune Ränder
a) Spitzahorn b) Linde c) Roßkastanie

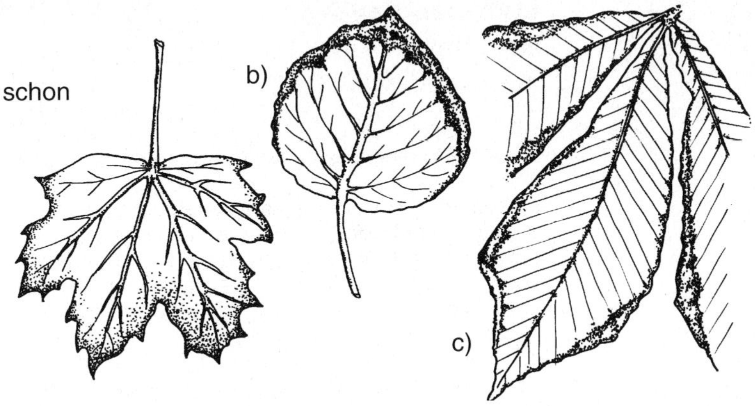

Materialien
- 10%ige Silbernitratlösung
- destilliertes Wasser
- 4 Reagenzgläser in einem Reagenzglasständer, Meßbecher, Filter
- Klebeetiketten, Filzschreiber
- Blätter von Roßkastanien, Linden und Ahornarten jeweils von einem belasteten und einem unbelasteten Standort

Durchführung
1. Trockne die Blätter und zerreibe sie nach Art und Standort getrennt.

2. Je ein Gramm des Pulvers der salzgeschädigten und der unbelasteten Blätter werden abgewogen und mit jeweils 10 ml destilliertem Wasser übergossen.

3. Die Lösungen werden etwa 30 Minuten stehengelassen und anschließend abfilriert.

4. Nun wird eine kleine Meßreihe aufgebaut. Die Reagenzgläser werden entsprechend dem jeweiligen Versuchsansatz beschriftet:
   Reagenzglas 1: destilliertes Wasser
   Reagenzglas 2: Leitungswasser
   Reagenzglas 3: Filtrat der nicht geschädigten Blätter
   Reagenzglas 4: Filtrat der geschädigten Blätter
   alle Reagenzgläser werden mit jeweils 5 ml Flüssigkeit beschickt.

5. Zu allen Proben werden 10 Tropfen Silbernitratlösung gegeben.

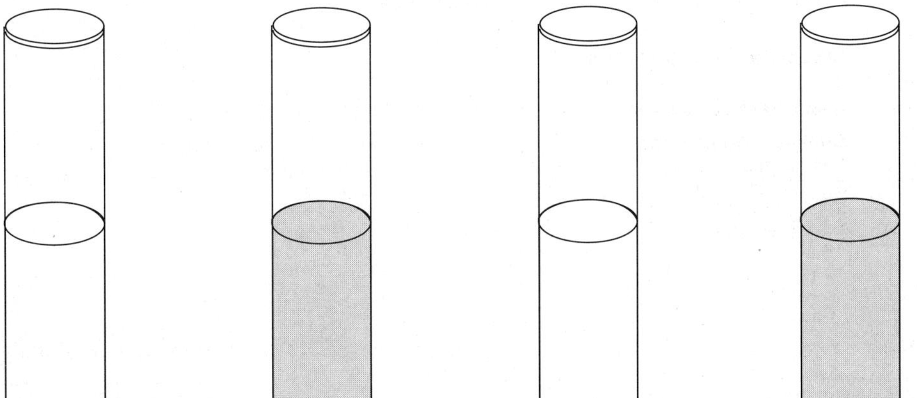

destilliertes Wasser | Leitungs-wasser | gesunde Blätter | geschädig-te Blätter

Aufgaben:
1. Beschreibe mögliche Veränderungen der vier Versuchsansätze nach Zugabe der Silbernitratlösung.
2. Was bedeutet eine erhöhte Salzkonzentration in den Blättern für die Pflanze?
3. Informiere dich über die Winterdienste in deiner Stadt. Welche Vor- und Nachteile sind mit dem Einsatz von Streusalz verbunden?

Müll – die Kehrseite des Wohlstandes

(Schülerbuch S. 160/161)

Aufgaben und Lösungen

① Wiege den Altpapieranfall einer Woche in deiner Familie. Berechne daraus überschlägig die jährlich anfallende Menge in deiner Familie und in deinem Wohnort.
– *Die Ergebnisse sollen in der Klasse gesammelt und hochgerechnet werden.*

② Überflüssiges Verpackungsmaterial soll beim Kauf zurückgelassen werden. Begründe diesen Vorschlag.
– *Durch dieses Verhalten der Kunden können die Hersteller über die Händler veranlaßt werden, unnötiges Verpackungsmaterial einzusparen. Der Kunde signalisiert durch sein Verhalten, auch mit weniger aufwendig verpackten Waren zufrieden zu sein. Gleichzeitig demonstriert der Kunde seine Kompetenz zum Preis-Leistungsvergleich, indem er „Mogelpackungen" kritisiert.*

③ Mache Vorschläge, wie in deinem Lebensbereich Papier gespart werden kann und versuche, diese Vorschläge zu verwirklichen.
– *Bei Blättern die Vorder- und Rückseite benutzen; Hefte bis zur letzten Seite vollschreiben; durch die Verwendung von Recyclingpapier die Mehrfachverwendung von Papier unterstützen; Hefte und Bücher mit ohnehin vorhandenen Papieren (z. B. Poster, Werbeprospekten) einbinden; durch Aufkleber am Briefkasten „Bitte kein Werbematerial einwerfen" die Flut von Drucksachen verringern helfen; im Arbeitszimmer und in der Schule getrennte Abfallkörbe aufstellen, recyclingfähige Papiere (beschriebene oder bedruckte Blätter, Kunstdruckpapier, Kartonagen) aussortiern und getrennt dem Recycling zuführen, nur den Restmüll in die Mülltonne geben; das Schulvesper in einer Dose verpacken und kein überflüssiges Einpackpapier verwenden; nach dem Einkaufen Salat, Gemüse und Obst in Netzen transportieren und zusätzlichen Verpackungsaufwand ablehnen.*

Zusatzinformation

Durchblick im Papierdschungel

Im Handel werden verschiedene Papiersorten angeboten, die den Anspruch auf Umweltfreundlichkeit erheben. Die Merkmale und Gebrauchseigenschaften dieser verschiedenen Papiersorten müssen genau beachtet werden. Grundsätzlich gilt: *Umweltschutzpapier* und *Recyclingpapiere* können für alle kurzlebigen Anwendungen verwendet werden, hochwertigere Papiere sind nur bei Dokumenten erforderlich.
Original Umweltschutzpapiere mit den Zeichen ÖKOPA, vup, ap und ERDPAPIER werden zu 100% aus Altpapier ohne Entfärbung hergestellt. Dafür benötigt man nur sehr geringe Mengen an Frischwasser; weil keine Entfärbung des Altpapiers stattfindet, kann das Wasser für die Herstellung im Kreislauf geführt werden. Somit treten auch Farbvariationen des Umweltschutzpapiers zwischen bräunlich und grau auf, je nach Ausgangsstoff. Es kann zu Qualitätsschwankungen kommen, daher ist dieses Papier zum Kopieren nur bedingt geeignet.
Recyclingpapier ist mit dem „Umweltengel" gekennzeichnet und wird auch in zum Kopieren geeigneten Qualitäten angeboten. Recyclingpapier für spezielle Anwendungsbereiche wie Tabellierpapier, Offsetpapier und Registraturmittel stehen inzwischen ebenfalls zur Verfügung. Alle Recyclingpapiere bestehen zu 100% aus Altpapier, jedoch wurde das Papier mit speziellen Deinking-Verfahren entfärbt, was eine gewisse Abwasserbelastung mit sich bringt. Dennoch bleiben die Vorteile der Altpapierverwendung voll erhalten: Verringerung des Abfalls durch Recycling; im Vergleich zu holzfreien Qualitätspapieren ist die anfallende Abwasserbelastung um 90% verringert, der Frischwasserverbrauch um 80%; der Energieverbrauch ist etwa auf die Hälfte reduziert.
Chlorfrei gebleichtes Papier besteht nicht aus Altpapier. Der Papierrohstoff wurde jedoch mit alternativen Bleichverfahren aufgehellt, nicht mit Chlor. Das Papier wird dabei nicht rein weiß, sondern behält einen gelblichen Schimmer. Deshalb ist chlorfrei gebleichtes Papier keine Alternative zu Recyclingpapier oder Umweltschutzpapier, sondern allenfalls eine Farbvariante. Der Wasser- und Energieverbrauch ist der gleiche wie bei der Herstellung von rein weißem Papier; der einzige Vorteil bei der Herstellung besteht in der Einsparung von Chlor.

Lösungen zu den Arbeitsblättern S. 173–175

1. **Geordnete Mülldeponie (S. 173)**
1.1 Voraussetzungen: Geländemulden, die entweder durch wasserundurchlässige Schichten auf natürliche Weise gegen Sickerwässer geschützt sind oder mit Lehm abgedichtet werden können. Eine Kläranlage zur Entsorgung der Sickerwässer muß in der Nähe sein.
1.2 Vorteile: Geringe Kosten bei der Einrichtung und Pflege; keine Vorsortierung des Mülls erforderlich; außer Sickerwasser müssen keine Produkte entsorgt werden.
1.3 Nachteile: Hoher Flächenbedarf; „Wunde" in der Landschaft; Papier und Plastikfolien werden verweht; Geruchsbelästigung.
2. **Müllkompostierung (S. 174)**
2.1 Voraussetzungen: Müll muß genügend kompostierbare Substanzen enthalten und darf nicht zu sehr mit Giften belastet sein.
2.2 Vorteile: Sinnvolle Verwendung des Klärschlamms; umweltfreundlichste Entsorgung des Mülls; Entstehung von Kompost, der verkauft wird; geringer Bedarf an Deponiefläche.
2.3 Nachteile: Große Investitionen für Bauwerke und Maschinen; sorgfältige Steuerung des Rotteprozesses erforderlich; Kompost enthält Schwermetalle und kann nur für wenige Zwecke verwendet werden.
3. **Müllverbrennung (S. 175)**
3.1 Voraussetzungen: Große Mengen von Müll, gleichmäßig angeliefert; modernste Verbrennungsöfen und Techniken zur Reinigung der Rauchgase.
3.2 Vorteile: Geringer Bedarf an Deponiefläche; Energiegewinnung.
3.3 Nachteile: Sehr hohe Kosten; Freisetzung von Umweltgiften, die nicht vollständig ausgefiltert werden können; Entstehung von Stoffen, die über Sondermülldeponien entsorgt werden müssen.

Verschiedene Verfahren zur Müllentsorgung (A)

Aufgabe:

Betrachte die drei abgebildeten Verfahren zur Müllentsorgung (A, B, C) und schreibe die Voraussetzungen, die Vorteile und Nachteile auf.

1. Geordnete Mülldeponie
1.1 Voraussetzungen:

____

____

1.2 Vorteile:

____

____

1.3 Nachteile:

____

____

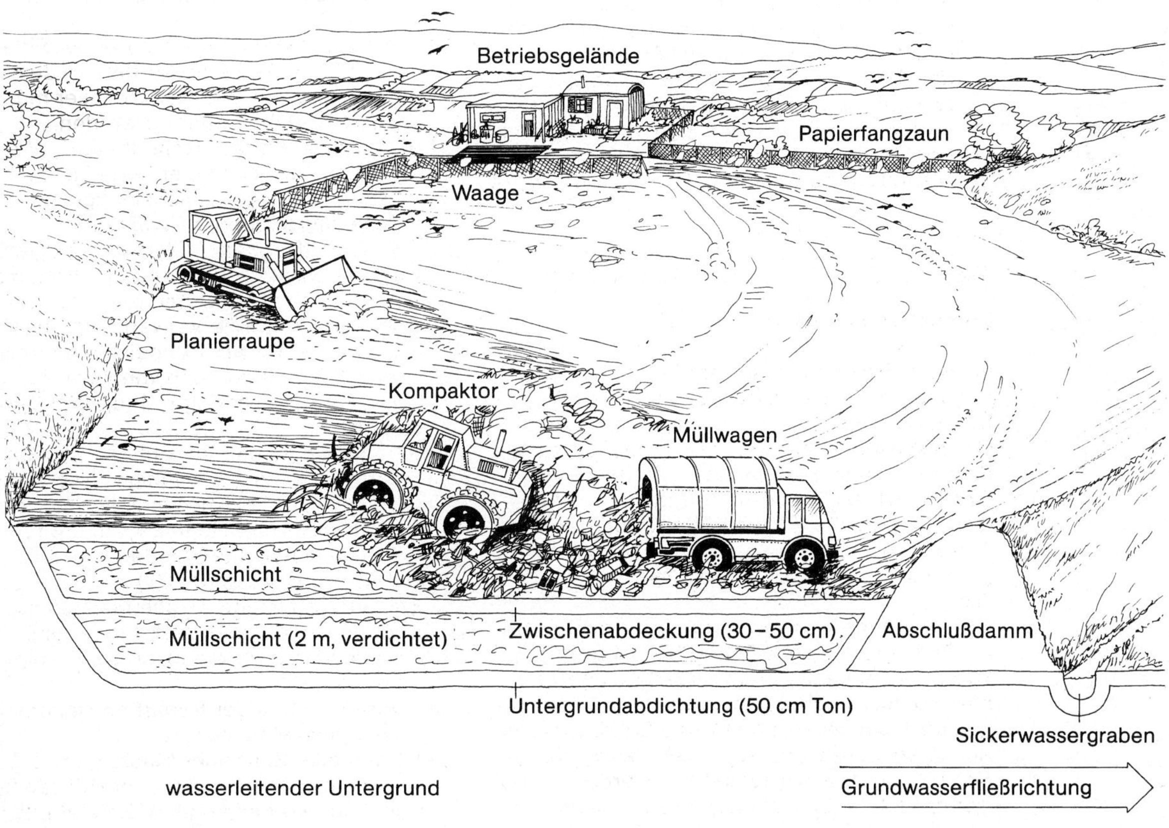

Verschiedene Verfahren zur Müllentsorgung (B)

Aufgabe:

Betrachte die drei abgebildeten Verfahren zur Müllentsorgung (A, B, C) und schreibe die Voraussetzungen, die Vorteile und Nachteile auf.

2. Müllkompostierung

2.1 Voraussetzungen:

___

___

2.2 Vorteile:

___

___

2.3 Nachteile:

___

___

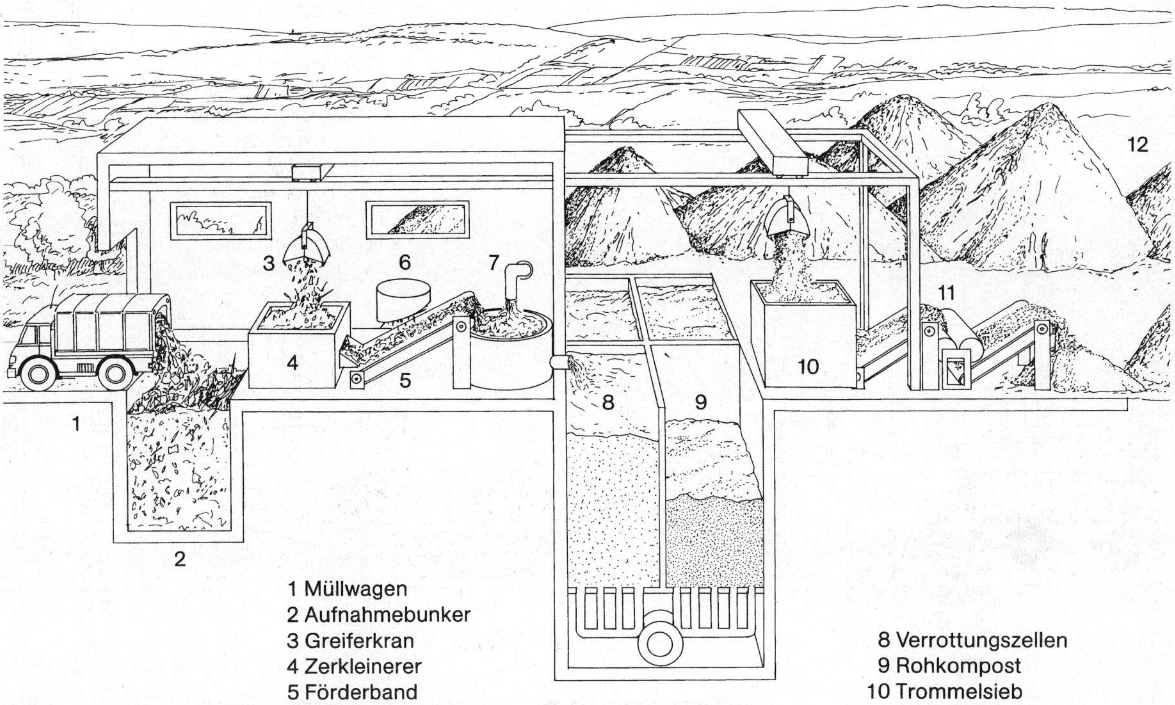

1 Müllwagen
2 Aufnahmebunker
3 Greiferkran
4 Zerkleinerer
5 Förderband
6 Magnetschleifer
7 Klärschlammzugabe

8 Verrottungszellen
9 Rohkompost
10 Trommelsieb
11 Walzwerk
12 Nachrotte

Verschiedene Verfahren zur Müllentsorgung (C)

Aufgabe:

Betrachte die drei abgebildeten Verfahren zur Müllentsorgung (A, B, C) und schreibe die Voraussetzungen, die Vorteile und Nachteile auf.

3. Müllverbrennung
3.1 Voraussetzungen:

____

____

3.2 Vorteile:

____

____

3.3 Nachteile:

____

____

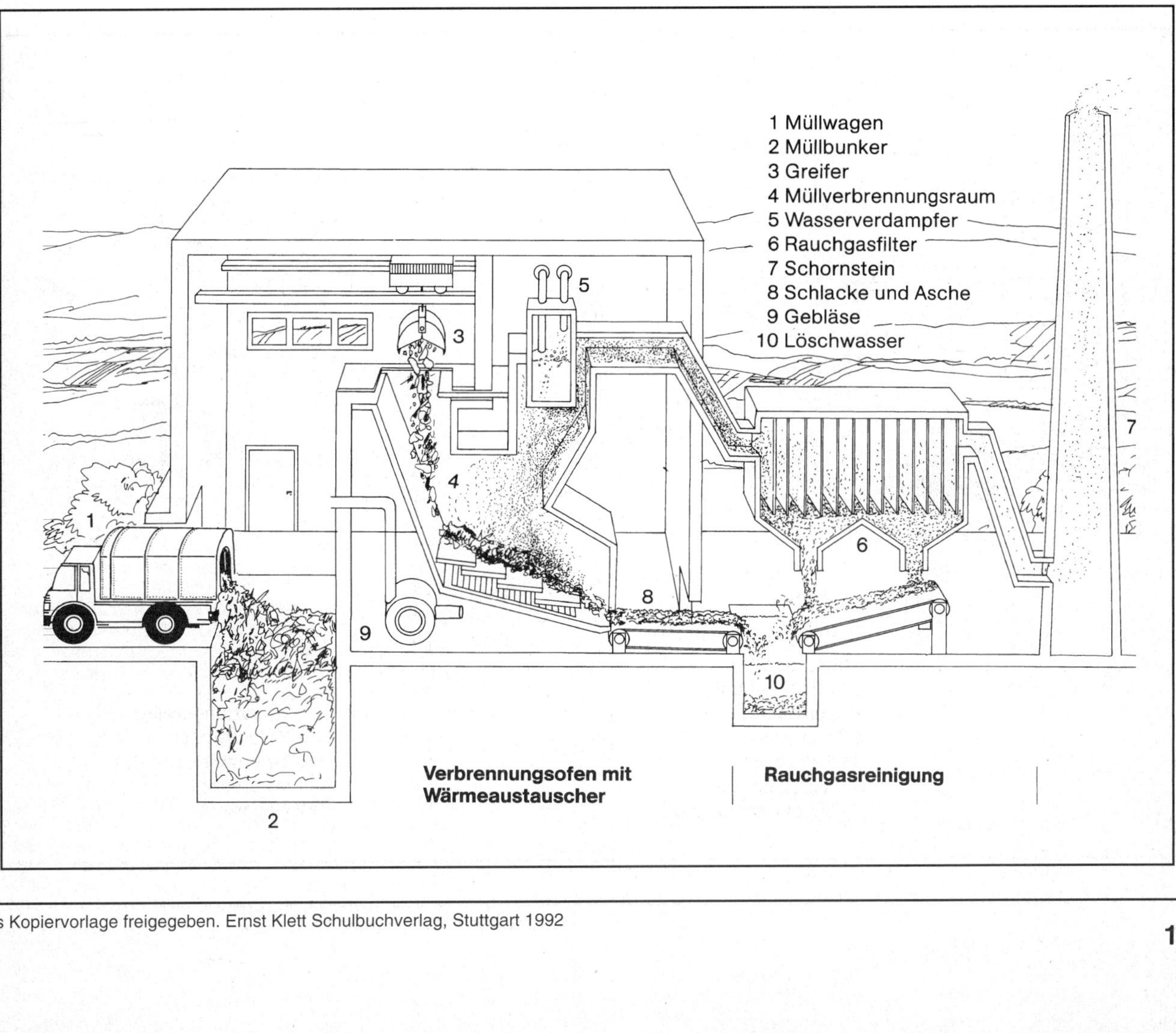

Ordnung und Vielfalt

Bevor im Schülerbuch die Physiologie des Menschen und die Forschungsrichtungen Entwicklung, Verhalten, Genetik und Evolution angesprochen werden, ist ein Wiederholungsteil eingeschoben. Er soll den Schülern Hilfen geben, sich in der Mannigfaltigkeit der Lebewesen zurechtzufinden.

Früher rangierte das Ordnen nach Gesichtspunkten der biologischen Systematik in der Schule weit vorn. Dabei geriet das Lernen des Systems teilweise zum Selbstzweck und hatte Einseitigkeit in den biologischen Kenntnissen der Schüler zur Folge. Als man dies erkannt hatte, überwog im Unterricht eindeutig die Betonung der Übereinstimmung aller Organismen. Die Grundphänomene des Lebendigen wurden in den Mittelpunkt gerückt. Dabei entstand das Problem, daß Einzelkenntnisse über Organismen nicht in ausreichender Weise geordnet und vielfältig variiert vorlagen, die Basis für Verallgemeinerungen erwies sich als zu schmal.

Das Interesse vor allem jüngerer Schüler richtet sich stark auf die Mannigfaltigkeit der Lebewesen. Das Schülerbuch hat durch Lexikon- und Praktikumsseiten diesem Anliegen Rechnung getragen. Die Begründungszusammenhänge der biologischen Systematik müssen noch erarbeitet werden.

1 Ordnung bei Wirbeltieren und Blütenpflanzen

2 Die fünf Reiche der Lebewesen

(Schülerbuch S. 164–175)

Zusatzinformation

Vielzahl der Arten

Längst nicht alle wildlebenden Tier- und Pflanzenarten sind bekannt. Bisher wurden *1,1 Millionen Tierarten* und *371 500 Pflanzenarten* beschrieben. Da es weitaus weniger Pflanzenarten als Tierarten gibt, ist die Übersicht bei den Tieren schwerer und erfordert in der Systematik häufiger das Einziehen von weiteren Vergleichsebenen (Über- oder Unterklasse, Über- oder Unterordnung, Über- oder Unterfamilie).
Die Blütenpflanzen lassen sich noch weitgehend nach der Ähnlichkeit im Blütenbau bestimmen. Bei den Wirbeltieren sind die differenzierenden Merkmale oft weniger auffällig aus der äußeren Gestalt ersichtlich, sondern zeigen sich in isolierten Merkmalen (z. B.: Besitz einer Wirbelsäule, Knochenschuppen, Hornschuppen, Federn oder Haare auf der Körperoberfläche). Die Lebensvorgänge (z. B. gleichwarm oder wechselwarm, eierlegend oder lebendgebärend) sind weitere wichtige Unterscheidungsmerkmale. Das Schnabeltier vereinigt z. B. Reptilien- und Säugetiermerkmale auf sich. Beuteltiere sind nur bedingt mit höheren Säugetieren vergleichbar. Sie alle können durch Einziehen weitere Ebenen in die Systematik der Säugetiere eingeordnet werden.

Tiergruppe	Artenanzahl in der Bundesrepublik Deutschland
Klasse Säugetiere	93
Klasse Vögel	255
Klasse Kriechtiere	12
Klasse Lurche	19
Klassen Fische und Rundmäuler	260
Wirbeltiere gesamt	639
Stamm Stachelhäuter	37
Klasse Muscheln	31
Klasse Schnecken	270
Ordnung Wanzen	800
Ordnung Fransenflügler	222
Ausgew. Gruppen der Hautflügler	1 686
Unterordnung Großschmetterlinge	1 300
Ordnung Köcherfliegen	278
Ausgew. Gruppen der Zweiflügler	ca. 600
Ordnung Schnabelfliegen	8
Überordnung Netzflügler	103
Ausgew. Gruppen der Käfer	ca. 4 000
Überordnung Geradflügler	97
Ordnung Steinfliegen	119
Ordnung Libellen	80
Ordnung Eintagsfliegen	81
Ordnung Zehnfüßige Krebse	63
Ausgew. Gruppen der Blattfußkrebse	10
Ordnung Webspinnen	803
Ordnung Weberknechte	39
Klasse Igelwürmer	1

Kl.: Säugetiere
Unterklassen der Säugetiere:

	1. Eierlegende Säugetiere	*2. Beutelsäuger*	*3. Höhere Säugetiere*
Ordnung:	*Kloakentiere*	*Beuteltiere*	*Insektenfresser*
Üfam.:	–	–	*Spitzmausartige*
Fam.:	*Schnabeltiere*	*Beutelratten*	*Maulwürfe*
Ufam.:	–	–	*Altweltmaulwürfe*
Gatt.:	*Schnabeltier*	*Opossum*	*Maulwurf*
Art:	*Schnabeltier*	*Südopossum*	*Eur. Maulwurf*

Die Anordnung der fünf Reiche in drei Ebenen

Die Evolution erreichte ein neues Niveau, als über die Bakterien und Blaualgen Einzeller mit membranumgrenzten Zellorganellen (Zellkernen, Mitrochondrien, Plastiden) entstanden waren. Ein weiterer Evolutionsschub erfolgte durch die Zusammenfassung gleichartiger Zellen zu einem vielzelligen Verband und schließlich durch die Differenzierung dieses Verbandes in Gewebe unterschiedlicher Funktion. Dieser Weg zur Vielzelligkeit wurde von Tieren, Pilzen und grünen Pflanzen unabhängig voneinander eingeschlagen. Dabei kam es zu einer unerhörten Mannigfaltigkeit der Formen unter den Lebewesen.

aus: Stuttgarter Zeitung (1. 8. 1992)

Neue Säugetierart in Vietnam gefunden

In einem entlegenen Naturschutzgebiet in Nordvietnam haben Zoologen nach Angaben des World Wide Fund for Nature (WWF) eine neue Säugetierart und vier weitere bisher unbekannte Tierarten entdeckt. Das Säugetier habe etwa die Größe eines kleinen Büffels und 47 Zentimeter lange Hörner, teilte der WWF kürzlich mit. Es gehöre vermutlich zur Familie der Rinder und werde von den Einheimischen als „Waldziege" bezeichnet. Die Experten des WWF entdeckten bisher nur die Skelette des Tieres. Einheimische versicherten jedoch, daß noch Tiere dieser Art lebten. Haut- und Haarproben wurden für eine Gen-Untersuchung in die USA geschickt. Bei den vier anderen Spezies handele es sich um eine Fischart, eine Schildkrötenart und zwei Vogelarten, erklärten die Forscher, die für das WWF-Programm zur Erhaltung der biologischen Vielfalt in Nordvietnam unterwegs sind. rtr